narr STUDIENBÜCHER

Radegundis Stolze

Übersetzungstheorien

Eine Einführung

6., überarbeitete und erweiterte Auflage

Radegundis Stolze ist Diplomübersetzerin für Englisch, Französisch, Italienisch und mit eigenem Büro selbständig tätig. 1982 Promotion zum Dr. phil., seit 1994 freie Lehrtätigkeit in der beruflichen Fortbildung von Fachübersetzern und Dozentin für Übersetzungswissenschaft am Fachbereich Germanistik der Technischen Universität Darmstadt. Mehrere Gastdozenturen im Ausland.

Buchpublikationen: Grundlagen der Textübersetzung (1982); Hermeneutisches Übersetzen – Linguistische Kategorien des Verstehens und Formulierens (1992); Die Fachübersetzung (1999); Hermeneutik und Translation (2003).

Bibliografische Information der Deutschen Nationalbibliothek

Die Deutsche Nationalbibliothek verzeichnet diese Publikation in der Deutschen Nationalbibliografie; detaillierte bibliografische Daten sind im Internet über <http://dnb.d-nb.de> abrufbar.

6., überarbeitete und erweiterte Auflage 2011
5., überarbeitete und erweiterte Auflage 2008
4., überarbeitete Auflage 2005
3., aktualisierte Auflage 2001
2., vollständig überarbeitete und erweiterte Auflage 1997
1. Auflage 1994

© 2011 · Narr Francke Attempto Verlag GmbH + Co. KG
Dischingerweg 5 · D-72070 Tübingen

Das Werk einschließlich aller seiner Teile ist urheberrechtlich geschützt. Jede Verwertung außerhalb der engen Grenzen des Urheberrechtsgesetzes ist ohne Zustimmung des Verlages unzulässig und strafbar. Das gilt insbesondere für Vervielfältigungen, Übersetzungen, Mikroverfilmungen und die Einspeicherung und Verarbeitung in elektronischen Systemen.
Gedruckt auf chlorfrei gebleichtem und säurefreiem Werkdruckpapier.

Internet: http://www.narr-studienbuecher.de
E-Mail: info@narr.de

Printed in the EU

ISSN 0941-8105
ISBN 978-3-8233-6679-9

Inhalt

Vorwort 9

1 Zur Vorgeschichte **13**
1.1 Der Begriff Übersetzung 13
1.2 Die historische Rolle der Übersetzer 15
1.3 Die griechisch-römische Antike als Übersetzungsepoche 17
1.4 Verdeutschende Übersetzung (Luther) 20

Der Blick auf die Sprachsysteme

2 Relativistisch orientierte Theorien **25**
2.1 Einheit von Sprache und Denken (Humboldt) 25
2.2 Verfremdendes Übersetzen (Schleiermacher) 26
2.3 Die Sprachinhaltsforschung (Weisgerber) 28
2.4 Das linguistische Relativitätsprinzip (Sapir/Whorf-Hypothese) 30
2.5 Formbetontes Übersetzen (Benjamin) 31
2.6 Dekonstruktion und Unübersetzbarkeit (Derrida) 32

3 Universalistische Übersetzungstheorie **37**
3.1 Sprache als Kommunikationsinstrument 37
3.2 Zeichentheorien und Funktionen der Sprache 38
3.3 Der Zeicheninhalt 41
3.4 Universalienforschung 42
3.5 Strukturelle Semantik 44
3.6 Die absolute Übersetzbarkeit (Koschmieder) 45

4 Der Übersetzungsvorgang als interlingualer Transfer **48**
4.1 Wissenschaftliche Maximen moderner Linguistik, MÜ 48
4.2 Das kommunikationstheoretische Modell des
    Übersetzungsvorgangs (Kade, Neubert) 50
4.3 Die potentiellen Entsprechungen zwischen AS und ZS 52
4.4 Translation shifts (Catford) 55
4.5 Translation quality assessment (House) 58
4.6 Übersetzen als Transferprozess (Wilss) 62

4.7	Schemabasierung des Transfers als Fertigkeit	64
5	**Die sprachenpaarbezogene Übersetzungswissenschaft**	**69**
5.1	Die Stylistique comparée (Vinay/Darbelnet, Malblanc)	69
5.2	Umsetzungsprozeduren (Jumpelt)	74
5.3	Translation rules (Newmark)	76
5.4	Fehleranalyse und Übersetzungsdidaktik (Truffaut, Friederich, Gallagher, Henschelmann)	79

Der Blick auf die Texte

6	**Übersetzungswissenschaft und Äquivalenzdiskussion**	**87**
6.1	Ausgangspunkt Bibelübersetzung (Nida)	87
6.2	Die Übersetzungsmethode (Nida / Taber)	89
6.3	Philologische Genauigkeit (Schreiber)	94
6.4	Die normativen Äquivalenzforderungen (Koller)	96
6.5	Der Begriff „Äquivalenz"	101
7	**Textlinguistik und übersetzungsrelevante Texttypologie**	**105**
7.1	Textkonstitution durch Satzverknüpfung (Harweg)	105
7.2	Sprachspezifische Unterschiede der Syntax	108
7.3	Gliederungssignale in Texten (Gülich / Raible)	111
7.4	Übersetzungsorientierte Texttypologie (Reiß)	112
7.5	Übersetzungsrelevante Textgattungen (Koller)	116
7.6	Aspektliste zum Übersetzen (Gerzymisch-Arbogast)	118
8	**Die pragmatische Dimension beim Übersetzen**	**124**
8.1	Die Sprechakttheorie (Austin, Searle)	124
8.2	Illokutionsindikatoren in Texten	127
8.3	Die funktionale Satzperspektive und Fokussierung	129
8.4	Textsorten durch Kommunikationskonventionen	131
8.5	Strategie des Übersetzens (Hönig / Kußmaul)	133
9	**Die Rolle der literarischen Übersetzung**	**137**
9.1	Literarische Qualität in Übersetzungen (Levý, Popovič)	137
9.2	Literarische Übersetzung als Mimesis (Steiner)	141
9.3	Manipulationistische Fallstudien (Bassnett, Hermans, Lefevere)	144

9.4 Literatur als Polysystem (Even-Zohar) 147
9.5 Kulturgeschichte der Übersetzung (SFB Göttingen) 150

Der Blick auf die Disziplin

10 Übersetzungsforschung als Feldtheorie 155
10.1 Der empirische Ansatz (Holmes) 155
10.2 Descriptive Translation Studies DTS (Toury) 157
10.3 Korpusanalysen und übersetzerische Regularitäten (Toury, Baker) 161

11 Übersetzungswissenschaft als Interdisziplin 165
11.1 Prototypologie der Texte (Snell-Hornby) 165
11.2 Integration linguistischer Theorien 168
11.3 Das Scenes-and-frames-Konzept (Vannerem / Snell-Hornby) 170
11.4 Textstatus und Stil (Leech / Short) 173

12 Translationstheorie als Handlungstheorie 177
12.1 Eine allgemeine Translationstheorie (Vermeer) 177
12.2 Die Skopostheorie 180

Der Blick auf das Handeln

13 Die funktionale Translation 185
13.1 Übersetzen als interkultureller Transfer (Reiß / Vermeer) 185
13.2 Das Faktorenmodell der Translation (Reiß) 188
13.3 Translation als Expertenhandeln (Holz-Mänttäri) 189
13.4 Das Konzept der Berufsprofile 192

14 Der didaktische Übersetzungsauftrag 195
14.1 Die übersetzerische Loyalität (Nord) 195
14.2 Analyse des Übersetzungsauftrags 196
14.3 Die Übersetzungsprobleme 198

15 Übersetzen und Ideologie 203
15.1 Postmoderne Strömungen des *cultural turn* (Arrojo, Venuti) 203
15.2 Feministische Translation (v. Flotow, Wolf) 208
15.3 Translation als soziale Praxis und politische Ethik (Bhabha, Tymoczko) 213

15.4 Translationssoziologie (Gouanvic, Prunč) 217

Der Blick auf den Übersetzer

16 Übersetzen als Interpretation **223**
16.1 Die Pariser Schule (Seleskovitch, Lederer)..................................223
16.2 Die Deverbalisierung..226
16.3 Ein sprachphilosophischer Ansatz (Ladmiral)...........................229
16.4 Die Relevanztheorie (Gutt)...232

17 Das hermeneutische Denken..**236**
17.1 Denken – Sprache – Verstehen..236
17.2 Das Paradigma der Übersetzungshermeneutik........................239
17.3 Übersummativität, Multiperspektivität, Individualität von
     Texten (Paepcke)..244
17.4 Orientierungskategorien beim Übersetzen (Stolze)..................248
17.5 Stimmigkeit von Übersetzung und Textvorlage.......................255

18 Kognitionspsychologische Forschung zum Übersetzen **260**
18.1 Der Blick in die 'Black Box' – Lautes Denken (Krings) 260
18.2 Psycholinguistische Studien: Intuition und Kognition 263
18.3 Konstruktives Übersetzen (Hönig)..267
18.4 Kognitive Grundlagen der Expertentätigkeit (Risku) 271
18.5 Kreativität beim Übersetzen (Kußmaul) 274
18.6 Empirische Untersuchung von Verhaltensmustern (Hansen)...277
18.7 Translationsprozessforschung (Göpferich)................................280

19 Zusammenfassung **286**

20 Bibliographie **296**

21 Register **306**

Vorwort

Für Studierende des Faches Übersetzen stellt sich die wissenschaftliche Beschreibung ihres Studieninhalts am Anfang recht unübersichtlich und komplex dar. Bei einer „Einführung in die Übersetzungswissenschaft" ist die oft unvereinbare Begrifflichkeit der verschiedenen Richtungen der Übersetzungstheorie auffällig, die doch alle den Anspruch haben, das Gleiche, den Vorgang der Umsetzung eines Textes in eine andere Sprache, zu beschreiben. Dieses schillernde Bild wird durch das weitgehend unverbundene Nebeneinander der deutschen Übersetzungswissenschaft und von Forschungsansätzen aus anderen Ländern noch unklarer.

Die Komplexität wird besonders deutlich, wenn man Festschriften oder Kongressakten durchsieht, die ja Beiträge von Wissenschaftlern unterschiedlicher Provenienz enthalten, welche einander oft auch direkt widersprechen. In den einzelnen Theorien wird jeweils meist ein Gedanke besonders hervorgehoben, der an anderer Stelle zu wenig oder noch nicht gesehen worden war. Problematisch ist dann allerdings der Versuch, eine Einzelerkenntnis zum Dreh- und Angelpunkt einer allgemeinen Übersetzungstheorie zu machen. Das Erscheinungsbild einer Wissenschaft zeigt nach außen hin wenig Konturen, wenn sich in ein und demselben Sammelband zum Thema „Übersetzen" die Einzelbeiträge unversöhnlich gegenüberstehen. Dies mag mit ein Grund dafür sein, dass das Übersetzen außerhalb des Kreises der damit unmittelbar Befassten zuweilen eher geringschätzig betrachtet worden ist und dass die Wissenschaft vom Übersetzen immer noch nicht als eine eigenständige Disziplin anerkannt wird.

Der interdisziplinäre Charakter der Wissenschaft vom Übersetzen, die mit unterschiedlichen Nachbardisziplinen in Kontakt steht, ist ein weiterer Grund für die Vielfalt der theoretischen Ansätze und damit auch für die Uneinheitlichkeit im Begriffsapparat. Die Fortentwicklung der noch relativ jungen Disziplin führte nicht zu einer allmählichen Herausbildung einer allgemeinen Übersetzungstheorie, vielmehr wurden und werden ständig neue „Ansätze" entwickelt.

Die Entwicklung verlief keineswegs geradlinig, sondern eher wie eine Spirale, immer wieder aus einem anderen Blickwinkel um dieselben Fragen kreisend. Viele Gedanken wurden unabhängig voneinander oft gleichzeitig geäußert, weil andere Denkrichtungen nur ungenügend zur Kenntnis genommen wurden. Andererseits wurden fremde Einsichten bei der Einarbeitung in eigene Überlegungen häufig anders bewertet und führten dann neben begrifflicher Umdeutung auch zu neuen Schlussfolgerungen. Die Orientierung hier zu erleichtern ist ein Anliegen des vorliegenden Studienbuches, indem Querverbindungen und Berührungspunkte der verschiedenen Übersetzungstheorien hervorgehoben werden.

Theorie ist ja der Versuch, die vielfältigen Strukturen und Zusammenhänge eines konkreten Sachverhalts in einem abstrakten Modell darzustellen, sodass eine Problematik klar hervortritt. Doch allein die Bezeichnungen des Forschungsgegenstandes variieren zwischen Ausdrücken wie (dt.) *Übersetzungswis-*

senschaft, Übersetzungstheorie, Translationslinguistik, Translationswissenschaft, Translationstheorie, Translatologie, Translatorik, (engl.) *theory of translation, translation theory, translation science, translation studies, translatology,* (frz.) *traductologie, translatistique, traductique, théorie de la traduction,* (it.) *teoria della traduzione, translatica,* (sp.) *traductología, teoría de la traducción,* (pg.) *teoria da tradução*. Die Konkurrenz zwischen „Übersetzungstheorie" und „Übersetzungswissenschaft" zeigt außerdem, dass noch nicht entschieden ist, ob es sich hier um eine allgemeine, reine Theoriediskussion handelt oder vielmehr um eine angewandte Sprachwissenschaft, welche die Verbesserung konkreter Übersetzungsleistungen zum Ziel hat.

Die fortschreitende Differenzierung der Wissenschaft bringt auch eine Differenzierung der Wissenschaftssprache mit sich. So gilt, dass einerseits Ähnlichkeiten zwischen verschiedenen Modellen nicht notwendig auch Übereinstimmung in der Sache und andererseits neue Terminologien nicht auf jeden Fall auch neue Erkenntnisse beinhalten. Gleiche Benennungen werden in den Geisteswissenschaften oft unterschiedlich definiert, mit anderen Inhalten versehen, ja sie wandern auch zwischen den Disziplinen. Daher wird ein wissenschaftlicher Begriff vor allem im Rahmen seiner Entstehung und seines geisteswissenschaftlichen Hintergrundes richtig verstanden. Umgekehrt sind für den Kenner der Materie die Begriffsbenennungen für sich schon ein Indiz dafür, um welche „Schule" es sich gerade handelt. So zeigt sich ein Unterschied der wissenschaftlichen Herkunft, wenn etwa von „der Übersetzerin", vom „Translator" oder vom „zielsprachlichen Sender" die Rede ist. Das vorliegende Studienbuch möchte hier eine Orientierung bieten, indem Herkunft und Inhalt von Kernbegriffen erläutert und verbreitete Übersetzungstheorien vorgestellt werden. Zu diesem Zweck werden die ausgewählten theoretischen Ansätze bewusst mit reichlichen Originalzitaten vorgestellt, um die jeweilige Diktion erkennbar werden zu lassen. Damit soll der Zugang zu den Haupttexten der vorgestellten Richtungen erleichtert werden, wobei diese jeweils am Kapitelende als „Lektürehinweise" genannt sind.

Fragt man sich also, worin denn – kurz gefasst – die wesentlichen Unterschiede zwischen den heute gängigsten Übersetzungstheorien liegen, so wird deutlich, dass kaum jemand eine klar umrissene, stringente Theorie als solche entworfen hat. Vielmehr wurde die eigene Vorstellung meist in der Diskussion konkreter Übersetzungsprobleme und nach ausführlicher kritischer Würdigung anderer Ansichten mehr oder weniger implizit mit zum Ausdruck gebracht. Kernfragen wie die Übersetzbarkeit überhaupt, Möglichkeiten der Textanalyse, die Übereinstimmung zwischen Textvorlage und Übersetzung, die Wirkung des Übersetzungstextes als einzelner sowie im Rahmen einer Nationalliteratur, konzentrieren jeweils eine Wolke unterschiedlicher Kommentare, Analysen und kritischer Darstellungen um sich, die oft genug die Verwirrung eher noch steigern, weil der eigene Standpunkt nicht klar genug definiert wird. Dies gilt auch für die wiederholten Versuche einer Aufarbeitung der Geschichte des Übersetzens, weil auch hier nicht nach „Schulen" differenziert wurde, sondern wiederum die Meinungen verschiedener Autoren zu wesentlichen Übersetzungsproblemen zusammengetragen und undifferenziert miteinander verglichen wurden.

Es gibt aber gewisse Grundtendenzen im Denkansatz, die herausgearbeitet werden können. Diese verständlich zu machen dient dem Bestreben, ein gewisses Vorverständnis für die Lektüre einschlägiger Werke zu entwickeln. So lässt sich in einem Überblick über die neueren übersetzungswissenschaftlichen Studien inzwischen ein gewisser Perspektivenwandel in der Problemdiskussion ausmachen.

Zunächst konzentrierte man sich auf die Sprachenpaare, die beim Übersetzen aufeinandertreffen und verglich deren Wort- und Satzstrukturen. Da aber nicht nur Wörter und Sätze, sondern Texte im Rahmen einer gesellschaftlichen Situation übertragen werden, wandte sich das wissenschaftliche Interesse produktorientiert alsbald mehr textlinguistischen Fragestellungen zu. Die Beobachtung der Vielschichtigkeit von Texten und die Einwirkung außersprachlicher Bedingtheiten hat schließlich den Blick auf die übersetzenden Personen selbst und prozessorientiert auf deren Denken und Handeln gelenkt. Dabei wurden einerseits Handlungsmodelle entwickelt und andererseits auch der Versuch unternommen, das Verstehen zu reflektieren und das übersetzerische Denken zu untersuchen, um so dem Prozess auf die Spur zu kommen.

Dass hier für Studienanfänger ein gewisser Klärungsbedarf besteht, macht das Erscheinen mehrerer Überblicksversuche in der ersten Hälfte der neunziger Jahre deutlich. In der vorliegenden durchgesehenen und erweiterten fünften Auflage der „Einführung" wurden zwischenzeitlich erfolgte Weiterentwicklungen, einige bisher übersehene Strömungen und Perspektivenverschiebungen sowie neuere Literatur aufgenommen und ein neues Layout gewählt.

Zunächst geht es darum, die wichtigsten Forschungsrichtungen im Einzelnen vorzustellen und zu erläutern. Nach Denkschulen geordnet werden die wesentlichen Ansatzpunkte und Grundaussagen wichtiger Autoren zum Übersetzen, ggf. mit Originaldefinitionen und Beispielen, vorgestellt und durch Angaben der wichtigsten Literatur zu jedem Kapitel ergänzt. Diese Literaturhinweise sind am Ende des Buches noch einmal in einer Gesamtbibliographie zusammengestellt. Quellenangaben zu speziellerer Literatur erscheinen in den Fußnoten. Kernbegriffe werden besonders hervorgehoben und erläutert. Während in den Naturwissenschaften das Erscheinungsdatum eines Beitrags auf dessen Aktualität schließen lässt, kann hier das Vorgehen nicht rein chronologisch erfolgen, da vieles gleichzeitig oder in partieller Auseinandersetzung entstanden ist. Dennoch ist natürlich auch eine gewisse zeitliche Weiterentwicklung ersichtlich.

Das vorliegende Studienbuch versucht, in die Vielfalt von miteinander konkurrierenden übersetzungstheoretischen Erörterungen eine gewisse Ordnung zu bringen, indem nach der Perspektive auf den Forschungsgegenstand (Sprachsystem, Text, Disziplin, Handlung, Übersetzer) unterschieden wird. Die Darstellung konzentriert sich absichtlich nicht auf einige wenige „Schule machende" Richtungen, denn der junge Wissenschaftler ist ja gerade mit der Vielfalt unterschiedlicher Ansätze konfrontiert. Und auch dem weniger anspruchsvollen „Neuling" muss nicht unbedingt die Anstrengung der eigenen kritischen Stellungnahme und Auswahl abgenommen werden. Eine strenge Trennung zwischen „Theoretikern" und „Didaktikern" erschien auch nicht sinnvoll, weil jeder sich als Didaktiker gerierende Autor stets auch implizit eine bestimmte Theorie vertritt (und um die geht es hier), und weil die meisten sog. Theoretiker insgeheim doch auch eine praktische Anwendung ihrer Theorie im Auge haben, sonst würden sie nicht stets ihre Modelle mit praktischen Textbeispielen ausschmücken. Praxis ohne Theorie ist funktionaler Leerlauf, und Theorie ohne Praxis ist tote Begrifflichkeit.

Die unterschiedlichen Herangehensweisen gegenwärtiger Übersetzungstheorien sowie deren Reichweite werden so deutlich gemacht und miteinander verglichen. Im Durchgang durch diese vielen Theorien ist es faszinierend zu sehen, wie diese immer umfassender werden. Dabei ist es nicht so, dass die jeweils spätere Theorie immer die bessere wäre. Vielmehr wird eher eine Gesamtwahrnehmung der verschiedenen Ansätze der tatsächlichen Komplexität des Übersetzens gerecht. Keineswegs sollen hier aber die Grenzen einer Disziplin „Translationswissenschaft" aufgezeigt werden, weil sich die Perspektiven der Wissenschaftler und ihr frei wählbarer Standort nicht festlegen lassen.

Den Kapiteln ist jeweils ein kurzes Abstract zur Grundorientierung vorangestellt. Da in der Übersetzungswissenschaft die einzelnen Ansätze mit Autorennamen verbunden sind, werden diese in den Abschnittüberschriften genannt, doch gelegentlich wird ein Ansatz auch in mehreren aufeinander folgenden Abschnitten behandelt. Am Ende jeden Kapitels erscheint ein kurzer Kommentar, welcher die Leser und Leserinnen zu kritischer Distanz und zusammenfassendem Nachdenken anregen soll. Bewusst werden in der Bibliographie nur die für diese Einführung wichtigeren Werke der genannten Autoren aufgeführt, sodass einige speziellere und ergänzende Angaben nur in der jeweiligen Fußnote zu finden sind.

Diese Einführung ist gedacht als erste Orientierung im Bereich der Übersetzungstheorien für Studierende der Übersetzerstudiengänge, der Philologien sowie für Praktiker, die schon immer einmal wissen wollten, was denn Übersetzungstheorie eigentlich soll. Allerdings ersetzt die Lektüre dieser Einführung nicht das Studium der Originale. Weil eine solche Einführung naturgemäß plakativ und verkürzend ist, möchte dieses Studienbuch zu selbständigem Weiterforschen anregen.

1 Zur Vorgeschichte

> *Frühe Äußerungen zur Übersetzungstheorie dienen der Rechtfertigung der eigenen Arbeit und erläutern einzelne Übersetzungsprobleme. Römische Übersetzer wollten ihre Muttersprache bereichern. Zentral war jahrhundertelang die Dichotomie von wörtlicher und sinngemäßer Übersetzung, von Treue und Freiheit. Der Ausgangstext galt als 'heiliges Original'.*

1.1 Der Begriff Übersetzung

Solange Menschen verschiedene Sprachen sprechen, gehört das Dolmetschen und Übersetzen zu den unentbehrlichen Bemühungen um die Überwindung der Sprachbarriere – im politischen wie im wirtschaftlichen Verkehr, bei machtpolitischer Expansion wie beim friedlichen Reisen, aber vor allem bei der Übermittlung von Philosophie, Wissenschaft, Literatur und Religion.

Doch was ist eigentlich „Übersetzen"? Nach dem Brockhaus[1] in der 16. Auflage von 1957 ist es

> die Übertragung von Gesprochenem oder Geschriebenem aus einer Sprache in eine andere.

In der Encyclopædia Britannica[2] heißt es ähnlich:

> *translation,* the act or process of rendering what is expressed in one language or set of symbols by means of another language or set of symbols.

Jene unbestimmte Definition war freilich bald überholt. In der nächsten Auflage des Brockhaus von 1974[3] hieß es schon:

> *Übersetzung,* die Übertragung von Gesprochenem oder Geschriebenem aus einer Sprache (Ausgangssprache) in eine andere (durch einen Übersetzer oder Dolmetscher). Dabei ist die Gefahr einer Bedeutungsverschiebung dort am geringsten, wo die Wiss. bereits durch eine einheitl. Terminologie die beste Vorarbeit für eine Ü. geleistet hat: die eindeutige Zuordnung der Wörter zu den gemeinten Sachen oder Vorstellungen. (...) Freie Ü. oder Nachdichtung ist der Versuch, das Original im anderen sprachlichen Medium gleichsam neu zu erschaffen.

In Meyers Enzyklopädischem Lexikon[4] von 1979 wird dann unterschieden:

---

[1] Der Große Brockhaus, 16. Auflage, Wiesbaden 1957, Bd. XI, S. 714.
[2] Vgl. Micropædia 1973, vol. 10, p. 93. In der Makropædia wird die Übersetzung nicht einmal eines eigenen Artikels gewürdigt, sondern nur in einem sprachbezogenen Beitrag erwähnt.
[3] Brockhaus Enzyklopädie, 17. Auflage, Wiesbaden 1974, Bd. 19, S. 172. – So auch im „Großen Brockhaus in 12 Bänden", 18. Auflage 1977-1981, Bd. 11, S. 562.
[4] Meyers Enzyklopädisches Lexikon, Mannheim/Wien/Zürich 1979, Bd. 24, S. 76.

> Die *Übersetzung* ist die Wiedergabe eines Textes in einer anderen Sprache. Sie ist Form der schriftlichen Kommunikation über Sprachgrenzen hinweg im Gegensatz zur aktuellen, mündlichen Vermittlung des Dolmetschers.

In der Web-Enzyklopädie Encarta 2005 heißt es:

> *Übersetzung.* Übertragung von Informationen einer Sprache in eine andere. Unter Übersetzung versteht man im Allgemeinen sowohl Vorgang als auch Resultat. ...

In der jetzt aktuellen Brockhaus Enzyklopädie[5] lesen wir:

> 1. *Computerlinguistik:* das Übersetzen eines größeren gesprochenen oder geschriebenen Sprachkomplexes aus einer natürl. Sprache (Quellsprache) in eine andere (Zielsprache) mit Hilfe eines Computers. Man unterscheidet dabei grundsätzlich zw. (voll-)automat. maschineller Ü. und maschinen- oder computerunterstützter Ü. (...)
> 2. *Philologie:* schriftl. Form der Vermittlung eines Textes durch Wiedergabe in einer anderen Sprache unter Berücksichtigung bestimmter Äquivalenzforderungen. Zu differenzieren sind einerseits die interlinguale (Ü. von einer Sprache in eine andere), die intersemiot. (Ü. von einem Zeichensystem in ein anderes, z.B. vom Text ins Bild) und die intralinguale Ü. (Ü. von einer Sprachstufe in eine andere, z.B. vom Althochdeutschen ins Neuhochdeutsche, vom Dialekt in die Standard- oder Hochsprache), andererseits umfaßt der Oberbegriff die unterschiedlichsten Typen von Ü., z.B. Glossen, Interlinearversion, Übertragung (Bearbeitung), Nachdichtung (Adaption) oder auch Neuvertextung (z.B. Filmsynchronisation). (...)

In den verschiedenen Bezeichnungen des Übersetzens als „Übertragung", „Wiedergabe", „Nachdichtung" oder „Form der Kommunikation" deutet sich schon an, dass die Auffassung von dem, was Übersetzer und Übersetzerinnen seit Jahrhunderten leisten, bis heute durchaus nicht einheitlich ist. Die Bezeichnungen für die schriftlich fixierte Übersetzerarbeit und die spontane mündliche Sprachmittlung, die wir heute Dolmetschen nennen, variieren in den verschiedenen Sprachen erheblich, sowohl in der oft exotischen Etymologie als auch in der Verwendung.

Dafür ist gerade das deutsche Wort *Dolmetschen* ein Paradebeispiel: Seinen Ursprung hat es wahrscheinlich im 2. Jahrtausend vor Christus in der kleinasiatischen Mitannisprache (*talami*), und von dort stammt das nordtürkische Wort *tilmaç* mit der Bedeutung „Mittelsmann, der die Verständigung zweier Parteien ermöglicht, die verschiedene Sprachen reden"; über das Magyarische gelangt dieses dann ins Mittelhochdeutsche und erscheint im 13. Jh. als *tolmetsche*.[6] In Martin Luthers berühmtem „Sendbrief vom Dolmetschen" aus dem Jahre 1530 ist dagegen von schriftlicher Übertragung die Rede, und Friedrich Schleiermacher unterschied 1813 zwischen der Arbeit des Dolmetschers als dem eher me-

---

[5] Brockhaus Enzyklopädie, 19. Auflage, Wiesbaden 1974-1994, Bd. 22 (1994), S. 542f.
[6] Vgl. Eintrag „Dolmetsch" in F. KLUGE, Etymologisches Wörterbuch der deutschen Sprache, Berlin: Walter de Gruyter [19]1975, S. 137.

chanischen Übertragen für den Bedarf des Geschäftslebens und dem „eigentlichen Übersetzer vornämlich in dem Gebiete der Wissenschaft und Kunst".[7]

Heute bezeichnen wir mit „Dolmetschen" nur noch die mündliche Übertragung gesprochener Mitteilungen. Als „Konferenzdolmetschen" bezeichnet man die Tätigkeit der Sprachmittler auf internationalen Konferenzen, die meist in Form des „Simultandolmetschens" in einer Dolmetschkabine geschieht, wobei sich jeweils zwei Dolmetscher regelmäßig abwechseln. Dies unterscheidet sich von „synchron", der gleichzeitigen Anwesenheit von Gesprächsteilen, z. B. im Chat. Das „Konsekutivdolmetschen" ist demgegenüber die Aufgabe, eine Rede in der Fremdsprache anzuhören, sich deren Inhalt und Aufbau zu merken, um sie hernach zusammenhängend in der eigenen Sprache wiederzugeben. Hierzu wird meist eine bestimmte „Notizentechnik" verwendet. Beim „Gesprächsdolmetschen" oder „Verhandlungsdolmetschen" geht es darum, in kleinen Gruppen oder bei Besprechungen Rede und Gegenrede dialogisch hin und her zu dolmetschen. Immer mehr Bedeutung gewinnt heute das „Kommunaldolmetschen" als Sprachmittlung für Ausländer bei der Justiz und den staatlichen Behörden eines Landes.

Das „Übersetzen" als schriftliche Übertragung unterscheidet sich vor allem dadurch vom mündlichen Dolmetschen, dass die Textvorlage längere Zeit zur Verfügung steht und der Übersetzungstext nach einem ersten Entwurf überarbeitet werden kann. Das „Urkundenübersetzen" unterliegt zudem gewissen rechtlichen Vorschriften. Während es beim Dolmetschen vor allem um zwischenmenschliche Verständigung geht, steht beim Übersetzen Genauigkeit und Wirkung der übermittelten Botschaft im Vordergrund. Die nachfolgend vorgestellten Theorien beziehen sich nur auf das Übersetzen, denn die Dolmetschwissenschaft ist ein eigenständiger Forschungsbereich.

1.2 Die historische Rolle der Übersetzer

Die ältesten erhaltenen Übersetzungen reichen bis ins 3. Jahrtausend v. Chr. zurück (altbabylonische Inschriftentafeln religiösen Gehalts in sumerischer und akkadischer Sprache). Jahrtausendelang dominierte – neben Texten wissenschaftlichen und administrativen Charakters – die Übersetzung der religiösen Literatur.

Die politische Bedeutung des Übersetzens zeigt das „Dolmetscherrelief" in einem ägyptischen Edlengrab[8], nämlich des Statthalters Haremhab in Memphis.[9]

---

[7] Friedrich SCHLEIERMACHER (1813): „Ueber die verschiedenen Methoden des Uebersezens". In: STÖRIG 1969:38-70, S. 39.
[8] Vgl. Ingrid KURZ (1986): „Das Dolmetscher-Relief aus dem Grab des Haremhab in Memphis. Ein Beitrag zur Geschichte des Dolmetschens im alten Ägypten." In: Babel 2/1986, 73-77. – Das Relief zeigt einen Dolmetscher in zweifacher Haltung: einmal zum doppelt so großen Statthalter hingewendet, von dem er die Befehle entgegennimmt, die jener im Auftrag des Pharao ausspricht, dann zu den knienden Fremden gewendet, denen er die Botschaft weitersagt. Sie hatten den Pharao um Schutz gegen Eindringlinge gebeten. – Das Relief befindet sich heute im Rijksmuseum von Outheden, Leiden.
[9] Solche Gaugrafen hatten hohe Ämter in der Landesverwaltung inne, unterhielten die Handelsbeziehungen mit den benachbarten Volksgruppen und leiteten große Expeditionen ins Ausland.

Das Bild zeigt auch etwas über den sozialen Status des Dolmetschers. Er ist in der Mitte des Bildes in Doppelgestalt als Hörender und als Redender abgebildet. In Altägypten wurde der Ehrentitel „Mensch" nur den eigenen Leuten zugebilligt, Fremdvölker galten schlicht als „elende Barbaren" (KURZ 1986:73), ähnlich wie auch bei den Griechen, und sind deshalb im Bild kleiner dargestellt. So ergibt sich die Kommunikationsrichtung von oben nach unten, was auch auf den Dolmetscher abfärbt. Er ist als bloßer Handlanger viel kleiner als der Gaugraf, ja sogar noch kleiner als die Ausländer, obwohl er mit diesen auf gleicher Stufe redet. Dolmetschen ist eben nur eine Dienstleistung für die Verständigung, keine Tätigkeit eigenen Rechts, und zudem verdächtig. Man beachte das uralte italienische Epigramm mit dem Diktum *traduttore traditore*. Erst in dem Maße, wie Vorurteile und Misstrauen gegenüber fremden Völkern abgebaut werden und die Kommunikation sich auf Gleichberechtigte einpendelt, wird auch die Stellung des Dolmetschers aufgewertet. Ein Dolmetscher oder Übersetzer durfte damals nicht eigenmächtig handeln. Am 3. August 1546 wurde deshalb Étienne Dolet an seinem 38. Geburtstag in Paris auf dem Scheiterhaufen hingerichtet und seine Übersetzungen verbrannt.[10]

Bis heute liegt noch keine Gesamtgeschichte des Übersetzens vor.[11] Die unermessliche Fülle der Übersetzungen wurde und wird meist in der Stille der Anonymität angefertigt. Dennoch sind Übersetzungen von allergrößter Bedeutung gewesen für die Erfindung der Schriften, die Entwicklung der Nationalsprachen und das Entstehen nationaler Literaturen, für die Verbreitung von Wissen und die Ausbreitung politischer Macht, bei der Weitergabe der Religionen und der Übertragung kultureller Werte, beim Verfassen von Wörterbüchern seit der Antike, und nicht zuletzt als Dolmetscher in diplomatischer Mission.

Heute gilt der Übersetzer- und Dolmetscherberuf als hochqualifizierte Tätigkeit, und die Leistung der Übersetzer über die Jahrhunderte wurde inzwischen

---

Sie führten ehrenvolle Titel, wie etwa „Präfekt von Oberägypten", „Siegelbewahrer des Delta-Königs", oder auch „Vorsteher der Dolmetscher" (KURZ 1986:73).

[10] Er war Gelehrter, Humanist und Übersetzer und wurde wegen eines Zusatzes in seiner französischen Übertragung eines Platon-Dialogs von der theologischen Fakultät der Sorbonne zum Tode verurteilt. Er hatte übersetzt, nach dem Tode eines Menschen gäbe es „überhaupt nichts" mehr. Durch die Wörter *rien du tout*, die nicht im Original erkennbar seien, stelle er die Unsterblichkeit der Seele in Frage und sei somit ein Ketzer. – Vgl. E. CARY (1963.13f). – Vgl. auch Mary SNELL-HORNBY (1991). „Übersetzungswissenschaft: Eine neue Disziplin für eine alte Kunst?" In: *MDÜ* 1/1991, 4-10.

[11] Vgl. jedoch neuerdings Hans J. VERMEER (1992): *Skizzen zu einer Geschichte der Translation*. Frankfurt am Main, Band 1: Anfänge – von Mesopotamien bis Griechenland; Rom und das frühe Christentum bis Hieronymus, Band 2: Altenglisch, altsächsisch, Alt- und Frühmittelhochdeutsch. – Ders. (1996): *Das Übersetzen im Mittelalter (13. und 14. Jahrhundert)*. Heidelberg, Band 1: Das arabisch-lateinische Mittelalter. Band 2: Deutsch als Zielsprache. – Ders. (2000): *Das Übersetzen in Renaissance und Humanismus (15. und 16. Jahrhundert)*. Heidelberg, Band 1: Westeuropa. Band 2: Der deutschsprachige Raum. Literatur und Indices.

auch in einem von der Unesco geförderten Buch gewürdigt.[12] Und Johann Wolfgang v. Goethe[13] hatte schon angemerkt:

> Wer die deutsche Sprache versteht und studiert befindet sich auf dem Markte, wo alle Nationen ihre Waren anbieten, er spielt den Dolmetscher, indem er sich selbst bereichert. Und so ist jeder Übersetzer anzusehen, daß er sich als Vermittler dieses allgemein geistigen Handels bemüht, und den Wechseltausch zu befördern sich zum Geschäft macht. Denn, was man auch von der Unzulänglichkeit des Übersetzens sagen mag, so ist und bleibt es doch eins der wichtigsten und würdigsten Geschäfte in dem allgemeinen Weltwesen.

1.3 Die griechisch-römische Antike als Übersetzungsepoche

Die griechisch-römische Antike ist für uns die erste historisch greifbare Übersetzungsepoche. In ihr haben sich bestimmte übersetzerische Grundkonzeptionen erstmals herausgebildet, die auch für die Folgezeit Gültigkeit behalten sollten, ja teilweise bis heute ausgeübt werden. Zugleich aber unterscheidet sich die antike Übersetzungspraxis grundsätzlich von der modernen. Die Rezeption der Griechen durch die Römer[14] diente auch dem Zweck, das Lateinische als Sprache zu bereichern, es literaturfähig zu machen, die im Griechischen schon vorhandenen literarischen Gattungen auf dem Wege der Übersetzung zu gewinnen (vgl. SEELE 1995:4).

Anfangs, in der archaischen Zeit, werden die griechischen Vorbilder experimentierend und bezogen auf den Textinhalt oft frei angeeignet. „Die römischen Komödiendichter waren sich durchaus ihrer Entfernung von den griechischen Vorlagen bewusst und formulierten auch explizit das Postulat der Wirkungsäquivalenz. Zeugnis hierfür sind insbesondere die Prologe des Terenz" (SEELE 1995:7). Die antiken Übersetzer wetteiferten mit ihren Originalen, amplifizierten oder reduzierten sie, modifizierten die Semantik ihres Ausgangstextes, wenn dies im eigenen oder im Interesse ihrer Leser lag. Dies konnte bis zur Parodie gehen. Dass ein und derselbe Text in mehreren Übersetzungen durch verschiedene Übersetzer je andersartig ausfällt, ist dabei eine Erfahrungstatsache.[15]

---

[12] *Translators through History.* Edited and directed by Jean DELISLE and Judith WOODSWORTH. Amsterdam/Philadelphia 1995.

[13] Brief vom 20. Juli 1827 an Thomas Carlyle. Zit. nach SNELL-HORNBY (1991:5) mit Verweis auf Reinhard TGAHRT (Hrsg.) (1982): *Weltliteratur. Die Lust am Übersetzen im Jahrhundert Goethes.* Katalog zur Ausstellung des Deutschen Literaturarchivs im Schiller-Nationalmuseum Marbach am Neckar, München: Kösel, S. 9.

[14] Die Geschichte dieser Rezeption beginnt mit Livius Andronicus, der im 3. Jh. v. Chr. die homerische 'Odyssee' ins Lateinische übersetzte.

[15] Dies zeigt die schöne Legende von der Entstehung der 'Septuaginta' (= LXX), der ca. 247 v. Chr. unter Ptolemaios II. Philadelphos von Ägypten angeblich von 72 Übersetzern auf der Insel Pharos angefertigten Übersetzung des Alten Testaments in das vom alexandrinischen Judentum gesprochene Griechisch. Es gilt als ein die Autorität des Textes bezeugendes Wunder, dass alle siebzig Übersetzer einen identischen Text geliefert haben sollen. – Nach dem *Aristeasbrief* (Aristeae Epistula, ed. Wendland 1900) lässt der König jüdische Übersetzer kommen, um den Pentateuch, die Fünf Bücher Moses für die Alexandrinische Bibliothek zu übersetzen. Der Hohepriester von Jerusalem schickt 72 Männer, je 6 aus jedem der zwölf Stämme. Auf der Insel Pharos erstellen sie in 72 Tagen eine Übersetzung, die von der jüdischen Gemeinde anerkannt wird. „Sie

Eine stärkere Selbstreflexion römischer Übersetzer tritt erst in der klassischen Zeit auf, als die römischen Autoren sich in ihren Originalwerken mehr von den Vorbildern lösten, und umgekehrt sich in den Übersetzungen stärker um genaue Nachbildung bemühen konnten. Der römische Dichter Horaz (65-8 v.Chr.) sprach von einem „*fidus interpres*", dem man trauen könne, weil er seine Aufgabe zuverlässig ausübe. Der wichtigste Übersetzer der klassischen Zeit war aber Marcus Tullius Cicero (106-43 v.Chr.). Er übersetzte seine Vorlagen in der Regel mit starkem literarischem Gestaltungs- und oft Überbietungswillen, was durch das literarkritische Konzept der *aemulatio,* der konkurrierenden Nachbildung, bedingt ist. Seine theoretischen Reflexionen über das Übersetzen sind von starkem patriotischem Selbstbewusstsein getragen. So warnt Cicero stets vor allzu sklavischer Nachahmung des originalen Wortlauts. In aller Schärfe fasst er die Antithese „*non ut interpres sed ut orator*", man orientiere sich als Übersetzer nicht wie ein Ausleger am Wortlaut der Vorlage, sondern wie ein Redner an seinen Hörern.

Er fordert also nicht wörtliche Abbildung, sondern sinngemäße Wiedergabe. Gleichzeitig aber bemüht er sich insbesondere auf der Ebene des Wortschatzes um möglichst präzise Umsetzung der philosophischen Terminologie der Griechen und legt darüber in zahlreichen Äußerungen übersetzerischer Selbstreflexion Rechenschaft ab.[16] Die nachklassische Zeit hat dem nicht viel hinzuzufügen. Weittragende Übersetzungsverfahren sind entwickelt worden. Man kann feststellen,

> daß der antike Übersetzer sich vor eine ganz ähnliche Typologie von Übersetzungsschwierigkeiten gestellt sah wie der moderne: vor lexikalische Lücken, semantische Ambivalenzen, divergierende Sprachsysteme, unübersetzbare Idiomatismen, Bilder und Metaphern, metrische Zwänge, glossierungsbedürftige Stellen usw.
> Auch wenn der antike Übersetzer sich bei der Übersetzung ganzer Texte oft unbefangen über solche Schwierigkeiten hinwegsetzte, so hat er doch zumindest punktuell schon ein weites Spektrum von Lösungsmöglichkeiten erarbeitet (SEELE 1995:17).

Nachstehend werden einige Übersetzungsverfahren der Antike genannt (vgl. SEELE 1995:24ff). Im Umgang beispielsweise mit der lexikalischen Lücke, dem Fehlen eines passenden Ausdrucks in der Zielsprache, haben die Übersetzer verschiedene Strategien entwickelt:
1. Das **Übersetzungslehnwort** (*exprimi verbum e verbo*), das in der Regel einen zielsprachlichen Neologismus darstellt. So wurde der lateinische Wortschatz erwei-

---

soll als unantastbar gelten: verflucht wird, wer etwas hinzusetzt, ändert oder wegläßt." Die Erzählung des Aristeas wird von anderen aufgenommen und weiter ausgesponnen. *Josephus* zitiert ihn genau, *Philo* (um 25 v. Chr. - 40 n. Chr.) aber „macht die Übersetzung zu einem Werk göttlicher Inspiration, die Übersetzer zu Propheten: völlig getrennt arbeitend gelangen sie zu einer wörtlich übereinstimmenden Übersetzung. Seiner Auffassung folgen die christlichen Kirchenväter, die auf das ganze Alte Testament ausdehnen, was Aristeas nur vom Gesetz erzählt hatte." (Ernst WÜRTHWEIN: *Der Text des Alten Testaments*. Stuttgart: Württ. Bibelanstalt 1966, S. 52).

16 Für eine sinngemäße Wiedergabe der griechischen Vorlage anstelle einer sklavisch-wörtlichen plädiert Cicero in der Schrift 'De optimo genere oratorum' und in den Prologen zu 'De finibus' und den 'Academici libri' (vgl. SEELE 1995:115).

tert, indem Worbildungsgesetze imitiert und nach Analogie der griechischen Komposita lateinische Zusammensetzungen geformt wurden: *omnipotens, altivolans, altisonus*. Auch in der deutschen Übersetzung der Odyssee von J. H. Voß finden wir solche Ausdrücke: *die schönäugige Jungfrau Nausikaa, die rosenfingrige Morgenröte*. Produktiv sind auch die Zusammensetzungen mit **Präfix**: ανεφελος - *innubilus* - wol**kenlos**.

2. Bei **Bedeutungslehnwörtern** wurden bereits existente lateinische Wörter mit neuen Bedeutungen gefüllt, so wenn z. B. griechische Götternamen (Ερμειας) durch lateinische ersetzt wurden *(Mercurius)*.

3. Manchmal wurden lexikalische Lücken auch geschlossen, indem das griechische Wort einfach als **Fremdwort**, als Exotismus in den lateinischen Text aufgenommen wurde,

4. oder mit mehreren lateinischen Wörtern umschrieben wurde (**Paraphrase**). (*Quod uno Graeci ... idem pluribus verbis exponere*).

Grundsätzlich neue Gedanken fügt der übersetzungstheoretischen Tradition erst die christliche Ära der Spätantike hinzu. Hier wird nach der Autorität von Texten unterschieden. Bei „heiligen Texten" wie der Bibel darf nichts verändert oder verschoben werden. So entstand die „Interlinearversion", das ist eine zwischen die Zeilen geschriebene Wort-für-Wort-Übersetzung, besonders auch in frühen mittelalterlichen Handschriften. Wichtig war insbesondere die berühmte Epistel des Hieronymus (348-420) an Pammachius[17], wo der lateinische Bibelübersetzer einräumt:

> Ich gebe es nicht nur zu, sondern bekenne es frei heraus, dass ich bei der Übersetzung griechischer Texte – abgesehen von den Heiligen Schriften, wo auch die Wortfolge ein Mysterium ist – nicht ein Wort durch das andere, sondern einen Sinn durch den anderen ausdrücke; und ich habe in dieser Sache als Meister den Tullius (Cicero) (...).

Diese spezielle Problematik der Übersetzung der Bibel, in der schon die Wortstellung ein (unantastbares) Mysterium sei, sollte freilich auch die Übersetzer weltlicher Literatur beeinflussen. Nachdem nämlich die Übersetzer biblischer Schriften durch ihr gewissenhaftes Bemühen um adäquate Nachbildung der Originale das sprachliche Instrumentarium geschaffen hatten, konnten auch die Übersetzer weltlicher Schriften sich um ausgangssprachlich genaues Übersetzen bemühen. Die Kirchenväter hatten im 4. Jh. n. Chr. die Lehre vom mehrfachen Schriftsinn entwickelt, und die mittelalterliche Tradition hat daran angeknüpft.[18]

---

[17] In STÖRIG 1969:1-13, hier S. 1. – Doch auch schon vor der 'Vulgata', der Bibelübersetzung des Hieronymus, hatte es seit dem 2. Jh. n. Chr. sporadisch lateinische Übersetzungen aus der 'Septuaginta', sowie aus dem Neuen Testament gegeben. – Vgl. B. REICKE, in: *Lexikon der Alten Welt*, hrsg. von C. Andresen et al., Zürich/Stuttgart 1965, S. 3223f. s. v. 'Vetus Latina'.

[18] Ausgehend von der Grundannahme, dass die wörtliche Aussage eines Textes nicht notwendig mit dessen Sinn zusammenfallen muss, stellte Origenes (ca. 185-254) die Lehre vom „mehrfachen Schriftsinn" auf und Augustinus (354-430) entwickelte eine Zeichenlehre erster Ordnung (Wortlaut) und zweiter Ordnung (geistlicher Sinn). Dies wurde im 5. Jh. durch Johannes Cassianus zur Theorie vom vierfachen Schriftsinn ausgebaut, welche für das ganze Mittelalter prägend war (BRENNER 1998:7). Danach hat ein Text mehrere Bedeutungen: einen *Literalsinn* (wörtliche, geschichtliche Bedeutung), einen *allegorischen* Sinn (Auslegung 'im Glauben' = dogmatisch), einen *tropologischen* Sinn (Interpretation 'in Liebe' = moralisch) und einen *anagogischen* Sinn (Deutung

Bis zur Neuzeit erfolgt dann ein allmählicher Übergang von der mittelalterlichen Allegorese hin zur modernen Hermeneutik, indem der Buchdruck neue Kommunikationsformen ermöglichte.

1.4 Verdeutschende Übersetzung (Luther)

Der deutsche Bibelübersetzer Martin Luther (1483-1546) entschied sich dann sogar bei der Heiligen Schrift für die freiere Formulierung: „rem tene, verba sequentur" (erfasse die Sache, dann folgen die Worte von selbst). Für ihn war es wichtig, dass der Übersetzer eine innere Nähe zum Gegenstand der Aussage hat und ein sensibles Sprachgefühl für den Rhythmus und die Melodie des Textganzen, damit die Übersetzung auch die rechte Wirkung erzielen kann. Bei seiner zehnjährigen Arbeit an der Psalmenübersetzung wünschte er sich z. B. eine hebräische Stilkunde, die über die von ihm verwendete reine Grammatik und das Lexikon Reuchlins hinausgehen würde. In seinem „Sendbrief vom Dolmetschen" (1530)[19] verteidigt er sein Vorgehen mit vielen Beispielen gegen Kritiker, die ihm eine zu freie Übersetzung vorwarfen.

> **Martin Luther erklärt:** „... man muß die Mutter im Hause, die Kinder auf der Gassen, den gemeinen Mann auf dem Markt darum fragen, und denselbigen auf das Maul sehen, wie sie reden und darnach dolmetschen; da verstehen sie es denn und merken, daß man deutsch mit ihnen redet.
> So wenn Christus spricht: *'Ex abundántia cordis os lóquitur'* [Matth. 12, 34]. Wenn ich den Eseln soll folgen, die werden mir die Buchstaben vorlegen und so dolmetschen: *aus dem Überfluß des Herzens redet der Mund*. Sage mir: ist das deutsch geredet? Welcher Deutsche verstehet solches? Was ist Überfluß des Herzens für ein Ding? Das kann kein Deutscher sagen, es sei denn, er wollte sagen es bedeute, daß einer ein allzu groß Herz habe oder zu viel Herz habe; wiewohl das auch noch nicht recht ist. Denn 'Überfluß des Herzens' ist kein Deutsch, so wenig als das Deutsch ist: Überfluß des Hauses, Überfluß des Kachelofens, Überfluß der Bank, sondern s o redet die Mutter im Haus und der gemeine Mann: *Wes das Herz voll ist, des gehet der Mund über*. Das heißt gutes Deutsch geredet, des ich mich beflissen und leider nicht allwege erreicht noch getroffen habe. Denn die lateinischen Buchstaben hindern über die Maßen sehr, gutes Deutsch zu reden" (Sendbrief, S. 21f).

Von LUTHER stammt die Bezeichnung „Verdeutschen", mit der er sein Übersetzungsprinzip umreißt.[20] Eine solche Übersetzung ist dann sinngemäß, „frei". Natürlich kann eine solche Einstellung immer auch zu Fehlleistungen führen, wie das gängige Diktum „*traductions – les belles infidèles*" andeutet.[21] Dagegen wirkt eine Übersetzung, die sich wort„getreu" an der Form der Vorlage orientiert, meist „verfremdend", weil sie für den zielsprachlichen Leser befremdlich, fremdartig wirkt; es ist nicht „seine Sprechweise". Aus diesem Spannungsver-

---

'in Hoffnung' = endzeitlich). Vgl. Peter WALTER (2000): „Schriftsinne". In: *Lexikon für Theologie und Kirche* ³IX, Freiburg (Herder), S. 268f.
[19] In STÖRIG 1969:14-32.
[20] Sendbrief, S. 15.
[21] Übersetzungen sind angeblich wie Frauen: Manche sind zwar „schön", dem Original aber „untreu" geworden. Vgl. die einschlägige französische Literatur; dazu Jörn ALBRECHT (1998.77).

hältnis ist das Bedürfnis nach der Festlegung gültiger Maximen des Übersetzens entstanden.

Wie ein roter Faden zieht sich seither die Auseinandersetzung über die Methode der übersetzerischen Tätigkeit durch die Geschichte der Übersetzungstheorie. Im deutschen Sprachraum hat sie sich in den beiden einander entgegenstehenden Grundforderungen nach „wörtlicher, getreuer, verfremdender Übersetzung" einerseits und nach „freier, eindeutschender Übersetzung" andererseits verdichtet. Schon Hieronymus beschrieb das Dilemma (Epistel, S. 2):

> Es ist schwierig, nicht irgend etwas einzubüßen, wenn man einem fremden Text Zeile für Zeile folgt, und es ist schwer zu erreichen, daß ein gelungener Ausdruck in einer anderen Sprache dieselbe Angemessenheit in der Übersetzung beibehält. Da ist etwas durch die besondere Bedeutung eines einzigen Wortes bezeichnet: in meiner Sprache habe ich aber keines, womit ich es ausdrücken könnte, und, während ich den Sinn zu treffen suche, muß ich einen langen Umweg machen und lege kaum ein kurzes Wegstück zurück.

In diesen frühen Äußerungen zum Übersetzen folgte praktisch die Theorie aus der Praxis als deren Begründung. Solche einzelfallbezogenen Hinweise dokumentierten die Übersetzungsschwierigkeiten des jeweiligen Übersetzers und zeigten den von ihm gewählten Lösungsweg auf. Das ist aber noch keine Übersetzungstheorie.

Auf der Suche nach einer „Regel des Übersetzens" gab es immer wieder allgemein gefasste Grundprinzipien als übersetzerische Zielvorstellung, die freilich in ihrer Allgemeinheit wenig über das tatsächliche Vorgehen im Einzelfall aussagen. Im 18. Jh. ist Alexander TYTLER (1791) zu nennen. Als Grundvoraussetzungen für eine gute Übersetzung forderte er, was unwiderleglich ist: Kenntnis beider Sprachen, Einblick in die angesprochene Sache, Stilsicherheit und ein Verständnis der Mitteilungsabsicht des Autors. Das Verhältnis von Textvorlage und Übersetzung fasste er bündig zusammen[22]:

> I. That the translation should give a complete transcript of the ideas of the original work. II. That the style and manner of writing should be of the same character with that of the original. III. That the translation should have all the ease of the original composition.

KOMMENTAR

Seit jeher haben Übersetzungen zwischen den Völkern vermittelt. Frühe Übersetzer begründen zwar ihre Methode, doch es gelingt noch nicht, das Übersetzen als eine spezifische Sprachverwendung theoretisch zu fassen und wissenschaftlich zu beschreiben. Die zahlreichen Anmerkungen zum Übersetzen kreisen im Grunde immer um den grundsätzlichen Streit zwischen der abbildend-wörtlichen und der sinngemäß-übertragenden, also der „treuen" und der „frei-

---

[22] A. F. TYTLER (1791): *Essay on the principles of translation.* Ed. J. F. Huntsman. Amsterdam 1978, S. 16.

en" Übersetzung, was vielleicht mit einzelnen Beispielen belegt, aber nicht stringent theoretisch begründet wird.

Als Faustregel lehrte man lange Zeit, und im schulischen Fremdsprachenunterricht teilweise bis heute, man solle „so wörtlich wie möglich und so frei wie nötig übersetzen", wobei dies eigentlich ein Zirkelschluss ist. Man könnte also sagen, dass sich, sobald die Praxis nicht mehr reibungslos funktioniert, ein Bewusstsein der jeweiligen Problematik entwickelt. Einsichten werden beschreibend zusammengefasst, jedoch handelt es sich hierbei noch nicht um eine Übersetzungstheorie.

LEKTÜREHINWEISE

Werner KOLLER (1992): *Einführung in die Übersetzungswissenschaft*. 4. Auflage (^{7}2004), Heidelberg; besonders Kapitel 1.2.

Astrid SEELE (1995): *Römische Übersetzer - Nöte, Freiheiten, Absichten*. Darmstadt.

Hans J. STÖRIG (Hrsg.) (1969): *Das Problem des Übersetzens*. Darmstadt;
darin:
HIERONYMUS: „Epistel an Pammachius", S. 1-13.
Martin LUTHER: „Sendbrief vom Dolmetschen" (1530), S. 14-32.

Der Blick auf die Sprachsysteme

2 Relativistisch orientierte Theorien

> *Die deutsche Romantik betonte den eigentümlichen Geist der Sprache und sah das Übersetzen künstlerischer Werke als nur unvollkommen möglich. Die Sprachinhaltsforschung betrachtet die Sprachen als geschlossene Systeme und gelangt zum linguistischen Relativitätsprinzip der unüberwindlichen Strukturverschiedenheit. Die Dekonstruktion untersucht die Sprachstrukturen als Spiegel des Unbewussten, der Wortsinn flottiert. Die Folge all dessen ist Unübersetzbarkeit.*

2.1 Einheit von Sprache und Denken (Humboldt)

Bis ins 19. Jahrhundert wurde nur das Übersetzen der Heiligen Schrift und literarischer Kunstwerke als anspruchsvolle Aufgabe angesehen, die eine theoretische Erörterung überhaupt lohnt. Für die heiligen Schriften galt weiterhin wegen der Unantastbarkeit der Wortfolge die Interlinearversion (s. Kap. 1.3), und sonst legte man eine allgemeine Übersetzungsmaxime, eine Art idealer Treue zum Originaltext und zum Autor zu Grunde: oberstes Gebot war stets, die Stimme des Autors zu Gehör zu bringen. Dahinter steckt aber eine bestimmte Vorstellung vom „Geist der Sprache", die besonders in der deutschen Romantik formuliert wurde.

Wegweisend für dieses Denken war Wilhelm von HUMBOLDT (1767-1835), der in der Einleitung[23] zu seiner Übersetzung von Aeschylos' Agamemnon (1816) feststellt, ein solches Werk sei „seiner eigenthümlichen Natur nach" unübersetzbar (ebd.:80). HUMBOLDT sieht das Denken in Abhängigkeit von der Muttersprache: „Die Sprache ist gleichsam die äußerliche Erscheinung des Geistes der Völker; ihre Sprache ist ihr Geist und ihr Geist ihre Sprache, man kann sich beide nicht identisch genug denken."[24] Sich eine Sprache aneignen, in eine Kultur hineinwachsen heißt, die Wirklichkeitsauffassungen und die Sprache, in der diese Kultur tradiert wird, zu übernehmen. Die Sprache ist kein beliebig austauschbares Anhängsel der Identität, sondern grundlegend für die je besondere Erfassung von Welt, für ihre Beschreibung und ihr Verstehen durch den Einzelnen. Hierauf gründet die Vorstellung von der Unübersetzbarkeit, die natürlich besonders für dichterische Texte geltend gemacht wird. HUMBOLDT[25] sagt:

> Alles Übersetzen scheint mir schlechterdings ein Versuch zur Auflösung einer unmöglichen Aufgabe. Denn jeder Übersetzer muß immer an einer der beiden

---

[23] Abgedruckt in STÖRIG 1969:71-96.
[24] W. v. HUMBOLDT: *Über die Verschiedenheit des menschlichen Sprachbaues und ihren Einfluß auf die geistige Entwicklung des Menschengeschlechts.* Mit einem Nachwort hrsg. v. H. NETTE. Darmstadt 1949, S. 60f.
[25] In einem Brief an August Wilhelm v. SCHLEGEL vom 23.7.1796, zitiert nach KOLLER 1992:159f.

Klippen scheitern, sich entweder auf Kosten des Geschmacks und der Sprache seiner Nation zu genau an sein Original oder auf Kosten seines Originals zu sehr an die Eigentümlichkeiten seiner Nation zu halten. Das Mittel hierzwischen ist nicht bloß schwer, sondern geradezu unmöglich.

Der Grund für die Unmöglichkeit liegt in der Verschiedenartigkeit der Einzelsprachen, weil „kein Wort einer Sprache vollkommen einem in einer andren Sprache gleich ist", und dies gründet in der Identität von Sprache und Denken:

Ein Wort ist so wenig ein Zeichen eines Begriffs, dass ja der Begriff ohne dasselbe nicht entstehen, geschweige denn fest gehalten werden kann; das unbestimmte Wirken der Denkkraft zieht sich in ein Wort zusammen, wie leichte Gewölke am heitren Himmel entstehen (Einleitung, S. 80).

HUMBOLDTS für die Übersetzungstheorie eher pessimistische Vorstellung, dass der Gedanke mit der Rede eins sei, hat fortgewirkt, wenn es im Großen Brockhaus von 1980[26] zum Übersetzen heißt:

Wenn Sprache und Gehalt eine Ganzheit bilden – das gilt für dichter. Kunstwerke so gut wie für das alltäglich in individueller, bes. auch mundartlicher Färbung Gesprochene –, kann jede Ü. nur eine möglichst starke Annäherung an das Original sein. Freie Ü. oder Nachdichtung ist der Versuch, das Original im anderen sprachl. Medium gleichsam neu zu erschaffen.

2.2 Verfremdendes Übersetzen (Schleiermacher)

Der wohl wichtigste theoretische Beitrag zum Übersetzen im 19. Jh. stammt von HUMBOLDTS Zeitgenossen Friedrich D. E. SCHLEIERMACHER (1768-1834). In seiner Abhandlung „Ueber die verschiedenen Methoden des Uebersezens" von 1813[27] stellt SCHLEIERMACHER die Prinzipien dar, die seiner Platon-Übersetzung zugrunde lagen. Er reflektiert über die Schwierigkeit, den „Geist der Ursprache" in eine Übersetzung einzubringen, und hebt auf drei Unterscheidungen ab:

(1) Zunächst unterscheidet er Texte, in denen einfaches Berichten über einen Sachverhalt im Vordergrund steht, wie beispielsweise im Wirtschaftsleben, in Zeitungsartikeln, Reiseberichten usw., von solchen Texten, in denen „des Verfassers eigenthümliche Art zu sehen" (ebd.:40) zum Ausdruck kommt, nämlich in Kunst und Wissenschaft. Bei Ersteren komme es in der „Uebertragung auf ein bloßes Dolmetschen an", und es könne im Grunde nicht allzuviel falsch gemacht werden. „Deshalb ist das Uebertragen auf diesem Gebiet fast nur ein mechanisches Geschäft, welches bei mäßiger Kenntniß beider Sprachen jeder verrichten kann" (ebd.:42). Das Übertragen von Kunstwerken dagegen sei viel schwieriger und allein einer theoretischen Betrachtung wert.

(2) Die Gründe für diese Zweiteilung der Textvorkommen liegen nach SCHLEIERMACHER in verschiedenartigen Wörtern. Er unterscheidet zwischen Ausdrücken, die sich in verschiedenen Sprachen genau entsprechen, da sie sich

---

[26] Der Große Brockhaus in zwölf Bänden, 18. Auflage, Wiesbaden 1980, Bd. 11, S. 562.
[27] Abgedruckt in STÖRIG 1969:38-79.

auf genau eingrenzbare Gegenstände und Sachverhalte beziehen[28], und anderen Wörtern, welche Begriffe, Gefühle, Einstellungen erfassen und sich im Lauf der Geschichte verändern. In solchen Wörtern äußert sich der Geist der Sprache und das Denken des Einzelnen, besonders in der Kunst. So spricht er nicht vom Griechischen oder Lateinischen als Sprachen, sondern davon, dass man „deutsch", oder „römisch" oder „hellenisch" rede (ebd.:48). Es geht ihm um den Autor. Im Grunde hat SCHLEIERMACHER damit die bis heute akzeptierte Zweiteilung von Textvorkommen in den Naturwissenschaften und in den Geisteswissenschaften begründet, deren Begriffsbildung verschieden ist.

(3) In Bezug auf das künstlerisch anspruchsvolle Übersetzen unterscheidet SCHLEIERMACHER zwei „Methoden", womit er das gängige Diktum von Treue oder Freiheit etwas präzisieren möchte, indem er jeweils auf das Gesamtwerk eines Autors verweist.

(a) Bei der ersten Methode werde versucht, eine Übersetzung so zu gestalten, dass sie wie ein Original wirkt und den Autor „reden lassen will wie er als Deutscher zu Deutschen würde geredet und geschrieben haben" (ebd.:48), also ihn zu den Lesern hinbewegt. Ein solches Vorhaben erweist sich aber angesichts der Einheit von Denken und Reden in der „angebornen Sprache" als unmöglich (ebd.:60).[29]

(b) Bei der anderen Methode des Verfremdens herrscht dagegen eine „Haltung der Sprache, die nicht nur nicht alltäglich ist, sondern die auch ahnden läßt, daß sie nicht ganz frei gewachsen, vielmehr zu einer fremden Ähnlichkeit hinübergebogen sei" (ebd.:55), wo also die Leser zum Autor hin bewegt werden. Nur so sei die „treue Wiedergabe" des fremden Originals in der Zielsprache gewährleistet. Der Vorwurf der Ungelenkheit im Ausdruck durch die Nachbildung sei dabei in Kauf zu nehmen, denn anders sei der „Geist der Sprache" aus dem Original gar nicht in die Übersetzung zu retten. Das eigene Idiom des Übersetzers soll mit dem fremden so verschmelzen, dass in der Übersetzung die „Ursprache" erhalten bleibt. Notwendig ist allerdings eine Bildung der Leserschaft.

> Daher erfordert diese Art zu uebersezen durchaus ein Verfahren im großen, ein Verpflanzen ganzer Litteraturen in eine Sprache, und hat also nur Sinn und Werth unter einem Volk welches entschiedene Neigung hat sich das fremde anzueignen. Einzelne Arbeiten dieser Art haben nur einen Werth als Vorläufer einer sich allgemeiner entwickelnden und ausbildenden Lust an diesem Verfahren (ebd.:57).

---

[28] F. SCHLEIERMACHER: „Alle Wörter, welche Gegenstände und Thätigkeiten ausdrükken, auf die es ankommen kann, sind gleichsam geaicht, und wenn ja leere übervorsichtige Spizfindigkeit sich noch gegen eine mögliche ungleiche Geltung der Worte verwahren wollte, so gleicht die Sache selbst alles unmittelbar aus" (In: STÖRIG 1969:42).

[29] F. SCHLEIERMACHER kritisiert spöttisch die damals verbreitete Stammtischweisheit mit ihrer kühnnen Spekulation: „Ja was will man einwenden, wenn ein Uebersezer dem Leser sagt ‚Hier bringe ich dir das Buch, wie der Mann es würde geschrieben haben, wenn er es deutsch geschrieben hätte; und der Leser ihm antwortet ‚Ich bin dir eben so verbunden als ob du mir des Mannes Bild gebracht hättest, wie er aussehen würde, wenn seine Mutter ihn mit einem anderen Vater erzeugt hätte'" (In: STÖRIG 1969:65).

Die „Kennerschaft geistiger Werke" anderer Völker, die SCHLEIERMACHER voraussetzt, vermag dies dann auch zu goutieren. Durch solches Übersetzen wird die eigene Sprache bereichert, wie es auch schon die Römer sahen (s. Kap. 1.3).

2.3 Die Sprachinhaltsforschung (Weisgerber)

Durch verschiedene Sprachen entstehen unterschiedliche Weltansichten, ja aus dem Blickwinkel des Einzelnen sogar unterschiedliche Wirklichkeiten. Als stellvertretend für eine solche Sprachauffassung sind neben HUMBOLDT (s. Kap. 2.1) und SCHLEIERMACHER (s. Kap. 2.2) auch J. Leo WEISGERBER (1899-1985) und Benjamin Lee WHORF (1897-1941) zu nennen. Sehr einleuchtend zeigt z.B. WEISGERBER, wie Sprache die Funktion erfülle, eine Realität zu erschaffen, indem sie beobachtbare faktische Gegebenheiten ordnet.[30]

> **WEISGERBER verweist auf den *Sternenhimmel*,** der zunächst für den Menschen ein unendliches Gewirr darstellt und erst dann begreifbar wird, wenn der Mensch zwischen den Gestirnen unterscheidet, wenn er Konstellationen wie die einzelnen Sternbilder benennt und damit bestimmt (op. cit. ^{4}1971: 25-72). Dabei werden dieselben Gestirne in Asien und im Okzident zu unterschiedlichen Sternbildern geordnet. – Es handelt sich hier um ein schönes Beispiel für den menschlichen Versuch, in ein unüberschaubares Gewirr mittels der Sprache eine Ordnung zu bringen. Dann wird aus dem Chaos des Faktischen ein Kosmos der Ordnung.
> Entscheidend ist jeweils die Perspektive der Menschen auf die Dinge. „Ein Beispiel für eine solche kulturbedingte und sprachlich vermittelte Sehweise stellt das Wort *Unkraut* dar. Die Pflanzenwelt wird aufgrund wirtschaftlicher, vielleicht auch ästhetischer (nicht aber biologischer) Interessen in zwei Klassen eingeteilt: in Kulturpflanzen und in Pflanzen ohne wirtschaftlichen Wert" (KOLLER 1992:162).

WEISGERBER als Hauptvertreter der sogenannten Sprachinhaltsforschung oder Inhaltbezogenen Grammatik hat im Anschluss an HUMBOLDT die These von der Sprache als geistiger Zwischenwelt, vom „Weltbild der Muttersprache" entworfen. Jede Sprache gilt als ein relativ geschlossenes, gegen andere Sprachen abgegrenztes System. Dabei wird betont, dass sich nicht für jedes Wort einer Sprache in jeder anderen ein genaues Äquivalent finde, sondern dass gewisse Unterschiede auftreten. Schon Arthur SCHOPENHAUER (1788-1860) hatte Beispiele charakteristischer Wörter gesammelt,[31] die eigentlich unübersetzbar sind:

απαιδευτος, rudis, roh.	ingénieux, sinnreich, clever.
ορμη, impetus, Andrang.	Geist, esprit, wit.
μηχανη, Mittel, medium.	Witzig, facetus, plaisant.
seccatore, Quälgeist, importun.	Malice, Bosheit, wickedness.

> **Als Beweis für die Existenz eines einzelsprachlichen Weltbilds** werden u.a. angeführt:

---

[30] Vgl. Leo WEISGERBER (1950): *Grundzüge der inhaltbezogenen Grammatik*. 4. Auflage Düsseldorf 1971 (= Von den Kräften der deutschen Sprache, I). – Ders. (1952/53): *Die sprachliche Gestaltung der Welt*. 4. Auflage Düsseldorf 1973 (= Von den Kräften der deutschen Sprache, II).
[31] Arthur SCHOPENHAUER (^{2}1891): „Ueber Sprache und Worte". In: STÖRIG 1969: 101-107, S. 101.

Die Sprachinhaltsforschung (Weisgerber) 29

> Die Schwierigkeiten bei der anderssprachigen Wiedergabe sogenannter **charakteristischer Wörter**, wie z.B. *esprit, patrie, charme; cereals, gentleman, fairness; Sehnsucht, Gemütlichkeit, Weltschmerz, Innerlichkeit, Tüchtigkeit, Gestalt,* usw.
> Die **Unterschiede im System** der Verwandtschaftsbezeichnungen und Farbskalen, von Naturerscheinungen (Schnee, Wüstenformen), usw. Die unterschiedliche Wahrnehmung und Frequenz der Wörter ergibt sich aus der verschiedenen geographischen Lage.
> Die Existenz von **Wortfeldern**: Ein Einzelwort gewinnt seine inhaltliche Bestimmtheit erst in der Struktur eines ganzen Wortfeldes. So ist *mangelhaft* in einer viergliedrigen Skala *(mangelhaft - genügend - gut - sehr gut)* etwas anderes als in einer sechsgliedrigen Skala *(ungenügend - mangelhaft - ausreichend - befriedigend - gut - sehr gut)*. Der Wortschatz einer Sprache ist in solche Wortfelder gegliedert. Einzelne Wörter sind kaum vergleichbar, weil ihr Stellenwert in den einzelsprachlichen Wortfeldern je verschieden ist (vgl. WEISGERBER 1950:68).
> Die unterschiedlichen **Konnotationsbereiche**: der Franzose verbindet mit dem Wort *escargot* die Vorstellung einer Delikatesse, während der Deutsche bei *Schnecke* eher an ein unappetitliches schleimiges Lebewesen denkt. Oder: Für die Franzosen ist *pain* ein knuspriges Weißbrot, für die Deutschen ist *Brot* häufig ein dunkler Vollkornlaib.
> Die zutiefst menschliche Erfahrung von LEID wird in verschiedenen Sprachen mit völlig unterschiedlichen Zeichen benannt, die auch formal nicht aufeinander bezogen werden können:
>
> d. *Leid, Kummer, Schmerz*
> e. *sorrow, grief, harm*
> f. *peine, affliction*
> i. *pena, dolore*

Denken und Reden werden also gleichgesetzt. Jene geistige „Zwischenwelt" zwischen Mensch und Außenwelt hat sprachlichen Charakter, und sie vermittelt den Angehörigen der Sprachgemeinschaft das „Weltbild der Muttersprache". Das Zusammenspiel von kulturbedingter Wirklichkeitserfassung und Sprachgebrauch zeigt sich besonders deutlich in Bereichen des menschlichen Lebens, wie es schon SCHLEIERMACHER im Gegensatz zu den äußeren Dingen festgestellt hatte (s. Kap 2.2). Mehrsprachige Vergleiche in diesem Sinne hat Mario WANDRUSZKA vorgelegt, dessen Bücher bezeichnende Titel haben, wie zum Beispiel: „Das Leben der Sprachen"[32].

> WANDRUSZKA unterscheidet durch den Vergleich vorliegender **Übersetzungen für Gefühlsbezeichnungen,** wie *Hunger, Angst, Schmerz, Lust, Freude, Glück* usw., wie diese Gefühle in den verschiedenen Sprachen ausgedrückt werden:
> „Für die Römer war *anxius*, später *anxiosus* 'angsterfüllt, beunruhigt'. Im Spanischen, im Italienischen aber kann *ansioso*, im Englischen *anxious* bald 'angstvoll', bald 'begierig' sein. (...) Diese Wanderung des Wortes von 'angstvoll' bis zu 'begierig', – und oft zu einem gesellschaftlich formelhaften, liebenswürdig bemühten 'begierig', 'bestrebt' –, bezeigt uns die Dynamik des menschlichen Sprechtriebs, des spontanen Denkens in Metaphern und Metonymien, des impulsiven Sprechens und Gesprächs, die von Sprache zu Sprache zu anderen Ergebnissen geführt haben. So kann *anxiety*, weit entfernt von jeder Beklemmungsangst, die Sorge, das Bemühen sein. Im Italienischen aber bedeutet erst recht *ansia* und *ansietà*, im Spanischen *ansia* und *ansiedad*

---

[32] Vgl. M. WANDRUSZKA: *Der Geist der französischen Sprache*. München (1959); Ders.: *Sprachen vergleichbar und unvergleichlich*. München 1969; Ders.: *Das Leben der Sprachen*. Stuttgart 1984; Ders.: *„Wer fremde Sprachen nicht kennt..." Das Bild des Menschen in Europas Sprachen*. Darmstadt 1991.

bald Beklemmung, Angst, bald Unruhe, Ungeduld, bald Begierde, Sehnsucht!" (WANDRUSZKA 1984:44/45).

2.4 Das linguistische Relativitätsprinzip (Sapir/Whorf-Hypothese)

Die Gleichsetzung von Denken und Reden und die These der mehr oder minder totalen Determiniertheit der Wirklichkeitserfassung durch die Struktur der Sprache(n) ist Gegenstand des „linguistischen Relativitätsprinzips", wie es Benjamin Lee WHORF 1956 formuliert hat[33]:

> Aus der Tatsache der Strukturverschiedenheit der Sprachen folgt, was ich das „linguistische Relativitätsprinzip" genannt habe. Es besagt, grob gesprochen, folgendes: Menschen, die Sprachen mit sehr verschiedenen Grammatiken benützen, werden durch diese Grammatiken zu typisch verschiedenen Beobachtungen und verschiedenen Bewertungen äußerlich ähnlicher Beobachtungen geführt. Sie sind daher als Beobachter einander nicht äquivalent, sondern gelangen zu irgendwie verschiedenen Ansichten von der Welt. (...) So geht zum Beispiel die Weltansicht der modernen Naturwissenschaft aus der höher spezialisierten Anwendung der grundlegenden Grammatik der westlichen indoeuropäischen Sprachen hervor (1963:20f).

Um seine These einer Kausalrelation zwischen grammatischer Struktur und Weltbild zu belegen, kontrastiert WHORF Sprach- und Denkstrukturen der Hopi-Indianer in Arizona und der Azteken in Mexiko mit dem Englischen, das er als Hauptbeispiel der „SAE-Sprachen" (Standard Average European) bezeichnet. Dabei glaubte er – insbesondere hinsichtlich der Raum-Zeit-Auffassungen – grundlegende Unterschiede feststellen zu können. In seiner Sicht der Dinge wurde WHORF von E. SAPIR, seinem Lehrer an der Universität Yale, unterstützt. Deshalb hat sich für den Begriff des linguistischen Relativitätsprinzips auch die Bezeichnung „Sapir/Whorf-Hypothese" durchgesetzt. Keine zwei Sprachen und keine zwei Kulturen seien ähnlich genug, um dieselbe Wirklichkeit abzubilden. Mit dieser Hypothese hat sich die Sprachwissenschaft eingehend auseinandergesetzt, jedoch liegen bis heute kaum Untersuchungen vor, die das Relativitätsprinzip umfassend untermauert hätten.

Als direkte Konsequenz aus dem linguistischen Relativitätsprinzip folgt das Axiom, dass Sprachen ihrem Wesen nach unübersetzbar seien. Jede Übersetzung würde die sprachlichen Inhalte einer Muttersprache in solche einer anderen Muttersprache transponieren, die beide ja unterschiedliche geistige Zwischenwelten darstellen. Entscheidend ist hier, dass allein die Sprachen mit ihren Wortinhalten und ihrer Grammatik in den Blick genommen werden. Während HUMBOLDT aus sprachphilosophischen Gründen alles Übersetzen für unmöglich hielt, sahen andere, wie z.B. Mario WANDRUSZKA, noch eine gewisse Möglichkeit

---

[33] Benjamin Lee WHORF (1956): *Language, Thought and Reality*. Cambridge, Mass. – Deutsche Teilübersetzung v. Peter KRAUSSER (1963): *Sprache - Denken - Wirklichkeit*. Hamburg.

der Übertragung durch den „Geist der Sprache". Jene relativistische Auffassung ist weit verbreitet. Wenn aber Sprachen als direkter Ausdruck einer Kultur, einer nationalen Eigentümlichkeit gesehen werden, dann können fremde Texte immer nur annähernd übertragen werden. Die „Unübersetzbarkeit" eines fremden Weltbildes sperrt fremdsprachige Texte gegen eine Aneignung.

2.5 Formbetontes Übersetzen (Benjamin)

Die Auffassung des Verfremdens im Übersetzen (s. Kap. 2.2) findet sich auch bei Walter BENJAMIN (1892-1940), der sich in dem Aufsatz „Die Aufgabe des Übersetzers"[34] 1923 als Dichter gleichfalls zur Übersetzung des literarischen Kunstwerks geäußert hat. Er betont die Selbstgeltung des Kunstwerks, völlig unabhängig von dessen Rezeption: „Denn kein Gedicht gilt dem Leser, kein Bild dem Beschauer, keine Symphonie der Hörerschaft" (ebd.:156). Und dabei ist die Gestalt das wichtigste, die Mitteilung des Textes eher nebensächlich.

BENJAMINS Sprach- und Übersetzungstheorie liegt der Gedanke zu Grunde, dass das mimetische (abbildende) Prinzip für die Besonderheit der Einzelsprachen verantwortlich sei[35] (s. Kap. 2.1) und die „onomatopoetische Erklärungsweise" dafür noch am ehesten in Frage kommt. Er hebt die Besonderheit und Nichtvertauschbarkeit des einzelnen Wortes hervor und denkt dabei vor allem an die Form, der Inhalt ist ihm weniger wichtig:

> Was aber außer der Mitteilung in einer Dichtung steht – und auch der schlechteste Übersetzer gibt zu, daß es das Wesentliche ist –, gilt es nicht allgemein als das Unfaßbare, Geheimnisvolle, 'Dichterische'? Das der Übersetzer nur wiedergeben kann, indem er auch dichtet? (Aufgabe, S. 156)

> BENJAMIN kommt es darauf an, den **Ausdruck des Originals**, sein „Wie", in der Zielsprache **nachzubilden**. Er bezeichnet dieses „Wie" als „Die Art des Meinens", die er sorgfältig vom inhaltlich „Gemeinten" unterscheidet: „In 'Brot' und 'pain' ist das Gemeinte zwar dasselbe, die Art, es zu meinen, dagegen nicht. In der Art des Meinens nämlich liegt es, daß beide Worte dem Deutschen und Franzosen je etwas Verschiedenes bedeuten, daß sie für beide nicht vertauschbar sind, ja sich letzten Endes auszuschließen streben; am Gemeinten aber, daß sie, absolut genommen, das Selbe und Identische bedeuten" (Aufgabe, S. 161).

BENJAMIN betont das „Magische in der Sprache" und beruft sich auch auf SCHLEIERMACHER, der ja mit HUMBOLDT den Geist als wesenhaft in der Sprache gebunden sah. Der Übersetzer soll versuchen, in seiner eigenen Sprache jene „Art des Meinens" des fremden Textes nachzubilden:

> Die wahre Übersetzung ist durchscheinend, sie verdeckt nicht das Original, steht ihm nicht im Licht, sondern läßt die reine Sprache, wie verstärkt durch ihr eigenes Medium, nur um so voller aufs Original fallen. Das vermag vor allem

---

[34] Abgedruckt in STÖRIG 1969:155-169.
[35] Vgl. Walter BENJAMIN: „Über das mimetische Vermögen", in: Ders., *Gesammelte Schriften*, Bd. II.1, Frankfurt/M 1977, S. 212.

Wörtlichkeit in der Übertragung der Syntax, und gerade sie erweist das Wort, nicht den Satz als das Urelement des Übersetzers. Denn der Satz ist die Mauer vor der Sprache des Originals, Wörtlichkeit die Arkade. (Aufgabe, S. 166)

BENJAMINS Übersetzungstheorie hat vor allem im englischsprachigen Ausland bis heute stark nachgewirkt, wo Theorien die wörtliche Übersetzung besonders betonen. BENJAMIN meinte ja: „Die Interlinearversion des Heiligen Textes ist das Urbild oder Ideal aller Übersetzung" (S. 169). Damit aber wird Übersetzung zur Utopie.

2.6 Dekonstruktion und Unübersetzbarkeit (Derrida)

In einer sog. postmodernen Literaturtheorie und Philosophie, der u.a. von Jacques DERRIDA (1967) und Paul DE MAN begründeten „Dekonstruktion", wird die These von der Unübersetzbarkeit wieder aufgegriffen und der „unübersetzbare Rest" in Texten in den Vordergrund der Betrachtung gestellt. Peter V. ZIMA (1994) hat einen stringenten Überblick über die Grundaussagen und den wissenschaftstheoretischen Hintergrund der Dekonstruktion vorgelegt; vgl. ferner Philippe FORGET (Hrsg.) (1984).

Gemeinhin wird ja angenommen, dass man einen Text schon irgendwie verstehen, eben seinen Sinn erfassen und dann auch übersetzen könne. Den Grund hierfür bilden unsere Sprachkenntnisse und dann die Erfahrung durch die Tradition der Überlieferung, dass die Sprachzeichen durchaus immer wieder das Gleiche bedeuten. Verstehen sei möglich, wenn nur der gute Wille zur Verständigung vorhanden ist. Dahinter steht der philosophische Gedanke eines Logos als sinntragendem Wort, das immer schon auf die allen gemeinsame Wahrheit eines auffindlichen Sinns im Ganzen verweist.

Hier hakt die Dekonstruktion ein. Grob vereinfachend ist zu sagen, dass sie sich vor allem gegen die „logozentrische" Vorstellung einer eingrenzbaren Begrifflichkeit in der Sprache, ein „transzendentes Signifikat", wendet. In der Nachfolge Nietzsches wird auf die grundlegende Ambivalenz der Wortbedeutungen in Texten verwiesen, die sich niemals auf einen bestimmten Sinn fixieren lassen würden. Zentral ist hier der Terminus *écriture,* das Schreiben, die Schrift, das Geschriebene, der schriftliche Text. Im Gegensatz zur mündlichen Rede, wo der Sinn des Gemeinten direkt präsent und eindeutig ist, sei es das Wesen schriftlicher Texte, vieldeutig und unbeständig zu sein, da sie in immer wieder neuen Situationen stets neu und anders gelesen werden. Hinter jeder Lektüre steht also eine Übertragung, und dadurch entstehe eine unabschließbare Sinnverschiebung, DERRIDA nennt es die *différance,* nach dem Verb *différer* (abweichen). Interpretativ läßt sich kein „Sinn" fixieren, da jedes Sprachzeichen auf andere verweist und jeder Autor Bedeutungen „endlos aufschieben" kann.

> Die Schrift bringt den Zerfall der semantischen Identität des Zeichens mit sich. Dessen Wiederholung in verschiedenen kommunikativen Kontexten hat abweichende Sinnzuordnungen zur Folge, welche die Identität eines Wortes erschüttern können. Derrida bezeichnet diese dekonstruierende Wiederholung als Iterabilität (itérabilité) (ZIMA 1994:55).

Im Ergebnis entsteht eine Streuung des Sinns von Wörtern, eine *Dissémination* (DERRIDA 1972). Für DERRIDA besteht das Besondere an einem „Original" darin, dass es überhaupt für wert befunden wurde, „ein Überleben" (BENJAMIN) in einer Übersetzung zu erfahren, die erst zu seiner Erfüllung wird.

> The translation will truly be a moment in the growth of the original, which will complete itself in enlarging itself... And if the original calls for a complement, it is because at the origin it was not there without fault, full, complete, total, identical to itself.[36]

Was hier von Texten und Übersetzungen gesagt ist, war ursprünglich vom einzelnen Zeichen her gesehen:

> Aus dem bisher Gesagten geht hervor, daß Derridas dissémination oder Streuung nicht mit dem semiotischen Begriff der Polysemie identisch ist, der von Greimas und Courtés als Pluri-Isotopie definiert wird: als Zusammenwirken von zwei oder mehreren heterogenen Isotopien (ZIMA 1994:72).

Wörter sind geschichtlich und bedeuten niemals nur das, was am Anfang ihres Gebrauchs stand, oder was der Autor genau damit sagen wollte, sondern ihr Sinn „flottiert" und ist oft „unentscheidbar" (*indécidable*). In der Literaturwissenschaft wird die Textinterpretation freilich gerne auf die sog. „Autorintention" zurückgeführt, deren Festlegung von den Dekonstruktivisten als Illusion oder als Vorurteil entlarvt wird. Ist der Sinn eines Textes wirklich so sicher, gibt es da nicht Brüche (*ruptures*)? Durch die Infragestellung ihrer zentralen Begriffe werden die expliziten Behauptungen von Autoren „dekonstruiert".

Das Interesse des Interpreten verlagert sich vom Gemeinten auf die Zeichenstrukturen. Wie autonom sind diese eigentlich? Wörter können sich verselbständigen und so Gedanken, das Verstehen in neue Bahnen lenken. Wo ist dann der (ursprüngliche) Sinn? Und welcher Sinn wäre dann zu übersetzen? Wie verhindere ich, dass meine Übersetzung wieder anders verstanden wird? Verwiesen wird hier gerne auf das Wortspiel und die Ironie als Motivation des Schreibens:

> Weil im Wortspiel und dessen unabsehbaren, nie ganz kontrollierbaren Konsequenzen sichtbar wird, daß kein Bewußtsein, keine Vernunft, kein Logos über die Sprache so verfügt, daß sie als Text im (guten) Willen zur Macht des hermeneutischen Regelapparats aufgehen kann, ja, daß sie den Schreibenden (ob Schriftsteller oder Interpret) immer schon hinterrücks (hinter seinem Rücken) überspielt oder – das Bild macht Sinn – übertrumpft (FORGET 1984:10).[37]

Die Zweideutigkeit von Wörtern macht auch deren Kontext zweideutig:

Erschütterung 1) geschüttelt werden, nicht mehr unbewegt sein
2) schütter werden, es entstehen Brüche und Leerstellen

---

[36] J. DERRIDA: „§ 8 Des tours de Babel". In: Ders. (2007): *Psyche. Inventions of the other, vol. I* (English edition by P. Kamuf and E. G. Rottenberg). Chicago: Stanford University Press.
[37] Ph. FORGET: „Leitfäden einer unwahrscheinlichen Debatte". In: Ders. (Hg.) (1984): *Text und Interpretation*, S. 7-23 (hier S. 10).

Ungerechtigkeit	1) unverdiente, nicht dem Recht entsprechende Behandlung 2) nicht mehr „recht" sein, Wahrheit wird verrückt, entstellt
gleichgültig	1) indifferent, egal, nicht interessierend 2) gleich gültig, Egalität
aufheben	1) auflösen, vernichten 2) ineinander aufgehen lassen, Synthese 3) hochheben, aufnehmen 4) aufbewahren (Schwäbisch)
Aufgabe	1) Vorhaben, Problemstellung, Pflicht 2) Kapitulation vor etwas
excéder	1) übertreffen, hinausgehen über 2) ein Exzess sein, irritieren, übertrumpfen
sich auseinandersetzen mit	1) sich befassen mit, die Meinung zu etwas sagen 2) sich wegsetzen von 3) Güter trennen (jur.)
un posteur d'écriture	1) ein Schrift-steller (der entwirft, kein Garant der Wahrheit)
imposteur d'écriture	2) Betrüger, „Hochstapler der Schrift".[38]
Gras/Sarg	Das Anagramm (Wort rückwärts gelesen) wird auffällig, wenn in einem Roman oft Gras und Sarg verbunden werden, wie z.B. in „Die Leiden des jungen Werthers" von Goethe.
trace/écart	Gerne werden mit einem Anagramm auch die Spuren des Unbewussten *(traces)* im Text aufgespürt, die einen Sinnabstand *(écart)* zum bewusst Ausgesagten indizieren, die Behauptung im Text konterkarieren, überspielen, widerlegen (vgl. FORGET 1984:172ff).

Das Bewusstsein von der prinzipiellen Nicht-Beherrschbarkeit der Sprache, der Nicht-Festlegbarkeit der Zeichen, die wir miteinander austauschen, widerspricht natürlich der Vorstellung einer bewussten kontinuierlichen Formulierung durch einen Autor. Bei einer solchen Sprachauffassung ist es nicht verwunderlich, dass DERRIDA auch die Übersetzung als eigentlich unmöglich, als eine Aporie ansieht, auch wenn er kein Übersetzungstheoretiker ist. Er knüpft an die Vorstellungen Walter BENJAMINS an, den er ausführlich kommentiert (vgl. DERRIDA 1987:207). Dessen Sprach- und Übersetzungstheorie (s. Kap. 2.5) liegt ja der Gedanke zu Grunde, dass das mimetische (abbildende) Prinzip für die Besonderheit der Einzelsprachen verantwortlich sei. Nicht etwa ein bestimmter Aussagewille, sondern das Unreflektierte in einem Diskurs sei das Entscheidende. Schon deswegen könne es nicht darum gehen, wie LUTHER verlangt hatte (s. Kap. 1.4), die Übersetzung den Anforderungen der Empfänger anzupassen.

BENJAMIN stellte sich einen Übersetzer vor, der in seiner eigenen Sprache versucht, „die Art des Meinens" des fremden Textes nachzubilden. Hier knüpft DERRIDA (1987:201) an und unterstreicht mit dem Hinweis auf den Mythos von Babel die Unmöglichkeit des Übersetzens. Es sind vielfältige Sprachen entstan-

---

[38] Vgl. Ph. FORGET: „Aus der Seele geschrie(b)en? Zur Problematik des ‚Schreibens' (écriture) in Goethes ‚Werther'". In: Ders. (Hg.) (1984): *Text und Interpretation*, S. 130-180 (hier S. 177, Anm. 52).

den, und der Übersetzer kann sich nicht über deren Ausdrucksebenen hinwegsetzen und so tun, als gäbe es ein Verhältnis der Entsprechung zwischen den Zeichen. Insbesondere Dichtung sei unübersetzbar, und so schreibt DERRIDA (1987:220, zit. nach ZIMA 1994:87):

> Die Übersetzung strebt nicht danach, dies oder jenes zu sagen, diesen oder jenen Sinn zu übertragen oder eine bestimmte Bedeutung mitzuteilen, sondern sie will die Affinität zwischen den Sprachen aufzeigen und ihre Möglichkeit erkennen lassen [remarquer l'affinité entre les langues].
>
> Das stets Intakte, Unfaßbare, Unberührbare ist es, was den Übersetzer fasziniert und seine Arbeitsweise bestimmt. [Le toujours intact, l'intangible, l'intouchable, c'est-ce qui fascine et oriente le travail du traducteur] (ebd., 224).

Dieser „unfassbare Rest" – wir denken an das Unbewusste – beherrscht auch Paul DE MANS Kommentar zu BENJAMINS oben erwähntem Aufsatz. „Der amerikanische Dekonstruktivist deutet das Wort *Aufgabe* in 'Die Aufgabe des Übersetzers' als *Verzicht*, als *Kapitulation* vor dem Unübersetzbaren, das aus einer Aporie hervorgeht. Diese kommt dadurch zustande, dass die Forderung nach Originaltreue unaufhebbar der Forderung nach einer freien, der Zielsprache treuen Übertragung widerspricht. DE MAN spricht in diesem Zusammenhang von einer 'Aporie zwischen Freiheit und Treue zum Text'" (ZIMA 1994:87).

Die Dekonstruktivisten nehmen vor allem die Widerstände wahr, auf die der Übersetzer stößt. Problematisch ist es allerdings, wenn die „magische Seite der Sprache" (BENJAMIN) zu einem quasireligiösen Zauber hochstilisiert wird, um daraus die Aporie des Übersetzens abzuleiten. Dies führt für eine Theorie des Übersetzens völlig in die Sackgasse.

Die Dekonstruktion ist eine Denkmethode, die radikal alle Schemata und ihre sprachliche Fixierung in Frage stellt. Sie ist eigentlich nicht definierbar, weil ja eine Definition den Prinzipien der Dekonstruktion widerspräche und bei jeder Wiederholung selbst wieder dekonstruiert werden müsste. Dekonstruktion ist eine Art ständiges In-Beziehung-Setzen von Erkanntem zu anderem, und dadurch die Produktion von „neuem Sinn". Dies eignet sich besonders für die Ideologiekritik, wo herkömmliche Überzeugungen kritisch hinterfragt werden sollen.

KOMMENTAR

Wenn Sprachen als direkter Ausdruck einer Kultur, einer nationalen Eigentümlichkeit gesehen werden, können fremde Texte immer nur annähernd übertragen werden. Auffällig bei diesen relativistischen Theorien ist die Betonung des einzelnen Wortes, in dem sich die Fremdheit des anderen Weltbilds oder die Eigenart des Dichters, ja dessen unergründliches Unbewusstes konzentriert. Dann wird das Übersetzen einer fixierten Wahrheit in der Tat unmöglich.

Die Wirkung SCHLEIERMACHERS war nicht eine Tendenz zum verfremdenden Übersetzen, sondern vielmehr ein neues Interesse an historisch-kritischer Textanalyse, was zur Entstehung der diachronischen Sprachforschung führte.

LEKTÜREHINWEISE

Walter BENJAMIN (1923): „Die Aufgabe des Übersetzers". In: H. J. STÖRIG: *Das Problem des Übersetzens*. Darmstadt 1969, S. 156-169.

Jaques DERRIDA (2007): *Psyche. Inventions of the other, vol. I*. Chicago.

Philippe FORGET (Hrsg.) (1984): *Text und Interpretation*. München (UTB 1257).

Werner KOLLER (1992): *Einführung in die Übersetzungswissenschaft*. (^{7}2004). Heidelberg/Wiesbaden (UTB 819), insbesondere Kapitel 2.1.

Mario WANDRUSZKA (1984): *Das Leben der Sprachen. Vom menschlichen Sprechen und Gespräch*. Stuttgart.

Iwar WERLEN (2002): *Sprachliche Relativität*. Tübingen (UTB 2319).

Benjamin Lee WHORF (1963): *Sprache, Denken, Wirklichkeit. Beiträge zur Metalinguistik und Sprachphilosophie*. Reinbek bei Hamburg.

Peter V. ZIMA (1994): *Die Dekonstruktion*. Tübingen (UTB 1805).

3 Universalistische Übersetzungstheorie

Die Sprache als Kommunikationsinstrument ist ein Zeichensystem, das logisch-grammatisch beschrieben werden kann. Auch die einzelnen Sprachzeichen sind analysierbar, ihr Inhalt kann in Merkmale zerlegt werden. Die allen Menschen eigene Vernunft legt das Vorhandensein außereinzelsprachlicher Universalien nahe. Im Hinblick auf dieses 'tertium comparationis' sind alle Texte prinzipiell übersetzbar. Das Übersetzen ist im Modell eine Koordination ausgangssprachlicher und zielsprachlicher Zeichen zu demselben Gemeinten.

3.1 Sprache als Kommunikationsinstrument

Eine ganz andere Ausgangssituation für das Übersetzen ergibt sich, wenn man die Sprache nicht als eine Kraft ansieht, die ein Weltbild muttersprachlich determiniert (s. Kap. 2.3), sondern als kommunikatives Instrument mit der Funktion, den Gedanken Ausdruck zu verleihen, wenn es also weniger auf die verschiedenartigen Formen des Ausdrucks als vielmehr auf die gemeinsamen Inhalte ankommt. Zwar haben sich die Einzelsprachen der Erde je nach Umständen ganz verschiedenartig herausgebildet, weshalb die Notwendigkeit des Übersetzens besteht, doch sind aufgrund der gleichen biologischen Ausstattung aller Menschen hinsichtlich ihrer Sprachfähigkeit die Grundstrukturen des sprachlichen Umgangs mit der Welt überall ähnlich, und es wurden bisher keine „irregulären Sprachen" gefunden (vgl. BUßMANN 1990:820).

Dabei wird die allen Menschen eigene Vernunft als eine Quelle der Erkenntnis angenommen. Dieses Universalitätsaxiom der Vernunft bewirkt eine überindividuelle Geltung der Sprache, weil diese aufgrund ihrer natürlichen Transparenz für die Vernunft selbst auch vernünftig und allgemein sein muss. Die dem Zeitalter der Aufklärung eigene Vorstellung allgemeiner logischer Formen, die womöglich allen Sprachen zugrunde liegen, legt das Konzept einer vernunftbasierten Universalsprache nahe. Diese Bedeutung wurde im Mittelalter der lateinischen Sprache beigemessen, und deren Vorrangstellung zunächst in Kirchenkreisen wurde dann auch auf die Wissenschaften der frühen Neuzeit übertragen. Latein war bis ins 16./17. Jh. die internationale Wissenschaftssprache. René DESCARTES hat sich mit dem Projekt einer „Universalsprache" als künstlicher Weltsprache beschäftigt.[39]

---

[39] Jene Denktradition, die besonders in der Aufklärung einen verständlichen Zuspruch fand, lässt sich an einigen wenigen bekannten Namen und Buchtiteln festmachen: Es zieht sich eine Linie von René DESCARTES (1576-1650) und seinem *Discours de la méthode pour bien conduire sa raison et chercher la vérité dans les sciences* (1637) über Gottfried Wilhelm LEIBNIZ (1646-1716) bis zu Christian F. WOLFF (1679-1754) und seinem Werk *Vernünftige Gedanken von den Kräften des menschlichen Verstandes und ihrem richtigen Gebrauch in Erkenntnis der Wahrheit* (1712). In diesen Kontext gehört auch Immanuel KANTS Plädoyer für den Gebrauch der Vernunft (1784).

Die im Geiste des französischen Rationalismus 1660 verfasste „Grammatik von Port-Royal" basiert auf dem Konzept allgemeiner logischer Formen.[40] Diese allgemeine und theoretisch-kritische Grammatik von A. ARNAULD und E. LANCELOT versuchte auf der Basis von Griechisch, Latein und Französisch Kategorien zu entwickeln, die für alle Sprachen Gültigkeit haben. Die Sprache ist bestimmt von ihrer instrumentalen Funktion, den Gedanken Ausdruck zu geben. Sie ist ein Zeichensystem, das so aufgebaut ist, wie es diesem Zweck am meisten entspricht.

3.2 Zeichentheorien und Funktionen der Sprache

Die logische Betrachtung der Sprache als ein Zeichensystem hat im 20. Jahrhundert die moderne Sprachwissenschaft hervorgebracht. Als systematische Beschreibung einzelner Sprachen gewinnt sie ihren Gegenstand nur mittelbar aus der Abstraktion der empirisch beobachtbaren Sprachäußerungen. Weichensteller war hier Ferdinand de SAUSSURES *Cours de linguistique générale* (1916).[41] Forschungsgegenstand war für ihn nicht die menschliche Rede in ihrer Gesamtheit (*langage*), denn die erschien ihm als „ein wirrer Haufe verschiedenartiger Dinge, die unter sich durch kein Band verknüpft sind" (1967:10).

Er unterschied zwei Ebenen der Betrachtung: Objekt der Sprachwissenschaft ist das Sprachsystem (*langue*) als abstraktes Inventar von Sprachzeichen und grammatischem Regelsystem zu deren Verknüpfung, das als soziales Faktum den Individuen zur Verfügung steht. Empirisch beobachtbar sind allerdings nur die tatsächlichen Sprachäußerungen, die Rede (*parole*). Es entstanden einige Grundbegriffe, die seither in der Sprachwissenschaft ständig wiederkehren, und auch viele Übersetzungstheorien verwenden sie oder berufen sich darauf. Um eine Verständnisbasis zu schaffen, werden sie im Folgenden kurz skizziert.

Bei der wissenschaftlichen Beschreibung von Sprache lassen sich verschiedene Perspektiven anwenden, und entsprechend sind auch die Ergebnisse verschieden. Zunächst kann man nach der Beschaffenheit der Wörter fragen. Die Wörter einer Sprache sind Zeichen, die sich auf einen Gegenstand oder Sachverhalt in der realen Welt beziehen. Nach SAUSSURE (1967:76ff) besteht jedes Sprachzeichen aus den zwei Aspekten Ausdruck/Inhalt, also aus einem materiellen (lautlich oder graphisch realisierten) Zeichenkörper oder Signifikanten (*signifiant*) und dem Zeicheninhalt, dem begrifflichen Konzept als Signifikat (*signifié*). Die Verbindung eines Lautbildes mit einer Vorstellung ist untrennbar – wie Vorder- und Rückseite eines Blatts Papier. Dieses statische Modell geht von der stabilen Zusammengehörigkeit einer Benennung und einer Inhaltsvorstellung aus, weshalb eine Auflösung dieser Verbindung den Zeichencharakter zerstören würde.

---

[40] Vgl. A. ARNAULD/E. LANCELOT, *Grammaire générale et raisonnée ou la Grammaire de Port-Royal*, hrsg. v. H. E. BREKLE. Stuttgart 1966.
[41] Ferdinand de SAUSSURE (1916): *Cours de linguistique générale*, Paris. (Dt.: *Grundfragen der Allgemeinen Sprachwissenschaft*. Berlin 1967).

Präzisiert wurde die Bedeutung eines Zeichens andererseits mit Blick auf die Kommunikationssituation durch das semiotische Dreieck von OGDEN/RICHARDS von 1923[42]. Ein Zeichen (Signifikant, Wort) in seiner Gestalt symbolisiert den außersprachlichen Referenten (Wirklichkeit, Gemeintes) nur indirekt über das Konzept (Bedeutung, Signifikat) der gedanklichen Vorstellung als dem Zeicheninhalt:

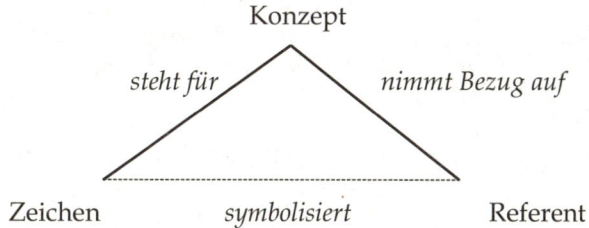

Sprachliche Ausdrücke lassen sich also nur über ihr begriffliches Konzept, ihre Bedeutung, auf die Wirklichkeit beziehen (Sprache als Kommunikationsinstrument); sie gewähren keinen direkten Zugang zu den Sachen selbst. Nach diesem dynamischen, einen Prozeß darstellenden Modell lässt sich die Bedeutung eines Zeichens – anders als bei SAUSSURE – nur erfassen, wenn es von einem Sprecher benutzt wird, um damit auf einen Gegenstand der außersprachlichen Wirklichkeit hinzuweisen (Bezeichnungsfunktion). Die Zuordnung vom Zeichen zum Gemeinten geschieht erst durch den Zeichenbenutzer (Sprecher mit Gedanken), was durch die unterbrochene Linie im Modell graphisch dargestellt wird.

Und auch für den Hörer steht das Zeichen nicht einfach statisch „für etwas", sondern es ist eine Bezugsgröße (vgl. die Denktradition von PEIRCE[43]): Erst durch Erkennen und Verstehen (Interpretation) der in ihm wirksamen Relationen wird das Sprachzeichen vom Empfänger konstituiert und gewinnt 'Bedeutung': „Nichts ist ein Zeichen, wenn es nicht als Zeichen interpretiert wird" (PEIRCE).

Eine grundlegende Eigenschaft sprachlicher Zeichen ist deren Arbitrarität: Zwischen dem Bezeichnenden (Signifikant, Zeichen, Symbol) und dem Bezeichneten (Signifikat, Begriff, Gedanke) besteht eine beliebige, nicht naturnotwendige oder abbildende, sondern konventionell festgelegte Beziehung.

> **Die Sprachzeichen selbst sind im Wortlaut nicht von der zu bezeichnenden Sache her bedingt.** Die <u>SONNE</u>, auf dt. *Sonne*, engl. *sun*, franz. *soleil*, ital. *sole* bezeichnet, deren göttliches Wesen bei den Indern als *Surja*, bei den Sumerern als *Utu*, bei den Babyloniern als *Schamasch*, den Ägyptern als *Re*, den Griechen als *Helios*, den Römern als *Sol*, den Azteken als *Tonatiuh*, den Inka als *Inti* und den Japanern als

---

[42] Vgl. C. K. OGDEN/L. A. RICHARDS (1923): *The Meaning of Meaning*, New York/London, [10]1949, S. 11.
[43] Vgl. Ch. S. PEIRCE (1931/1958): *Collected papers*. 8 vol., Boston. – Deutsch: K.-O. APEL (Hrsg.) (1967/1970): *Schriften. Eine Auswahl*. 2 Bände., Frankfurt. – Vgl. auch K.-O. APEL (1975): *Der Denkweg von Ch. S. Peirce*. Frankfurt. – Vgl. W. NÖTH (1975): *Semiotik. Eine Einführung mit Beispielen für Reklameanalysen*. Tübingen.

> *Amaterasu* verehrt wurde und wird, hat schon immer die Neugier des Menschen geweckt (*DE*, 10.11.95).

Arbitrarität bedeutet freilich nicht, dass der Einzelne nach freier Wahl bei der Konstruktion sprachlicher Ausdrücke verfahren könnte. In der sozialen Kommunikation erfährt er vielmehr den Zusammenhang zwischen Zeichen und Bedeutung als eine gewohnheitsmäßige, konventionelle Verbindung.

In einer weiteren Perspektive auf die Funktion der Zeichen in der Rede zielt schließlich BÜHLERS Organon-Modell der Sprache (1934:28):

Referent
Bezeichnungsfunktion (Symbol)
(Z benennt)

Z

Ausdrucksfunktion (Symptom)   Appellfunktion (Signal)
(Z deutet an)   *(Z bewirkt)*
Sender   **Empfänger**

Das Sprachzeichen (Z) steht in einem dreifachen Verhältnis zu seiner Umgebung, genauer gesagt, es „funktioniert als Zeichen" gerade durch dieses dreifache Verhältnis. Die drei Relationen sind der Sprecher, der es äußert (Sender), der Hörer, der es aufnimmt (Empfänger), und die Gegenstände und Sachverhalte, die es benennt (Referent). So steht ein Zeichen in Bezug auf die Wirklichkeit in der Funktion der Bezeichnung (Symbolfunktion), in Bezug auf den Sprecher soll es dessen Status kundtun in der Funktion des Ausdrucks (Symptomfunktion), in Bezug auf den Hörer, bei dem es eine Reaktion bewirken soll, hat es die Funktion des Appells (Signalfunktion).

BÜHLERS drei Sprachfunktionen werden von Roman JAKOBSON (1960) noch um drei weitere ergänzt. Er unterscheidet als Funktionen der Sprache in der Kommunikation: 1) *Mitteilung*: in der Bezeichnungsfunktion sendet der Sprecher eine Mitteilung an den Empfänger, 2) *Kontext*: dies erfolgt in der außersprachlichen Welt, 3) *Appell*: die Mitteilung will etwas bewirken, 4) *Kontakt*: die phatische Funktion dient zur Eröffnung, Aufrechterhaltung und Beendigung der Kommunikation, 5) *Kode*: die metalinguistische Funktion betrachtet den Zeichenkode, 6) *Form*: die poetische Funktion meint die Form der Mitteilung (vgl. HOUSE 1997:33).

3.3 Der Zeicheninhalt

In der Perspektive des Sprachanalytikers, der nach der Eigenschaft der Zeichen fragt, werden jene Zeichenfunktionen zu Aspekten des Bedeutungsinhalts. Dann werden sie als Denotation und Konnotationen bezeichnet.

Die *Denotation* ist der klar umrissene Bedeutungsinhalt eines Zeichens in seiner Bezeichnungsfunktion (wie z.B. 'Tisch', 'Stuhl', 'Schraube'). Die Wörter mit Zeigegestus bezeichnen Gegenstände und Sachverhalte als Träger von Qualitäten, die distinktiv aufgewiesen werden können (z.B. 'alt', 'jung', 'neu'); hierzu gehören auch alle technischen Fachausdrücke, die Termini. Dagegen bezeichnen Wörter mit abstraktem Inhalt eher Zustände und Vorgänge (z.B. Gefühlsbezeichnungen, Entwicklungen) und sind in ihrer semantischen Komplexität anders aufgebaut als Wörter mit konkreter Denotation.

Doch auch die Ausdrucks- und die Appellfunktion fließen in die Bedeutung von Wörtern als *Konnotationen* mit ein. So sagen die verwendeten Sprachzeichen etwas aus über den/die Sprecher/in, deren regionale und soziale Herkunft, die politische Einstellung, die Generationenzugehörigkeit, usw. Und bestimmte Sprachformen werden rhetorisch bewusst eingesetzt, um eine bestimmte Reaktion zu erwirken oder eine Wertung anzudeuten.

Die Wörter können qualitativ verschiedenen *Sprachebenen* (gehoben, umgangssprachlich, slang) angehören, sie unterscheiden sich in der *Gebrauchsfrequenz* (usuell, selten), der *stilistischen Wirkung* (schriftsprachlich, veraltet, gespreizt) und nach dem *Verwendungsbereich* (gemeinsprachlich, fachsprachlich regional).

> Während die **Denotation** „Auto", „Pkw", „Kraftfahrzeug" außersprachlich eindeutig ist, können die Wörter zu deren Benennung unterschiedliche **Konnotationen** hinsichtlich der Stilebene oder des Verwendungsbereichs aufzeigen, wie nachfolgende Beispiele davon, dass ein Wagen nicht mehr brauchbar ist, aufzeigen:
>
> *Das Kraftfahrzeug ist nicht verkehrstauglich* (amtlich)
> *Das Auto fährt nicht mehr* (gemeinsprachlich)
> *Das Auto ist kaputt* (umgangssprachlich)
> *Die Karre ist hin* (gesprochene Sprache, Slang).
> *Der Wagen streikt* (familiär)
> usw.

Die obengenannten Zeichenmodelle sind in der neueren Sprachwissenschaft stark rezipiert worden. Als wesentliche Charakteristika sprachlicher Zeichen gelten:

(1) deren arbiträrer Charakter,
(2) die Möglichkeit, sie in Zeichenklassen einzuteilen (Strukturierung);
(3) deren Funktion, ganze Referentenklassen zu bezeichnen (begriffliche Abstrahierung), Ausnahme sind die Eigennamen;
(4) die Freiheit der Sprachzeichen, ihren Geltungsbereich zu verändern;
(5) die unterschiedliche Gliederung der Welt durch Zeichen (in verschiedenen Sprachen);
(6) die Tatsache, dass Sprache in einem sozialen Kontext funktioniert;

(7) die doppelte Beschreibungsfunktion: Beschreibung der außersprachlichen Welt und Beschreibung der Sprache selbst (Metasprache) (vgl. BUßMANN 1990:864).

Die Sprache ist also ein Instrument der Kommunikation zwischen den Menschen über die sie umgebende Welt, und als solches kann sie wissenschaftlich untersucht werden. Die Lehre von den Zeichen als kommunikativen Signalen heißt nach Ch. W. MORRIS[44] *„Semiotik"* (gr. *semeion* = Zeichen). Sie gliedert sich in

Semantik – (untersucht das Verhältnis der Zeichen zu den Dingen), es geht um Bedeutung,
Syntax – (untersucht die Beziehungen der Zeichen untereinander), es geht um Satzbau,
Pragmatik – (untersucht die Beziehungen zwischen Zeichen und Benutzer), es geht um den Gebrauch.

3.4 Universalienforschung

Die aufklärerische Idee allgemeiner logischer Formen (s. Kap. 3.1) setzte sich bis in unser Jahrhundert fort. In einer immer noch aktuellen Variante unterliegt dieses traditionelle Konzept auch Noam CHOMSKYS Standardtheorie der Tiefenstruktur, die eine Widerspiegelung der Form des Gedankens und daher allen Menschen gemeinsam sein soll. Der Ausdruck „Form des Gedankens" ist wichtig. Gemeint ist nämlich eine Struktur, die rein gedanklich ist und den Inhalt eines Satzes vermittelt. Diese Basiskomponente aus „Satzstrukturregeln und Lexikonregeln" (*phrase structure rules and lexical rules*) generiert eine „Tiefenstruktur", die dann wiederum über internalisierte Transformationsregeln in eine „Oberflächenstruktur" verwandelt wird.[45]

Ziel der von CHOMSKY (1965) entwickelten Generativen Transformationsgrammatik ist es also, durch ein System von expliziten Regeln das implizite Wissen von Sprache abzubilden und damit eine logisch begründete Theorie über das Denken der Menschen zu schaffen.

Die entsprechende Hypothese der virtuellen sprachlichen *Kompetenz* besagt, dass der ideale Sprachbenutzer (*native speaker*) fähig sei, mit Hilfe eines internalisierten syntaktischen Regelapparats und eines begrenzten Inventars von Ele-

---

[44] Vgl. Charles W. MORRIS (1946): *Signs, Language and Behavior.* New York.
[45] Die „Transformationsregeln", welche Tiefenstrukturen in einzelsprachlich verschiedene Oberflächenstrukturen umwandeln, können von Sprache zu Sprache ebenfalls verschieden sein, identisch sind aber die Tiefenstrukturen. In diesem dreigliedrigen Modell sollen die Satzstrukturregeln das unbewusste Wirken des menschlichen Geistes darstellen; die Tiefenstruktur bestimmt dann die den Sätzen zu Grunde liegende Bedeutung, und die Oberflächenstruktur bestimmt den Wortlaut (CHOMSKY 1965:22). – Vgl. auch Noam CHOMSKY (1966): *Cartesian Linguistics. A Chapter in the history of Rationalist Thought,* New York/London (dt. *Cartesianische Linguistik. Ein Kapitel in der Geschichte des Rationalismus,* Tübingen 1971). Er verweist auf die Grundgedanken der allgemeinen Grammatik. – Vgl. Johannes BECHERT u.a. (1970): *Einführung in die Generative Transformationsgrammatik.* München.

menten (Laute, Wörter) unendlich viele, verschieden kombinierbare und variierbare Sätze grammatisch richtig zu formulieren (*Performanz*) und zuvor nie gehörte oder gelesene Sätze syntaktisch richtig zu deuten (vgl. hierzu auch *langue* und *parole* bei Saussure). So ist z.B. CHOMSKYS berühmt-berüchtigter Satz „*Colourless green ideas sleep furiously*" grammatisch korrekt, wenn auch sinnlos. CHOMSKY studierte eine universale Grammatik als Charakterisierung eines spezifischen Systems von Strukturen des menschlichen Geistes als Voraussetzung für die Fähigkeit zum Spracherwerb.

Auch wenn CHOMSKY keineswegs an das Übersetzen dachte, konnte er nicht verhindern, dass seine Gedanken von verschiedenen Übersetzungstheoretikern „benutzt" wurden, um eigene Vorstellungen theoretisch zu untermauern (dazu weiter unten). Die Vorstellung von Strukturen, die Menschen verschiedener Sprachen zu Eigen sind, konnte dies durchaus nahelegen.

Das Konzept allgemeiner logischer Formen, die allen Sprachen zu Grunde liegen, führte auch zur Universalienforschung[46]. Die Versuche zur Erklärung von Universalien lassen sich auf wenige Grundmuster zurückführen: (a) Mögliche Abstammung aller Sprachen von einer gemeinsamen Ursprache, (b) gleiche Funktionen der Sprache in allen Sprachgemeinschaften, was ähnliche grammatische Strukturen bedingt, (c) gleiche biologische Ausstattung aller Menschen hinsichtlich ihrer kognitiven Prozesse und des Spracherwerbsmechanismus (vgl. BUßMANN 1990:820).

Die Forschung konzentrierte sich zunächst auf den Zeichenkörper der Sprachen, auf grammatische Universalien als Eigenschaften aller menschlichen Sprachen. Es sind dies z.B. Kasus-Numerus, Tempus, Subjekt-Objekt, Spezifizierung der Personen in Ein- und Mehrzahl, usw. Wissenschaftlich können dabei Übereinstimmungen und statistische Korrelationen zwischen den Einzelsprachen festgestellt werden.

Die Phonologie als weitere Teildisziplin der Sprachwissenschaft befasst sich mit den bedeutungsunterscheidenden Sprachlauten, auch Phoneme genannt, ihren relevanten Eigenschaften, Relationen und Systemen (BUßMANN 1990:581).

> **Grundkategorien der Benennung** mittels Sprachzeichen sind "Gegenstand", "Ereignis", "Eigenschaft" und "Beziehung". Diese vier "Grundkategorien" sind universal, und annähernd entsprechen ihnen die bekannten grammatischen Bezeichnungen *Substantiv, Verb, Adjektiv, Präposition* (vgl. NIDA/TABER 1969:35).
>
> Die Welt der Erfahrungen lässt sich nach dieser Auffassung in jene vier Kategorien aufteilen:
> 1) **Gegenstand** bezieht sich auf diejenigen semantischen Klassen, die Dinge oder Wesen bezeichnen, die an Ereignissen beteiligt sein können, z.B. *Haus, Hund, Mann, Sonne, Stock, Wasser*, usw.;
> 2) **Ereignis** bezieht sich auf die semantische Klasse, welche Handlungen, Vorgänge und Geschehnisse bezeichnet, wie *laufen, springen, töten, sprechen, scheinen, erscheinen, wachsen, sterben*;
> 3) **Eigenschaft** bezieht sich auf die semantische Klasse der Ausdrücke, die als alleinigen Bezug Qualitäten, Quantitäten und Abstufungen von Gegenständen, Ereignis-

---

[46] G. BRETTSCHNEIDER./C. LEHMANN (Hrsg.) (1980): *Wege zur Universalienforschung.* Tübingen. W. STEGMÜLLER ([3]1974): *Glauben, Wissen, Erkennen. Das Universalienproblem einst und jetzt.* Darmstadt.

sen und anderen Abstrakta aufweisen. Zum Beispiel ist *rot* an und für sich nichts, es ist nur die Qualität, die bestimmten Gegenständen eigen ist, wie etwa ein *roter Hut*.
4) **Beziehungen** bezeichnen die sinnvollen Verbindungen zwischen anderen Wortarten. Sie werden oft durch Partikel ausgedrückt (im Deutschen meist Präpositionen und Konjunktionen), sowie durch Affixe und Flexionsmerkmale. Viele Sprachen, auch Englisch und Französisch, benutzen die Ordnung der Satzteile, um sinnvolle Beziehungen auszudrücken (z.B. S – P – O).

3.5 Strukturelle Semantik

Nicht abwegig ist dann der Gedanke, dass es auch universelle Bedeutungsaspekte bei den Zeicheninhalten geben könnte. CHOMSKY (s. Kap. 3.4) dachte etwa daran, dass farbbezeichnende Wörter z.B. das Farbenspektrum, das ja physisch wahrnehmbar ist, in kontinuierliche Segmente einteilen würden, die zwar in verschiedenen Vorstellungen nicht identisch, aber nachvollziehbar seien.

Noch einen Schritt weiter gehen J. J. KATZ/J. A. FODOR (1963) sowie Manfred BIERWISCH (1967)[47]. Wie die Lautstruktur der natürlichen Sprachen auf der Basis eines universalen Inventars phonologischer Merkmale beschrieben werden kann, so soll das semantische Grundinventar einer Sprache als Auswahl aus einem Universalinventar semantischer Merkmale beschreibbar sein. Hierzu können Kategorien wie „belebt-unbelebt", „maskulin-feminin-neutrum", die Differenzierungen in „Subjekt-Verb-Objekt" oder auch Beschreibungskriterien des Raumes gehören (z.B. Dimensionalität, Vertikalität, Beobachterzentriertheit). Es gilt das aristotelische Kategorienmodell der klaren Abgrenzung und Zuordnung aufgrund gemeinsamer Merkmale.

Dies ist der Forschungsgegenstand der Strukturellen Semantik.[48] In der semantischen Komponentenanalyse kann anhand der Seme als den kleinsten inhaltsunterscheidenden Merkmalen die „Bedeutung als Semstruktur" (HILTY) dargestellt werden. Die lexikalische Bedeutung ist der einer semantischen Analyse zugängliche, im Lexikon kodifizierte Teilaspekt von Bedeutung, der zusammen mit den grammatischen Bedeutungselementen (wie Modus, Tempus, Komparation) die Gesamtbedeutung sprachlicher Ausdrücke ergibt.

Analog zur Methode der Phonologie, die die Laute als Ausdrucksseite der Zeichen in einzelne phonologische Merkmale zerlegt, wird hier nach der Beschaffenheit der Inhaltsseite von Sprachzeichen gefragt. Dabei wird der Zeichencharakter aufgelöst und die Inhaltsseite nach bedeutungskonstitutiven Merkmalen als möglichen sprachlichen Korrelaten von Eigenschaften der außersprachlichen Wirklichkeit untersucht. Die Wortbedeutung wird als eine hierar-

---

[47] Vgl. J. J. KATZ/J. A. FODOR (1963): „Die Struktur einer semantischen Theorie", S. 202-268; – und M. BIERWISCH (1967): „Einige semantische Universalien in deutschen Adjektiven", S. 269-318; In: H. STEGER (Hrsg..): *Vorschläge für eine strukturale Grammatik des Deutschen*, Darmstadt: Wiss. Buchges.

[48] Vgl. H. GECKELER (1971): *Strukturelle Semantik und Wortfeldtheorie*, München. – L. SCHMIDT (Hrsg.) (1973): *Wortfeldforschung. Zur Geschichte und Theorie des sprachlichen Feldes*, Darmstadt. – H. GECKELER (Hrsg.) (1978): *Strukturelle Bedeutungslehre*. Darmstadt. – G. HILTY (1971): „Bedeutung als Semstruktur". In: *Vox Romanica 30*, 242-263.

chische Struktur von Bedeutungsmerkmalen aufgefasst, die dann beim Sprechen jeweils auf eine konkrete Satzbedeutung reduziert wird.

> Die **Analyse des Bedeutungsinhalts** von frz. *fauteuil* (SESSEL) ergibt folgende Seme: 'avec dossier', 'sur pied', 'pour une personne', 'pour s'asseoir', 'avec bras', 'avec matériau rigide'.
> Mit dieser Methode können auch einzelsprachliche Wortfelder analysiert werden, wie z.B. die der **Temperaturadjektive** (*gelé, froid, frais, tiède, chaud, brûlant*), **Altersadjektive** (*alt, jung, neu*), **Farbadjektive, Dimensionsadjektive**, usw. (vgl. GECKELER 1973:25/31).
> Bekannt ist auch das Beispiel von en. *bachelor*, das aus den Komponenten [+männlich], [+erwachsen], [–verheiratet] besteht. Hiergegen wird eingewendet, dass z.B. auch der Papst zwar ein „unverheirateter männlicher Erwachsener" sei, aber doch wohl nicht den Prototyp des 'bachelor' darstelle (vgl. SNELL-HORNBY 1988:28).

Für die konkrete Bedeutung eines Wortes (Lexems) in der Rede kommt dem Kontext in seiner monosemierenden Funktion eine entscheidende Rolle zu. Die lexikalische Bedeutung eines isolierten Wortes ist „weitgespannt, vage, sozial und abstrakt". Erst im Rahmen von Sätzen und Texten, wenn ein Sprecher mit Hilfe der kontextuellen Bedeutungen seine Meinung zum Ausdruck bringt, wird der Wortinhalt „engumgrenzt, präzise, individuell und konkret" (WEINRICH 1970:16). Der Grund ist, dass nur kompatible Seme in einem sinnvollen Satz zusammenkommen.

3.6 Die absolute Übersetzbarkeit (Koschmieder)

Die Universalientheorie (s. Kap. 3.5) und die Generative Transformationsgrammatik (s. Kap. 3.4) mit ihren Untersuchungen von Aspekten, die mehreren Sprachen eigen sind, vermittelten wichtige Impulse für die Übersetzungstheorie. Im Gegensatz zu den von der Sprachinhaltsforschung diskutierten Grenzen der Übersetzbarkeit (s. Kap. 2.3) deutet sich hier eine prinzipielle Übersetzbarkeit an. In der modernen Linguistik ist folglich die Ansicht weit verbreitet, dass alles in jeder Sprache ausdrückbar sei. Daraus lässt sich die Schlussfolgerung ableiten, dass man wohl auch jeden Text in irgendeiner Form übersetzen kann. Roman JAKOBSON unterscheidet (1959) zwischen drei Arten der Übersetzung[49]:

> **Intralinguale Übersetzung** oder *Umbenennung* (rewording) ist eine Interpretation sprachlicher Zeichen mit Hilfe anderer Zeichen derselben Sprache.[50]
>
> **Interlinguale Übersetzung** oder *eigentliche Übersetzung* (translation proper) ist eine Interpretation sprachlicher Zeichen mit Hilfe einer anderen Sprache.

---

[49] Vgl. Roman JAKOBSON (1959): „Linguistische Aspekte der Übersetzung (On Linguistik Aspects of Translation, dt.)" In: W. WILSS (Hrsg.) (1981): *Übersetzungswissenschaft*. Darmstadt, 189-198, S. 190.
[50] Dies geschieht beispielsweise bei der Übertragung von Texten aus einer älteren Sprachstufe, bei der gemeinsprachlichen Umschreibung fachlicher Aussagen, oder auch wenn z.B. deutschstämmige Aussiedler mit dem Ausdruck „Soda" ganz einfach Backpulver meinen, oder mit „Schlagbaum" die Bahnschranke.

Intersemiotische Übersetzung oder *Transmutation* (transmutation) ist eine Interpretation sprachlicher Zeichen mit Hilfe von Zeichen nichtsprachlicher Zeichensysteme, etwa Piktogramme oder Verkehrsschilder.

Die Zeichen sind nicht deckungsgleich. JAKOBSON sieht ein Prinzip der sprachlichen Differenzierung: „Sprachen unterscheiden sich hauptsächlich in dem was sie ausdrücken *müssen*, und nicht so sehr in dem, was sie ausdrücken *können*" (1959:195).

Georges MOUNIN hat die Problematik und Konsequenzen der Universalientheorie im Hinblick auf die Übersetzbarkeit ausführlich diskutiert. Er stellt die Bezeichnungsfunktion der Sprache (s. Kap. 3.2) in den Vordergrund und nennt außersprachliche Sachverhalte mit universellem Geltungsbereich (Wissenschaften), wobei er zu dem Schluß kommt: «...il faut conclure aussi que la traduction de toute langue en toute langue est au moins possible dans le domaine des universaux ...» (1963:223). So begreift MOUNIN z.B. die interlinguale Terminologiearbeit nach dem Prinzip der Eineindeutigkeit („nur ein Wort für eine Sache und nur eine Sache für ein Wort", 1967:15) als „internationale Vereinheitlichung der Wörter" und gelangt zu der Prognose, nach Erreichen dieses Ideals werde „die wissenschaftliche und technische Übersetzung so gut wie hundertprozentig automatisierbar sein" (1967:159).

Erwin KOSCHMIEDER[51] präzisiert MOUNINS Position, indem er vom Instrumentalcharakter der Sprache ausgeht. Er definiert: „'Übersetzen' heißt nämlich: 1. zu Z^x in L^x über B^x das G finden und 2. zu demselben G in L^y über B^y das zugeordnete Z^y finden" (1965:104). Anders ausgedrückt: Übersetzen heißt, zum ausgangssprachlichen Zeichen über das ausgangssprachlich Bezeichnete das Gemeinte finden und zu demselben Gemeinten in der Zielsprache über das zielsprachlich Bezeichnete das zugeordnete zielsprachliche Zeichen finden. KOSCHMIEDERS Auffassung vom Übersetzungsvorgang kann also folgendermaßen veranschaulicht werden:

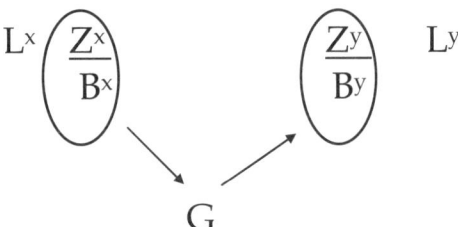

Diese Darstellung zeigt, wie KOSCHMIEDER den Übersetzungsvorgang auf seine linguistischen Grundkomponenten reduziert und die Relationen zwischen ihnen zu formulieren sucht. Weil die Zuordnung desselben Gemeinten (*tertium comparationis*) zur Ausgangs- und zur Zielsprache zwangsläufig impliziert, dass alles übersetzbar sei, erscheint es sinnvoll, den Übersetzungsprozess als einfaches Faktorenmodell darzustellen: „Die Übersetzbarkeit eines Textes ist also durch die Existenz von syntaktischen, semantischen und erfahrungslogischen Univer-

---

[51] Erwin KOSCHMIEDER (1965): *Beiträge zur allgemeinen Syntax*, Heidelberg: „Das Gemeinte" (1953), S. 101-106. „Das Problem der Übersetzung" (1965), 107-115.

salkategorien gewährleistet", lautet dazu die Zusammenfassung bei WILSS (1977:56). Und Werner KOLLER entwirft ein generatives Übersetzungsmodell:

> Von der Annahme eines universalen semantischen Merkmalinventars führt ein weiterer Schritt zur Annahme, dass äquivalente Sätze oder Texte in verschiedenen Sprachen identische Repräsentationen in einer semantischen Metasprache haben, deren Einheiten universale semantische Merkmale sind. In diesem Sinne ist ein bilinguales oder multilinguales Übersetzungsmodell denkbar, in dem die einzelsprachlichen Oberflächenstrukturen auf einfachere Grundstrukturen zurückgeführt werden, die in ihrer tiefsten Schicht in der *lingua universalis*, das heißt einer interlingualen, 'sprachunabhängigen' semantischen Metasprache, repräsentiert sind.
> Durch zum Teil mehreren oder allen Sprachen gemeinsame, zum Teil einzelsprachliche Ableitungsschritte – diese können in ihrem syntaktischen Teil als Transformationen aufgefaßt werden; bei der Auswahl und Spezifizierung der einzelsprachlichen semantischen Merkmale würde es sich um 'semantische Transformationen' handeln, die von der metasemantischen Repräsentation zu den einzelsprachlichen semantischen Repräsentationen führen – gelangt man von der semantischen Anfangsrepräsentation zu den phonetischen und graphischen Endrepräsentationen (KOLLER 1992:182).

Dies ist eine theoretische Aussage, denn mit der wohl unwiderlegbaren Behauptung, dass letztlich jeder Text übersetzbar ist, wenn man nur die entsprechenden Regeln formulieren hätte, ist freilich noch kaum etwas darüber ausgesagt, welche Bedingungen erfüllt sein müssen, damit eine angemessene Übersetzung erzielt wird.

KOMMENTAR

Die aufklärerische Entmythologisierung der Sprache als einem Zeichensystem zum Zweck der Kommunikation hat es ermöglicht, diese zu analysieren und wissenschaftlich zu beschreiben. Die semiotische Zeichentheorie, die Generative Transformationsgrammatik und die Universalientheorie beleuchten das Verhältnis zwischen Sprache und Denken. Sie haben damit wesentliche Anstöße zur Entwicklung einiger moderner Übersetzungstheorien gegeben, die im Folgenden beschrieben werden.

LEKTÜREHINWEISE

Umberto ECO (1972): *Einführung in die Semiotik*. München, ⁸1994, (UTB 105).
Horst GECKELER (1973): *Strukturelle Semantik des Französischen*, Tübingen.
Werner KOLLER (1992): *Einführung in die Übersetzungswissenschaft*. Heidelberg; besonders Kapitel 2.1.5.
Georges MOUNIN (1967): *Die Übersetzung. Geschichte, Theorie, Anwendung*. München.
Ferdinand de SAUSSURE (1967): *Grundfragen der Allgemeinen Sprachwissenschaft*. Hrsg. von P. v. Polenz. Berlin.

4 Der Übersetzungsvorgang als interlingualer Transfer

> Erste Forschungen zur Maschinellen Übersetzung gaben Anstoß zu einer Übersetzungswissenschaft als Teilgebiet der Linguistik. Hier wurde zunächst von der Leipziger Schule das kommunikationswissenschaftliche Modell des Übersetzungsvorgangs entworfen. Die Forderung nach inhaltlicher Invarianz führt zur Suche von interlingualen Äquivalenten. Die systemische Grammatik vergleicht linguistische Aspekte zwischen Sprachen. Eine semiotisch orientierte Darstellung zielt auf die Faktoren der Transferprozedur mit der Perspektive einer objektiv beschreibbaren Transfermethode als Fertigkeit.

4.1 Wissenschaftliche Maximen moderner Linguistik, MÜ

Im Sinne des Rationalismus und der Universalientheorie (s. Kap. 3.5) ist die Sprache ein Zeichensystem zum Zwecke der Kommunikation, welches auch Gegenstand einer wissenschaftlichen Untersuchung sein kann. Die Sprachwissenschaft, die Linguistik, wie sie seit de SAUSSURE heißt, hatte sich in den 1950er und 1960er Jahren auch die rationalistischen Analysekriterien wie Objektivierbarkeit, Methodenstringenz, Formalisierbarkeit, Intersubjektivität und Verifizierbarkeit als „Kennzeichen der wissenschaftlichen Methode" (STACHOWITZ) zu eigen gemacht. Alle als subjektiv-zufällig geltenden Bestimmungsfaktoren in der Sprachbeschreibung waren nunmehr „unwissenschaftlich" und mussten so weit wie möglich ausgeschaltet werden. Dadurch wurde der Kreis „wissenschaftlicher Disziplinen" stark eingeschränkt. R. STACHOWITZ führt in seinem Buch über die Maschinelle Übersetzung[52] aus:

> Heute wird allgemein akzeptiert, daß der Ausdruck „Wissenschaft" sich nicht länger auf eine geistige Disziplin bezieht, die sich mit einem besonderen Sachgebiet befaßt, sondern ganz allgemein auf jede Disziplin, die eine besondere Forschungsmethode verwendet, die sogenannte „wissenschaftliche Methode". Dementsprechend klassifizieren wir verschiedene Fachrichtungen danach, ob sie sich der wissenschaftlichen Methode bedienen oder nicht. Daher schließen wir Disziplinen wie die Literaturwissenschaft von den Wissenschaften aus.

Dies hatte zur Folge, dass man sich auf Texte beschränkte, die den Ansprüchen der wissenschaftlichen Beschreibbarkeit genügten. Auch die Beschreibung der

---

[52] Vgl. R. STACHOWITZ (1973): *Voraussetzungen für maschinelle Übersetzung: Probleme, Lösungen, Aussichten*. Frankfurt am Main. – Zur Maschinellen Übersetzung vgl. auch A. G. OETTINGER (1969): „Das Problem der Übersetzung". In: H. J STÖRIG (Hrsg.) (1969): *Das Problem des Übersetzens*, Darmstadt, 410-441. – Ferner W. WILSS (1977): *Übersetzungswissenschaft - Probleme und Methoden*. Kapitel XII. – Ders. (1988): *Kognition und Übersetzen. Zu Theorie und Praxis der menschlichen und der maschinellen Übersetzung*. Tübingen.

Übersetzungsvorgänge sollte zur Aufgabe dieser Linguistik werden, nachdem an der Übersetzbarkeit als solcher nicht mehr gezweifelt wurde.

Der Anstoß, Übersetzen als primär oder gar ausschließlich „linguistisches" Phänomen zu erfassen und als solches zu objektivieren, ging von der Forschung zur Maschinellen Übersetzung (MÜ) aus. Deren offiziellen Auftakt kann man auf das Jahr 1948 datieren, da Warren WEAVER in jenem Jahr in einem berühmt gewordenen Briefwechsel mit Norbert WIENER seine informationstheoretisch inspirierte Konzeption der Maschinellen Übersetzung vorlegte. Aus dem Rechner ließe sich bestimmt auch eine Maschine zur Sprachübersetzung machen.[53] Eine natürliche Sprache sei eine Art Geheimcode, den der Computer knacken könne: Er müsste nur ein Wort durch das richtige andere ersetzen.

Die Theorie vom Übersetzen wurde gleichsam als Hilfsdisziplin der maschinellen Übersetzung konzipiert, deren Aufgabe es war, Sprache so zu formulieren und zu algorithmisieren, dass Texte vom Computer in der AS (Ausgangssprache) analysiert und in der ZS (Zielsprache) synthetisiert werden könnten. Als Ziel galt FAHQT (= Fully Automatic High Quality Translation). Der Computer tastet den zu lesenden Text in linearer Folge ab. Besondere Schwierigkeiten stellen daher zunächst die Wortart, der Numerus sowie die Verknüpfung dar.[54]

Wie ein Wort zu verstehen ist, d. h. welcher Kategorie es zugeordnet wird, hängt vom jeweiligen Kontext ab, vgl.

Nadeln haben scharfe <u>Spitzen</u> (Substantiv);
wir <u>spitzen</u> *die Ohren* (Verb);
ich suche einen <u>spitzen</u> *Stock* (Adjektiv)

Singt die <u>Weisen</u>;
fragt die <u>Weisen</u>;
sie <u>weisen</u> *euch den Weg.*

Wie schwierig das Unternehmen der **Maschinellen Übersetzung** ist, zeigt folgendes Beispiel eines englischen Satzes in deutscher Übertragung durch mehrere MÜ-Systeme:
<u>Englischer Satz</u>: *China cranked up the pressure on Taiwan today by announcing it would begin guided missile tests in the seas around the island. (May 1996)*

SchWINn Translator Pro: China krümmte hinauf der Druck eingeschaltet Taiwan heute von ankündigend es wollte beginnen Raketengeschoß testet im Meere ringsherum der Insel.
FB-Translator: Porzellan krümmte hoch der Druck eingeschaltet Taiwan heute von ankündigend es wollte starten ferngelenktes Geschoß Prüfungen im Meere herum der Insel.
German Assistant: China hat aufwärts den Druck auf Taiwan heute angekurbelt durch verkünden es würde anfangen, Fernlenkgeschoß prüft in den Meeren herum die Insel.
T 1: China drehte heute den Druck auf Taiwan an, wenn es ankündigt, daß es Lenk-Waffen-Prüfungen in den Meeren gegen die Insel anfangen würde.
(Vgl. Beispiele in: *DIE ZEIT*, Mai 1996).

---

[53] Warren WEAVER: „Diese Maschinen werden am Ende nicht zur Eleganz und Schönheit der Übersetzung beitragen, doch werden sie bei Alltagsübersetzungen von großem Nutzen sein, indem sie dem Leser den wesentlichen Inhalt fremdsprachlich geschriebener Dokumente zugänglich machen" (meine Übers.). Vgl. W. WEAVER: „Translation" in: W. N. LOCKE/A. D. BOOTH (eds.): *Machine Translation of languages*. New York 1955.

[54] Viele dieser Probleme sind inzwischen auch gelöst worden, und im Bereich umfangreicher, stereotyp gestalteter Fachtexte ist MÜ heute ein wertvolles Instrument zur Unterstützung der Übersetzer.

4.2 Das kommunikationstheoretische Modell des Übersetzungsvorgangs (Kade, Neubert)

Vor diesem wissenschaftstheoretischen Hintergrund erklärt es sich, dass eine Reihe von Übersetzungswissenschaftlern, insbesondere die später so genannte „Leipziger Schule" (Otto KADE, Albrecht NEUBERT, Gert JÄGER, Gerd WOTJAK) die Übersetzungswissenschaft als linguistische Teildisziplin verstehen und von „Translationslinguistik" sprechen. Für das Übersetzen hat KADE (1963:91) den Terminus „Translation" eingeführt. Der Gegenstand der Wissenschaft war nach JÄGER (1975:77) „die Untersuchung der Translationsprozesse als sprachliche Prozesse" und die Analyse der ihnen „zu Grunde liegenden sprachlichen Mechanismen":

> Alle Texte einer Sprache L_x (Quellensprache) können unter Wahrung des rationalen Informationsgehalts im Zuge der Translation durch Texte der Sprache L_n (Zielsprache) substituiert werden, ohne daß prinzipiell der Erfolg der Kommunikation beeinträchtigt oder gar in Frage gestellt wird (KADE 1971:26).

Später sollte dann eine Wissenschaft von der „Sprachmittlung" (Oberbegriff zu Übersetzen und Dolmetschen) begründet werden (KADE 1980). Dabei legte er eine kommunikationswissenschaftliche Auffassung zu Grunde:

> Die KS [sc. Kommunikationssituation] in der ZVK [sc. zweisprachig vermittelten Kommunikation] ist deshalb das objektive Kriterium, von dem aus der Grad der möglichen und/oder notwendigen Übereinstimmung bzw. der zulässigen Nichtübereinstimmung von IKK (sc. Informationskomponenten des Kommunikats] des ZS- [sc. zielsprachigen] Textes gegenüber dem QS- [sc. quellensprachigen] Text bestimmt werden kann.

> In beiden Fällen wirkt das „Spannungsfeld zwischen Originalbezogenheit und Empfängergerichtetheit", jedoch haben die beiden Pole dieses Spannungsfeldes einen unterschiedlichen Stellenwert. Bei der Translation hat die Originalbezogenheit das Primat (...), beim ad. Ütr. [sc. adaptiven Übertragen] hingegen die Empfängergerichtetheit (...). Zwischen diesen beiden Polen, die infolge der Unkenntnis der objektiven Zusammenhänge den Streit um die „wörtliche" bzw. „genaue" oder „freie" Übersetzung lange Zeit nicht lösbar erscheinen ließen, bewegte sich in der langen Geschichte des Übersetzens der empirische Übersetzungsbegriff (KADE 1980:122; 158).

Das erklärte Ziel der Leipziger Schule war die Erstellung einer „Übersetzungsgrammatik". Darin sollten systematisch alle mehr oder minder regelhaften, von einem Vergleich der Sprachsysteme ableitbaren und vom Übersetzer einzuhaltenden Regeln zusammengefasst werden.

> Die idealtypische Übersetzungssituation ist nämlich eine „Abfolge von mechanischen bzw. mechanisierbaren Substitutionsprozessen oberflächengebundener Textkonstruktion (KADE 1968) (zit. nach WILSS 1977:282).

Zentrale Begriffe sind *Kode* und *Kodewechsel*, deren Herkunft aus Nachrichtentechnik und Kommunikationswissenschaft[55] die Zielrichtung der Translationslinguistik andeutet. Sie strebt an, den Informationsgehalt eines Textes in der Übersetzung invariant zu erhalten.

Kommunikationswissenschaft ist die Wissenschaft von Bedingungen, Struktur und Verlauf von Informationsaustausch auf der Basis von Zeichensystemen. Ein Kommunikationsmodell ist die schematische Darstellung von Kommunikationsprozessen und ihrer Komponenten. Grundkomponenten des **nachrichtentechnischen Kommunikationsmodells** sind (a) Sender und Empfänger (Sprecher/Hörer), (b) Kanal bzw. Medium der Informationsübermittlung (akustisch, optisch, taktil), (c) Kode (Zeichenvorrat und Verknüpfungsregeln), (d) Nachricht (Mitteilungsinhalt), (e) Störungen (Rauschen), (f) pragmatische Bedeutung (Intention, Wirkung), (g) Rückkoppelung (Empfängerreaktion).

Der Kode-Begriff wurde in die Sprachwissenschaft übernommen, indem man – vereinfacht ausgedrückt – die Lexik einer Sprache mit dem Zeichenrepertoire und die Syntax mit dem Zeichenverknüpfungsmechanismus gleichsetzte. In der sprachlichen Kommunikation (Rede) dient der Kode dazu, eine Nachricht (N) von einem Sender (S) zu einem Empfänger (E) zu transportieren, d.h. die Nachricht wird zu Übermittlungszwecken enkodiert (verschlüsselt) und beim Empfang wieder dekodiert (entschlüsselt). Das Kommunikationsmodell sieht so aus, wenn Sender (S) und Empfänger (E) über ein gemeinsames Zeichensystem (Sprache) verfügen:

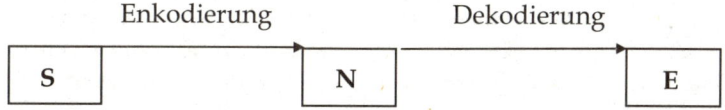

Das Übersetzen stellt dann einen Sonderfall dar: Zwischen Sender und Empfänger muss der Übersetzer (oder der Computer) treten, der einen Kodierungswechsel vornimmt, weil ja der Empfänger des Textes nicht über den gleichen Kode (Sprache) wie der Sender verfügt. Dabei muss aber der Informationsgehalt eines Textes invariant bleiben. Nach KADE (1968a:203) kann man den zweisprachigen Kommunikationsvorgang der Übersetzung als dreiphasigen Prozess folgendermaßen veranschaulichen:

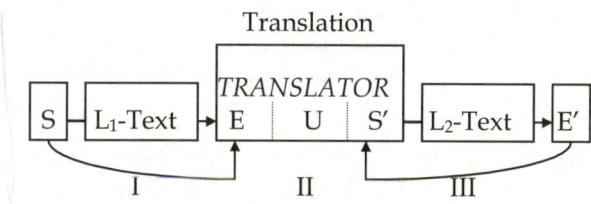

---

[55] Grundlage der meisten Kommunikationsmodelle ist das 1949 für nachrichtentechnische Zwecke entworfene Modell. Vgl. C. E. SHANNON/W. WEAVER (1949): *The mathematical theory of communication, III.* Urbana.

Der Übersetzer ist nicht nur „Kodeumschalter", sondern zugleich Empfänger (E) der AS-Nachricht und Sender (S') der gleichen ZS-Nachricht, die dann vom zielsprachlichen Empfänger (E') im Verstehen wieder dekodiert wird. Der Blick ist hier auf die Information gerichtet, die unversehrt weitergeleitet werden soll. Dies geschieht durch *code-switching* im interlingualen Transfer, wobei „Äquivalenz" erzielt werden soll. Diese gilt als Garant für den Erhalt der Information in der Übersetzung. Jene Auffassung hat die deutsche Übersetzungswissenschaft zunächst sehr stark geprägt. Deren Interesse konzentriert sich auf die Frage,

> wie man sprachlich operieren muß, um ausgangs- und zielsprachliche Textintegration zu gewährleisten und interlinguale Strukturdivergenzen auf inhaltlich und stilistisch adäquate Weise zu neutralisieren. Die Übersetzungswissenschaft versteht Übersetzen als einen sprachlichen Formulierungsprozeß, in dessen Verlauf der Übersetzer durch eine Folge von *code-switching*-Operationen eine von einem ausgangssprachlichen Sender (S_1) produzierte Nachricht in einer Zielsprache reproduziert und sie damit dem zielsprachlichen Empfänger (E_2) zugänglich macht (WILSS 1977:62).

4.3 Die potentiellen Entsprechungen zwischen AS und ZS

Durch die kommunikationswissenschaftlich logische Forderung nach Invarianz der Information entsteht das „translatorische Grundproblem" der Suche nach Entsprechungen.

> Das Fehlen von Eins-zu-Eins-Entsprechungen wirkt sich vor allem dort nachteilig aus, wo Übersetzen als ein Vorgang verstanden wird, „bei welchem Reihen eines Sprachinventars A durch Reihen eines Sprachinventars Z ersetzt werden" (...). Dies ist bei der Maschinenübersetzung der Fall, die informationstheoretisch argumentiert und den Übersetzungsprozeß als eine Folge von formal-mechanischen Operationen auffaßt (WILSS 1977:75).

Dieses Grundproblem rührt nach Meinung KADES von der Divergenz zwischen *langue* und *parole* her, wie sie bei SAUSSURE konzipiert ist (s. Kap. 3.2):

> Die Problematik der Translation resultiert daraus, daß bei der Umschlüsselung (...) im Bereich der *parole* (d.h. bei der Aktualisierung sprachlicher Mittel) auf der Inhaltsebene ein 1:1-Verhältnis zwischen AS-Elementen und ZS-Elementen erreicht werden muß, obwohl im Bereich der *langue* (d.h. in den Relationen zwischen AS-System und ZS-System die Nichtübereinstimmung der semantisch-funktionellen Seite verschiedensprachiger Zeichen (der AS-Zeichen und ZS-Zeichen) die Regel ist (KADE 1968:75).

Die Reichweite der Translationslinguistik wird damit auf den rein inhaltlichen Aspekt von Texten begrenzt, der den alleinigen Bezugspunkt darstellt. So auch bei Henri VERNAY:

> Wir definieren zunächst Übersetzen als den Akt, der eine in der Sprache A gegebene Information so in eine Sprache B überträgt, daß die in Sprache B erhaltene Informationsmenge mit jener in Sprache A identisch ist (...). Wenn man

aber die informative Äquivalenz eines ZS-Textes mit seinem AS-Text feststellen will, so bedarf es eines *tertium comparationis* auf der Inhaltsebene, an dem sowohl AS-Text als auch ZS-Text gemessen werden können (VERNAY 1974:4; 5).

In seinem Übersetzungsmodell führt der Weg vom AS-Text zu einem „Metatext" auf der *langue*-Ebene. Nach „Feststellung der Übereinstimmung und Abweichung zwischen L_1- und L_2-System unter Bezug auf außereinzelsprachliche Kategorien der Inhaltssubstanz" (VERNAY 1974:6) ergibt sich, wie in der Vorstellungswelt der Generativen Grammatik (s. Kap. 3.4), deduktiv wiederum ein ZS-Text. Sehr zahlreiche Beiträge zur Übersetzungswissenschaft entwickeln ähnliche Modelle auf verschiedenen Stufen der Abstraktion oder Formalisierung, jedoch keine explizite Anwendung auf konkrete Texte (vgl. dazu KOSCHMIEDER, s. Kap. 3.6).

In diesem (gewiss auch vom marxistischen Weltbild geprägten) Ansatz KADES, der die sprachliche Form nur im „Dienst am Inhalt" sieht, wird die Unterscheidung zwischen *langue* und *parole*, zwischen Sprachsystem und konkreter Rede verwischt, sodass das Übersetzen einfach zu einem Ersatz von Sprachzeichen der einen Sprache durch solche einer anderen wird, solange dies nur mit Bezug auf eine universale Tiefenstruktur, ein *tertium comparationis* vertretbar ist. Die theoretischen Konstrukte von Tiefenstruktur-Oberflächenstruktur/ Begriff-Zeichen/ Sprachsystem-Rede sind praktisch nur schwer auseinander zu halten.

> Aufgabe der *linguistischen Übersetzungswissenschaft* ist die Beschreibung der Zuordnungsbeziehungen auf der *Systemebene (langue)*, die es, obwohl im allgemeinen keine Eins-zu-eins-Beziehungen vorliegen, erlauben, auf der *Textebene (parole)*, d.h. der Aktualisierung der potentiellen systematischen Zuordnungen im Text, eine Eins-zu-eins-Beziehung zwischen AS- und ZS-Text zu erhalten (KOLLER 1992:151).

Die „linguistische Übersetzungswissenschaft" geht also von der Grundannahme eines „Aufeinandertreffens zweier sprachlichen Systeme beim Übersetzen" (VERNAY 1974:2) aus. Sie verlangt nach einer sprachenpaarbezogenen deskriptiven Darstellung von Zuordnungsbeziehungen sprachlicher Einheiten, welche in „äquivalenter" Übersetzung koordiniert werden. Nach KADE (1968:90) ist die Übersetzungseinheit „das jeweils kleinste Segment des AS-Textes, für das (...) ein Segment im ZS-Text gesetzt werden kann, das die Bedingungen der Invarianz auf der Inhaltsebene erfüllt." Demnach wäre die Übersetzung äquivalent, wenn sie aus gleichviel (äquivalenten) Übersetzungseinheiten besteht wie der AS-Text. Damit entsteht aber ein neues Problem in der Frage, ob ein Text überhaupt restfrei in Übersetzungseinheiten zerlegt werden kann.

KADE (1968:79ff) hat vier Arten „potentieller Äquivalente" im Lexikon zwischen Einzelsprachen herausgestellt. Als potentielles Äquivalent kann gelten, was auf der Systemebene in zwei Sprachen inhaltlich vergleichbar ist. KADE nennt Entsprechungen wie eins-zu-eins (*totale Äquivalenz*), eins-zu-viele (*fakultative Äquivalenz*), eins-zu-Teil (*approximative Äquivalenz*), eins-zu-Null (*Null-Äquivalenz*).

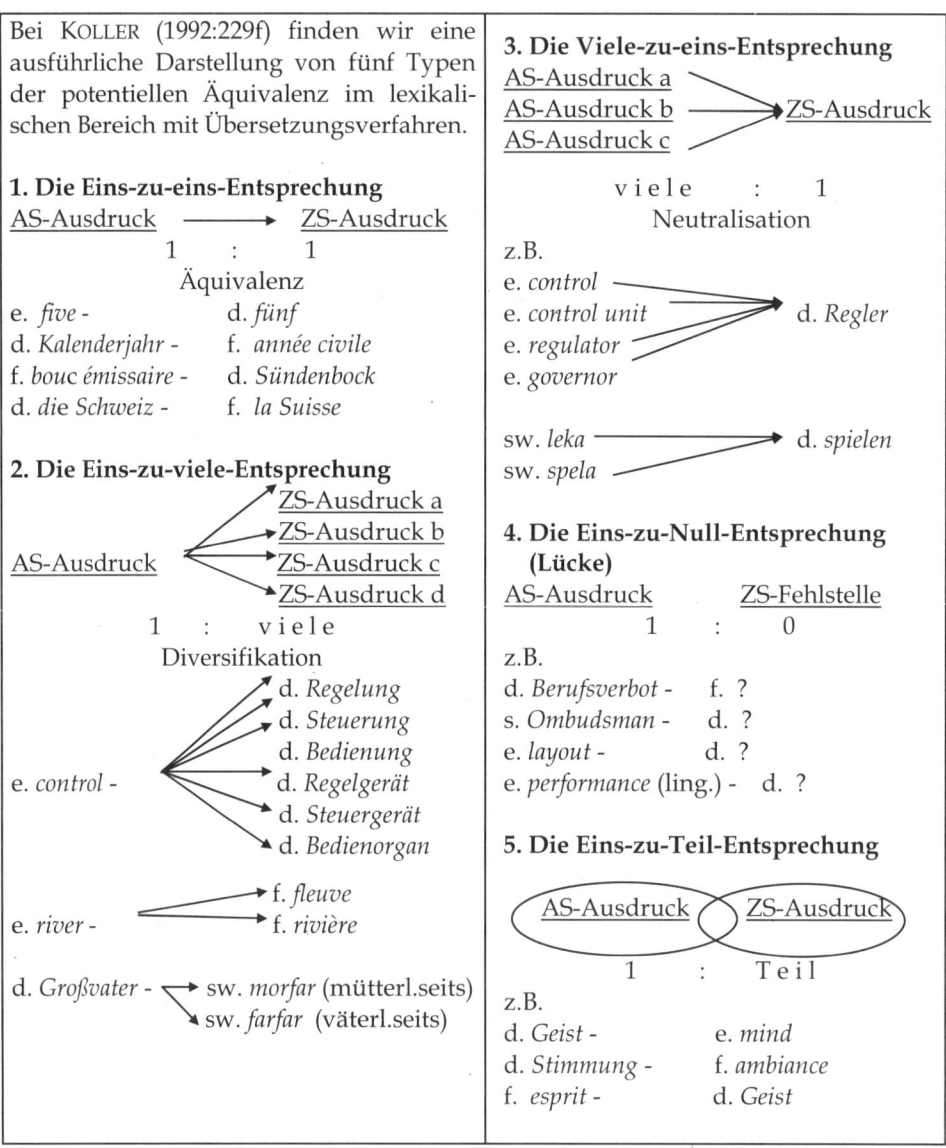

Abb. 1: Die potentiellen Äquivalenzrelationen

Die Reaktion auf diesen Befund hängt dann von verschiedenen Faktoren ab. Normalerweise entsprechen einer isolierten AS-Einheit mehrere Entsprechungen in der ZS. Auf der Textebene erweist sich dann im problemlosen Durchschnittsfall eines dieser potentiellen Äquivalente als das zutreffende.[56]

---

[56] Die Zahl der theoretisch anzusetzenden Entsprechungstypen wird in der Literatur kontrovers diskutiert, vgl. KOLLER (1992:228f) und WILSS (1977:178).

In diesem Zusammenhang ist auf den Unterschied zwischen Übersetzungswissenschaft und kontrastiver Linguistik hinzuweisen. Hauptzielsetzung letzterer ist es, „zwei oder mehrere Sprachen auf allen Ebenen mit Hilfe der Grundlage eines *tertium comparationis* systematisch miteinander zu vergleichen"[57], und zwar unter der Zweckbestimmung des Fremdsprachenunterrichts und der Lexikographie. Der Sprachvergleich der kontrastiven Linguistik zielt auf Systemvergleich im Bereich von übereinstimmenden und divergierenden Strukturen, sie arbeitet auf der Ebene der *langue*. Demgegenüber bezieht sich die Übersetzungswissenschaft auf das Formulieren konkreter Texte auf der Ebene der *parole*. In manchen wissenschaftlichen Arbeiten werden diese Unterschiede allerdings nicht genügend deutlich.

4.4 Translation shifts (Catford)

Ein streng linguistisch-sprachenpaarbezogener Ansatz in der Übersetzungstheorie wurde von John C. CATFORD (1965) entwickelt:

> Translation is an operation performed on languages: a process of substituting a text in one language for a text in another. Clearly, then, any theory of translation must draw upon a theory of language – a general linguistic theory (1965:1).

CATFORD befasste sich mit den Relationen im Sprachenpaar, sowohl auf der lexikalischen als auch auf der syntaktischen Ebene. Er begründete seine Theorie auf dem Konzept der „Systemischen Grammatik" des britischen Linguisten M. A. K. HALLIDAY[58]. Mit dem Anspruch, die Maschinelle Übersetzung (s. Kap. 4.1) zu befördern, wird hier eine Übersetzungstheorie von der allgemeinen Linguistik hergeleitet. Und so wird die Sprache auf verschiedenen Ebenen beschrieben: Phonologie, Orthographie, Grammatik, Lexikon, Situation. Die Übersetzungstheorie kann dann als Teil der Vergleichenden Linguistik definiert werden, wobei die Beziehungen zwischen Ausgangssprache und Zielsprache bestimmt werden sollen.

> The theory of translation is concerned with a certain type of relation between languages and is consequently a branch of Comparative Linguistics. (...) *Translation* may be defined as follows: *the replacement of textual material in one language (SL) by equivalent textual material in another language (TL)* (CATFORD 1965:20).

---

[57] Vgl. G. NICKEL (1980): „Kontrastive Linguistik". In: *Lexikon der Germanistischen Linguistik,* hrsg. v. H. P. ALTHAUS/ H. HENNE/ H. E. WIEGAND. Tübingen 1980, 633.
[58] Vgl. Michael Alexander Kirkwood HALLIDAY (1961): „Categories of the Theory of Grammar." In: *Word,* vol. 17, 3/1961, 241-292. – Die „Systemische Grammatik" ist ein auf sprachtheoretischen Ansätzen von John R. FIRTH beruhendes, von HALLIDAY ausgearbeitetes deskriptives Analysemodell von Sprache, das davon ausgeht, dass linguistische Beschreibungen Abstraktionen sprachlicher Formen aus sprachlichen Äußerungen sind, wobei zwischen Sprache und außersprachlicher Welt eine enge Beziehung besteht, die durch den Situationskontext hergestellt wird. Vgl. BUßMANN 1990:767ff.

Vor diesem theoretischen Hintergrund werden dann die Übersetzungsmöglichkeiten im Hinblick auf partielle oder totale Übersetzung an Wort- und Satzbeispielen erörtert. Dabei wird unterschieden zwischen „textual equivalence" und „formal correspondence" als empirischem Phänomen[59]:

> A textual equivalent is any TL text or portion of text which is observed on a particular occasion, by methods described below, to be the equivalent of a given SL text or portion of text. A formal correspondent, on the other hand, is any TL category (unity, class, structure, element of structure, etc.) which can be said to occupy, as nearly as possible, the same place in the 'economy' of the TL as the given SL category occupies in the SL (1965:27).

Zur Feststellung solcher Entsprechungen ist der kompetente Sprecher zu befragen oder eine Kommutationsprobe des Austauschens von Satzelementen anzuwenden (vgl. CATFORD 1965:28):

"In place of *asking* for equivalents we may adopt a more formal procedure, namely, *commutation* and observation of concomitant variation. In other words we may systematically introduce changes into the SL text and observe what changes if any occur in the TL text as a consequence. *A textual translation equivalent is thus: that portion of a TL text which is changed when and only when a given portion of the SL text is changed.*
In our present example, having had *My son is six* translated into French we might ask the translation of *Your daughter is six*. The TL text this time is *Votre fille a six ans*. The changed portion of the TL text (Mon fils/Votre fille) is then taken to be the equivalent of the changed portion of the SL text (My son/Your daughter)."

Nach CATFORD ist Übersetzen das Austauschen von Textmaterial in einer Sprache durch gleichwertiges Textmaterial einer anderen Sprache, aber nur in einer vorgegebenen Situation. Der Situationskontext des Übersetzungsvorgangs ist für ihn deshalb so wichtig, weil er einen interlingualen Bedeutungstransfer, eine „transference of meaning or content, from one language or text to another" (1965:35) für nicht möglich hält. Bedeutung ist seiner Meinung nach ein rein einzelsprachliches Phänomen: „An SL text has an SL meaning and a TL text has a TL meaning" (1965:35). Bedeutung konstituiert sich dabei aus dem ganzen Netz formaler und kontextueller Bezüge, in denen eine formale linguistische Einheit steht.[60]

Also können ausgangssprachliche und zielsprachliche Spracheinheiten nur gegeneinander ausgetauscht werden, und sie sind dann äquivalent, wenn sie in einer vorgegebenen Situation funktionieren, auch wenn sie im systemlinguistischen Sinn selten die gleiche Bedeutung haben:

> The SL and TL items rarely have 'the same meaning' in the linguistic sense; but they can function in the same situation. In total translation, SL and TL texts or items are translation equivalents when they are interchangeable in a given

---

[59] Unter „formal correspondence" werden taxonomische Korrespondenzen zwischen zwei Sprachen genannt (Wortklassen, Morpheme z.B.), wodurch sprachtypologische Differenzen messbar sind.
[60] Beispiel: Manche Wörter zwingen zur Angabe des Genus, in anderen Sprachen fehlt solches.

situation. This is why translation equivalence can nearly always be established at sentence-rank – the sentence is the grammatical unit most directly related to speech function within a situation (CATFORD 1965:49).

Allerdings gilt:

The central problem of translation-practice is that of finding TL (target language) translation equivalents. A central task of translation theory is therefore that of defining the nature and conditions of translation equivalence (1965:21).

Nach CATFORDS Meinung ist eine Übersetzung umso besser, je mehr Situationsmerkmale in der Zielsprache linguistisch explizit und in exakt zu quantifizierender Weise wiedergegeben werden können: „Translation equivalence occurs when an SL and a TL text or item are relatable to (at least some of) the same features of substance" (1965:50). Wertet man daraufhin ein entsprechend großes Textkorpus empirisch-induktiv aus, dann kann man für Übersetzungsäquivalente Wahrscheinlichkeitswerte ermitteln, die in Form von „translation rules" (CATFORD 1965:31) generalisierbar sind. CATFORD formuliert genaue Regeln, wie ein Übersetzer ausgangssprachliche in zielsprachliche Grammatikstrukturen im Sinne einer Abweichung von der formalen Korrespondenz umwandeln kann („translation shifts"). Diese Regeln werden völlig kontextfrei für verschiedene Ebenen der Grammatik festgelegt.

TRANSLATION SHIFTS sind beispielsweise: **Passiv-Konstruktionen** in der AS in **Aktiv-Konstruktionen** in der ZS umzuwandeln, der Wechsel von **Imperfekt zu Perfekt**, oder die **Vertauschung der Satzglieder** aufgrund grammatischer Zwänge (1965:77).
Ferner ist auch auf die grammatische Kategorie des **Numerus** zu achten, sodass etwa ein Singular in einem ausgangssprachlichen Text zu einem Plural im Zieltext gemacht werden muß. So könnte z.B. die biblische Ermahnung „Liebe deinen Nächsten wie dich selbst" bei manchen Hörern Anlass zu der Frage geben: „Welchen Nächsten?", da in vielen Sprachen ein Singular nicht in generischer Bedeutung vorkommt. So muss dieser Ausdruck bisweilen übersetzt werden als: „Liebet eure Nächsten wie euch selbst".
Die Probleme der **Satzlänge, Satzordnung, direkte** oder **indirekte Rede** sind hier typische Probleme für eine sprachenpaarbezogene Analyse von Übersetzungsprozessen. Grenzen der Übersetzbarkeit sieht CATFORD (1965:93) allerdings als schwierig zu definieren an, und diskutiert einige Disambiguierungsprobleme bei Homonymen und bei Polysemie.

CATFORD unterscheidet dabei auch zwischen wörtlicher und Wort-für-Wort-Übersetzung:

The popular terms *free, literal,* and *word-for-word translation,* though loosely used, partly correlate with the distinctions dealt with here. A *free* translation is always *unbounded* – equivalences shunt up and down the rankscale, but tend to be at the higher ranks – sometimes between larger units than the sentence. *Word-for-word* translation generally means what it says: i.e. is essentially *rank-bound* at word-rank (but may include some morpheme-morpheme equivalences). *Literal* translation lies between these extremes; it may start, as it were, from a word-for-word translation, but make changes in conformity with TL grammar...; this may make it a group-group or clause-clause translation (CATFORD 1965:25).

Die theoretischen Überlegungen verharren beim Einzelwort und Satz als der Basiseinheit auf der *parole*-Ebene. Dies hat noch wenig mit dem praktischen Übersetzen in einer Kommunikationssituation zu tun.

4.5 Translation quality assessment (House)

Aufbauend auf CATFORDS grammatischen Strukturen hat Juliane HOUSE zunächst 1977 ein sehr detailliertes Modell zur wissenschaftlich begründeten Übersetzungskritik vorgelegt. Dieses Modell wurde nach zwanzig Jahren noch einmal erläutert und in bestimmten Teilen ergänzt, wobei auch kritische Anregungen aufgenommen wurden (HOUSE 1997). Ziel dieses Ansatzes ist es, ein Instrumentarium zu entwickeln, mit dem Texte und Übersetzungen in allen linguistischen Einzelheiten miteinander verglichen und somit deren Äquivalenzstatus bestimmt werden kann. Daraus könnten sich dann auch Möglichkeiten der Operationalisierung von „Übersetzungsregeln" im Sinne einer deskriptiven Darstellung übersetzerisch adäquater Reaktion auf Ausgangstextstrukturen ergeben. Zu diesem Zweck wurde das Modell auch an einem Korpus verschiedener Textsorten erprobt.

HOUSE beruft sich ausdrücklich auf M. A. K. HALLIDAYS systemisch-funktionale Theorie, auf die Diskursanalyse sowie auf Einsichten der Prager linguistischen Schule (HOUSE 1997:29).

> Die Idee von HALLIDAY (1987) kann man so zusammenfassen (vgl. PRUNČ 2007:179f): In den 1960er Jahren hatte HALLIDAY seine *Systemic Functional Grammar (SFG)* entwickelt, die ein sehr komplexes analytisches und terminologisches Inventar für die Beschreibung von Texten als verbale Interaktion anbot. Mit Hilfe von Sprache interpretiere der Mensch die Welt für sich selbst und (re)präsentiere seine Welt gegenüber den Anderen. Die wichtigsten Parameter, durch die Sinn und Bedeutung eines Gesprächs bestimmt werden, sind: *field of discourse* (was geschieht, worüber wird gesprochen), *tenor of discourse* (welche Beziehung wird zwischen den Kommunizierenden signalisiert) und *mode of discourse* (in welchem Medium, welcher Form, mit welchem Code wird kommuniziert). – Diesen Parametern werden sprachliche Metafunktionen zugeordnet, durch welche die Diskurssemantik eines Textes bestimmt wird: die *ideationale Metafunktion* (Bezüge zum Feld), die *interpersonale Metafunktion* (Bezüge zu den Partnern), die *textuelle Metafunktion* (Textkonstitution). Diese drei Registervariablen werden durch konkrete lexiko-grammatische Strukturen realisiert: die ideationale Metafunktion durch verschiedene Formen der Transitivität, die interpersonale Metafunktion durch Modalität, und die textuelle Metafunktion durch die Informationsstruktur, die aus dem thematischen Aufbau und der Kohäsion des Textes ablesbar ist. Eine grammatische Metaphorisierung als Ausdrucksvariante wird zum Beispiel auch gesehen in der Nominalisierung von Aussagen, welche dieselben unpersönlicher werden lassen. HOUSE hat mit Hilfe der SFG ein Modell der Qualitätsbeschreibung von Übersetzungen entworfen.

Ausgangspunkt ist die geforderte „Äquivalenz" zwischen AT und ZT: „translation is constituted by a ‚double-binding' relationship both to its source and to the communicative conditions of the receiving linguaculture, and it is the concept of equivalence which catches this relationship" (HOUSE 1997:29). Zentrale Grundbegriffe sind die „overt translation" und die „covert translation":

> In **overt** translation, the function of the translation is to enable its readers access to the function of the original in its original linguacultural setting through another language. This means, that there can be no simple functional equivalence, rather a type of "second level" function must be posited, which allows the translation receptor a view of the original through a foreign langue while clearly operating in a different discourse world. By contrast, the function of a **covert** translation is to imitate the original's function in a different discourse frame (…). One of the means of achieving this functional equivalence is through the employment of a **cultural filter**, with which shifts and changes along various pragmatic parameters (…) are conducted. Note that this crucial distinction into overt and covert translation is a cline, not an "either-or" dichotomy.

Diese Unterscheidung läuft darauf hinaus, dass Texte mit einem gewissen Status in der Ausgangskultur, wie z. B. historisch gebundene politische Reden, zeitbezogene Kalendergeschichten, das Original einer Predigt usw., wegen ihrer ausgangskulturellen Bedeutung in der Übersetzung so genau wie möglich nachgezeichnet werden müssten und dann natürlich verfremdend wirken (overt translation). Demgegenüber können Übersetzungen von Texten, die in beiden Bereichen den Status eines Originals genießen, wie z.B. ein wissenschaftlicher Text, ein populärwissenschaftlicher Zeitungsartikel oder eine Tourismusbroschüre, so übersetzt werden, dass man ihnen das Übersetztsein nicht ansieht (covert translation). Der kulturelle Filter erlaubt dabei Textveränderungen, die trotz gleicher Textfunktion aufgrund der zielkulturellen und sprachlichen Unterschiede geboten sind. Wenn dagegen in einer solchen Übersetzung Veränderungen eingebracht werden, die nicht mehr mit dem „cultural filter" begründet werden können, dann wird diese zu einer „Version", einer Bearbeitung.

Um nun eine Übersetzung in ihrem Äquivalenzgrad genau messen zu können, wird ein wissenschaftliches Instrumentarium entwickelt. Wichtig ist die Unterscheidung zwischen „functions of language" und „function of text", wobei mit letzterem der Gebrauch des Textes in einem bestimmten Situationskontext gemeint ist (HOUSE 1997:36). Um diesen zu bestimmen, muss das „textuelle Profil" erstellt werden, welches aus einer systemischen linguistisch-pragmatischen Analyse der Sprachfunktionen des Textes in seinem Situationskontext resultiert. Dazu werden zwei Kategorien gebildet (HOUSE 1997:39):

A. Dimensions of Language User
   1. *Geographical origin*
   2. *Social class*
   3. *Time*

B. Dimensions of Language Use
   1. *Medium:* simple/ complex
   2. *Participation:* simple/ complex
   3. *Social role relationship*
   4. *Social attitude*
   5. *Province*

Nach diesen Kategorien werden Ausgangs- und Übersetzungstext beschrieben, sodass der Grad der Übereinstimmung feststellbar wird. Die Funktion eines Textes kann dann als Summe von dessen Sprachmaterial im Sinn der genannten Dimensionen aufgefasst werden, und die Übersetzungskritik stellt den Übereinstimmungsgrad in den Korrelationen mit dem AS-Textprofil fest. Um die deskriptive Kraft des Modells aufzuzeigen, wird jeder Aspekt in der Analyse mit Symbolen wie [+/-human], [+/-abstract] usw. dargestellt. Auch Stilebenen und soziale Sprecherrollen werden berücksichtigt, denn all dies spiegelt sich auf der Textebene.

> Zu einem Text aus der Handelskorrespondenz, nämlich dem Rundschreiben eines Firmenvorstands an die Aktionäre, was eine „covert translation" bedingt, wird das Modell durchgespielt, wobei die Sätze durchnummeriert sind. Aus Platzgründen kann dies hier nicht vollständig wiedergegeben werden (HOUSE 1997:49ff), doch soll ein kleiner Einblick die Vorgehensweise aufzeigen:
>
> **Analysis of ST and Statement of Function**
> Dimensions of language user:
> (1) Geographical origin: non-marked, Standard American English
> (2) Social Class: non-marked, Educated Middle Class
> (3) Time: non-marked, contemporary American English
>
> Dimensions of langue use:
> (1) **Medium**: simple: *written to be read,* as realized by the following linguistic means:
> **syntactic means:**
> a. absence of elliptical clauses, contractions, contact parentheses and comment parentheses, and many kinds of spoken language signals such as *well, you see, you know,* etc.
> b. placing of expanded subordinate clauses of purpose before the main clause: this is a focussing device typical of the written mode (...),
> c. presence of expanded postnominal modification resulting in the separation of the head of the subject noun phrase and the corresponding finite verb (...).
> **lexical means:**
> a. absence of qualifying modal adverbials, interjections, and other subjectivity markers typical of the spoken mode.
> **textual means:**
> a. The text is predominantly emic. There are a few pronominal references to the addresser and the addressees (...),
> b. lack of relations resulting in a lack of redundancy,
> c. frequent use of passivization as a typically "written" means of complex syntactic linkages for text-constitutive purposes (...).
>
> (2) **Participation**: complex: monologue with addressees being directly addressed and given instructions. (..)
> **syntactic means:**
> a. presence of second person personal and possessive pronouns for direct address (...),
> b. presence of requests put to the addressees through the use of the verb require in the passive, modal auxiliaries of obligation, and the mandative subjunctive new in a that-clause;
> c. absence of interrogative sentences. (...)

(3) **Social Role Relationship**:
Asymmetrical role relation: addresser has de facto economic authority over the addressees.
Position role of addresser: president of an international financing company, of which the addressees are shareholders. (...)
syntactic means:
a. use of second person singular personal pronouns *you* and passive pronoun *your* in a specific way, i.e., for addressing corporate members not "persons" as such (...),
b. use of the fist person plural personal pronoun *we* to refer to the addresser or the company or the Board of Directors (...),
c. frequency of impersonal constructions using impersonal *it* and existential *there* as well as passives: the use of these devices is indicative of a desire on the part of the addresser to be cautious and "hedgy" and to avoid specifying a causer or *agent. (...),
d. preponderance of [-human] subject noun phrases adding to the impersonal character of the text,
e. use of subjunctive in a that-clause (...). This is marked choice in English.

textual means:
a. deliberate attempt to underplay the role of I.O.S. (the company) through putting I.O.S. in non-focussed position in prepositional phrases,
b. deliberate overall organization of the text such that the addressees are first being presented with the change as a fait accompli and its many positive sides, and that they are only later being given the reason for the change.

(4) **Social Attitude**
Consistent with the impersonal, distant relationship as outlined above, (...) it is a formal one:
syntactic means:
a. frequency of complex noun phrases showing both multiple personification, post modification, and continuous modification which add to the text's abstractness and impersonality. (...),
b. deletion of conjunction if plus subject-auxiliary inversion (...),
c. completeness of clauses, absence of contractions (...),
d. frequency of impersonal constructions using *it, there*, and passives; preponderance of [-human] subject noun phrases, use of subjunctive in a that-clause (...).

lexical means:
a. presence of words and phrases marked [+formal] due to their restricted use in impersonal situations: declared, payable on and after, expedite yours (...),
b. absence of interjections, qualifying modal adverbials and other subjectivity markers.

textual means:
a. frequent use of passvization as a means of complex syntactic linkage specifically for preserving theme-rheme sequence,

(5) **Province**
Commercial financial circular letter issued by the president of an international financing company to the company's shareholders. In this letter, the shareholders are being informed about changes in the set-up of the company. (...)
lexical means:
a. use of precise technical terminology, i.e. special commercio-financial lexical items and collocations, e.g. *pro-rata, dividend, holding company*...
b. presence of phrases which precisely define the information given or explicitly state conceivable alternatives: *on and after December 20, to all shareholders of record*...
c. absence of foregrounding words...

> **textual means:**
> presence of strong textual cohesion due to the employment of several mechanisms of theme-dynamics and clausal linkage:
> **theme-dynamics:**
> a. repetition of lexical items (...),
> b. frequency of anaphoric referencing by means of pro-forms for nouns phrases, adverbials, predicates, clauses or sentences ...
> c. organization of thematic movement in sequences of theme-rheme to insure given-new ordering.
> **clausal linkage**
> achieved through logical connectors – *of course, since, that is, as a result of, therefore.*
> **Statement of Function**
> The function of the text consisting of the two components – ideational and interpersonal – may be summed up in the following way: the addresser's intention is (a) to inform the addressees of a collection of facts as precisely and efficiently as possible and to request action; (b) to establish a positive rapport with the addressees, to convince and reassure them of the appropriateness and advantages of certain moves by the company (...).
> This summary statement of the text's function has been described by an examination of the ways in which the dimensions are marked in this text, and the manner in which they contribute to the two functional components. (...)
>
> Die Übersetzung wird nun wiederum Punkt für Punkt mit dem Ausgangstext verglichen und es kann festgestellt werden, dass sie in vielen Punkten von diesem abweicht, sodass ihre Äquivalenz nicht zureichend ist.

Dieses System hat wissenschaftlichen Anspruch, doch in der konkreten Durchführung zeigen sich sehr viele Wiederholungen, weil natürlich die einzelnen Textaspekte immer auf ihre Weise zur Bedeutung des Ganzen beitragen. Für ein praktisches Übersetzen in der realen Welt wäre dieses Modell wohl kaum verwendbar. Und HOUSE gibt auch selbst zu, dass die Durchführung vor allem auch der Überprüfung der Hypothese über die Möglichkeit solcher empirischer Forschung an einem Korpus dienen sollte (1997:111).

4.6 Übersetzen als Transferprozess (Wilss)

Aufbauend auf dem kommunikationswissenschaftlichen Modell des Übersetzungsvorgangs (s. Kap. 4.2) geht Wolfram WILSS einen Schritt weiter und fragt nach dem Übersetzungsprozes, der konkret dabei abläuft:

> Die zentrale Aufgabe der Übersetzungswissenschaft besteht demzufolge darin, Verfahrensweisen zu entwickeln, die es ermöglichen, vor dem Hintergrund des ausgangssprachlich Gemeinten den Transfer vom ausgangssprachlichen Text zum zielsprachlichen Text zu faktorisieren, die einzelnen Faktoren zu einem in sich schlüssigen Beschreibungs- und Erklärungsmodell zusammenzufassen und daraus Schlußfolgerungen abzuleiten, die unter verschiedenen Gesichtspunkten übersetzungstheoretisch oder sprachenpaarbezogen-deskriptiv und/oder sprachenpaarbezogen-applikativ ausgewertet werden können (1977:72f).

> [Dabei gilt,] daß Übersetzen eine spezifische Form sprachlichen Handelns und Sichverhaltens ist, die sich vom einsprachigen Handeln und Sichverhalten dadurch unterscheidet, daß der Übersetzer auf der Basis as und zs Wissens 'code-switching'-Prozesse ausführt (1988:36).

Ermittelt werden sollen also die Regeln der Abfassung von Texten, „der Gesetzmäßigkeiten der Textkonstitution als faktorisierbarer Realisationsform von Texten", als „Textverfertigungsprozedur" (WILSS 1980:16), wenn aus Tiefenstrukturen konkrete Oberflächenstrukturen gemacht werden, und folgerichtig ist das Übersetzen dann eine „Transferprozedur" (WILSS 1988:VII).

Das Übersetzen stünde auf sicherem Boden, wenn dieser zielgerichtete Prozeß objektiv steuerbar wäre, insbesondere durch die Beschreibung bestehender Regelmäßigkeiten in den Beziehungen zwischen AS- und ZS-Texten, die sodann lehr- und lernbar gemacht werden könnten. Die Übersetzungswissenschaft untersucht somit nach WILSS' Meinung „auf sprachenpaarbezogene und sprachenpaarübergreifende Weise interlinguale Transfervorgänge und die ihnen zugrundeliegenden parole-bezogenen mentalen Operationen" (1980:9).

Wenn nun jemand übersetzt, dann übersetzt er ja nicht Wörter oder Sätze, sondern Texte, daher ist auch der Übersetzungsprozess textbezogen zu definieren. Als Begründungszusammenhang dient WILSS die „semiotische Textanalyse", denn die Erkenntnisse der sprachwissenschaftlichen Semiotik (s. Kap. 3.2) gelten nicht nur für Wörter, sondern auch auf den höheren Zeichenrängen wie Satz und Text. Er meint:

> Eine solche Definition des Übersetzungsprozesses könnte etwa folgendermaßen lauten: Übersetzen ist eine Folge von Formulierungsprozessen, die von einem schriftlichen as Text zu einem möglichst äquivalenten zielsprachlichen (zs) Text hinüberführen und – im Sinne der Morris'schen Semiotik – das syntaktische, semantische und pragmatische Verständnis der Textvorlage und eine textadäquate Transferkompetenz des Übersetzers voraussetzen. (...)
> Die übersetzungsbezogene Textlinguistik muß also versuchen, auf dem Weg über eine linguistische Analyse der Textoberfläche die textsemantischen, textfunktionalen und textpragmatischen Bedingungen der Textherstellung zu rekonstruieren und damit die Voraussetzung für die Entwicklung einer textsortenspezifischen Übersetzungsmethodik zu schaffen (WILSS 1980:14/17).

In dem Postulat, hier Gesetzmäßigkeiten zu beschreiben und zu klassifizieren, zeigt sich die geistige Nähe zum Instrumentarium der Generativen Grammatik (s. Kap. 3.4) und Forschungsansätzen der maschinellen Übersetzung. Doch WILSS (1977:95) beruft sich ausdrücklich auf das Übersetzungsmodell KOSCHMIEDERS (s. Kap. 3.6), weil dieser die Doppelfunktion des Übersetzers als Empfänger E_1 und Sender S_2 klar darstelle. Die generativistische Terminologie zeigt sich in Versuchen zur Beschreibung einer „Quasi-Selbststeuerung des Übersetzungsprozesses", von „abgeleiteten Konfigurationen" und „imitativen Übersetzungsprozeduren"; KADES „Kodierungswechsel" wird hier zu „einer Folge von *code-switching*-Operationen"; es ist weiterhin die Rede von „Sender" und „Empfänger" (s. Kap. 4.2) und auch die „Lasswell-Formel" nach dem

Schema: „Wer sagt was mit welchen Mitteln zu wem mit welcher Wirkungsabsicht?" (Lasswell-Formel, 1948)[61] wird genannt:

> Die Anwendung der Lasswell-Formel auf einen Text ergibt, daß jeder Text vier Dimensionen aufweist:
> 1. das Textthema (Textbedeutung) (wovon handelt der betreffende Text?);
> 2. die Textfunktion (welche Mitteilungsabsicht im Bühler'schen Sinn hat der Textsender?);
> 3. die Textpragmatik (welchen Empfängerkreis hat der Sender im Auge?);
> 4. die Textoberfläche, in der Lexikon und Syntax integrativ zusammenwirken
> (WILSS 1980:17).

Der zuerst kommunikationstheoretisch analysierte „Vorgang" wird nun als eine in Faktoren zerlegbare „Prozedur" gesehen. Wird das Übersetzen als zielgerichteter Prozeß gesehen, so ist das Tun des Übersetzers ein „Verhalten", das analysiert werden kann. WILSS' Ansatz befasst sich jedoch nicht mit der Arbeit an konkreten Textbeispielen, sondern kreist stets aufs Neue um den theoretischen Entwurf eines didaktischen Modells der Faktoren der Übersetzungsprozedur für den Übersetzungsunterricht. Die notwendige Objektivierung erfolgt wiederum mittels der semiotischen Textanalyse:

> Wenn man davon ausgeht, daß (...) der Äquivalenzbegriff in aufsteigender Reihenfolge eine syntaktische, eine lexikalische und eine stilistische (text-pragmatische) Dimension aufweist, ist es empfehlenswert, zuerst eine dreistufige ausgangssprachliche Textanalyse vorzunehmen und dabei die vorhandenen Transferblockierungen in ihrem jeweiligen sprachlichen und situativen Kontext zu isolieren, (...) (1977:183).

WILSS fordert einen Übersetzungsunterricht, der den modernen wissenschaftlichen Maßstäben (s. Kap. 4.1) gerecht wird. In dem Bemühen um exakte Darstellung wird allerdings die Ausdrucksweise oft etwas unübersichtlich und schwer verständlich.

4.7 Schemabasierung des Transfers als Fertigkeit

Weil Übersetzungskompetenz als Können bislang noch nicht messbar ist, sieht es WILSS als Ziel einer angewandten Übersetzungswissenschaft an, durch die Beschreibung der Transferbedingungen eine vielfach verwendbare Transfermethodik zu entwickeln, die als „Übersetzungsfertigkeit" (WILSS 1992) auch didaktisch aufbereitet werden sollte.

Als Ausgangspunkt hierfür nennt WILSS bestimmte „Denkschemata", weil sie den Aufbau von handlungsregulierenden Lernstrategien und verhaltenswirksamen Lerntechniken ermöglichen. Schemata werden als Bausteine der

---

[61] Harold D. LASSWELL, ein amerikanischer Politikwissenschaftler, hat im Hinblick auf den Prozess der Massenkommunikation zusammen mit B. L. Smith ein Frageschema mit fünf W-Fragen, die L.-Formel, entworfen. Vgl. LASSWELL, Harold D. (1948, ³1974): "The Structure and function of communication in society", in: *The Process and Effects of Mass Communication*. Ed. by W. SCHRAMM/D. F. ROBERTS. Urbana, Chicago, London ³1974, 84-99. Reprint.

kognitiven Weltrepräsentation im Gedächtnis gespeichert. Sie basieren auf Erfahrungen und stellen die typischen Merkmale eines Weltausschnitts dar. Auch determinieren sie Standardverhaltensweisen.

> Schemata entstehen durch induktive Verallgemeinerungen. Solche Verallgemeinerungen sind eine entscheidende Vorbedingung für die strukturelle Vereinheitlichung und genaue Lokalisierbarkeit von Daten unterschiedlicher Art. Schemabildung ist das Ergebnis der Beobachtung eines Details oder vieler Details, bis eine Struktur sich merkbar abzeichnet, eine Struktur, die im Rahmen erprobter Abstraktionsmechanismen das zunächst Besondere in den Rang einer allgemeinen, typisierten Konfiguration erhebt. Die relative Mühelosigkeit im Umgang mit der Sprache ist nicht zuletzt der Möglichkeit des Rückgriffs auf Schemata zuzuschreiben; sie wirken als Entlastungsstrategien, weil sie parallel distribuierte Informationsverarbeitungsschritte in Gang setzen können (WILSS 1992:168f).

Sprachliche Schemata des Formulierens sind gewiss ein Kennzeichen der modernen Sprache in den öffentlichen Medien sowie in den Fachsprachen. Der Übersetzer arbeitet normalerweise im Rahmen einer stereotypgeprägten Generalisierung nach bestimmten Mustern.

> **Als sprachliches Beispiel für Schemata** nennt WILSS (1992:176) die mechanische Wortbildung mit dem *-isation*-Suffix:
>
> | Deutsch | Englisch | Französisch |
> |---|---|---|
> | Afrikanisierung | africanization | africanisation |
> | Aktualisierung ... | actualization | actualisation |
> | Allegorisierung ... | allegorization | allégorisation |
> | Atomisierung | atomization | atomisation |
> | Automatisierung ... | automatization | automatisation |
> | Charakterisierung ... | characterization | caractérisation |
> | Computerisierung ... | computerization | computérisation |
> | Dramatisierung ... | dramatization | dramatisation |
> | Destabilisierung | destabilization | déstabilisation |
> | Dezentralisierung, etc. | decentralization | decentralization |

Beim Übersetzen gibt es nach WILSS Übergangswahrscheinlichkeiten, d.h. bestimmte „Übersetzungsprozeduren sind erwartbarer als andere", sie entwickeln sich zu einem „Multioptionstyp", den man in allen möglichen Situationen einsetzen kann. Solches schemabasiertes Verhalten könnte dann übersetzungsdidaktisch als Regelhaftigkeit angewendet und trainiert werden. Der Begriff der so entstehenden „Fertigkeit" ist nachprüfbar[62]:

> Dazu gehören im Bereich des Übersetzens, von lexikalischen oder morphologischen Standardäquivalenten abgesehen, phraseologisch verfestigte, kommunikativ vorstrukturierte Formulierungen mit festen interlingualen Äquivalenzbeziehungen. Fertigkeiten schaffen sich eine eigene mentale Atmosphäre, glatt, einfach, minimalistisch, mit vom Übersetzer als „automatic conditioned res-

---

[62] Vgl. Wolfram WILSS (1989): „Was ist fertigkeitsorientiertes Übersetzen?" In: *Lebende Sprachen* 3/1989, 105-113, S. 109+111. Die in Anführungszeichen gesetzten Textteile sind bei WILSS Zitate, deren Quellenangaben hier aus Platzgründen entfallen.

ponse" beherrschbaren Spielzügen. Übersetzerische Tätigkeit bekommt hier den Charakter einer auf Selbstregulierungsmechanismen beruhenden Handlungsweise, die zeigt, daß Fertigkeiten nicht am „Erkenntniswert des Individuellen" orientiert sind. (...)

Von praktischer Relevanz düften solche Regelhaftigkeiten vor allem im Bereich des Fachübersetzens sein, wo interlingual aufeinander abgestimte Standardtextbausteine bei bestimmten Textsorten eingesetzt werden. Routine beim Übersetzen entspricht der modernen Forderung nach Schnelligkeit und Gleichförmigkeit im Teamwork und ist „Kriterium fertigkeitsbasierten Übersetzens" (1992:46).

So wie jeder Mensch, so ist auch der Ür [sc. Übersetzer] ein Gewohnheitstier; er handelt mit Vorliebe nach dem Prinzip „consuetudo altera natura"; er neigt dazu, konfigurierte sprachliche Erfahrungen unter vergleichbaren Gebrauchsbedingungen repetitiv einzusetzen, und er kann dies deswegen tun, weil „Gleichförmigkeit im Ablauf (...)" zu unseren primären Lebenserfahrungen zählt (1992:85).

> WILSS (1992:91) verweist darauf, dass man für **bestimmte Typen von syntaktischen Konfigurationen** so etwas wie „übersetzungsprozessuale Paradigmen" entwickeln kann, wie folgendes Beispiel eines englischen Satzes zeigt:
>
> *Arriving at the airport, he found his plane gone.*
>
> **Mögliche Übersetzungen sind:**
>
> (a) *Am Flugplatz angekommen, stellte er fest, dass sein Flugzeug weg war;*
> (b) *Als er am Flugplatz ankam, stellte er fest, dass ...*
> (c) *Nach (Bei) seiner Ankunft am Flugpatz stellte er fest, dass ...*
>
> Die Übersetzungen zeigen, dass man die englische prämodifizierende Partizipialkonstruktion mit nachgestelltem Bezugssatz auf dreierlei Weise wiedergeben kann: in Form einer modifizierenden Partizipialkonstruktion (a), eines Satzgefüges mit einem durch die Subjunktion „als" eingeleiteten Nebensatz (b), oder einer Nominalisierungsvariante mit Präposition „nach" oder „bei". Gebrauchsnormativ nicht adäquat wäre dagegen eine, vom Sprachsystem her auch mögliche, syntaktisch wörtliche Übersetzung
>
> (d) **Am Flughafen ankommend, fand er sein Flugzeug verschwunden.*

WILSS unterscheidet die beiden grundsätzlichen Möglichkeiten, die wörtliche und die nichtwörtliche Übersetzung. Dabei ist es einleuchtend, dass die wörtliche Übersetzung weniger aufwendig, da sie „imitativer, assoziativer Natur" ist.

Wo routinemäßig übersetzt wird, gilt das Prinzip der Quasi-Selbststeuerung des Übersetzungsprozesses. Wörtliche Übersetzungsprozeduren sind gleichsam außengeleitet. Anders ausgedrückt: Bei wörtlichen Übersetzungen reduziert sich der Übersetzungsprozeß auf eine Verhaltensweise, für die die betreffende as Satz-, Syntagma- oder Wortbildungskonfiguration das übersetzerische Handlungsmuster abgibt. Wo wörtlich übersetzt wird, tritt die „Unidirektionalität" des Übersetzungsprozesses außer Kraft; der Übersetzungsprozeß wird umkehrbar. Wörtliche Übersetzungsprozeduren machen den Weg zum

Ziel problemlos frei, weil sie nicht heuristischer, sondern imitativer, assoziativer Natur sind. Der Ür braucht nicht mehr zu leisten, als das betreffende ausgangssprachliche Textsegment im Rahmen internalisierter, weitestgehend unreflektierter und vorhersagbarer Standardoperationen über Standardkonfigurationen substitutiv auf die ZS zu projizieren" (WILSS 1992:93f).

Die Menge der möglichen wörtlichen Übersetzungsprozeduren wäre sicher auch ein Kriterium für den Schwierigkeitsgrad eines Übersetzungstextes. WILSS beschreibt das Verhalten bei einer wörtlichen Übersetzung:

> Die erste Übersetzung bleibt vor allem auf syntaktischer Ebene möglichst nahe am Ausgangstext. Sie praktiziert weitestmögliche syntaktische Isomorphie (wörtliche Übersetzung). (...) Hier erreicht der Übersetzer auch ohne viel übersetzungskreatives Denken ein verhältnismäßig hohes Maß an übersetzerischer Effizienz und Ökonomie. Anders ausgedrückt: Er kann fast durchweg imitative und dennoch leistungsfähige Übersetzungsprozeduren praktizieren; er kommt, weil er gleichsam syntaktisch ungefiltert übersetzen kann, mit einem Bruchteil des kognitiven Inputs aus (1988:116).

Als Beispiele für die mit dem Übersetzen verbundenen allgemeinen kognitiven Phänomene nennt WILSS jeweils sprachliche Aspekte, so etwa für die kognitive Erinnerungsleistung „das Wiedererkennen von Wörtern oder von Textbausteinen" (1992:153), für Schemata und deren Verarbeitungsleichtigkeit „Bausteinbriefe" sowie „Affigierungen und Syntagmen" (ebd.:172), für Kulturspezifika die „Begrüßungsformeln" (ebd.:39; 147). Die Betrachtung der Übersetzungsproblematik ist somit gänzlich auf die Sprachebene konzentriert.

Schwierigere nichtwörtliche Übersetzungsprozeduren sind immer dann erforderlich, wenn es lexikalisch an einem Äquivalent (s. Kap. 4.3) mangelt, oder wenn „eine sprachsystematische oder eine gebrauchsnormative (textsortenspezifische) Eins-zu-Eins-Entsprechung zwischen AS und ZS fehlt und eine wörtliche (oder nicht genügend nichtwörtliche) Übersetzung einen wie immer gearteten Verstoß gegen die lexikalischen, syntaktischen, idiomatischen oder soziokulturellen Regelapparate der ZS zur Folge hätte" (WILSS 1992:64). Hier steigt der Aufwand:

> Jedes Problemlösungsverhalten schließt die Fähigkeit ein, ein Übersetzungsproblem problemgerecht in seine Elementarstrukturen aufzulösen und dann nach Rekompositionsregeln zu suchen (...). Welche Art von Kalkulation ein Übersetzer in Gang setzt, hängt von der Art der Barrieren ab, auf die er im Verlauf seiner Zielfindungsoperationen stößt (...). Es kann also vorkommen, daß ein Übersetzer mehrere Probleme gleichzeitig in Angriff nehmen muß. Übersetzungsdidaktisch ergibt sich daraus die Schlußfolgerung, daß der Übersetzer lernen muß, komplexe Suchstrategien zu entwickeln (1988:86f).

Die nichtwörtliche Übersetzungsprozedur hat den Charakter einer einzeltextspezifischen und intellektuell bestimmten Entscheidung, die jedoch nicht beliebig ist. Wegen des massiven Zeitdrucks der modernen Übersetzungspraxis sollte der Übersetzer hier jedoch auch didaktisch „konditioniert" werden. Da aber bislang „die Übersetzungsdidaktik keine überzeugenden Antworten weiß", nennt WILSS an dieser Stelle wieder die maschinelle Übersetzung und spricht von „Computerprogrammanalogie" (1992:97).

KOMMENTAR

Die Übertragung des Anspruchs der exakten Wissenschaftlichkeit auf die Sprachbeschreibung hat die Übersetzung aus ihrer Beschränkung auf eine „Kunst", die man eben kann oder nicht, befreit und dazu geführt, dass Schaubilder und Modelltheorien neue Einsichten über das Übersetzen als zweisprachigen Kommunikationsvorgang vermitteln konnten. Das Prinzip einer identischen Weitergabe von Information in einer anderen Sprache lenkte das Augenmerk zunächst auf potentielle Äquivalenzbeziehungen im lexikalischen Bereich der Sprachen. Die Auffassung des Übersetzens als Transferprozess eröffnet die Perspektive einer didaktischen Operationalisierung. Allerdings werden im Bereich der Modelltheorien noch kaum konkrete Übersetzungsbeispiele diskutiert.

Während die Übersetzungswissenschaft anfänglich aus Überlegungen zur Maschinellen Übersetzung hervorging und somit naturgemäß an den linguistischen Strukturgesetzmäßigkeiten orientiert war, hat sich die Forschung zu MÜ inzwischen als eigene Disziplin von der Forschung zur Humanübersetzung losgelöst.

Dem interlingualen Kommunikationsvorgang wie dem Transferprozess liegt jeweils die Forderung nach inhaltlicher Invarianz zu Grunde. In dem Bestreben nach wissenschaftlicher Objektivierung werden Sprachstrukturen als Informationsträger untersucht, unabhängig von dem sie erfassenden Subjekt. Gegen diese von der Universalientheorie herrührende Vorstellung wird allerdings von der Sprachphilosophie eingewendet, es sei nicht sicher, ob identische Begriffe überhaupt erzielt werden könnten. Die Sprachphilosophie verweist auf Bedeutungsunterschiede vor einem individuell jeweils anderen Verstehenshintergrund.

LEKTÜREHINWEISE

John C. CATFORD (1965): *A Linguistic Theory of Translation. An Essay in Applied Linguistics*. London.
Juliane HOUSE (1997): *Translation Quality Assessment. A model revisited*. Tübingen.
Werner KOLLER (1992*): Einführung in die Übersetzungswissenschaft*. 4. Aufl. Heidelberg/Wiesbaden; besonders Kap. 1.9 und 2.3.
Wolfram WILSS (1977): *Übersetzungswissenschaft. Probleme und Methoden*. Stuttgart, besonders Kap. IV.
Wolfram WILSS (1992): *Übersetzungsfertigkeit*. Tübingen.
Wolfram WILSS (Hrsg.) (1981): *Übersetzungswissenschaft*. Darmstadt; darin:
　　Albrecht NEUBERT: „Pragmatische Aspekte der Übersetzung" (1968), S. 60-75;
　　Roman JAKOBSON: „Linguistische Aspekte der Übersetzung" (1959), S. 189-198;
　　Otto KADE: „Kommunikationswissenschaftliche Probleme der Translation" (1968), S. 199-218.

5 Die sprachenpaarbezogene Übersetzungswissenschaft

> *Die Kontrastive Linguistik vergleicht Sprachen auf allen Ebenen des Sprachsystems. Die Stylistique comparée beschreibt die möglichen Übersetzungsverfahren in einem Sprachenpaar in Bezug auf Wörter und Syntagmen. Sie bilden das Regelwerk einer Technik des Übersetzens. Diese mikrostilistischen Kategorien werden bis heute in der Fremdsprachendidaktik, Fehleranalyse und Übersetzungskritik verwendet. Ausdrücklich werden nicht generelle, sondern sprachenpaarspezifische Übersetzungsprobleme diskutiert.*

5.1 Die Stylistique comparée (Vinay/Darbelnet, Malblanc)

Beim Übersetzen als „interlingualer Kommunikationsvorgang" (s. Kap. 4.2) oder „Transferprozess" (s. Kap. 4.6) treffen zwei Sprachen aufeinander. Es stellt sich die Frage, „wie man sprachlich operieren muß, um ausgangs- und zielsprachliche Textintegration zu gewährleisten und interlinguale Strukturdivergenzen auf inhaltlich und stilistisch adäquate Weise zu neutralisieren" (WILSS 1977:62). Für eine wissenschaftliche Beschreibung der praktischen Lösungen beim Übergang von einer Sprache zur anderen angesichts der verschiedenen potentiellen Entsprechungen in einem Sprachenpaar (s. Kap. 4.3) ist der von der sog. „Stylistique comparée" vorwiegend in französischer Sprache entwickelte übersetzungstheoretische Ansatz grundlegend geworden. Die hier eingeführten Bezeichnungen haben überall in der Übersetzungswissenschaft und vor allem in der Fremdsprachendidaktik Eingang gefunden und werden bis heute verwendet, denn jede Klassifikation fördert das Verständnis eines Problems.

Die Vertreter der *Stylistique comparée* initiierten eine systematische Beschreibung von Übersetzungsverfahren aufgrund des Vergleichs der Oberflächenstrukturen von Sprachen (s. Kap. 3.4). Es sollten leicht didaktisierbare Verfahren zur Überwindung struktureller Unterschiede entwickelt werden, zunächst im zweisprachigen Kanada für Französisch und Englisch. Ausgangspunkt war die Suche nach Ausdrucksmitteln, die in der anderen Sprache in der „gleichen kommunikativen Situation" verwendet werden:

> (...) we should forget about the signs and find identical situations first. For, from these situations, a new group of signs must be created, which will by definition be the ideal equivalent, the unique equivalent, of the former (VINAY/DARBELNET 1995:5).

Anhand umfangreicher Beispieldiskussionen mit vorliegenden Übersetzungen oder konstruierten Beispielen zu den beiden Sprachenpaaren Englisch-Französisch (VINAY/DARBELNET 1958) und Deutsch-Französisch (MALBLANC [4]1968) gelangten sie zu dem Ergebnis, dass alles Übersetzen, jedenfalls was die genannten Sprachenpaare betrifft, unter sieben, oft in kombinierter Form auftretenden Hauptkategorien subsumierbar ist: *emprunt, calque, traduction littérale, transposition, modulation, équivalence, adaptation*.

Sie haben den ersten umfassenden Versuch unternommen, übersetzerisches Verhalten deskriptiv zu ordnen. Dies lässt die strukturellen Unterschiede zwischen den Sprachen recht deutlich werden, wobei die Prozeduren auf der *langue*-Ebene jeweils mit Beispielen auf der *parole*-Ebene belegt werden. Die Feststellungen führten zu der Vorstellung, dass sich der Übersetzungsprozess in einer Reihe linguistisch fassbarer Übersetzungsprozeduren (*procédés techniques de la traduction*) konkretisiert.

Von der *Stylistique comparée* wurden folgende sieben übersetzungsprozedurale Hauptklassen gebildet, von denen die ersten drei dem Bereich der wörtlichen Übersetzung (*traduction directe*) und vier der nichtwörtlichen Übersetzung (*traduction oblique*) zuzurechnen sind. Da sich diese „Übersetzungsprozeduren" auch als eine Grundlage von WILSS' Transfermodell ansehen lassen, finden wir bei ihm (1977:101ff) eine ausführliche Darstellung. Beim Übergang von einer Sprache zur anderen auf der Ebene der Oberflächenstrukturen gibt es folgende Möglichkeiten:

1. emprunt (Direktentlehnung), d.h. die graphisch und inhaltlich unveränderte Übernahme ausgangssprachlicher Lexeme in die Zielsprache, z.B. Deutsch:

know-how	*overkill*	*talk show*	*computer*
brain-drain	*poster*	*small talk*	*layout*
soundtrack	*jet-set*	*interview*	*round table*
establishment	*ghost-writer*	*skyline*	*meeting*

Sie erhalten im weiteren Verlauf der Einbürgerung durch orthographische und lautliche Angleichung an zielsprachliche Schreibmuster den Status von Lehnwörtern[63]:

escalation	*> Eskalation*	*domino theory*	*> Dominotheorie*
diversification	*> Diversifikation*	*pilot study*	*> Pilotstudie*
status symbol	*> Statussymbol*	*interdependence*	*> Interdependenz*

2. calque (Lehnübersetzung)[64], d.h. die von der zielsprachlichen Sprachgemeinschaft geduldete lineare Ersetzung morphologisch analysierbarer ausgangssprachlicher Syntagmen (vorwiegend Substantiv-Zusammensetzungen und Adjektiv-Substantiv-Kollokationen). Im Deutschen z.B.[65]:

| *growth rate* | *> Wachstumsrate* | *developing country* | *> Entwicklungsland* |
| *market research* | *> Marktforschung* | *birth control* | *> Geburtenkontrolle* |

---

[63] Ein Gegenbeispiel dazu ist die Situation in Frankreich nach der „Loi Toubon", dem Sprachengesetz von 1994, wo eine französische Übersetzung zu englischsprachigen Fremdwörtern für den öffentlichen Sprachgebrauch vorgeschrieben wird. Beispiele: *computer > l'ordinateur, software > le logiciel, hardware > le materiel*.

[64] Vgl. *le calque* – Pauspapier (zum Durchschreiben).

[65] Dieses Wortbildungsprodukt ist auch in anderen Sprachen wirksam: *skyscraper – Wolkenkratzer – gratte-ciel – grattacielo – rascacielos*.

3. traduction littérale (wortgetreue Übersetzung), d.h. die Ersetzung ausgangssprachlicher syntaktischer Strukturen durch formal entsprechende, inhaltlich sinngleiche syntaktische Strukturen in der ZS. Dies entspräche WILSS' „wörtlicher Transferprozedur" (s. Kap. 4.6):

He had stolen the money	Er hatte das Geld gestohlen.
How many fish have you caught?	Wieviele Fische hast du gefangen?
Avez-vous de l'argent?	Haben Sie Geld?

4. transposition (Wortartwechsel), d.h. der Inhalt eines sprachlichen Zeichens der AS wird bei der Übersetzung sinngetreu auf sprachliche Zeichen einer anderen Wortart in der ZS übertragen:

There is absolutely *no truth* in his claim (e.)	Seine Behauptung ist absolut *unzutreffend*.
His face was *red with shame* (e.)	Ihm stand *die Schamröte* im Gesicht.
... per vivere *moderatamente* (it.)	... um *mit Mäßigung* zu leben
... i simboli *danteschi* (it.)	... die Symbole *bei Dante*
C'est *une vilaine chose* que de mentir (frz.)	Lügen ist *schändlich*.

Karl-Richard BAUSCH (1968) unterscheidet außerdem zwischen verschiedenen Transpositionstypen[66]. Er präzisiert:

> Die herkömmliche vergleichende Stilistik nimmt in voneinander verschiedenen Zusammenhängen eine *inhaltliche* Charakterisierung der Transpositionsserien vor und zwar in 'substitutions', 'chassés-croisés', 'dilutions' und 'concentrations'. Daneben stehen Termini wie 'étoffement', 'amplification', 'explicitation' und 'dépouillement', 'économie' und 'implicitation' teils als von der Transposition abhängige, teils unabhängige Begriffe (1968:29).

> Was eine „Transposition" als Wortartregel ist, kann im Anschluss an BAUSCH (1968) wie folgt dargestellt werden:

> 1. Die **Substitution** bedeutet, *ein Zeichen* einer bestimmten Wortart der Ausgangssprache wird bei der Übersetzung in die Zielsprache durch ein oder auch mehrere Zeichen *einer anderen* Wortart ersetzt, wobei die Ausgangswortart „im Ganzen substituiert" werden muss. Dies ist auch als „totale Substitution" zu sehen. Beispiel:

>> Il professore S. muove dall'*idea*... - Professor S. geht *davon* aus...
>> Di qua nasce la pienezza *giovanile*... - die Fülle *der Jugend*.

> 2. Das **Chassé-croisé** könnte als Sonderfall der vorgenannten totalen Substitution bezeichnet werden, als die gleichzeitige totale Substitution *zweier Zeichen* aus *zwei verschiedenen* Wortarten, als syntaktische *Überkreuz-Übersetzung (crossing lines)* quasi eine doppelte Substitution.
> Beispiel:

---

[66] BAUSCH (1968) fügt innerhalb der einzelnen Kategorien noch weitaus feinere Unterscheidungen ein und deckt Unstimmigkeiten im System der *Stylistique comparée* auf. Um der Klarheit willen wird auf eine so differenzierte Darstellung hier verzichtet.

Blériot *flew across* the Channel.   Er *grüßte* mich *wieder*.

Blériot *traversa* la Manche *en avion*.   Il me *rendit* mon *salut*.
B. *überquerte* den Kanal *per Flugzeug*.

I was in Paris *last year*. – Ich war *letztes Jahr* in Paris.
   (Ort vor Zeit)   (Zeit vor Ort)

3. Die **Dilution** wird so definiert: Der Inhalt *eines* AS-Zeichens einer bestimmten Wortart wird bei der Übersetzung auf *mehrere Zeichen* und gleichzeitig auf *mehrere Wortarten* in der ZS verteilt. Beispiel:

sie standen dem Tode... beinahe *schutzlos* gegenüber -
devant la mort... ils étaient presque *sans défense.*

Taumelnd verließ er die Schule -
il sortit de l'école *d'un pas incertain.*

eine alte *weißhaarige* Frau -
une vieille femme *aux cheveux blancs* -
una vecchia signora *dai capelli bianchi.*

4. Die **Konzentration** steht in Opposition zur vorgenannten Dilution. Bei dieser Übersetzungsprozedur werden die Inhalte *mehrerer Zeichen verschiedener Wortarten* der AS bei der Übersetzung auf *weniger Zeichen* und *weniger Wortarten* in der ZS zusammengezogen. Beispiel:

Avremo delle storie *da non finire più.*   - Jetzt wird eine *endlose* Geschichte daraus.
la rigida e trasparente *notte invernale*   - die strenge, durchsichtige *Winternacht*
navi *esenti da tale dazio*   - *zollfreie* Wasserfahrzeuge.

Die Dilution bzw. Konzentration sind immer an eine totale oder partielle Substitution gekoppelt.

5. Die **Amplifikation** und die **Explizitation** stehen in der herkömmmlichen vergleichenden Stilistik als Synonyme für dilutionsähnliche Vorgänge im allgemeinen, und das 'étoffement' für Dilutionsvorgänge im besonderen bei der Übersetzung innerhalb der präpositionalen Systeme.

6. Die **Ökonomie** und die **Implizitation** stehen für konzentrationsähnliche Vorgänge im allgemeinen, und das 'dépouillement' für Konzentrationsvorgänge im besonderen innerhalb der präpositionalen Systeme.

Schließlich unterscheidet die *Stylistique comparée* hier noch zwischen „fakultativen und obligatorischen Transpositionen". Beide Arten betreffen eine einzelne sprachliche Einheit einer bestimmten Wortart der AS, von den entsprechenden Möglichkeiten einer ZS her gesehen. Eine fakultative Transposition liegt etwa vor, wenn eine sinngetreue Übersetzung in der gleichen Wortart möglich wäre, diese „wörtliche" Übersetzung jedoch aus subjektiven oder stilistischen Gründen vermieden wird.

... et quelques-uns arrivaient même à imaginer... qu'ils agissaient en hommes libres, qu'ils pouvaient encore choisir, qu'ils pouvaient comparer... -
...und einige stellten sich sogar vor, sie handelten als freie Menschen, sie vermochten noch eine eigene Wahl zu treffen, konnten Vergleiche anstellen (a),
... und manche glaubten sogar, noch wählen, bzw. vergleichen zu können (b).

BAUSCH (1968:43) merkt dazu an: „Wie in keinem anderen Prozess läuft der Übersetzer Gefahr, durch den stilistischen Eingriff gegen das Gesetz der sinngetreuen Wiedergabe zu verstoßen. Mit Recht setzt gerade bei den fakultativen Transpositionen deshalb die Übersetzungskritik an."

„Obligatorische Transpositionen" treten bei lexikalischen Lücken oder grammatischen Strukturdivergenzen im betreffenden Sprachenpaar auf, vgl. „servitude grammaticale" (VINAY/DARBELNET 1958:31). Beispiel:

a victimless crime   ein Verbrechen, bei dem außer dem Täter selbst niemand zu Schaden kommt (*opferloses Verbrechen)
Vermassung   loss of one's identity (individuality) in society
Zersiedelung   haphazard (uncontrolled) building activity in rural areas

5. modulation, équivalence, adaptation (inhaltliche Perspektivenverschiebungen) bewirken unterschiedliche semantische Abstände zwischen dem ausgangs- und zielsprachlichen Textsegment. „Dabei bezeichnet *modulation* einen Wechsel der Blickrichtung (*changement de point de vue*), *équivalence* das Ersetzen einer ausgangssprachlichen Situation durch eine kommunikativ vergleichbare zielsprachliche Situation, und *adaptation* die textuelle Kompensation von soziokulturellen Unterschieden zwischen ausgangssprachlicher und zielsprachlicher Sprachgemeinschaft" (WILSS 1977:116).

> Eine **Modulation** stellt beispielsweise der Wechsel von Denkkategorien in bildlichen Tiervergleichen dar:
>
> Ich bekomme eine *Gänse*haut   > fr. J'ai la chair de *poule*.
> Er ist arm wie eine Kirchen*maus*   > fr. Il est pauvre comme un *rat* d'église.
>
> Eine **équivalence** erfolgt vielfach beim Ersetzen von Grußformeln oder Sprichwörtern:
> dt. „Guten Appetit!"   > e. „Enjoy your meal!" „Have a nice meal!"
> fr. „A bon entendeur, salut!"   > dt. „Wer Ohren hat, der höre!"
>
> Vgl. auch WILSS (1992:39): „So entspricht den deutschen Verbalstereotypen 'Guten Appetit!' und 'Gute Besserung!' im arabischen Kulturraum 'Möge Gott Dich sättigen!' und 'Möge Gott Dir Gesundheit schenken!'"

Sehr viele solcher interlingualen Entsprechungen sind mittlerweile in den Wörterbüchern dokumentiert. Dadurch sollten Übersetzungsprobleme bei konkreten Texten vorhergesehen und den Lernenden Anweisungen zu deren Lösung angeboten werden.

Wegen der nicht ganz klaren Abgrenzung der Termini in der *Stylistique comparée* schlägt WILSS (1977:121) ein hierarchisches Anordnungsprinzip vor, welches die kategorialen Verhältnisse durchsichtiger macht:

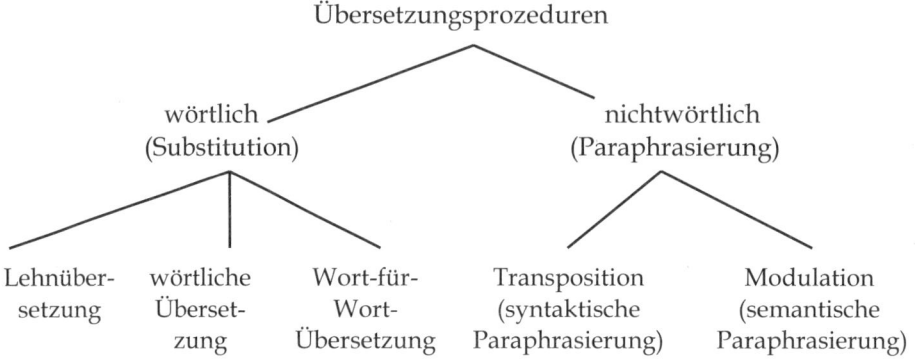

5.2 Umsetzungsprozeduren (Jumpelt)

Als einer der ersten Vertreter einer linguistisch orientierten Übersetzungswissenschaft im deutschen Sprachraum wird häufig auch Rudolf W. JUMPELT (1961) genannt, der die Übersetzung als „Gegenstand der Sprachwissenschaft" sieht. Seines Erachtens ist die Textgattung der Hauptfaktor, welcher „alle Kriterien (d.h. Übersetzungsprinzipien und -verfahren) bestimmt" (1961:24). Dazu unterscheidet er sechs „Übersetzungsgattungen"[67]. Die naturwissenschaftlich-technische Übersetzung, mit der er sich als einer Art der „pragmatischen Übersetzungsgattung" besonders befasst, muss „primär die Inhalte der Aussagen wiedergeben" (1961:26).

JUMPELT analysiert und beschreibt im Hauptteil seines Buches die Bedingungen, Probleme und Verfahren der „Herstellung von inhaltlicher Invarianz" (s. Kap. 4.2). Er konzentriert sich auf die Beschreibung jener „Umsetzungsprozeduren", die beim sprachenpaarbezogenen Übersetzen aus einer bestimmten Einzelsprache in eine andere Einzelsprache „mit einer gewissen Zwangsläufigkeit oder mit einer hohen Wahrscheinlichkeit wiederkehren" (1961:175). Ausführlich geht er auf die „Umsetzungsprozeduren" der Modulation und der Transposition ein.

> Unter dem Phänomen der *Modulation* werden inhaltliche Verschiebungen folgender Art verstanden: Während es beim dt. Verb *sich verziehen* (von Material) keine Rolle spielt, in welcher Richtung die Bewegung verläuft, muß sich der Übersetzer im Engl. entscheiden, ob es sich um *to warp* handelt (Bewegung in allen Richtungen) oder um *to twist* (nur in diagonaler Richtung) (1961:72).

> *Transpositionen* sind dagegen die grammatischen Veränderungen, die notwendig sind, um inhaltliche Invarianz zu gewährleisten. Man versteht darunter die Erscheinung, daß bestimmte Wortarten oder grammatische Kategorien der AS in der ZS durch andere ersetzt werden (1961:87).

---

[67] Vgl. R. W. JUMPELT (1961:25): „1. Die ästhetische (künstlerische) Übersetzung, 2. die religiöse Übersetzung, 3. die pragmatische Übersetzung (dazu gehören Texte der Natur- und der angewandten Wissenschaften, der Sozialwissenschaften und eine Reihe „spezieller Arten" wie offizielle Dokumente, Werbetexte, Pressenachrichten, etc.), 4. die ethnographische Übersetzung, 5. die sprachwissenschaftliche Übersetzung, 6. die geisteswissenschaftliche Übersetzung".

> JUMPELT (1961:87;94;101) nennt Beispiele für **Transpositionen in Übersetzungen Englisch-Deutsch**:
>
> As the pressure *increases* → mit *dem Ansteigen* des Drucks (e. Verb → dt. Subst.);
>
> Thoroughly mix the solution by *running* the pump to circulate the mixture with the feed-cock closed → Die Lösung gründlich durchmischen, indem man die Pumpe bei geschlossenem Hahn *laufen läßt* (e. *ing*-Form –> dt. finite Konstruktion).
>
> *muscular activity* → *Muskeltätigkeit,* *electrical engineer* → *Elektroingenieur* (e. Adj.+Subst. → dt. Zusammensetzung) .

In weiteren Kapiteln analysiert JUMPELT die Zuordnungen im Bereich „komplexer Sinneinheiten" (Ableitungen, Zusammensetzungen, Wortgruppen) und im Bereich der „fachsprachlichen Terminologien". Anhand vieler Wortbeispiele verweist er auf die potentiellen Äquivalente im lexikalischen Bereich (s. Kap. 4.3), behandelt aber auch syntaktische und formale Aspekte: 1. *Wortstellung* (wo im Deutschen mehr Freiheit herrscht als in anderen Sprachen), 2. den *Stil der Übersetzung* (es gibt verschiedene Funktionalstile), 3. *Eigen- und Markennamen*, sowie 4. *Akronyme und Abkürzungen*, was v.a. in Fachübersetzungen relevant ist. JUMPELT versäumt es auch nicht, auf subjektive Komponenten wie Autor, Leser, Verstehen, Sprachgefühl und Automatismus hinzuweisen.

JUMPELT untersucht Bedingungen und Erscheinungen, die objektivierbar und verallgemeinerbar sind und somit als „Gesetzmäßigkeiten des Übersetzens" beschrieben werden können, jedoch eingeschränkt auf naturwissenschaftlich-technische Texte. Daher hat sein Beitrag wohl mehr Bedeutung gehabt für die Beschreibung solcher Texte als für die Entwicklung einer Übersetzungstheorie. Die von JUMPELT analysierten „Gesetzmäßigkeiten" sind nicht so sehr syntaktischer Natur, sondern beziehen sich insbesondere auf die „Benennungsgrundsätze" (Wortbildung und Anwendung von Termini).

Die naturwissenschaftlich-technische Übersetzung ist nach Meinung JUMPELTS darum einer Objektivierung leichter zugänglich, weil eine Reihe von den die Übersetzung bestimmenden Variablen und Faktoren konstant ist, bzw. weil deren sprachlich-textuelle Auswirkungen regelhaft erscheinen:

1. Das übergeordnete Übersetzungsprinzip ist eindeutig: Es handelt sich um die Forderung nach inhaltlicher (denotatvier) Äquivalenz.
2. Die Variationsbreite im syntaktischen Bereich ist eingeschränkt, denn die Syntax der technisch-wissenschaftlichen Sprache folgt einer relativ begrenzten Zahl von Mustern.
3. Die Variationsbreite im lexikalischen Bereich ist eingeschränkt durch die Terminologisierung.
4. Die Variationsbreite im individualstilistischen Bereich ist stark eingeschränkt durch relativ feste Gebrauchsnormen.
5. Der Empfängerbezug stellt im allgemeinen kein grundsätzliches Problem dar: Die Übersetzungen naturwissenschaftlich-technischer Texte richten sich in der ZS im Allgemeinen an Leser, deren Wissens- und Verstehenshintergrund mit dem der Adressaten der Originalfassung vergleichbar ist.

Ein Problem der sprachenpaarbezogenen Übersetzungswissenschaft ist die unterschiedliche Verwendung der Bezeichnungen für die Übersetzungs- oder Umsetzungsprozeduren, z.B. *Modulation, Transposition, Substitution, Adaptation*. Hier hat jeder Autor kleine begriffliche Abweichungen eingebracht, doch die Benennungen wandern dessen ungeachtet weiter.

5.3 Translation rules (Newmark)

Überlegungen zur sprachenpaarbezogenen Übersetzungswissenschaft sind auch im englischen Sprachraum vorgelegt worden, z.B. von Peter NEWMARK (1988) und (1991), dem es um das Lehren der Übersetzungspraxis geht. Er hat gleichfalls sprachliche Übersetzungsverfahren, „translation procedures" (vgl. 1988: § 7, 8) entwickelt:

1. transference	the transference of a Source Language (SL) word to a Target Language (TL) context: *le baccalauréat - the 'baccalauréat'*
2. cultural equivalent	the substitution of a TL term for an SL term: *le baccalauréat - A level*
3. through translation	the literal translation of common collocations: *la Communauté Européenne - the European Community*
4. literal translation	the translation of one item in the SL by one item in the TL: *faire un discours - eine Rede halten - make a speech*
5. functional equivalent	the use of a culturally neutral TL term to define the SL culture-specific term: *le baccalauréat - the French secondary school leaving examination*
6. descriptive equivalent	the explanation of an SL culture-specific term: *le baccalauréat - the French secondary school leaving examination in which candidates take 8-10 subjects and which is necessary to gain admission to higher education*
7. translation couplet	a strategy which combines two of the above: *baccalauréat - the 'baccalauréat', the French secondary school leaving examination.*

NEWMARKS „Übersetzungsprozeduren" sind nur zum Teil mit denen der *Stylistique comparee* (s. Kap. 5.1) vergleichbar.[68] Sie sind nämlich nicht deskriptiv, sondern als „Übersetzungsregeln" präskriptiv gemeint und beziehen sich semantisch auf die Übersetzung von Wörtern, und weniger auf stilistische Phänomene. In seiner Sicht ist eine „gute Übersetzung" auf allen Ebenen so (wörtlich) genau und sparsam wie möglich:

---

[68] So könnte man *transference* als Direktentlehnung im *emprunt* auffassen, das *cultural equivalent* entspricht der *équivalence*, die *through translation* ist eine Lehnübersetzung als *calque*, die *literal translation* entspricht der *traduction littérale* als wortgetreuer Übersetzung, das *functional* und *descriptive equivalent* sind so etwas wie die *adaptation*.

> Paradoxically it is only at the level of reference, of apparently (!) extramental universal extracultural reality, of objects and, to a lesser extent of actions and events, of single nouns and verbs, and *not* texts, that translation and mistranslation and translation equivalence are 'on firm ground'. (...). The most important task in revising and evaluating is to review the grammatic and lexical deviations from the SL text in the translation... After all allowances have been made for grammatical transpositions and the different semantic ranges of SL and TL lexical units that correspond imperfectly, I find mistrust and fear of literal translation can be used as a yardstick. The legitimacy of appropriate literal translation is I think the most important and controversial issue in translation (NEWMARK 1988a:21).

NEWMARK sieht wissenschaftliche Einsichten im Dienst von Praxis und Lehre: „Translation theory's main concern is to determine appropriate translation methods" (1981:19). Er vertritt dabei einen rein mikrostilistischen Ansatz und ist im Grunde ein Vertreter des „learning by doing", denn er schreibt[69]:

> You can no more teach someone to become a good translator than to become a good linguist. All you can do is to give some hints, give some practice and if you're lucky, show more or less how the job can be done.

Weil es seines Erachtens keine allgemeine Übersetzungstheorie geben kann, denn „translation is a fractured subject which is peculiarly unsuitable for a single integrated theory, a dogma"[70], plädiert er für das Anführen zahlreicher Beispiele, und bekennt[71]:

> "Teaching about translation" means discussing translation, switching from examples to generalizations and back to examples, and in the course of the discussion firing inspiring students to continue, to collect examples and learn for themselves.

Das ist das Bild eines Lehrers, der zeigt „wie man es macht" und dazu ein paar Tipps aus dem Schatz seiner Erfahrung weitergibt, und von Schülern, die versuchen das Übersetzen zu lernen, indem sie übersetzen. NEWMARK sieht das Übersetzen als „a basic artistic process ... requiring the translator's taste, wit and elegance" (1981:137).

> NEWMARKS **Grundprinzipien** sind dabei recht allgemein[72]:
> A. The more important the language of a text, the more closely it should be translated, and its cultural component transferred.
> B. The less important the language of a text, or of any of its constituent segments, the less closely they need to be translated, and the less its cultural components need to be reproduced; (...)

---

[69] Peter NEWMARK (1980): „Teaching specialized translation." In: *Angewandte Übersetzungswissenschaft*, hrsg. v. S.-O. POULSEN/W.WILSS. Aarhus 1980, 127.
[70] Peter NEWMARK (1991a): „The Curse of Dogma in Translation Studies." In: *Lebende Sprachen* 3/1991, 101-108, S. 105.
[71] Peter NEWMARK (1990): „Teaching about translation." In: *Übersetzungswissenschaft. Ergebnisse und Perspektiven*. Festschrift für W. Wilss, hrsg. v. R. ARNTZ/G. THOME. Tübingen: Narr 1990 (TBL 354), 252-259, S. 258.
[72] Peter NEWMARK (1991a:105), siehe Anm. 70.

> C. The better written the language of a text, or of any of its segments, whatever their degree of importance, the more closely it too should be translated, provided there is identity of purpose between author and translator as well as a similar type of readership, even if it could just as well be paraphrased.

NEWMARK nahm für sich in Anspruch, den Unterschied zwischen der *kommunikativen* und der *semantischen* Übersetzung herausgearbeitet und mit dem Status des Autors korreliert zu haben. Mit „wichtiger Sprache" eines Textes sind grammatisch-syntaktische Auffälligkeiten, Betonungen, stilistische Besonderheiten sowie fachsprachliche Terminologie gemeint. Dies sollte in der Übersetzung beibehalten werden (NEWMARK 1991:1-4). Unter einem „autoritativen Text" versteht NEWMARK, wie er einmal anmerkt (1981:207), klassische Texte, Literatur, Gesetzestexte, Texte von bekannten Persönlichkeiten. Wollte ein Übersetzer diese „verbessern", wären sie nicht mehr autoritativ. Die „Autorität eines Textes" ergibt sich also aus der Stellung des Verfassers im Rahmen ausgangssprachlicher Textproduktionen.

So sammelt NEWMARK alle möglichen Einzelaspekte des Übersetzens, von denen er meint, sie könnten eine Regel bilden. Er meint: „There are as many types of translations as there are texts" (1988:192). Der Titel eines Aufsatzes lautet denn auch: „Twenty-three Restricted Rules of Translation"[73].

> Eine **„Regel"** sei hier genannt:
> 7. It is the hallmark of a good translation to use resources of lexis and grammar (e.g. English verb-nouns, German *Flickwörter* like *auch, halt, eben, mal*) which are not available in the source language, and it is the mark of specious, inaccurate translation to use them where they are unnecessary. A bad translator will do anything to avoid translating word for word; a good translator only abandons a literal version when it is plainly inexact. The unit of translation cannot be generally determined, but it is always the smallest segment of the original which provides an acceptable equivalent to a segment of the target language text.

Solche Beobachtungen sind zwar nicht falsch, doch als Vorschriften enthalten sie einen Zirkelschluss, wenn als Regel ableitbar ist:
- Verwende möglichst häufig Flickwörter, aber nur da, wo sie notwendig sind. Wann sind sie notwendig? Wenn durch ihre Verwendung eine gute Übersetzung entsteht.
- Übersetze so wörtlich wie möglich und so frei wie nötig. Woran erkenne ich, wann ich frei übersetzen muss? Wenn eine wörtliche Übersetzung zu einer schlechten Übersetzung führen würde.

Vielleicht hat NEWMARK seine 23 Regeln selbst als etwas unbefriedigend empfunden, denn er zog den Schluss, dass wir eben noch viel mehr Regeln brauchen. Und so schrieb er noch einen Aufsatz mit dem Titel: „Sixty Further Propositions on Translation"[74].

---

[73] Peter NEWMARK (1973): „Twenty-three Restricted Rules of Translation." In: *The Incorporated Linguist*, vol. 12, 1/1972, 12-19.
[74] Peter NEWMARK (1979): „Sixty further Propositions on Translation (Part 2)." In: *The Incorporated Linguist*, vol. 18, 2/1979, 42-47.

> Daraus eine weitere **„Regel"**:
> 42. Translation balancing-act – On the one hand, the translator should not use a synonym where a translation will do, in particular, where the translation is a 'transparently' faithful cognate or the standard dictionary equivalent and has no special connotations. On the other hand, he should not translate one-to-one where one-to-two or -three would do better, nor, reproduce a SL syntactic structure where he can recast the sentence more neatly. The above is the translator's basic tightrope, balancing pole.

Damit haben wir schon 83 Regeln, deren Anzahl gewiss beliebig zu verlängern wäre. NEWMARK versteht unter „translation theory" eine anwendungsorientierte Beschreibung praktischer Probleme.[75] Es ist typisch für die zahlreichen Schriften NEWMARKS, dass sie recht unsystematisch immer wieder neue Ideen bringen. Ob allerdings Übersetzerstudenten mit dieser Einzelfalldiskussion des Sowohl/als auch ein übergreifendes Bewusstsein vom Übersetzungsprozess gewinnen, bleibt fraglich.

5.4 Fehleranalyse und Übersetzungsdidaktik (Truffaut, Friederich, Gallagher, Henschelmann)

Die *Stylistique comparée* (s. Kap. 5.1) gehört in den Rahmen der allgemeineren Disziplin der Kontrastiven Linguistik (KL), die schon in den 1940er Jahren in den USA entstanden ist. Sie befasst sich mit dem vergleichenden Studium zweier Sprachen auf der Systemebene, gewöhnlich der Muttersprache und einer zu erlernenden Fremdsprache.[76] Ihr ursprüngliches Ziel war es, die negativen und positiven Einflüsse abzustecken, welche die strukturellen Unterschiede bzw. Ähnlichkeiten der Kontrastsprachen auf das Erlernen der betreffenden Fremdsprache ausüben. Hierzu bedient man sich der Kontrastiven Analyse (KA) als synchron vergleichender Forschungsmethode zur Untersuchung von Phonetik, Grammatik und Lexik der betreffenden Sprachen. Dabei werden Unterschiede und Gemeinsamkeiten im Sprachenpaar herausgearbeitet. Auf dieser Basis wurden Fehlerprognosen in Bezug auf die Lernschwierigkeiten, -probleme und -fehler, mit denen Sprecher der Sprache A beim Erlernen der Sprache B konfrontiert sind, aufgestellt.

Die anfängliche Euphorie in der Hoffnung auf eine Verbesserung des Fremdsprachenunterrichts schlug in den 1970ern in Enttäuschung um, als deutlich wurde, dass sich im praktischen Fremdsprachenunterricht die Postulate nicht

---

[75] Zum Theoriebegriff vgl. dagegen REIß/VERMEER (1984:5): „Unter 'Theorie' versteht man die Interpretation und Verknüpfung von 'Beobachtungsdaten'. Insofern ist Theorie gegenüber der 'Praxis' ein eigenständiger Gegenstand und hat ein Anliegen sui generis. Wer derart theoretisiert, bewegt sich im Rahmen des modernen Wissenschaftsverständnisses. In dieser Hinsicht wäre es abwegig, von der Theorie zugleich eine unmittelbare Hilfestellung für die Praxis zu erwarten. Wer fragt nach dem praktischen Wert einer Theorie der Entstehung des Sonnensystems?"

[76] VINAY/DARBELNET sagen selbst: „On peut considérer un troisième rôle de la traduction. La comparaison de deux langues, si elle est pratiquée avec réflexion, permet de mieux faire ressortir les caractères et le comportement de chacune" (1958:24f).

bestätigen ließen. Das Interesse verlagerte sich nun stärker auf theoretische Modelle des Sprachvergleichs, über die keine abschließende Einigkeit erzielt wurde.

„Transfer" und „Interferenz" sind zwei grundlegende Begriffe der KL, welche aus der traditionellen Psychologie unkritisch übernommen wurden, ohne die Entwicklung der modernen Psychologie und der Psycholinguistik in Betracht zu ziehen. Die KL interpretierte diese Begriffe deshalb einseitig und unidirektional, im Sinne der unumgänglichen Beeinflussung durch die Muttersprache des Lerners. Auch die statische Auffassung vom Spracherwerb erwies sich als eine künstliche Theorie, welche den tatsächlich dynamischen Lernprozess nicht beachtet.

Stärker praxisorientiert ist die „Fehlerkunde". Sie entstand aus der Notwendigkeit heraus, die Aussagen und Hypothesen der KL, die sich in der Praxis des Fremdsprachenunterrichts nicht bestätigen ließen, zu ergänzen und zu verifizieren. Im engeren Sinne handelt es sich um eine Disziplin, die sich mit dem Studium der systematischen Fehler beschäftigt, die während des Fremdsprachenlernens auftreten. Der unmittelbare Forschungsgegenstand der Fehlerkunde ist somit der „Fehler" auf allen Sprachebenen und in allen Lernstadien. In einem weiteren Sinne befasst sie sich mit allen Arten sprachlicher Abweichungen von der Norm.

Die empirische Untersuchungsmethode ist die der Fehleranalyse (FA) mit dem Ziel der Beschreibung, Erklärung und Wertung sprachlicher Fehlleistungen im Fremdsprachenunterricht. Dies erfolgt über die Erstellung eines Fehlerkorpus, Identifizierung und Erklärung der Fehlerquellen durch grammatische Klassifikation der Fehler und Fehlerstatistik mit Bewertung von deren kommunikativer Tragweite. Es ergibt sich eine Fehlerprognose mit dem Ziel der Fehlertherapie und -prophylaxe im Unterricht. Eine zuverlässige Fehleridentifikation setzt allerdings die Sprachbeherrschung eines *educated native speaker* voraus. Fremdsprachenlehrer, deren zielsprachliche Kompetenz Lücken aufweist, sind nicht in der Lage, alle sprachlichen Fehler der Schüler zu erfassen. Auch die Klassifizierung der Fehler ist nicht unproblematisch.[77]

Da eine eigenständige Übersetzungsdidaktik erst allmählich aus dem schulischen Fremdsprachenunterricht mit seinen sprachvergleichenden Übersetzungsübungen herausgewachsen ist, wurde hier die Terminologie aus KL und FA unkritisch übernommen und auch mit der *Stylistique comparée* vermischt. So wurden die Kategorien der kontrastiven Linguistik zur Basis der didaktisch ausgerichteten sprachenpaarbezogenen Übersetzungswissenschaft, indem daraus „eine übersetzungsunterrichtlich nutzbare Technik des Übersetzens abzuleiten" war (WILSS 1977:117). VINAY/DARBELNET (1958:24f) hatten selbst schon eine Anwendung ihrer Methode bei der „traduction scolaire" vorgeschlagen. Zahlreiche Lehrbücher zum Übersetzen berufen sich auch ausdrücklich auf die *Stylistique comparée*.

---

[77] Vgl. hierzu ausführlich Elisabeta BARBU (1997): *Einführung in die kontrastive Analyse*, Bukarest: Verlag der Universität Bukarest. – Allgemein zur Fehlerlinguistik und Fehlerdidaktik vgl. man die Bibliographie bei Bernd SPILLNER (1990): *Error Analysis. A Comprehensive Bibliography*. (Library and Information Sources in Linguistics 12). Amsterdam, Philadelphia: Benjamins. – Sowie Beiträge in Claus GNUTZMANN (Hg.) (1990): *Kontrastive Linguistik*. Frankfurt: Lang.

> **Entsprechende Titel lauten etwa:**
> FRIEDERICH: *Technik des Übersetzens (Englisch und Deutsch)*. München 1969;
> GALLAGHER: *Cours de Traduction allemand-français*. München/Wien 1981;
> — *German-English Translation*. München/Wien 1982.
> HENSCHELMANN: *Technik des Übersetzens Französisch-Deutsch*, Heidelberg 1980;
> — *Zur Beschreibung und Klassifzierung von Überstzungsverfahren*. Travaux du Centre de traduction littéraire. Lausanne, no. 17, 1993 ;
> — *Problem-bewußtes Übersetzen. Französisch – Deutsch*. Ein Arbeitsbuch. Tübingen 1999;
> TRUFFAUT: *Grundprobleme der Deutsch-Französischen Übersetzung*, München 1963;
> WILSS: *Übersetzungswissenschaft*. Kapitel IX: „Didaktik des Übersetzens" und X: „Fehleranalyse". Stuttgart 1977.
> WILSS: *Übersetzungsunterricht. Eine Einführung.* Tübingen 1996.

Was früher eine individuelle Methode der Übersetzung war (s. Kap. 1.3), wird jetzt zu einer „Technik des Übersetzens". Die Darstellungsweise solcher Lehrbücher ist dabei immer wieder recht ähnlich. Aus einem Text mit Übersetzung werden die Sätze Wort für Wort oder nach Syntagmen besprochen und mit der Musterübersetzung verglichen, oder es werden zu bestimmten Wortarten verschiedene Beispiele diskutiert:

> Die Fehleranalyse ist ein Mittel, durch den Nachvollzug von Transferprozeduren im Rahmen einer 'autorisierten Interpretation' (Corder) die Bedingungen der Rezeption eines AT und die Produktion eines ZT zu untersuchen, Transfervorgänge a posteriori zu faktorisieren und die Ursachen (und Gesetzmäßigkeiten) übersetzerischer Fehlleistungen anzugeben (WILSS 1992: 208).

Übersetzungsdidaktische Feststellungen, ob eine zielsprachliche Formulierung ein Fremdwort ist, ein Anglizismus/Gallizismus/Germanismus sei, eine Lehnübersetzung oder eine Umschreibung, ein Faux Ami, ein idiomatischer Ausdruck, eine wörtliche Übersetzung oder nicht, ob sie einen Wandel der Satzperspektive darstellt usw., gehören in dieses Denkschema, denn sie stehen vor dem Hintergrund der vergleichenden Stilistik im Rahmen der sprachenpaarbezogenen Übersetzungswissenschaft.

Besonders interessant für die Kritik von Übersetzungen Studierender erschien die Methodik der Fehleranalyse, wobei es hier wichtig ist zu beachten, dass der Begriff „Transfer" aus der KL im Sinne einer Interferenzübertragung muttersprachlicher Strukturähnlichkeit auf die zu erlernende Fremdsprache mit positivem oder negativem Lerneffekt in der Übersetzungsdidaktik nun zur „Transferprozedur" im Sinne einer angemessenen übersetzerischen Reaktion auf Strukturunterschiede wird, wie sie die *Stylistique comparée* entwickelt hat.

> **Bei TRUFFAUT (1963) sieht das so aus:**
>
> (S. 9): Article défini - 1. Le français présente d'assez nombreuses différences avec l'allemand sur l'emploi de l'article défini. Prenons quelques exemples:
>
> Ich habe Ihnen dieses Paket <u>mit der</u> Bahn geschickt.
>   Je vous ai envoyé ce paquet <u>par</u> chemin de fer.
> Wir sind <u>mit dem</u> Zug nach Venedig gefahren.
>   Nous sommes allés à Venise <u>par le</u> train. (ou: <u>en</u> train.)

(S. 57): *Müssen, sollen, wollen, können, mögen* et *dürfen* sont loin d'avoir pour seuls équivalents français: *devoir, vouloir* et *pouvoir*. Pour éviter le contresens ou le germanisme, il y a souvent lieu de recourir à une autre traduction. Voici quelques exemples:

Die europäische Einheit bringt große und unerwartete Schwierigkeiten mit sich, aber sie muß sein. – L'unification européenne suscite des difficultés importantes et inattendue, mais elle se fera.

(S. 44): La traduction du pronom personnel allemand, objet indirect. L'exigence d'explicitation, avons-nous dit, est plus grande en français qu'en allemand. Il y a donc parfois lieu de préciser dans la traduction des expressions telles que: *für Sie, durch ihn* etc. Le français peut remplacer le pronom personnel allemand par un adjectif possessif qu'il fera se rapporter à un substantif suggéré par le contexte. Il n'y a là rien d'absolu. C'est une question de niveau de style.

Der junge Musiker hat Erfolg, ein Werk <u>von ihm</u> ist kürzlich uraufgeführt worden.
    Le jeune musicien a du succès; une œuvre <u>de sa composition</u> vient d'être exécutée pour la première fois.
Heute morgen ist ein Paket <u>für Sie</u> gebracht worden.
    On a déposé ce matin un paquet <u>à votre adresse</u>. (Ou: pour vous.)

Bei HENSCHELMANN (1980) finden sich Kapitel zu Fragen wie „Textsyntax und Übersetzen", „Funktionsverbgefüge und ihre Übersetzungsmöglichkeiten", „Übersetzung des Relationsadjektivs", „Nominalsyntagmen mit *de* und ihre Entsprechungen im Deutschen", „Der Plural im Französischen und seine Übersetzungsmöglichkeiten", usw. Für den Aufbau eines „Problem-Bewusstseins" (1999) werden Übersetzungsaufgaben vorgestellt, die nach textinternen oder -externen Schwerpunkten wie „Sprachstrukturen, Kulturkontext und Funktionstypen" jeweils von der einzelnen Textstelle aus dargestellt sind.

Bei GALLAGHER (1981) finden sich Vorschläge zur französischen Übersetzung von dt. *bei*. Das liest sich dann zum Übungssatz (4) aus Text 11: „*Da sie eigentlich nicht streiken dürfen, ist diese Form äußerster 'Pflichterfüllung' ihr Ersatz für den Streik, zu dem sie sich, wie sie immer wieder betonen, genauso berechtigt glauben wie andere Angestellte. Bei solchen Unternehmungen ist der richtige Moment wichtig.*" wie folgt (S. 37/39). [Zu diesem Satz folgen 2 volle Seiten an Erläuterungen.]
Davon auszugsweise:

„[...] *Bei solchen Unternehmungen*: Il n'y a pas en français de traduction commode de la proposition *bei*. Dans le cas présent, le sens de ce mot est à la limite des notions du temporel et du conditionnel. Force est donc de recourir à une traduction oblique. Les particularités de l'équation de traduction apparaissent clairement dans le schéma suivant:

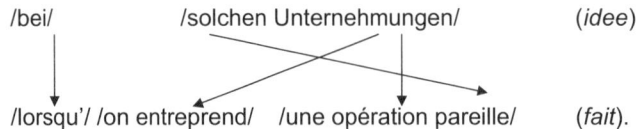

Le procédé auquel nous avons eu recours ici relève à la fois de la modulation et de la transposition. La modulation consiste en l'occurence dans le passage de l'idée au fait: le syntagme allemand présent l'action sous un angle plus particulier". (...)

Die so durchgesprochenen Satzglieder werden am Ende wieder puzzleartig zum Mustersatz zusammengesetzt, und der Text besteht aus den Sätzen 1 - n.

Solche Analysen im Sinne der vergleichenden Stilistik betrachten die Satzstrukturen wie unter einem Vergrößerungsglas äußerst genau, denn nur so ist der Gefahr eines Verlustes von „lexical and grammatical meaning" und von „overtranslation or undertranslation" (NEWMARK 1988a:24) zu entgehen. Es ist auch ein Kennzeichen der *Stylistique comparee*, dass ihre Vertreter die reichliche Verwendung von Beispielmaterial propagieren und die abstrakte „reine Theorie" ablehnen. So kann GALLAGHER jeweils aus einer größeren Anzahl gefundener Beispieltexte die Übersetzungsregel herleiten.

KOMMENTAR

Die sprachenpaarbezogene Übersetzungswissenschaft ist mikrostilistisch orientiert und steht dem Sprachvergleich und der kontrastiven Grammatik sehr nahe. Sie klassifiziert deskriptiv das Verhalten von Übersetzern und verwendet die gewonnenen Kategorien dann präskriptiv für die Übersetzungsdidaktik. Daher wird hier von einer „Technik des Übersetzens" anhand des Vergleichs von Oberflächenstrukturen auf der Textebene gesprochen, im Sinne erlernbarer Prozeduren zur Herstellung einer inhaltlich genauen Übersetzung. Die Strukturverschiedenheiten im Sprachenpaar sowie die Interferenzproblematik können damit sehr gut herausgearbeitet werden, und in der konkreten Übersetzerpraxis stellen sie auch oft das Hauptproblem dar.

Die Bindung an die ausgangssprachlichen Strukturen erscheint als ein Garant für die unverfälschte Weitergabe des Textinhalts. Entsprechend steht die Forderung dieser Übersetzungswissenschaft nach der „Herstellung von eigentlichen Übersetzungswörterbüchern" im Raum. Ein solches Arbeiten mit Oberflächenstrukturen entspringt der Vorstellung, dass mit der Summe der festgestellten, vor allem syntaktischen Einzelmerkmale das dahinterliegende „Gemeinte", die gedankliche Tiefenstruktur, quasi objektiv und restlos gegeben sei. Diese Vorstellung kommt von SAUSSURES Theorie des unauflösbaren Zeichens (s. Kap. 3.2) sowie von CHOMSKYS Arbeiten über Oberflächen- und Tiefenstrukturen (s. Kap. 3.4) her. Oft wird hier auch CATFORD zitiert, der allerdings eine etwas andere Grundauffassung hatte (s. Kap. 4.4). Die Untersuchungen sind ausschließlich an Wörtern und syntaktischen Fügungen in einem Sprachenpaar orientiert, sodass ein Blick auf satzübergreifende Einheiten noch kaum zustande kommt.

Es darf auch nicht vergessen werden, dass die Ausführungen der einzelnen Autoren jeweils von einem unterschiedlichen Anliegen her erfolgen. So besitzen Ausdrücke wie Transposition oder Modulation bei NEWMARK, JUMPELT oder TRUFFAUT nicht unbedingt eine identische Bedeutung. Ganz allgemein wird jedoch die Übersetzung als eine Reproduktion des Originals angesehen, deren Gesetzmäßigkeiten in der sprachenpaarbezogenen Übersetzungswissenschaft beschrieben werden.

LEKTÜREHINWEISE

Käthe HENSCHELMANN (1999): *Problem-bewusstes Übersetzen Französisch-Deutsch. Ein Arbeitsbuch.* Tübingen.

Rudolf W. JUMPELT (1961): *Die Übersetzung naturwissenschftlicher und technischer Literatur.* Berlin-Schöneberg.

Alfred MALBLANC (⁴1968): *Stylistique comparée du français et de l'allemand.* Paris.

Peter NEWMARK (1988): *A Textbook of Translation.* London.

Louis TRUFFAUT (1963): *Grundprobleme der Deutsch-Französischen Übersetzung.* München.

Jean-Paul VINAY/ Jean DARBELNET (1958, ⁴1968): *Stylistique comparée du français et de l'anglais. Méthode de traduction.* Paris.

Wolfram WILSS (1977): *Übersetzungswissenschaft. Probleme und Methoden.* Stuttgart; besonders Kapitel V und X.

Wolfram WILSS (1996): *Übersetzungsunterricht – Eine Einführung.* Tübingen.

Der Blick auf die Texte

6 Übersetzungswissenschaft und Äquivalenzdiskussion

> *Zur Wahrung von Inhalts- und Wirkungsgleichheit von Texten schlägt Nida die 'dynamische Äquivalenz' vor, wo mit einer veränderten sprachlichen Form die Textbotschaft erhalten werden soll. Als Methode dient die syntaktische Analyse, der Transfer von Grundstrukturen und die stilistische Bearbeitung des Zieltextes. Koller nennt normative Äquivalenzforderungen für Texte.*

6.1 Ausgangspunkt Bibelübersetzung (Nida)

Das Übersetzen soll anhand linguistischer Methoden überprüfbar und lehrbar gemacht werden (s. Kap. 5.4). Doch es genügt nicht, nur sprachliche Strukturen miteinander zu vergleichen: Übersetzt werden nicht Grammatikformen, sondern Texte, die einen gewissen Inhalt und eine Wirkung transportieren. Von den Bedürfnissen der Praxis her gesehen interessiert daher eher das Verhältnis zwischen Übersetzungstext und Original, es geht um das Problem der „Äquivalenz". Weil der Aufbau der Einzelsprachen verschieden ist, können Übersetzungen nicht identisch sein.

Grundlegend für eine systematische Übersetzungsforschung waren u.a. die Erfahrungen mit der Bibelübersetzung. Die Wahrheit der geschriebenen Botschaft sollte in vielen Sprachen unverändert den Menschen nahegebracht werden, doch hier stieß man auf vielerlei kulturelle Verständnisbarrieren. Die Adressaten reagierten anders als beabsichtigt. Um eine wissenschaftliche Grundlage für Bibelübersetzungen zu schaffen, hat Eugene A. NIDA im Auftrag der amerikanischen Bibelgesellschaft 1964 in seinem Buch *Toward a Science of Translating* versucht, das Übersetzen analytisch zu beschreiben. Seinen Ansatz hatte er schon 1947 in Grundsätzen entwickelt.[78] Die Begegnung mit CHOMSKYS Denken (s. Kap. 3.4), führte ihn dann zu einer „wissenschaftlichen" Grundlegung seiner Überlegungen. Seine Erkenntnisse wurden 1969 zusammen mit Charles R. TABER didaktisch aufbereitet in *The Theory and Practice of Translation* (dt. *Theorie und Praxis des Übersetzens*, 1969). Dieses Buch sollte als Arbeitsgrundlage für „Redaktionskomitees" der Bibelübersetzung dienen.

Aufgrund der Verständigungsschwierigkeiten vieler Missionare, die sich in ihrer Verkündigung sehr wörtlich an ihre Bibel hielten, wurde wieder deutlich, dass jede Sprache an ihr eigenes Weltbild gebunden ist (s. Kap. 2.1). Andererseits hatte aber die Linguistik betont, dass es eine prinzipielle Übersetzbarkeit geben muss (s. Kap. 3.6). Im Sinne des kommunikationswissenschaftlichen Modells der Nachrichtenübermittlung (s. Kap. 4.2) ändert sich beim Übersetzen nur die Form, nicht aber der Inhalt. Denn: „Alle Aussagen einer Sprache können auch in einer anderen gemacht werden, wenn nicht die Form ein wesentlicher

---

[78] Vgl. Eugene A. NIDA (1947): *Bible Translating. An Analysis of Principles and procedures with Special Reference to Aboriginal Languages.* New York: American Bible Society.

Bestandteil der Botschaft ist" (NIDA/TABER 1969:4). Dies führt auch zu einer neuen Einstellung zu den Ausgangstexten, weg vom 'heiligen Original': „Die Sprachen der Bibel unterliegen den gleichen Beschränkungen wie jede andere natürliche Sprache. Die Verfasser der biblischen Bücher erwarteten, verstanden zu werden" (ebd.:6). Die vordringliche Absicht, die „Botschaft" (*message*) wiederzugeben, zwingt freilich zu einer ganzen Reihe von Anpassungen in der Sprache. „Der Übersetzer muß sich um Gleichwertigkeit und nicht um Gleichheit bemühen" (1969:11). So lautet die berühmte Definition des Übersetzens bei NIDA/TABER:

> Translating consists in reproducing in the receptor language the closest natural equivalent of the source language message, first in terms of meaning and secondly in terms of style (p. 12).

> Übersetzen heißt, in der Empfängersprache das beste natürlichste (sic) Gegenstück zur Ausgangsbotschaft zu schaffen, erstens was den Sinn und zweitens was den Stil anbelangt (S. 11).

Diese in der Literatur wohl am meisten zitierte Definition impliziert das Prinzip der „dynamischen Äquivalenz". Bei NIDA werden zweierlei Entsprechungen unterschieden:

> Formal equivalence focuses attention on the message itself, in both form and content. In such a translation one is concerned with such correspondences as poetry to poetry, sentence to sentence, and concept to concept. Viewed from this formal orientation, one is concerned that the message in the receptor language should match as closely as possible the different elements in the source language. (...) A translation of dynamic equivalence aims at complete naturalness of expression, and tries to relate the receptor to modes of behavior relevant within the context of his own culture; it does not insist that he understands the cultural patterns of the source language context in order to comprehend the message (NIDA 1964:159).

NIDA interessiert sich vor allem für das Funktionieren der Zeichen in der Zielsprache (Appellfunktion, s. Kap. 3.2) und weniger für den Bedeutungsinhalt als solchen. Die „formale Äquivalenz" erinnert an SCHLEIERMACHERS verfremdende Übersetzungsmethode (s. Kap. 2.2), während „dynamische Äquivalenz" der Methode des Verdeutschens bei LUTHER (s. Kap. 1.4) entspricht. Die geforderte „Gleichwertigkeit" meint natürlichen Klang in der Zielsprache, d.h. dass eine Übersetzung wie ein Original klingen sollte, damit die Empfänger der Botschaft hier möglichst gleichartig reagieren wie die Empfänger in der Ausgangskultur (NIDA/TABER 1969:169). Damit wird im Grunde die ursprüngliche Botschaft auf ihre Funktion reduziert, ihre Gestalt ist nicht mehr so wichtig. So entsteht ein „System von Prioritäten" für den Übersetzer:

> 1) kontextgemäße Übereinstimmung ist wichtiger als wörtliche Übereinstimmung; 2) dynamische Gleichwertigkeit ist wichtiger als formale Übereinstimmung; 3) die fürs Ohr bestimmte Form der Sprache hat Vorrang vor der geschriebenen; 4) Formen, die von den vorgesehenen Hörern der Übersetzung

gebraucht und anerkannt werden, haben Vorrang vor traditionellen Formen, auch wenn diese größeres Ansehen genießen (NIDA/TABER 1969:13).

Das Übersetzen wird sowohl vom Aspekt der sprachlichen Formen her, als auch unter Einbezug der Reaktion der Empfänger und der Situation der Übermittlung betrachtet.

6.2 Die Übersetzungsmethode (Nida / Taber)

Als Übersetzungsmethode wird vor dem Hintergrund der Generativen Transformationsgrammatik (s. Kap. 3.4), die vereinfacht übernommen wird, ein Verfahren empfohlen, das aus drei Phasen besteht: einer Analyse, der Übertragung, und dem Neuaufbau. NIDA hat gewisse Ähnlichkeiten zwischen Sprachen entdeckt und setzt diese nun mit den Tiefenstrukturen (*kernels*) gleich.

> It may be said, therefore, that in comparison with the theoretical possibilities for diversities of structures languages show certain amazing similarities, including especially (1) remarkably similar kernel structures from which all other structures are developed by permutations, replacements, additions, and deletions, and (2) on their simplest structural levels a high degree of parallelism between formal classes of words (e.g. nouns, verbs, adjectives, etc.) and the basic function classes in transforms: objects, events, abstracts, and relationals (NIDA 1964:68).

In dem Buch von NIDA/TABER wird die Übersetzungsmethode anhand zahlreicher Beispiele biblischer Texte entfaltet. Das zugrundeliegende Dreischritt-Modell unterscheidet sich vom Zweischritt-Modell KOSCHMIEDERS (s. Kap. 3.7), wo das 'Gemeinte' direkt über ein *tertium comparationis* zugeordnet wird.

Es werden mittels intuitiv begründeter Rückführungen von Sätzen aus der Oberflächenstruktur (A) in Elementarsätze einfachere Strukturen *(near-kernels)* gebildet, die in einem zweiten Schritt in einfache zielsprachliche Strukturen umgesetzt werden, aus denen dann in einem dritten Schritt die Übersetzung (B) wieder aufgebaut wird. NIDA/TABER (1969:32) verwenden folgende Darstellung:

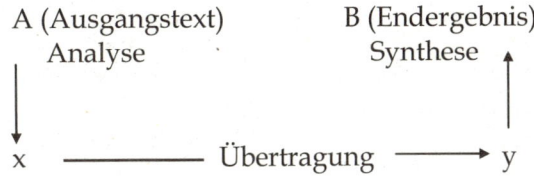

1.) In der **Analysephase** bedient sich der Übersetzer der intuitiv umschreibenden Rückumformung in Elementarsätze zum Zweck der Erhellung des inhärenten Sinngehalts von Wortverbindungen (Syntagmen), z.B. der bekannten Wendung „der Wille Gottes":

> Was ist die Beziehung z. B. zwischen *Gott* und *Wille* in der Wendung *der Wille Gottes*? Offensichtlich ist es „Gott", der zweite Bestandteil, der den ersten Be-

standteil „will". Wir können auch sagen: „B tut A", d. h. „Gott will". (...) In der Wendung *der Gott des Friedens* reden wir nicht von einem friedlichen Gott, sondern von Gott, der Frieden schafft oder verursacht. Die Beziehung zwischen A und B in diesem Beispiel ist fast genau das Gegenteil der Beziehung in *der Wille Gottes*; denn in *der Gott des Friedens* müssen wir sagen A verursacht B (NIDA/TABER 1969:34).

Eine der wichtigsten Erkenntnisse der Transformationsgrammatik ist die Tatsache, dass es in allen Sprachen weniger als ein Dutzend syntaktischer Grundstrukturen gibt, aus denen mit Hilfe der Transformationen alle die vielfältigen Konstruktionen gebildet werden.

Im Deutschen z.B. kommen folgende **Elementarsatzformen** vor:
1. *Hans läuft schnell.* (Handlung einer Person)
2. *Hans schlägt Willi.* (Handlung mit zwei Personen)
3. *Hans gibt Willi einen Ball.* (Person und Sache)
4. *Hans hat einen Hund.* (Besitz)
5. *Hans ist im Haus.* (Ort)
6. *Hans ist krank.* (Eigenschaft)
7. *Hans ist ein Junge.* (Klassifizierung)
8. *Hans ist mein Vater.* (Relation)

Vergleichbare Sätze gibt es in vielen Sprachen. Auf der Ebene der Elementarsätze findet sich mehr Übereinstimmung zwischen den Einzelsprachen als auf der Ebene der Oberflächenstrukturen. „Wenn wir die oben genannten Wendungen im Hinblick auf ihre einfachsten und eindeutigsten Beziehungen gliedern, erhalten wir folgende Reihe" (NIDA/TABER 1969:36):

Biblische Wendung	**eindeutig gekennzeichnete Beziehung**
der Wille Gottes	*Gott will*
der Bau des Hauses	*(jemand) baut das Haus*
der Gott des Friedens	*Gott schafft/verursacht Frieden*
der Heilige Geist der Verheißung	*(Gott) verhieß den Heiligen Geist*
das Wort der Wahrheit	*das Wort ist wahr; das wahre Wort*
der Reichtum seiner Gnade	*Er erweist Gnade in reichem Maße*
die Männer der Stadt	*die Männer wohnen in/ stammen aus der Stadt*
der Berg des Tempels	*der Tempel steht auf dem Berg*
der Herr des Sabbats, [etc.]	*einer, der den Sabbat anordnet,* [etc.]"

NIDA geht es also um die Suche nach der inhärenten Bedeutung syntaktischer Fügungen, ganz anders als etwa beim Vergleich der Syntax in der *Stylistique comparée* (s. Kap. 5.1). Bei der Frage nach der Wortbedeutung[79] verweisen NIDA/TABER auf die Kennzeichnung durch Syntax und Sinnbeziehungen in Begriffsklassen:

Wie ein Wort zu verstehen ist, d. h. welcher Kategorie es zugeordnet wird, hängt völlig vom jeweiligen Kontext ab. Z. B. in dem Satz *ich sehe die Sonne* be-

---
[79] Die semantische Komponentenanalyse (s. Kap. 3.6) wird zur Beschreibung von Wortfeldern verwendet. Zu unterscheiden sind auch die wörtlichen und die bildlichen Bedeutungen von Ausdrücken, z.B. „es ist ein Fuchs" (Tier) vs „er ist ein Fuchs" (Mensch). Wichtig sind schließlich die „mitempfundenen Bedeutungen", die auch Konnotationen und Assoziationen der Zeichen genannt werden (s. Kap. 3.3).

zeichnet die Lautung *sonne* einen Gegenstand; in *ich sonne mich gerne* steht sie für ein Ereignis; und in *das ist doch sonnenklar* dient sie als Teil eines Abstraktums (NIDA/TABER 1969:35).

2.) In der **Transferphase** sind dann die gewonnenen Elementarsätze in der Zielsprache stilistisch so zu bearbeiten, dass die Formulierungen für die anvisierten Empfänger verständlich sind. Dabei werden viele Anpassungen nötig, idiomatische Redewendungen gehen verloren, Bedeutungskomponenten von Wörtern werden verschoben, oft müssen Erläuterungen in den Text eingebaut oder dieser mit Fußnoten ergänzt werden. Durch die Analyse werden komprimierte Wendungen notwendig vereinfacht, aber auch klarer verständlich. Natürlich entgehen solche Vereinfachungen oft nicht dem Vorwurf der Banalisierung, weil einem Text durch die interpretierende Festlegung auf *eine* Bedeutung seine Tiefe genommen wird. Andererseits verliert eine dunkle Formulierung auch ihre Wirkung auf den Leser und die Leserin.

Zu welchem Ergebnis solche analytischen Vereinfachungen im Transfer führen, zeigt der Vergleich einer **Bibelstelle aus dem Hebräerbrief**, Kapitel 11, Verse 1-3 in der Übersetzung Martin Luthers und in anderen Übersetzungen.
Vor allem am Anfang der siebziger Jahre wurde mit neuen Bibelübersetzungen im Gefolge NIDAS versucht, die Botschaft verständlicher zu machen. (Die Übertragungen Luthers und die Einheitsübersetzung sind die gegenwärtig in deutschen Kirchen verwendeten Textfassungen):

Luther, rev. Fassung 1985
Es ist aber der Glaube eine feste Zuversicht auf das, was man hofft, und ein Nichtzweifeln an dem, was man nicht sieht. [2]Durch diesen Glauben haben die Vorfahren Gottes Zeugnis empfangen. [3]Durch den Glauben erkennen wir, daß die Welt durch Gottes Wort geschaffen ist, so daß alles, was man sieht, aus nichts geworden ist.

Kath. Einheitsübersetzung, 1980
Glaube aber ist: Feststehen in dem, was man erhofft, Überzeugtsein von Dingen, die man nicht sieht. [2]Aufgrund dieses Glaubens haben die Alten ein ruhmvolles Zeugnis erhalten.
[3]Aufgrund des Glaubens erkennen wir, daß die Welt durch Gottes Wort erschaffen worden und daß so aus Unsichtbarem das Sichtbare entstanden ist.

Zürcher Bibel, 1942
Es ist aber der Glaube eine Zuversicht auf das, was man hofft, eine Überzeugung von Dingen, die man nicht sieht. [2]Denn auf Grund von diesem [Glauben] haben die Altvordern [ein gutes] Zeugnis empfangen. [3]Durch Glauben erkennen wir, dass die Welten durch ein [Allmachts-]Wort Gottes bereitet worden sind, damit nicht [etwa] aus wahrnehmbaren Dingen das Sichtbare entstanden sei.

Ulrich Wilckens, 1970
Glaube aber, das ist die Wirklichkeitsgrundlage für das, worauf man hofft, der Nachweis von Dingen, die man nicht sehen kann. [2]Seinetwegen ist unseren Vätern (in der Schrift) ein gutes Zeugnis ausgestellt worden. [3]Im Glauben nehmen wir wahr, daß die Weltzeiten durch die Kraft des Wortes Gottes geschaffen sind, so daß das Sichtbare aus dem Unsichtbaren entstanden ist.

Jörg Zink, 1965
Glaube besteht darin, daß das gegenwärtige Leben durch die Hoffnung auf Künftiges bestimmt ist, daß es sich dem unsichtbaren Wirken Gottes aussetzt und sich von ihm prägen läßt. [2]Weil sie so glaubten, werden die Alten in der heiligen Schrift erwähnt.

[3]Weil wir so glauben, haben wir die Fähigkeit, zu erkennen, daß die Welten durch Gottes Wort geschaffen wurden, daß das Sichtbare aus dem Unsichtbaren hervorging.

Die Gute Nachricht, 1967
Gott vertrauen heißt: sich verlassen auf das, was man hofft, und fest mit dem rechnen, was man nicht sehen kann. [2]Durch solches Vertrauen haben vorbildliche Menschen früherer Zeiten bei Gott Anerkennung gefunden. [3]Weil wir Gott vertrauen, wissen wir: Die Welt ist durch sein Wort geschaffen worden; das Sichtbare ist aus dem Unsichtbaren entstanden. [Übersetzung aus einer amerikanischen Version.]

Neue Genfer Übersetzung, 1995
Was ist denn der Glaube? Er ist ein Rechnen mit der Erfüllung dessen[a], worauf man hofft, ein Überzeugtsein von der Wirklichkeit unsichtbarer Dinge[b]. [2]Weil unsere Vorfahren diesen Glauben hatten, stellt Gott ihnen in der Schrift[c] ein gutes Zeugnis aus. [3]Wie können wir verstehen, daß die Welt durch Gottes Wort entstanden ist[d]? Wir verstehen es durch den Glauben. Durch ihn erkennen wir, daß das Sichtbare seinen Ursprung in dem hat, was man nicht sieht.
a) Od Er ist die Garantie für die Erfüllung dessen.
b) Od ein Mittel, um die Wirklichkeit unsichtbarer Dinge kennenzulernen.
c) Od stellt ihnen die Schrift.
d) W *daß die Welt (aü die Weltzeiten) durch Gottes Wort gebildet wurden.*

Gute Nachricht Bibel, 1997
Glauben* heißt Vertrauen, und im Vertrauen bezeugt sich die Wirklichkeit dessen worauf wir hoffen. Das, was wir jetzt noch nicht sehen: im Vertrauen beweist es sich selbst.[b] [2]In diesem Vertrauen haben unsere Vorfahren gelebt und dafür bei Gott Anerkennung gefunden. [3]Durch solches Vertrauen gelangen wir zu der Einsicht, daß die ganze Welt durch das Wort Gottes geschaffen wurde und alle sichtbaren Dinge aus Unsichtbarem entstanden sind.
b) Wörtlich: Der Glaube ist ein Festsein des Erhofften und ein Beweis der unsichtbaren Dinge. Die verbreitete Deutung Der Glaube ist eine feste Zuversicht (auf das Erhoffte) und ein Überzeugtsein (von den unsichtbaren Dingen) scheint zwar vom Zusammenhang her passender, ist jedoch von den griechischen Wortbedeutungen her nicht zu rechtfertigen. Der Verfasser will offenbar den festen Grund benennen, der den Glauben trägt und der sich im unerschütterlichen Vertrauen der Glaubenden als dieser tragende Grund bezeugt. [*Neuübersetzung in heutigem Deutsch.*]

Aus NIDAS Übersetzungsmethode ergeben sich Prioritäten, die zusammenfassend genannt werden:

1. Um jeden Preis muss der Inhalt der Botschaft mit kleinstmöglichen Verlusten oder Verzerrungen übertragen werden. Der direkte begriffliche Inhalt der Botschaft hat den höchsten Vorrang.

2. Zweitens ist es sehr wichtig, die Nebenbedeutungen, die gefühlsmäßige Atmosphäre und Eindringlichkeit der Botschaft so gut wie möglich wiederzugeben. Diese Forderung ist schwerer zu erklären als die erste und noch schwerer zu erfüllen; aber sie ist sehr wichtig.

3. Wenn man bei der Übertragung von Inhalt und Gefühlswerten der Botschaft aus einer Sprache in die andere auch etwas von der Form bewahren kann, dann sollte man es tun. Aber unter gar keinen Umständen darf die Form Vorrang vor den anderen Aspekten der Botschaft erhalten (NIDA/TABER 1969:125).

3.) Schließlich sind in der **Synthesephase** vor allem die stilistischen Unterschiede und die Sprachebenen zu beachten. Die Strukturgrundlage für die Vielfalt des Stils bilden Umformungen, die alle auf einen Elementarsatz zurückgehen, wie z.B. „*Judas verriet Jesus*":

1. Judas verriet Jesus.
2. Jesus wurde von Judas verraten.
3. Judas' Verrat an Jesus.
4. Jesu Verratenwerden durch Judas.
5. Der Verrat Jesu durch Judas.
6. Der Verrat des Judas an Jesus.
7. Das Verratenwerden Jesu durch Judas.
8. Es war Judas, der Jesus verriet.
9. Es war Jesus, der von Judas verraten wurde, usw.

(NIDA/TABER 1969:47).

Bei der Frage nach dem Stil ist in diesem „funktionalen Ansatz" (NIDA) v. a. rhetorisch auf die Frage nach der Leistung von Stilelementen zu achten, z. B. Steigerung der Wirksamkeit und Erzielen besonderer Wirkungen wie Interesse wecken, Eindringlichkeit verstärken, oder die Form der Botschaft ausschmücken (vgl. NIDA/TABER 1969:152ff). Folgerichtig wird für Bibelübersetzer eine stilistische Ausbildung gefordert. Dies ist besonders sinnvoll bei entfernten Sprachen, die eine andere Grammatik haben.

Mit NIDAS Ansatz wurde der Grund für die moderne Übersetzungswissenschaft gelegt, denn mit den syntaktischen Analyseschritten wurden hier erstmals sprachwissenschaftliche Aspekte ins Übersetzen von Texten eingebracht. Dabei wird angedeutet, dass mit der vollständigen Analyse des Ausgangstextes auch die Gesamtintention der Botschaft erfasst würde. Freilich bleibt die sinngliedernde und stilistische Formulierungsentscheidung weitgehend der Intuition und Sachkenntnis des Übersetzers überlassen und wird nicht wirklich wissenschaftlich deduziert. Auch gibt es noch keine satzübergreifenden Überlegungen.

Ein solches Sprachverständnis lenkt den Blick verstärkt auf die Notwendigkeit des Wissens um den kulturellen Kontext, den Sprache konstituiert und in dem sie ihre Bedeutung erhält. Kulturverständnis mit Bezug auf die eigene wie auch auf die Ausgangssprache ist unerlässlich. Eine weitere Konsequenz dieser Sprachkonzeption ist, dass keine Übersetzung endgültig sein kann: Jede Übertragung ist von ihrer Zeit geprägt, von der jeweiligen Sprache, sowie von der übersetzenden Person und der von ihr gewählten, als dominant ausgelegten Perspektive.

Das Problem der Äquivalenz beschränkt sich allerdings auf die Wahrung von Inhalts- und Wirkungsgleichheit in Bezug auf syntaktische Bedeutungen[80].

---

[80] Inzwischen hat sich NIDA auch von der doch recht einseitigen syntaktischen Sichtweise gelöst, wenn er 1985 bemerkt: „We are no longer limited to the idea that meaning is centered in words or even in grammatical distinctions. Everything in language, from sound symbolism to complex rhetorical structures, carries meaning." (p. 119). – Vgl. Eugene A. NIDA: „Translating Means

Kritisch ist oft eingewendet worden, daß das Konzept der „dynamischen Äquivalenz" ggf. auch zu weit von der Textvorlage wegführe und die Grenze zur „Bearbeitung" überschreite.

6.3 Philologische Genauigkeit (Schreiber)

Die Aporie zwischen „Treue oder Freiheit" in der Wiedergabe von Textstrukturen ist ein Grundproblem des Übersetzens. SCHLEIERMACHER hatte hier zweierlei Möglichkeiten gesehen (s. Kap. 2.2), wonach nur die „philologisch genaue" Übersetzung angemessen sei, weil nur so das Original wirklich durchscheinend werde. Philologische Genauigkeit in der Übersetzung wurde gefordert, denn die Wörtlichkeit galt als Garant der Treue. Dies wiederum geht auf die aus der Antike tradierte logische Wahrheitsvorstellung zurück, dass nämlich die Wahrheit in den Zeichen eingebunden zu finden sei, und dass damit eine nichtwörtliche Übersetzung sofort auch inhaltlich abweichend sei (s. Kap. 1.3).

SCHLEIERMACHERS zwei „Methoden" wurden vielfach als reale Alternative missverstanden und wirkten fort; dies wird auch in der Linguistik noch so vertreten.[81] Doch die übersetzungswissenschaftliche Terminologie ist keineswegs einheitlich, sodass es vielerlei Versuche gab, hier Klärung zu schaffen.[82] KASSÜHLKE[83] unterscheidet unter Verweis auf SCHLEIERMACHERS zwei Methoden im Problemfeld der Bibelübersetzung fünf „Übersetzungstypen":

1. Die *Wort-für-Wort-Übersetzung*. „Solche Übersetzungen werden nie für sich allein gedruckt, sondern immer als sogenannte Interlinearversion" (ebd., 28); 2. die *wörtliche Übersetzung*, wo nur aus grammatischen Gründen Abweichungen von der Struktur der Ausgangssprache zugelassen sind und in einer „begriffskonkordanten Wiedergabe" die Wörter „nach Möglichkeit immer mit demselben Begriff übersetzt" werden (ebd., 29); 3. die *philologische Übersetzung*, die „der wissenschaftlichen Arbeitsweise der Philologen entspricht. Auch sie versucht, die ausgangssprachlichen Strukturen so weit wie möglich zu imitieren, dabei aber einen eleganteren Stil zu verwenden, der sich an gehobenen Leseransprüchen ausrichtet. In der Benutzung unterschiedlicher Wörter zur Wiedergabe ein und desselben ausgangssprachlichen Begriffs verfährt sie freier als

---

Translating Meaning - A Sociosemiotic Approach to Translating." In: H. BÜHLER (ed.) (1985): *X. Weltkongress der FIT*. Wien, S. 119-125.

[81] Auch im Gefolge NIDAS (1964) wird der Unterschied zwischen „formal equivalence" und „dynamic equivalence" weithin als der Unterschied zwischen wörtlichem und eben freiem Übersetzen diskutiert, was dann im Bereich der Bibelübersetzung auf den funktionalen Gegensatz zwischen missionarischer und sakraler Übersetzung bezogen wird (REIß 1971:96f).

[82] „Wörtlich übersetzen" heißt nicht „Wort für Wort übersetzen", sondern in syntagmatischen Sinneinheiten. Vgl. z. B. THOME (1978:302): „Der Begriff der wörtlichen Übersetzung (im folgenden: wÜ) hat in den zwei Jahrtausenden übersetzungstheoretischer Überlegungen immer wieder eine wichtige Rolle gespielt. In der berühmt gewordenen Diskussion um das rechte Übersetzen [...] ist wÜ Synonym zu ‚treuer', d.h. inhaltlich und formal am ausgangssprachlichen (as) Text ausgerichteter Übersetzung und damit Antonym zu ‚freier', d. h. in Inhalt und Form am zielsprachlichen (zs) Text orientierter Übersetzung. Der Begriff wÜ kennzeichnet hier ein auf das Übersetzen des Gesamttextes bezogenes methodisches Postulat."

[83] Vgl. Rudolf KASSÜHLKE (1998): *Eine Bibel – viele Übersetzungen. Ein Überblick mit Hilfen zur Beurteilung*. Wuppertal: Brockhaus, S. 28-33.

die wörtliche Übersetzung" (ebd., 30); 4. die *kommunikative Übersetzung* mit dem Ziel, „den Text zum Leser hinzubewegen". Solche Übersetzungen „verzichten darauf, die sprachliche Form des Ausgangstextes zu imitieren", weil ihnen „alles an der Kommunikation zwischen dem Autor und den Empfängern liegt. [...] Dieser Übersetzungstyp läßt nicht zu, eine mehrdeutige oder schwammige Formulierung zu verwenden, was bei einer wörtlicheren Übersetzung möglich ist. Dann läge das Risiko des Verstehens oder Mißverstehens beim Leser oder Ausleger und Prediger" (ebd., 31f); 5. die *bearbeitende Übersetzung*, bei der die Empfängergruppe das höchste Gewicht erhält, wie z. B. bei Bibelausgaben für Kinder oder sprachlich Behinderte. „Bearbeitung geschieht auch da, wo ein ausgewählter Text für eine bestimmte Situation aktualisiert wird" (ebd., 33) und über das jeweilige Ereignis hinaus nicht mehr aktuell und allgemein verwendbar ist.

Nach wie vor kreist also die Diskussion um formale Nähe oder Ferne im interlingualen Transfer. Um endlich die Unterscheidung zwischen „Übersetzung" und „Bearbeitung" als einer etwas freieren Wiedergabe zu präzisieren, hat Michael SCHREIBER (1993) ein differenziertes Modell erstellt. Er sieht (1993:23) die Übersetzung als Versuch „den AS-Text zu ersetzen" und konzentriert sich daher auf eine Sortierung der Verfahren von „Texttransformationen" im Blick auf die Zeichenstrukturen.

Die Intention von SCHREIBERS Studie liegt in einheitlichen Kriterien für die Zuordnung der Beschreibung einer Vielzahl unterschiedlicher Phänomene der Texttransformation, die bislang unter heterogenen Bezeichnungen geführt werden. Dieser Ertrag kann bei einem deskriptiven Textvergleich angewendet werden, ist jedoch beim praktischen Übersetzen als Prozess nicht fruchtbar zu machen. Der Zirkel zwischen „Treue und Freiheit" des Übersetzens bezieht sich auf Textelemente im Sinne von wörtlich oder auch paraphrasiert als angeblichem Garant für „Informationskonstanz" der Mitteilung. Als eine „freie Übersetzung" gilt dann eine inhaltlich verändernde Aussage durch Ausdrucksverschiebung (Shift), und SCHREIBER diskutiert Invarianzforderungen und Typen der Bearbeitung als Abweichungen hiervon. Er unterschiedet zwischen „Umfeldübersetzung" (einbürgernde Übersetzung) und „Textübersetzung" (verfremdende Übersetzung). Dies erinnert an HOUSES „overt" und „covert translation" (s. Kap. 4.5). Bei der Umfeldübersetzung diskutiert er den Primat der Intention im Gegensatz zum Primat der Wirkung.

Historisch wurde das philologisch genaue Übersetzen als Dienst am Autor oft als Fron gesehen. Jörn ALBRECHT (1998:67) versteht im Unterschied dazu „treu" in einem viel allgemeineren Sinn als „wörtlich", nämlich im Sinn von „dem Ausgangstext verpflichtet", was durchaus im Widerspruch zur Wörtlichkeit stehen könne. Eine „freie Übersetzung" bedeutet dann das „Abweichen vom Prinzip der syntagmatischen und paradigmatischen Wörtlichkeit aus rein *sprachlichen* Gründen". Dies entspräche der „philologischen Übersetzung" nach KASSÜHLKE. (Es gibt darüber hinaus ganz andere Arten von „Freiheiten", die sich Übersetzer herausnehmen.) Für sich kann ALBRECHT (1998:62) jene alte Formel – man solle übersetzen: so treu wie möglich und so frei wie nötig – verteidigen, sie sei „weit besser als der Ruf, den sie unter Übersetzungswissenschaftlern genießt. Sie trifft genau, was sie treffen soll, aber sie ist dunkel."

6.4 Die normativen Äquivalenzforderungen (Koller)

Stärker textbezogen geht Werner KOLLER in seinem Buch *Einführung in die Übersetzungswissenschaft* (1979, [4]1992, [7]2004) an das Problem heran. Wichtig ist für ihn die Klärung der „übersetzungskonstituierenden Beziehung zwischen Zieltext und Ausgangstext" (1992:16). Er meint:

> Eine Übersetzung ist das Resultat einer *sprachlich-textuellen Operation,* die von einem AS-Text zu einem ZS-Text führt, wobei zwischen ZS-Text und AS-Text eine *Übersetzungs- (oder Äquivalenz-)relation* hergestellt wird. (...) Eine zentrale Aufgabe der Übersetzungswissenschaft als empirische Wissenschaft besteht darin, die Lösungen, die die Übersetzer in ihren Übersetzungen anbieten, zu analysieren, zu beschreiben, zu systematisieren und zu problematisieren (1992:16/17f).

> **Diese Aufgabe führt KOLLER anhand sehr reichhaltiger Beispieldiskussion durch, wobei er ausführt:**
> Übersetzen ist ein sprachlich-textueller Prozeß, bei dem AS-Ausdrücken (Lexemen, Syntagmen, Sätzen) ZS-Ausdrücke zugeordnet werden. Die linguistische Übersetzungswissenschaft beschreibt die potentiellen Zuordnungsvarianten (Äquivalente) und gibt die Faktoren und Kriterien an, die die Wahl von aktuellen Entsprechungen bestimmen. Folgende Teilaufgaben lassen sich unterscheiden:
> 1. Erarbeitung der theoretischen Grundlagen der Beschreibung von Äquivalenzbeziehungen, allgemein wie auch bezogen auf bestimmte sprachliche Einheiten.
> 2. Von Übersetzungstexten ausgehender Sprachvergleich auf der syntaktischen, semantischen und stilistischen Ebene mit dem Ziel der Herausarbeitung von potentiellen Übersetzungsäquivalenten.
> 3. Sprachenpaarbezogene Beschreibung von speziellen Übersetzungsschwierigkeiten (z. B. Metaphern, kulturspezifische Elemente, Sprachschichten, Sprachspiel etc.).
> 4. Beschreibung von Übersetzungsverfahren im syntaktischen, lexikalischen und stilistischen Bereich für Typen von Übersetzungsfällen (KOLLER 1992:125f).

Die Rede von „Zuordnungsvarianten" schließt sich übersetzungstheoretisch wieder an das kommunikationswissenschaftliche Übersetzungsmodell mit den potentiellen Entsprechungen der linguistischen Übersetzungswissenschaft (s. Kap. 4.3) an. KOLLER versteht unter „Äquivalenz" etwas anderes als NIDA. Doch wird gleichfalls in der „Initialphase des Übersetzungsprozesses die AS-Text-Analyse, die zur Feststellung einer eindeutigen Textbedeutung führt" gefordert (KOLLER 1992:147). Hinzu soll jedoch noch die „stilistische und die pragmatische Analyse treten", die nach dem Stellenwert entsprechender sprachlicher Mittel im AS-Text fragt.

Weil Übersetzen eine TextREproduktion ist, setzt sich KOLLER klar von Textbearbeitungen[84], wie Verbesserung, Umformulierung, Zusammenfassung,

---

[84] Zur Differenzierung und Abgrenzung des Übersetzungsbegriffs von der Bearbeitung hat sich ausführlich Michael SCHREIBER (1993) geäußert. Er entwickelt linguistische Kriterien zur Unter-

adressatenspezifischer Adaptation, usw. ab und diskutiert das Recht des Übersetzers zu Eingriffen in den Text (1992:195): „Als Übersetzung im eigentlichen Sinn bezeichnen wir nur, was bestimmten *Äquivalenzforderungen normativer Art* genügt" (1979:79; 1992:200). Nur dann sind potentielle Äquivalente objektivierbar. „Dies bedeutet u.a., daß die Bedingungen herausgearbeitet werden, die die Auswahl unter potentiellen Äquivalenten auf Wort-, Syntagma-, Satz- und Textebene bestimmen" (1992:205). KOLLER präzisiert:

> Mit dem Begriff der Äquivalenz wird postuliert, daß zwischen einem Text (bzw. Textelementen) in einer Sprache L_2 (ZS-Text) und einem Text (bzw. Textelementen) in einer Sprache L_1 (AS-Text) eine *Übersetzungsbeziehung* besteht. Der Begriff Äquivalenz sagt dabei noch nichts über die Art der Beziehung aus: diese muß zusätzlich definiert werden. (...) Die Äquivalenz*forderung* läßt sich jeweils in die Formel fassen: die Qualität(en) X des AS-Textes (Qualitäten inhaltlicher, stilistischer, funktioneller, ästhetischer etc. Art) muß (müssen) in der Übersetzung gewahrt werden, wobei sprachlich-stilistische, textuelle und pragmatische Bedingungen auf der Seite der Empfänger zu berücksichtigen sind (1992:215).

> **Die Äquivalenzforderung richtet sich nach Bezugsrahmen**
> Es gibt m.E. *fünf Bezugsrahmen,* die bei der Festlegung der Art der Übersetzungsäquivalenz eine Rolle spielen:
> (1.) der *außersprachliche Sachverhalt,* der in einem Text vermittelt wird; den Äquivalenzbegriff, der sich am außersprachlichen Sachverhalt orientiert, nenne ich *denotative Äquivalenz;*
> (2.) die im Text durch die Art der Verbalisierung (insbesondere: durch spezifische Auswahl unter synonymischen oder quasi-synonymischen Ausdrucksmöglichkeiten) vermittelten *Konnotationen* bezüglich Stilschicht, soziolektale und geographische Dimension, Frequenz etc.: den Äquivalenzbegriff, der sich an diesen Kategorien orientiert, nenne ich *konnotative Äquivalenz;*
> (3.) die *Text- und Sprachnormen* (Gebrauchsnormen), die für bestimmte Texte gelten: den Äquivalenzbegriff, der sich auf solche textgattungsspezifische Merkmale bezieht, nenne ich *textnormative Äquivalenz;*
> (4.) der *Empfänger* (Leser), an den sich die Übersetzung richtet und der den Text auf der Basis seiner Verstehensvoraussetzungen rezipieren können soll, bzw. auf den die Übersetzung „eingestellt" wird, damit sie ihre kommunikative Funktion erfüllen kann; die empfängerbezogene Äquivalenz nenne ich *pragmatische Äquivalenz;*
> (5). Bestimmte *ästhetische,* formale und individualstilistische Eigenschaften des AS-Textes: den Äquivalenzbegriff, der sich auf solche Eigenschaften des Textes bezieht, nenne ich *formalästhetische Äquivalenz* (KOLLER 1992:216).

Die beispielbezogene Darstellung der Problematik im Rahmen der normativen Äquivalenzforderungen orientiert sich zunächst im Bereich der „denotativen Äquivalenz" an den linguistisch festgestellten potentiellen Äquivalenzbeziehungen von Wörtern (s. Kap. 4.3) zwischen den Sprachen (vgl. KOLLER 1992:228-266).

---

scheidung von Übersetzung und Bearbeitung, sowie eine differenzierte Typologie von Methoden und Verfahren der Übersetzung und der interlingualen Bearbeitung in verschiedenen Sprachenpaaren.

1. Die Eins-zu-eins-Entsprechung (Äquivalent)
Übersetzungsschwierigkeiten treten nur auf, wenn in der ZS synonymische Varianten gegeben sind. Es gibt drei Fälle: a) aus dem Textzusammenhang oder aufgrund allgemeinen Wissens kann erschlossen werden, welche der potentiellen Entsprechungen zutrifft (e. *car* – dt. *Auto, Wagen*); b) es ist im betreffenden Fall irrelevant; c) es besteht zs eine grammatische Lücke. Als Übersetzungsverfahren bietet sich hier die Wiedergabe in der ZS des Oberbegriffs als Summe der Unterbegriffe an (dt. *Gezeiten* - russ. *otliv i riliv*/*Ebbe und Flut*), oder es wird auf einen anderen Sammelbegriff ausgewichen (statt *Geschwister* wird *Kinder* verwendet).

2. Die Viele-zu-eins-Entsprechung (Neutralisation)
Bei der Übersetzung kann die in der ZS-Entsprechung neutralisierte Differenzierung durch adjektivische und Genitiv-Attribute, Zusammensetzungen, adverbiale Zusätze etc. ausgedrückt werden (z. B. sw. *morfar* - dt. *Großvater mütterlicherseits*).

3. Die Eins-zu-Null-Entsprechung (Lücke)
Solches sind echte Lücken im lexikalischen System der ZS, in Bezug auf den Übersetzungsauftrag sind es nur vorläufige Lücken, die zu schließen sind. Es bieten sich *fünf Übersetzungsverfahren* an:
a. Übernahme des AS-Ausdrucks; b. Lehnübersetzung; c. Verwendung eines in der ZS bereits in ähnlicher Bedeutung vorhandenen Ausdrucks; d. Der AS-Ausdruck wird in der ZS umschrieben, kommentiert oder definiert (Explikation oder definitorische Umschreibung); e. Adaptation als Ersetzung des mit einem AS-Ausdruck erfassten Sachverhalts durch einen Sachverhalt, der im kommunikativen Zusammenhang der ZS eine vergleichbare Funktion hat.

4. Die Eins-zu-Teil-Entsprechung
Klassisches Beispiel sind die Farbbezeichnungen verschiedener Sprachen (s. Kap. 2.3), in denen das Farbenspektrum unterschiedlich segmentiert wird. Oft werden auch die sog. charakteristischen, unübersetzbaren Wörter angeführt (dt. *Geist*, frz. *esprit*, russ. *toská*; dt. *Sinn, Geist, Verstand, Feinsinnigkeit* sind Teil-Entsprechungen zu frz. *esprit*; dt. *Sehnsucht, Sorge, Melancholie, Trauer, Niedergeschlagenheit, Langeweile* zu russ. *toská*, und e. *mind, intellect, intelligence, thinking faculty, spirit, human spirit* zu dt. *Geist*). Wo die Übersetzbarkeit an Grenzen stößt, kommen nur noch kommentierende Übersetzungsverfahren in Frage, das sind Fußnoten, Anmerkungen oder Zusätze im Text (vgl. die Darstellung bei KOLLER 1992:229ff).

Wenn aufgrund der Entsprechungstypen auf der *langue*-Ebene Übersetzungsschwierigkeiten auf der *parole*-Ebene auftreten, sind bestimmte Übersetzungsverfahren anzuwenden. Sprachliche Ausdrücke haben jedoch nicht nur denotative Bedeutung, mit ihrem textspezifischen Gebrauch werden auch konnotative Werte vermittelt. Beachtet man den Bereich der „konnotativen Äquivalenz", so werden die zuvor unter rein denotativem Aspekt besprochenen Typen von Eins-zu-eins-Entsprechungen zu Teil-Entsprechungen.

> Die Übersetzungswissenschaft hat die Aufgabe, die konnotativen Dimensionen und Werte in den Einzelsprachen zu charakterisieren, ihre Merkmale und Strukturelemente herauszuarbeiten und diese in Beziehung zu den Konnotationsdimensionen der jeweiligen Zielsprachen zu setzen. Die Herstellung konnotativer Äquivalenz gehört zu den meist nur annäherungsweise lösbaren Problemen des Übersetzens (KOLLER 1992:241).

Der Stil eines Textes ergibt sich aus dem spezifischen Vorkommen, der Frequenz, Distribution und Kombination von konnotativ wertigen sprachlichen Einheiten auf Wort-, Syntagma-, Satz- und satzübergreifender Ebene. Die stilistische Übersetzbarkeitsproblematik resultiert daraus, dass sich die Systeme der stilprägenden konnotativen Werte in den verschiedenen Sprachen nicht eins-zu-eins decken. Der Übersetzer soll optimale konnotative Entsprechungen suchen, er kann auch „konnotative Werte, die nicht erhalten werden können, durch kommentierende Verfahren (...) vermitteln" (1992:242f).

> KOLLER charakterisiert **übersetzungsrelevante konnotative Dimensionen**. So zum Beispiel:
>
> (a) Konnotationen der Sprachschicht (+gehoben, dichterisch, normalsprachlich, +umgangssprachlich, Slang, +vulgär), vgl. *sterben* ist normalsprachlich-unmarkiert, *entschlafen* und *das Zeitliche segnen* gehören der gehobenen Stilschicht an, *abkratzen* ist salopp-umgangssprachlich, *krepieren* und *verrecken* sind vulgär.
>
> (b) Konnotationen sozial bedingten Sprachgebrauchs (+studentensprachlich, +soldatensprachlich, +Sprache der Arbeiterschicht, Sprache des Bildungsbürgertums). KOLLER erwähnt einen Brief Henrik Ibsens an seinen Übersetzer, in dem er auf Übersetzungsschwierigkeiten in „Vildanden" („Die Wildente") hinweist: „'Die Wildente' enthält zudem ganz besondere Schwierigkeiten, indem man mit der norwegischen Sprache sehr vertraut sein muß, um verstehen zu können, wie konsequent jede einzelne Person im Stück ihre eigentümliche, individuelle Art hat, sich auszudrücken, wodurch gleichzeitig das Bildungsniveau der betreffenden Person markiert wird. Wenn zum Beispiel Gina spricht, muß man unmittelbar hören können, daß sie nie Grammatik gelernt hat und daß sie den unteren Gesellschaftsschichten entstammt. Und so auf je verschiedene Weise für alle anderen Personen auch. Die Aufgabe des Übersetzers ist also keineswegs einfach zu lösen. (Übersetzung von mir, W. K.)" (1992:243f).

Der Bereich der „textnormativen Äquivalenz" bezieht sich dann auf das Feld der Gebrauchsnormen. „Vertragstexte, Gebrauchsanweisungen, Geschäftsbriefe, wissenschaftliche Texte etc. folgen hinsichtlich Auswahl und Verwendungsweise sprachlicher Mittel im syntaktischen und lexikalischen Bereich bestimmten sprachlichen Normen (Stilnormen), deren Einhaltung in der Übersetzung Herstellung textnormativer Äquivalenz bedeutet" (1992:247). Die Bedingungen der Textsorte steuern dabei die Selektion der sprachlichen Mittel und den Textaufbau. Sprachliche Veränderungen sind hier möglich aufgrund der in der ZS geltenden anderen Textnormen.

Schließlich muss die Übersetzung auf die Leser in der ZS „eingestellt" werden: dies heißt, „pragmatische Äquivalenz" herzustellen. Dabei ist für den AS- und ZS-Text von unterschiedlichen Rezeptionsbedingungen auszugehen, und der Übersetzer muss sich stets fragen, wie weit er in den Text bearbeitend eingreifen kann und soll. Im Hinblick auf die Wissensvoraussetzungen der ZS-Leser besteht sowohl die Gefahr der Leserunterschätzung als auch der -überschätzung. In der Diskussion der Übersetzungsbeispiele wird eine „übersetzerische Tendenz zur Einebnung, zur Normalisierung" festgestellt (1992:252), wobei kommentierende Übersetzungsverfahren zu den „harmlosen Eingriffen" gezählt werden.

Die Herstellung „formal ästhetischer Äquivalenz" im ZS-Text bedeutet schließlich „Analogie der Gestaltung" unter Ausnutzung der in der ZS vorgegebenen Gestaltungsmöglichkeiten. KOLLER definiert:

> Aufgabe der Übersetzungswissenschaft ist es, die Möglichkeiten formalästhetischer Äquivalenz im Blick auf Kategorien wie Reim, Versformen, Rhythmus, besondere stilistische (auch individualstilistische und werkspezifische) Ausdrucksformen in Syntax und Lexik, Sprachspiel, Metaphorik etc. zu analysieren. (...) [Solche Formen] finden sich selbstverständlich nicht nur in literarischen Texten; treten sie in nicht-literarischen Texten auf, haben sie dort in der Regel einen anderen Stellenwert. Formal-ästhetische Qualitäten sind *konstitutiv* für literarische Texte, d.h., ein literarischer Text, der dieser Qualitäten verlustig geht, verliert seine Literarizität. Das gilt in der Regel nicht für Sachtexte, die auch in „ent-ästhetisierter" Form ihre Sachtextfunktion(en) erfüllen können (1992:253).

Ausführlich wird auf die besonderen Probleme im Zusammenhang mit der Übersetzung von Metaphern und Sprachspielen eingegangen. KOLLER verweist auf statistische Untersuchungen, nach denen in zwei Dritteln der Fälle Metaphern des Originals mit Metaphern übersetzt wurden. Dabei wird eine „okkasionelle Metapher" manchmal auch durch eine konventionelle Metapher übertragen oder durch Einfügung einer Metapher an anderer Stelle kompensiert. KOLLER zieht daraus den Schluss, dass „im Durchschnitt nur die Hälfte der okkasionellen Originalmetaphern als okkasionelle, d.h. stilistisch wirksame Metaphern übersetzt sind" (1992:256), was die verbreitete Behauptung bestätigt, Übersetzungen seien „flacher" als die Originale. Weil Sprachspiele meistens auch Spiele mit ästhetischen und thematischen Bedeutungen sind, ist hier die Möglichkeit kompensatorischer Verfahren begrenzt, und meist sind sie auch kaum übersetzbar. Zusammenfassend wird festgestellt:

> Der Übersetzer (...) hat bei jedem Text als Ganzem wie auch bei Textsegmenten die Aufgabe, eine *Hierarchie der in der Übersetzung zu erhaltenden Werte* aufzustellen, aufgrund deren er eine *Hierarchie der Äquivalenzforderungen* bezüglich des betreffenden Textes bzw. des betreffenden Textsegmentes ableiten kann" (KOLLER 1979:191; 1992:266).

Diese Hierarchie bezieht sich auch auf das einzelne Textsegment, und KOLLER lehnt, ganz anders als noch NIDA, die Kompensation eines Wertes an anderer Stelle im Text ausdrücklich ab (1992:263). Implizit wird unterstellt, dass eine Übersetzung danach zu beurteilen sei, inwieweit jeweils eine Übersetzungseinheit in jedem der herausgearbeiteten Merkmale optimale Äquivalenz erzielt.

Die Ergebnisse können angeblich mit einer „wissenschaftlichen Übersetzungskritik" (1979:210ff; 1992:127) überprüft werden, die ein Vorgehen in drei Schritten umfasst: die übersetzungsrelevante Textanalyse, den Übersetzungsvergleich und die Übersetzungsbewertung. Der Übersetzungsvergleich gliedert sich in einen praktischen und einen theoretischen Teil[85]:

---

[85] Das Kapitel über die Übersetzungskritik ist in der neubearbeiteten 4. Auflage (1992) ersatzlos gestrichen.

> Im *praktischen Teil* werden Original und Übersetzung (bzw. repräsentative Textausschnitte) Übersetzungseinheit für Übersetzungseinheit miteinander verglichen, wobei die Übersetzungseinheit umfangmäßig vom Einzelwort bis zum Textabschnitt oder dem ganzen Text reichen kann. Es wird von der Frage ausgegangen, wie die in der übersetzungsrelevanten Textanalyse herausgearbeiteten Merkmale sprachfunktionaler, inhaltlicher, sprachlich-stilistischer, formalästhetischer und pragmatischer Art im ZS-Text realisiert sind und welcher Stellenwert diesen Realisierungen in der ZS zukommt. (...) Im *theoretischen Teil* geht es um die Rekonstruktion der Äquivalenzforderungen bzw. der Hierarchie von Äquivalenzforderungen, denen der Übersetzer in seiner Übersetzungsarbeit folgt: von welchen Prinzipien läßt er sich leiten, und wie wirken sie sich in der sprachlich-stilistischen Gestaltung des Textes aus? (1979:215).

KOLLERS linguistische Übersetzungswissenschaft geht in der Breite des Ansatzes über NIDA hinaus. Anhand der Diskussion vorliegender Übersetzungen werden deskriptiv mögliche Übersetzungsstrategien zusammengetragen, die dann einmal normativ operationalisiert werden sollen. Dies erinnert stark an den Ansatz der *Stylistique comparée* (s. Kap. 5.1), auch wenn das Augenmerk hier stärker auf Texte und ihre kontextuellen Bezüge gelenkt wird. So könnte man einwenden, dass damit nur das systematisch gesichtet wird, was Übersetzer ohnehin schon tun. Ihr Verhalten wird so zwar linguistisch untermauert, doch es werden dadurch kaum neue Einsichten, auch für bessere oder andere Übersetzungen, gewonnen. Manche Postulate als „Aufgabe der Übersetzungswissenschaft" bleiben unerfüllt im Raum stehen. Doch KOLLER erstrebt auch nicht unbedingt eine praktische Anwendbarkeit für die Übersetzungswissenschaft, denn „die sprachenpaarbezogene und die textbezogene Übersetzungswissenschaft beschreiben die Äquivalenzbeziehungen zwischen Sprachen und Texten zunächst unabhängig davon, ob der Übersetzungspraktiker mit diesen Beschreibungen etwas anfangen kann oder nicht" (1992:133). Zwischenzeitlich hat HOUSE (1997) ein konkretes Beschreibungsmodell vorgelegt (s. Kap. 4.5).

6.5 Der Begriff „Äquivalenz"

Wie in den vorangehenden Abschnitten deutlich geworden ist, stand die Diskussion um die Zielbeschreibung des Übersetzens lange Zeit im Zeichen des Begriffs „Äquivalenz". Angesichts zahlreicher Missverständnisse ist es wichtig, die Herkunft dieses in der übersetzungswissenschaftlichen Literatur äußerst umstrittenen Begriffes zu kennen. Der Terminus stammt ursprünglich aus der Mathematik und formalen Logik und meint die „umkehrbar eindeutige Zuordnung" von Elementen in einer Gleichung, eine Identität in anderer Gestalt. Im Sinne eindeutiger Zuordnung genormter Fachtermini wird er in den Fachsprachen verwendet.

In diesem Sinne ist es einleuchtend, wenn die Leipziger übersetzungswissenschaftliche Schule die Bezeichnung *Äquivalenz* für die Gleichung zwischen einlaufender und nach Umkodierung wieder auslaufender Information im interlingualen Kommunikationsvorgang verwendet hat (s. Kap. 4.2): Hier wird gerade die unveränderte Gleichheit der übermittelten Nachricht postuliert. Bei der Frage, woran dies festgemacht werden könnte, ergaben sich zunächst die mehr oder weniger direkten Entsprechungen zwischen zwei Sprachen, die „potentiellen Entsprechungen" (s. Kap. 4.3) als Zeichenäquivalente.

In der *Stylistique comparée*, die die oberflächenstrukturelle Nähe und Ferne von Sprachenpaaren untersucht und auch von einer „équation de traduction" spricht, heißt frz. *équivalence* aber die Übersetzungsprozedur des Ersetzens einer ausgangssprachlichen Situation durch eine kommunikativ vergleichbare zielsprachliche Situation (s. Kap. 5.1). Es steht damit neben *adaptation* als der Kompensation von soziokulturellen Unterschieden in den beiden Sprachgemeinschaften. In ähnlicher Weise ist bei NEWMARK (s. Kap. 5.3) das e. *equivalent* nicht Bezeichnung für eine Bedeutungsgleichheit, sondern es benennt eine Übersetzungsprozedur, wie z. B. „cultural equivalent", „functional equivalent" oder „descriptive equivalent", wenn es um die Kompensation kultureller Differenzen geht. Eine „translation equivalence" im Sinne von übersetzungskritisch absicherbarer Übereinstimmung gibt es seines Erachtens nur bei den außersprachlichen universellen Gegenständen, und in geringerem Maße auf der Ebene einzelner Substantive und Verben, nicht jedoch bei Texten. Demgegenüber sind bei CATFORD (s. Kap. 4.4) die „translation equivalents" nur dann sprachlich austauschbare Textelemente, wenn sie in einer vergleichbaren Situation funktionieren. Hier geht es nicht um inhaltliche Gleichheit. HOUSE (s. Kap. 4.5) versteht unter „Äquivalenz" die Identitätsrelation zwischen den Texten auf allen linguistischen Ebenen.

Im Bereich der linguistischen Übersetzungswissenschaft hat v. a. NIDAS Postulat der „dynamic equivalence" Furore gemacht (s. Kap. 6.2). Er verwendet den in der englischen Gemeinsprache unscharfen Ausdruck *equivalence*, der hier quantitativ relativierend die Bedeutung *of similar significance* (Oxford English Dictionary) hat, und daher nicht mit „dynamischer Äquivalenz" übersetzt werden sollte.[86] Hier geht es um die funktionale Anpassung der in ihrem Inhalt unverfälschten Botschaft an zielkulturelle Vorstellungen. Solche „Gleichwertigkeit" ist also die eher abstrakte Forderung nach natürlicher Ausdrucksweise und Verständlichkeit, während das „closest natural equivalent" auf lexikalisch-syntaktischer Ebene die größtmögliche Nähe hinsichtlich Sinn und Stil verlangt. Hier gehen formal viele Ähnlichkeiten verloren. Sprachliche Verfahren der Texttransformation zur Erzielung von Äquivalenz diskutiert SCHREIBER (1993).

Von KOLLER wird dann der Begriff „Äquivalenz" noch umgedeutet und erweitert zu „Äquivalenzforderungen normativer Art" auf der Textebene. „Äquivalenz" soll dabei keine absolute Forderung sein, es gibt sie nur im Zusammenhang mit einer Übersetzungsbeziehung. Problematisch ist diese Terminuswahl deshalb, weil im Deutschen „Äquivalenz" nur die eineindeutige Zuordnung meint, sodass der Begriff außerhalb der Maschinellen Übersetzung fast wie selbstverständlich mit „Gleichwertigkeit" identifiziert wurde. KOLLERS normative Aussage kennt fünf Bezugsrahmen, unter denen dann auf der Ebene einzel-

---

[86] Diese Übersetzung wurde jedoch von WILSS (1977:349) und KOLLER (1992:44 et passim) in die Diskussion eingeführt. Die deutsche Ausgabe des Buches von NIDA/TABER (1969) spricht dagegen stets von „Entsprechung" oder „Gleichwertigkeit".

ner Übersetzungseinheiten (Wort, Satz, Text) bestimmte „potentielle Äquivalente" objektivierbar werden sollen.

Insgesamt wird deutlich, dass „Äquivalenz" in der Literatur meist eine eher abstrakte Forderung nach Gleichheit bestimmter Aspekte in der Textvorlage und der Übersetzung meint, wobei das ungeklärte Verhältnis zwischen Textganzem und einzelnen Übersetzungseinheiten ein inhärentes Problem darstellt. Dagegen werden als „Äquivalente" diejenigen syntaktischen Elemente bezeichnet, mit denen jene Gleichwertigkeit realisiert wird. Diese Unterschiede sind im weiteren Verlauf der übersetzungswissenschaftlichen Diskussion nicht immer genau beachtet worden, etwa wenn manche Autoren pauschal forderten, eine „Übersetzung müsse zu ihrem Original äquivalent" sein[87], oder aber betonten, die Äquivalenz sei „eine Illusion" (SNELL-HORNBY 1986:14).

Weil all dies wiederum wenig aussagekräftig ist, wurde der Äquivalenzbegriff ständig verändert. Es traten andere Begriffswörter auf wie *Angemessenheit, Adäquatheit, Gleichwertigkeit, Übereinstimmung, Korrespondenz, sinngemäße Entsprechung, Wirkungsgleichheit* usw. Abschließend ist festzuhalten, dass „Äquivalenz" eine Relation zwischen AS- und ZS-Text bezeichnet, die nur übersetzungskritisch, d. h. am konkreten Textbeispiel, festgestellt werden kann. Man kann nicht „äquivalent übersetzen", sondern ein Zieltext kann (jeweils nur hinsichtlich bestimmter Textebenen!) als einem Ausgangstext äquivalent gelten. Die einzelnen Elemente auf den verschiedenen Ebenen können aufgrund der Verschiedenheiten der Sprachen und Kulturen in den meisten Fällen nicht invariant und nicht alle zugleich äquivalent gehalten werden.

KOMMENTAR

NIDA hat aufgrund der missionarischen Ausrichtung der Bibelübersetzung erstmals die Einstellung auf die anvisierten Empfänger der Übersetzung als außersprachliches Element ins Spiel gebracht. Seine Darstellung legt allerdings den Schwerpunkt auf die Ausgangstextanalyse und hier besonders auf syntaktische Bedeutungen. So beschränkt sich das Problem der Äquivalenz auf die Wahrung von Inhalts- und Wirkungsgleichheit im Bereich syntaktischer Bedeutungen. KOLLERS Ansatz steht demgegenüber den Vorstellungen der sprachenpaarbezogenen Übersetzungswissenschaft näher. Am ausführlichsten ist seine Darstellung bezüglich der denotativen Äquivalenz, und hier werden teilweise ähnliche „Übersetzungsverfahren" vorgeschlagen wie bei den „Übersetzungsprozeduren" der Stylistique comparée, z. B. bei einer lexikalischen Lücke.

Mit dem Ansatz von fünf Äquivalenzforderungen wird die Perspektive auf ein Textganzes angedeutet, jedoch bezieht sich die Beispieldiskussion meist nur auf Wörter und Sätze. Ein größerer Teil der normativen Äquivalenzforderungen bleibt bloße Forderung. Es wird nicht gezeigt, wie eine „Hierarchie der in der Übersetzung zu erhaltenden Werte" konkret aussieht. So bleibt bei

---

[87] Nach wie vor wird diese Auffassung von einzelnen Autoren vertreten, wie etwa von D. LEHMANN: „Jede Übersetzung wird beanspruchen, ihrem Original äquivalent zu sein" (S. 288). Vgl. D. LEHMANN (1981): „Aspekte der Übersetzungsäquivalenz". In: *Kontrastive Linguistik und Übersetzungswissenschaft*. Hrsg. v. W. KÜHLWEIN/G. THOME/W. WILSS. München 1981, 288-299.

vielem, was als „Aufgabe der Übersetzungswissenschaft" postuliert wird, die Möglichkeit konkreter Forschungsergebnisse zweifelhaft. Insgesamt ist festzuhalten, dass der Begriff „Äquivalenz" in zahlreichen unterschiedlichen Bedeutungen verwendet wird. Angemessen lässt er sich allenfalls zur Bezeichnung einer Gleichwertigkeit bestimmter Aspekte in Text und Übersetzung verwenden, die in der Übersetzungskritik festgestellt werden kann.

LEKTÜREHINWEISE

Werner KOLLER (1992, ⁷2004): *Einführung in die Übersetzungswissenschaft.* Heidelberg; besonders Kapitel 2.3.
Eugene A. NIDA (1964): *Toward a Science of Translating. With Special Reference to Principles and Procedures Involved in Bible Translating.* Leiden.
Eugene A. NIDA/Charles R. TABER (1969): *Theorie und Praxis des Übersetzens, unter besonderer Berücksichtigung der Bibelübersetzung.* Weltbund der Bibelgesellschaften.
Michael SCHREIBER (1993): *Übersetzung und Bearbeitung. Zur Differenzierung und Abgrenzung des Übersetzungsbegriffs.* Tübingen.

7 Textlinguistik und übersetzungsrelevante Texttypologie

> *Die Textlinguistik hat Methoden zur Beschreibung von Textkohärenz entwickelt sowie textexterne und -interne Merkmale von Textsorten benannt, deren kontrastiver Vergleich beim Übersetzen wichtig ist. Als übersetzungsrelevant unterscheidet Reiß den informativen, den expressiven und den operativen Texttyp, Koller die Textgattung Fiktivtexte neben den Sachtexten, die jeweils eine eigene Übersetzungsmethode bedingen sollen. Gerzymisch-Arbogast hat eine Methode des wissenschaftlichen Übersetzens entwickelt.*

7.1 Textkonstitution durch Satzverknüpfung (Harweg)

In den 70er Jahren wandte sich die Linguistik verstärkt satzübergreifenden Strukturen zu, es entstand die Textlinguistik. Und spätestens seit NIDAS Bibelübersetzungen (s. Kap. 6.1) wurde die Aufmerksamkeit darauf gelenkt, dass beim Übersetzen nicht Wörter und Sätze übertragen werden, sondern ganze Texte. Es liegt daher nahe, dass Übersetzungstheorien sich einer textorientierten Perspektive öffnen. Die Textlinguistik fragt nach den Grundbedingungen der Textkonstitution, also nach „den Prinzipien des Textaufbaus und der Textkohärenz, sowie der Textfunktion und Textwirkung" (LEWANDOWSKI 1975c:755). Da seit NIDA eine „Textanalyse" als unverzichtbare Voraussetzung des Übersetzens gilt, ist es notwendig, textlinguistische Methoden für das Übersetzen fruchtbar zu machen. Einige traditionelle textlinguistische Ansätze sollen deshalb kurz vorgestellt und ihre Anwendbarkeit in der Übersetzungswissenschaft aufgezeigt werden. Der „Text" als Forschungsgegenstand wird unterschiedlich definiert[88]:

> **Text** (zu lat *textus* = Geflecht, Zusammenhang; von lat. *texere* = flechten, zusammenfügen (zu gr. Tékton = Baumeister)) > der eigentliche Wortlaut einer Schrift im Gegensatz zu den Anmerkungen (Glossen, Marginalien, Kommentare); der genaue Wortlaut oder der Wortlaut im Unterschied z.B. zur Illustration [eines Buches], zur Melodie [eines Liedes]; auch Schriftwerk überhaupt.
>
> > in der Sprachwissenschaft die hierarchisch an höchster Stelle (also über dem Satz) einzuordnende sprachl. Einheit, charakterisiert durch das gebundene und sinnvolle Vorkommen von Sprachelementen. T. kann unter verschiedenen Aspekten definiert werden. Je nach Eingrenzung und Bestimmung soll T. die Gesamtheit der in einer Sprache vorliegenden Äußerungen umfassen, oder alle Äußerungen einer Person bzw. die jeweils abgeschlossenen Teilmengen davon. T. kann die Gesamtmenge der in einer Interaktion, einem Kommunikationsakt auftretenden kommunikativen Signale oder Zeichen sein. Oder T. wird defi-

---

[88] Vgl. die Darstellung nach *Meyers Enzyklopädisches Lexikon* (1979::367f).

niert als eine kohärente Folge von Sätzen, eine zweckgerecht geordnete Menge sprachl. Einheiten. Für eine T.analyse werden begrenzte T. benötigt, z.B. solche, bei denen die Grenzen durch Veränderungen in der pragmat. Interaktion der den T. produzierenden und rezipierenden Personen, etwa dem Wechsel der Sprecher- und Hörerrolle, markiert sind, oder durch typograph. (z.B. Absatz) bzw. substantielle (z.B. Buchdeckel) Kennzeichen ausgegrenzte Texte. Der Linguist bemüht sich um das Aufdecken der abstrakten Regularitäten, die einen in einer bestimmten Situation geäußerten Ein-Wort-T., z.B. „Hilfe!", oder eine Folge von Sätzen als T. ausweisen, der Literaturwissenschaftler hingegen versucht dessen mögliche sekundäre Strukturiertheit auf der Ebene der künstler., der ästhet. Organisation aufzuzeigen. (...)

Die Textlinguistik sieht, aufbauend auf der Semiotik (s. Kap. 3.2), den Text als komplexes sprachliches Zeichen. Als Kommunikationseinheit ist er das originäre Sprachzeichen, und Buchteile, Kapitel, Sektionen, Paragraphen, Sätze, Wörter usw. sind als Textsegmente zu betrachten, die stets in Relation zum Gesamttext gesehen werden.

Das komplexe (Text-)Zeichen wie das einfache sprachliche Zeichen hat drei semiotische Dimensionen: eine syntaktische als Relation der Zeichen untereinander in ihrer Verknüpfung, eine semantische, in der die Relation zwischen Zeichen und Bedeutung ausgedrückt ist, und eine pragmatische, in der sich die Zeichen-Sender/Empfänger-Relation spiegelt (s. Kap. 3.3).

Alle drei Dimensionen können auf Wort-, Satz- und Textebene relevant werden; so wird innerhalb der *syntaktischen Dimension* von Syntagmatik (Wortgruppen unterhalb der Satzgrenze), von Syntax (auf Satz- und Gefügeebene), und von Textsyntax (Gliederung) gesprochen, innerhalb der *semantischen Dimension* von Wortbedeutung (s. Kap. 3.5), Satz- und Textbedeutung, und innerhalb der *pragmatischen Dimension* von Wort- (Konnotationen), Satz- und Textpragmatik. Zur Textpragmatik gehört auch die außersprachliche Situation. Die Textlinguistik als Wissenschaft von der sprachlichen Konstitution von Texten hat so die Satzgrenze überschritten, um satzübergreifende Strukturen innerhalb der Texte zu untersuchen. Dies hat auch Auswirkungen für die Übersetzungswissenschaft im Blick auf den alten Streit um die „(Un)übersetzbarkeit" (s. Kap. 2.6).

Einen hervorragenden Überblick über „linguistische Textmodelle" vermittelt das Buch von Elisabeth GÜLICH und Wolfgang RAIBLE (1977), man vergleiche auch Heinz VATER (1992). In der Textlinguistik ist die Vorstellung weit verbreitet, ein Text sei syntaktisch eine Folge von Sätzen und eine genaue Untersuchung von deren Verknüpfungsregeln führe zu einer Beschreibung der Textkonstitution. Diese Auffassung steht in der Tradition der Generativen Grammatik (s. Kap. 3.4). In diesem Sinne lassen sich auf der Textebene viele Gesetzmäßigkeiten feststellen, die auch zu texttheoretischer Modellbildung geführt haben. Die Zielsetzung der linguistischen Textmodelle ist somit die Erforschung der Erzeugungsbedingungen wohlgeformter Texte, wozu heuristisch die Analyse konkreter einzelner Textvorkommen verwendet wird.

Aufgrund der Annahme, dass die Texterzeugung modellhaft beschrieben werden kann, schien es der linguistischen Übersetzungswissenschaft zunächst möglich, solche Verfahren auch beim „interlingualen Transfer" anzuwenden;

man vergleiche hierzu die „semiotische Textanalyse" bei WILSS (s. Kap. 4.6). Während dessen Erörterungen v.a. um den Entwurf eines Transfermodells kreisen, werden bei anderen Autoren – ausgehend vom einzelnen zu übersetzenden Text – bestimmte textlinguistische Analyseverfahren übernommen, wie im Folgenden gezeigt wird.

Roland HARWEG (1968) hat die grundlegende Bedeutung der Verknüpfung als generell textbildendem Prinzip in die Diskussion gebracht, und es ist sein Verdienst, umfassend dargelegt zu haben, welche Möglichkeiten der Satzverkettung durch syntagmatische Substitution überhaupt vorhanden sind. Er geht von der lückenlosen Ersetzung vorhergehender durch nachfolgende sprachliche Elemente in der Abfolge des Textes aus. Alle Sätze müssen „auf irgendeine – explizite oder implizite – Weise im Sinne syntagmatischer Substitution miteinander verkettet" sein (HARWEG 1968:148). Beispiel:

> Es war einmal *ein* König.
> *Der* hatte drei Töchter.
> *Die Töchter (Sie)* hießen ...

Die Funktion des bestimmten Artikels ist es, (anaphorisch) auf Genanntes zurückzuverweisen, während der unbestimmte Artikel (kataphorisch) auf Nachinformation im Text vorausweist. Unter „Textdelimitation ist die Bestimmung der Grenzen, d.h. die Bestimmung von Anfang und Ende eines Textes-als-Element-im-Textkosmos zu verstehen" (HARWEG 1968:151). Enthält ein Satz nur Substituenda – wie etwa der Satz „Es war einmal ein König" –, so *delimitiert* dieser Satz den Text: Da er nur Substituenda enthält und somit selbst nichts substituiert, würde nichts in einem solchen Satz auf vorhergehende Sätze verweisen. Solche Sätze sind 'Textanfangssätze'. Das Gegenstück, ein expliziter Schlusssatz, ist auf diese Weise aber nicht zu bestimmen. Denn jeder Satz, der nur Substituentia enthält („Die drei Königstöchter liebten ihren Vater über alles in der Welt") kann offensichtlich weitere Nachfolgesätze haben.

Komplementär zu dieser Texterzeugung „von links nach rechts" findet sich bei HARWEG noch eine Erzeugungsform „von oben nach unten", die der Berücksichtigung der hierarchischen Makrostruktur des Textes entspricht. Er verweist speziell auf zwei Arten von „Hierarchiebildung" (im Sinne von Absatz- und Kapitelbildung), die wiederum durch das Mittel der Substitution erreicht werden können: Im ersten Fall bezieht sich das Substituens über einige vorhergehende Sätze hinweg auf ein relativ entfernt liegendes Substituendum (zum Beispiel kann von dem König, in dem in Satz 1 und 2 eines Märchens die Rede war, erst wieder in Satz 20 die Rede sein); im zweiten wird eine ganze Anzahl von Vorgängersätzen durch ein Substituens zusammengefasst (z. B. durch Substituentia wie 'diese Handlungen, Ereignisse, Aussagen' usw.). In der Literaturwissenschaft bezeichnet man dies auch als „Längsachsen", wenn sich darin eine auffällige Struktur erkennen lässt.[89] Bei Texten mit relativ fester Makro-

---

[89] Vgl. Armin Paul FRANK (1988): „'Längsachsen': Ein in der Textlinguistik vernachlässigtes Problem der literarischen Übersetzung." In: R. ARNTZ (Hrsg.) (1988): *Textlinguistik und Fachsprache. Akten des internationalen übersetzungswissenschaftlichen AILA-Symposions in Hildesheim 13..-16. April 1987*, Hildesheim/Zürich/New York: Olms, 485-497.

struktur kann angegeben werden, mit welchem Textelement der Text beginnt bzw. endet.

Während die formal-grammatische Ebene die *Kohäsion*, den sprachlichen Zusammenhalt von Texten bestimmt, hängt deren *Kohärenz* vom inhaltlich-logischen Zusammenhang ab. Kohärenz und Kohäsion können unabhängig voneinander im Text vorliegen. Fehlende Kohärenz führt jedoch dazu, dass die entsprechenden sprachlichen Gebilde nur eingeschränkt als Texte (defekte Texte) bezeichnet werden.[90]

7.2 Sprachspezifische Unterschiede der Syntax

Im Anschluss an HARWEG wurden in der Textlinguistik von verschiedenen Autoren wichtige Elemente der Textanalyse zusammengetragen, wie Satzeröffnungen, Satzendsignale, Enumeratoren, adversative, additive, konzessive, kausale, temporale Modalwörter, Arten der Konjunktionen usw., mit denen sich der sprachliche Zusammenhang von Texten linguistisch beschreiben und einzelsprachspezifische Unterschiede erforschen lassen. Die Berücksichtigung syntaktischer Strukturen auf der Textebene ist ja für das Übersetzen wichtig, denn die Binnenstruktur eines Textes im Blick auf Bedeutungsrelationen zwischen Sätzen ist die Voraussetzung für das Erfassen des Inhalts. Während NIDA v.a. die inhärente Bedeutung von Syntagmen untersucht hatte (s. Kap. 6.2), wird nun auf die logische Relation zwischen Satzteilen hingewiesen.

Empirisch beobachtbare Übersetzungsprobleme können textlinguistisch erläutert werden. So liegt das bekannte Problem bei der Übersetzung der englischen Partizipialkonstruktionen beispielsweise darin, dass die jeweilige logische Relation zum Bezugssatz nur impliziert ist, im Deutschen muss dagegen ein Nebensatz gebildet werden, der sie explizit macht. Man vergleiche an dieser Stelle auch WILSS' Überlegungen zur Schemabasierung des übersetzerischen Transfers (s. Kap. 4.7). Außerdem gibt es hier stilistische Unterschiede zwischen den Sprachen. Die Sinnpräzisierung erfolgt anhand des umgebenden Kontexts. Sätze können beim Übersetzen nicht isoliert betrachtet werden (vgl. dagegen die Beispieldiskussion in der *Stylistique comparée*, Kap. 5.1).

> **Formal sehr ähnlichen Sätzen liegen oft ganz verschiedenartige Bedeutungsrelationen zugrunde**, wie HÖNIG/KUßMAUL (1982:106f) darstellen:
>
> (1a) *Having finished his book he emptied his glass and went to bed.* (temporal)
> (1b) *Nachdem er sein Buch ausgelesen hatte, leerte er sein Glas und ging zu Bett.*
> (2a) *Having forgotten his book he went home and fetched it.* (kausal)
> (2b) *Da er sein Buch vergessen hatte, ging er nach Hause und holte es.*

---

[90] Allerdings können auch kohäsionslose „Quasi-Texte", z. B. technische Stücklisten, vorkommen, deren inhaltliche Kohärenz durch den gemeinsamen Bezug des Bestellauftrags gegeben ist. – Andererseits kann nicht-kohärenten Sätzen durch eine passende Überschrift Kohärenz verliehen werden: „An der Bushaltestelle hat sich schon wieder eine lange Schlange gebildet. Das muss ich unbedingt reparieren lassen. Hoffentlich kommt er bald aus den Staaten zurück." Diese drei Sätze wirken inkohärent. Wird ihnen jedoch die Überschrift vorangestellt: „Was mir heute morgen alles durch den Kopf gegangen ist", so erhalten sie einen Zusammenhang.

Sprachspezifische Unterschiede der Syntax

> Bei der sprachlichen Darstellung **logischer Relationen** wie kopulativ, temporal, modal, kausal, instrumental, attributiv usw. gibt es syntaktische Varianten. Eine Zeitbeziehung kann im Englischen z.B. wie folgt zum Ausdruck gebracht werden:
>
> (3a) *After he had completed his work he went home.*
> (3b) *After the completion of his work he went home.*
> (3c) *Having completed his work he went home.*
>
> Im Deutschen gibt es dafür folgende Möglichkeiten:
>
> (3d) *Nachdem er seine Arbeit beendet hatte, ging er nach Hause.* (stilistisch neutral)
> (3e) *Nach Beendigung seiner Arbeit ging er nach Hause.* (formell)
>
> Unidiomatisch wäre dagegen:
>
> (3f) **Seine Arbeit beendet habend, ging er nach Hause.*
>
> Zum **erweiterten Partizip Perfekt aktiv** gibt es im Deutschen keine formale Entsprechung. Außerdem sind im Deutschen das **erweiterte Partizip Präsens** und das **erweiterte Partizip Perfekt Passiv** sowie das **erweiterte Partizip Perfekt Aktiv** in elliptischer Form stilistisch markiert, während die englischen Partizipien neutral sind. Man vergleiche folgendes Beispiel:
>
> (4a) *A voice, like a stone flung into a window, cracked the silence.*
> (4b) *Wie ein Stein, geworfen in ein Fenster, unterbrach eine Stimme jäh die Stille.* (wirkt poetisch)
> (Vgl. die Darstellung nach HÖNIG/KUẞMAUL 1982:106f).

Syntaxtheoretische Beschreibungsmodelle können sprachenpaarspezifische Unterschiede aufzeigen. Die Untersuchung der Stellung eines Satzgliedes im Hinblick auf seine adäquate Übersetzung in eine andere Sprache hat auch die kommunikative Motivation zu berücksichtigen, weil eine scharfe Trennung zwischen dem reinen Satzbau (Syntax) und den ihm zu Grunde liegenden Bedeutungsrelationen und -markierungen (Semantik) beim Übersetzen nicht möglich ist. Den Übersetzer interessieren syntaktische Strukturen vor allem als Träger einer Mitteilung. Das Deutsche gilt als eine Sprache mit einer relativ freien Syntax.[91] Die Anordnung der Satzteile im deutschen Hauptsatz ist, etwa im Verhältnis zur englischen Syntax, permissiv: *(1) Andreas liebt Petra. / (2) Die Petra liebt Andreas.*

---

[91] Wenn man die modernen Sprachen mit den klassischen vergleicht, bemerkt man, dass erstere eine strenger geregelte Wortstellung aufweisen als letztere. Durch diese striktere Regelung werden heute syntaktische Verhältnisse zum Ausdruck gebracht, die früher durch Flexionsformen gekennzeichnet waren: „Wohl [...] läßt sich sagen, daß die größere Freiheit, deren sich die klassischen Sprachen in ihrer höchsten literarischen Entfaltung namentlich auf dem Gebiet der Auseinanderreißung syntaktisch zusammengehöriger Wörter erfreuen (z. B. *tantam ingenuit animantibus conseruandi sui natura custodiam,* Cic. n. d. II 124), solchen Umfang nur angenommen hat, weil die Flexion trotz des räumlichen Abstandes die Zusammengehörigkeit charakterisierte. Und weiter, daß die festere Wortstellung der jüngeren Sprachperioden de facto eine so gute Ausdrucksweise für die syntaktischen Funktionen geschaffen hat, daß der Verlust der Flexionen keinen Schaden für die Deutlichkeit mit sich brachte." (Ferdinand SOMMER, *Vergleichende Syntax der Schulsprachen (Deutsch, Englisch, Französisch, Griechisch, Lateinisch) mit besonderer Berücksichtigung des Deutschen,* Darmstadt: Wissenschaftliche Buchgesellschaft, [6]1989, S. 118). - Zusammenfassend lässt sich behaupten, dass folgender Grundsatz Gültigkeit beanspruchen kann: Je weniger Flexion, desto starrer die Wortfolge. Mit seiner ziemlich freien Wortstellung weist aber das Deutsche Ähnlichkeiten mit den klassischen Sprachen auf.

Die Hauptsatzstellung im Deutschen sieht freilich eine wichtige Restriktion vor: Das finite Verb steht immer an zweiter Stelle. Das bedeutet aber nicht, dass der prädikative Teil des Verbs immer das jeweils zweite Wort im Satz bildet. Theoretisch kann vor dem Finitum eine unbegrenzte Anzahl von Wörtern stehen. Praktisch aber wird diese Anzahl durch die Forderung nach Verständlichkeit des Satzes und durch die Grenzen des Kurzzeitgedächtnisses von Sprachbenutzern eingeschränkt. Eine weitere Restriktion für diesen Teil des Satzes ist syntaktischer Natur: Diejenigen Wörter, die vor dem finiten Verb stehen, dürfen zusammen nicht mehr als ein Satzglied bilden.

> **Das Deutsche lässt sogar zu, dass ein Satzteil auch durch ganze Sätze repräsentiert sein kann:**
>
> (3) Er — *singt* — ein schönes Lied.
> (4) Nett — *waren* — Sie damals nicht.
> (5) Vor einem Jahrhundert — *war* — unsere Umwelt viel sauberer.
> (6) Ein Wald von prächtigen Buchen — *konnte* — in der Ferne gesehen werden.
> (7) Meiner Tante, die ich so nett finde, — *schicke* — ich heute ein Geschenk.
> (8) Wenn der Frühling kommt, — *herrscht* — eine gute Stimmung.
>
> Die angeführten Beispiele zeigen, dass die Erstposition (vor dem Prädikat) im Deutschen von verschiedenen Satzgliedern eingenommen werden kann: ein Subjekt (3), ein Prädikativum (4), eine Adverbialbestimmung (5), ein Objekt (6). Die Reihenfolge Subjekt-Prädikat ist also im Deutschen keineswegs die natürliche oder üblichste Stellung. In vielen anderen Sprachen (darunter auch im Englischen oder im Französischen) ist die Subjekt-Prädikat-Folge dagegen durch die grammatische Funktion der Elemente verbindlich festgelegt (S – P – O).

Die Wortstellungsfreiheit ergibt auch innerhalb eines Satzes eine große Variation der möglichen Abfolge der Satzglieder. Doch auch wenn deren Stellung auf formalem Niveau sehr frei ist, sind sie doch inhaltlich gesehen nicht völlig beliebig. Die Veränderung ihrer Stellung im Satz führt nämlich jeweils zu einer Verschiebung des Satzakzentes. Das heißt, dass diese Veränderung nicht rein syntaktischer Art ist, denn auch pragmatisch-kommunikative Faktoren der Betonung spielen dabei eine Rolle. Für dieses Phänomen der emphatischen Hervorhebung bestimmter Satzglieder durch ihre Frontstellung im Satz wurde der Begriff der Markiertheit geprägt.[92]

Es bereitet Schwierigkeiten bei der Übersetzung aus dem Deutschen ins Englische, wenn die deutschen Sätze eine von S-P-O stark abweichende Wortstellung aufweisen, aber der englische Satz trotzdem mit dem Subjekt anfangen muss. Der Übersetzer muss dann darauf achten, dass die Initialstellung bestimmter Satzglieder im Deutschen emotional bedingt ist und versuchen, diese Markierung mit den Mitteln der englischen Sprache zum Ausdruck zu bringen.

Die Besetzung der Erststelle im Satz ist in erster Linie textlinguistisch motiviert, indem dadurch oft auf bereits Erwähntes im Text verwiesen wird. Im Deutschen kann diese Erststelle im Satz grundsätzlich durch jedes Satzglied

---

[92] Für eine breite Diskussion über die Möglichkeiten einer Unterscheidung zwischen betonter und unbetonter Reihenfolge der deutschen Satzglieder sei hier verwiesen auf Tilmann HÖHLE (1982): „Explikation für ‚normale Betonung' und ‚normale Wortstellung'". In: W. ABRAHAM (Hrsg.): *Satzglieder im Deutschen*. Tübingen: Narr (Studien zur deutschen Grammatik 15), S. 75-153.

besetzt werden, während die Besetzung der Erststelle im zusammengesetzten Satz durch Satzglieder des untergeordneten Satzes, „Satzverschränkung" genannt, recht unüblich ist. Sie hat jedoch in anderen Sprachen einen größeren Stellenwert, was zu Übersetzungsschwierigkeiten führen kann,[93] vgl.:

> en. *The issue that I regretted that I had ever discussed,...*
> fr. *Le livre que Jean m'a dit que Paul a écrit,*
> no. *Dette vet jeg ikke om er riktig* ('das weiß ich nicht ob richtig ist')
> (KVAM 1998:54).

Ein Verschieben wichtiger anaphorischer Elemente im Text würde die thematische Entfaltung in der Übersetzung beeinträchtigen. Dies wird insbesondere mit „funktionalen Satzperspektive" untersucht (siehe weiter unten).

7.3 Gliederungssignale in Texten (Gülich/Raible)

Die syntagmatische Substitution über größere Textsegmente hinweg (s. Kap. 7.1) führt uns zur makrostrukturellen Textanalyse. GÜLICH/RAIBLE (1977) verweisen auf textinterne Aspekte:

> Nach dieser Konzeption würde ein Text bzw. ein Textganzes aus Teilganzen (im Sinne der Gestalttheorie) bestehen, die als Sinneinheiten eine Funktion im Textganzen haben. (...) Textsorten wären dadurch zu charakterisieren, daß man die Art, die Abfolge und die Verknüpfung ihrer Teiltexte beschreibt (1977:53).

Wenn sich Texte nach Art und Verknüpfung ihrer Teiltexte beschreiben lassen, dann handelt es sich hier um textsyntaktische Invarianten, die vielleicht bestimmte Textsorten kennzeichnen. Die Strukturierung von Teiltexten geschieht mit Sprachelementen, welche die Makrostruktur eines Gesamttextes gliedern und direkt auf der Textebene nachweisbar sind. So meinen GÜLICH/RAIBLE, „daß es analog zu den hierarchisch gegliederten Teiltexten eine Hierarchie sog. Gliederungsmerkmale geben müßte, mit deren Hilfe sich die Teiltexte (formal) gegenseitig abgrenzen" (1977:54). Das Erkennen von textsortenspezifischen Invarianten und Gliederungssignalen im Text macht solche Texte durchsichtiger und verständlicher.[94] Für das Übersetzen interessant sind kontrastive Vergleiche von textsortentypischen Abschnittanfängen und syntaktischen Konnektoren, die in den Einzelsprachen verschieden sind.

> **Bei der Textsorte „Urteil" ist die Gliederung meistens standardisiert und daher ein wesentliches Erkennungsmerkmal für den Übersetzer:**
>
> *amerikanisches Urteil*   *franz./span. Urteil*
> 1. Urteilseingang   1. Urteilseingang
> 2. Verfahrensablauf   2. Tatbestand

---

[93] Vgl. Sigmund KVAM (1998): „Syntax." In: M. SNELL-HORNBY et al. (1998): *Handbuch Translation.* Tübingen: Stauffenburg, S. 53-56.
[94] GÜLICH/RAIBLE (1977) verweisen auf die klassische Gerichtsrede mit ihren kanonisierten Teiltexten von Einleitung, Erzählung, Beweis, Lächerlichmachung gegnerischer Positionen und Schluss (vgl. 1977:54).

> 3. Text Zwischenurteil
> 4. Urteilsformel (oft formularisch)
>
> 3. Rechtsverweis mit Entscheidungsgründen
> 4. Urteilsformel
>
> *deutsches Urteil*
> 1. Urteilseingang
> 2. Urteilsformel
> 3. Tatbestand
> 4. Entscheidungsgründe
>
> *italienisches Urteil*
> 1. Urteilseingang
> 2. Schlussanträge
> 3. Verfahrensablauf (Instruktionsverfahren)
> 5. Urteilsformel
>
> Diese historisch gewachsenen Unterschiede spiegeln den Verfahrensablauf und die Argumentationsstruktur wider. Während im deutschen Urteil Tatbestand und Entscheidungsgründe als Begründung dem Tenor folgen, erscheint in den romanischen Urteilen die Entscheidung als Folge aus den Entscheidungsgründen.

Ein zentrales Interesse der Textlinguistik besteht eben darin, die Beobachtung verschiedenartiger Textstrukturen für die linguistische Abgrenzung von Textsorten fruchtbar zu machen. Aus der generellen Situationsgebundenheit von Texten resultiert dabei das Ziel der Textlinguistik, situationsspezifische Texterzeugungsmodelle zu erstellen. Demgegenüber strebt die Übersetzungswissenschaft eine Texttypologie an, um daraus bestimmte Übersetzungsprinzipien ableiten zu können. Es ist ja eine Erfahrungstatsache, dass verschiedene Textsorten im Übersetzungsprozess unterschiedlich behandelt werden. Die Textbestimmung geht hier vom Einzeltext aus und ordnet diesen aufgrund seiner Merkmale einer bestimmten Textsorte zu. Es mag an der Unterschiedlichkeit des Forschungsinteresses gelegen haben, dass beide Disziplinen lange Zeit relativ unabhängig voneinander gearbeitet haben. Erst später gab es Versuche, Ergebnisse des jeweils anderen Forschungszweigs zu berücksichtigen.

7.4 Übersetzungsorientierte Texttypologie (Reiß)

Besondere Resonanz in der übersetzungswissenschaftlichen Literatur hat die übersetzungsorientierte Texttypologie bei Katharina REIß gefunden. Der Grundgedanke ist dabei, dass die Struktur des Textes die Übersetzung beeinflusst. REIß bewegt sich in ihrer Darstellung nicht mehr nur auf der syntaktisch-semantischen Ebene von Sätzen, sondern betrachtet Texte als größere Einheiten und liefert eine der Textsortenklassifikation vorgeschaltete, abstraktere Differenzierung von Texten. Bezugnehmend auf die drei kommunikativen Zeichenfunktionen des BÜHLERSCHEN Organon-Modells der Sprache (s. Kap. 3.2) – Bezeichnung, Ausdruck, Appell – definiert REIß (1971:31ff) zunächst drei Texttypen: den „inhaltsbetonten", den „formbetonten" und den „appellbetonten" Texttyp, die jeweils einen Einzeltext charakterisieren:

> Nun brauchen diese drei Funktionen nicht in jeder sprachlichen Äußerung qualitativ gleichrangig zu sein. In dem einen Text (oder Textabschnitt) mag die Darstellung überwiegen, der andere lebt von der Ausdrucksfunktion, wieder ein anderer ist vom Wesen her Appell an den Hörer oder Leser. Selbstverständlich wird nicht immer ein ganzer Text ausschließlich nur eine der Funktionen der Sprache widerspiegeln.

In der Praxis gibt es zahllose Überschneidungen und Mischformen. Doch läßt sich je nach dem *Übergewicht* der einen oder anderen Funktion der Sprache in einem gegebenen Text bereits eine Unterscheidung von drei Grundtypen rechtfertigen (1971:32).

Dann sind also unter „inhaltsbetonten Texten" solche zu verstehen, die das Hauptgewicht auf die Vermittlung von Inhalten, von Informationen legen, während bei den „formbetonten Texten" die sprachliche Form der natürlich auch vorhandenen Inhaltsvermittlung die dominierende Komponente bildet. Bei den „appellbetonten Texten" ist ein Hauptmerkmal die Erzielung außersprachlicher Effekte. So ergibt sich folgendes Schema der Zuordnung bei REIß (1971:33):

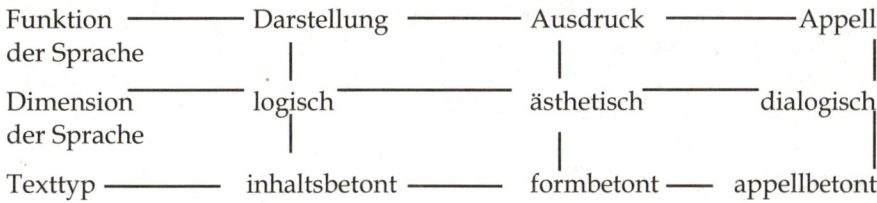

Als vierter Texttyp kommt dann noch der „audiomediale Text" hinzu, dessen Kennzeichen das „Angewiesensein auf außersprachliche (technische) Medien und nichtsprachliche Ausdrucksformen graphischer, akustischer und optischer Art" ist (REIß 1971:49).

Später verschiebt sich ihre Perspektive von BÜHLERS Sprachfunktion zur Textfunktion hin, und REIß arbeitet (1976) dann mit Hilfe empirischer, linguistischer und kommunikationstheoretischer Argumente ihre Texttypologie noch differenzierter aus, wobei den drei Grundtypen jeweils verschiedene Textsorten zugeteilt werden. Die weiter oben genannten, von der Textlinguistik entwickelten Beschreibungskriterien (s. Kap. 7.1) werden dabei aber nicht verwendet. Stattdessen wird stärker auf die Rolle des Autors und seine Intention abgehoben. Schon NIDA/TABER (1969) haben eine *informative*, *expressive* und *imperative* Funktion von Texten gesehen (s. Kap. 6.2). Bei einer Einteilung von Textvorkommen nach dieser Typologie ergibt sich etwa folgendes Bild (vgl. REIß 1976:19), wobei Überschneidungen nicht ausgeschlossen werden:

1) *Informativer Texttyp* (sachorientiert): Textsorten Bericht, Aufsatz, Urkunde, Gebrauchsanweisung, Kommentar, Sachbuch;

2) *Expressiver Texttyp* (senderorientiert): Textsorten Roman, Novelle, Lyrik, Schauspiel, Komödie, Lehrgedicht, Biographie;

3) *Operativer Texttyp* (verhaltensorientiert): Textsorten Predigt, Propaganda, Reklame, Demagogie, Pamphlet, Satire, Tendenzroman, Kommentar, usw.

REIß vertritt nun die Meinung, dass der Texttyp infolge seines je spezifischen Charakters über die zu wählende Übersetzungsmethode entscheide. Dabei soll die Textfunktion erhalten bleiben:

Aufgrund der Erkenntnis, daß in der Regel *informative* Texte in der Absicht übersetzt werden, die textimmanente Information an einen weiteren, zielsprachlichen Empfängerkreis zu vermitteln, *expressive* Texte in der Absicht, ein Sprach- oder Dichtkunstwerk auch zielsprachlichen Lesern zugänglich zu machen und *operative* Texte in der Absicht, gleichwertige Verhaltensimpulse bei zielsprachlichen Textempfängern auszulösen, werden also grundsätzlich Textfunktion und Übersetzungsfunktion gleichgesetzt (1976:23).

Die gewonnene „übersetzungsrelevante Texttypologie" wird so erklärt: 1) Das Kennzeichen des *informativen Texttyps* ist seine Sachorientiertheit, das Ziel der Übersetzung muss *Invarianz auf der Inhaltsebene* sein, die Übersetzung ist „schlicht-prosaisch". 2) Das Kennzeichen des *expressiven Texttyps* ist seine Senderorientiertheit, Übersetzungsziel ist die Analogie der *künstlerischen Gestaltung*, die Übersetzungsmethode ist „identifizierend". 3) Das Kennzeichen des *operativen Texttyps* ist seine Verhaltensorientiertheit. Angestrebt wird die *Identität des textimmanenten Appells* mit einer „adaptierenden" Übersetzungsmethode.

Es ergeben sich drei verschiedene Übersetzungsmethoden, die schematisch dargestellt werden (REIß 1976:20):

Texttyp	Textfunktion	Kennzeichen	Äquivalenz-Maßstab	Übersetzungs-Methode (Primärfunktion)
1. informativ	Vermittlung von Information	sachorientiert	Invarianz auf der Inhaltsebene	sachgerecht (= „schlicht-prosaisch")
2. expressiv	künstlerische Aussage	senderorientiert	Analogie der künstlerischen Gestaltung	autorgerecht (= „identifizierend")
3. operativ	Auslösung von Verhaltensimpulsen	verhaltensorientiert	Identität des textimmanenten Appells	appellgerecht (=„parodistisch" später: „adaptierend")
4. audiomedial	(1 - 3)	(1 - 3)	(1 - 3)	medien- bzw. verbundgerecht (=„suppletorisch")

Da die Texttypen zunächst funktional und nicht linguistisch definiert sind, führt REIß (1976:38-55) zur Beschreibung des „operativen Texttyps" nun eine reiche Fülle appellwirksamer Sprachelemente aus Werbe-, Propaganda- und missionarischen Texten an, „um festzustellen, wie die 'funktionsgemäßen' und 'funktionsgerechten' Zeichenmengen aussehen, die den *operativen* Text konstituieren" (1976:35).[95]

---

[95] Genannt werden für das Deutsche Besonderheiten der Wortbildung, der Wortwahl, des Satzbaus, der Sprachschicht, rhetorische Mittel, Suggestionen, der bewusste Einsatz des Fremdworts im Deutschen, Superlativstil, Slogans usw. Dies wird jedoch weder mit den Befunden in einer anderen Sprache kontrastiert noch durch linguistische Textaspekte wie Gliederung, Sprecher-

Die Dominanz des Empfängerbezugs beim appellbetonten Text und im operativen Texttyp bewirkt, dass der Übersetzer sich fragen muss, „ob dieselben sprachlichen Mittel in der ZS ihre Appellwirksamkeit behalten (...). Er kann nur prüfen, ob die textkonstituierenden und textspezifischen Merkmale des Textes bei einer bloßen Substitution der sprachlichen Elemente erhalten bleiben, oder ob andere Übersetzungsoperationen vorgenommen werden müssen" (1976:91f).

> Bei der Übersetzung operativer Texte bestimmen also die Techniken der *Modulation* und der *Adaptation* von einzelnen Übersetzungseinheiten primär die Übersetzungsmethode; und dies immer im Dienste der Erhaltung nicht in erster Linie der Information oder des expressiven Wertes, sondern im Dienste der Bewahrung des textimmanenten und sprachlich gestalteten Appells. Ohne Operationen dieser Art ist die Appellfunktion nicht zu erhalten (REIß 1976:101) (Unsere Hervorhebung).

Da sich als Übersetzungsmethode im Wesentlichen das ergibt, was die sprachenpaarbezogene Übersetzungswissenschaft auch an anderer Stelle beschrieben hat, bleibt der übersetzungstheoretische Ertrag dieses Modells begrenzt. Doch auch wenn sich aus dieser Texttypologie nicht unbedingt direkte Anweisungen zum Übersetzen ergeben, so ist sie ein geeignetes Instrument, um die Grundtendenz von Texten auf einfache Weise zu bezeichnen.

Ursprünglich war die REIßSCHE Texttypologie zum Zweck einer Definition von „Möglichkeiten und Grenzen der Übersetzungskritik" (1971) entwickelt worden. Der Übersetzungskritiker soll sein Urteil nicht willkürlich nach persönlichem Geschmack, sondern anhand des betreffenden Texttyps fundieren. Hernach kann er es noch mit einer „sprachlichen Kategorie" (innersprachliche Instruktionen) und einer „pragmatischen Kategorie" (außersprachliche Determinanten) erhärten. REIß äußert sich zur Übersetzung von Redensarten. Sie meint, dass es bei „inhaltsbetonten Texten"

> durchaus legitim ist, zum Beispiel Redensarten, Sprichwörter und Metaphern entweder inhaltlich-begrifflich oder mit analogen Sprachfiguren der Zielsprache wiederzugeben, (doch) gilt es bei formbetonten Texten, die in der Ausgangssprache übliche Redensart (bzw. das Sprichwort) in wörtlicher Übertragung und nur, wenn es dann unverständlich und befremdend wirken würde, mit einer in der Zielsprache üblichen Redensart (Sprichwort) wiederzugeben, die in der Ausgangssprache sprachübliche Metapher ebenso zu behandeln und eine vom Autor selbst geschaffene Metapher wortwörtlich zu übersetzen. Wird also zum Beispiel in einem englischen Text die Redensart *'a storm in a teacup'* verwendet, dann darf – sofern es sich um einen inhaltsbetonten Text handelt – eine rein begriffliche Übersetzung, etwa *'zuviel Aufhebens – unnötige Aufregung'* etc. als adäquat gelten. In einem formbetonten Text dagegen wäre als Äquivalent unbedingt ebenfalls – eine gleichermaßen übliche – Redensart, *'ein Sturm im Wasserglas'*, zu fordern. In einem appellbetonten Text könnte – je nach Kontext – vielleicht sogar die Wendung *'künstliche Aufregung'* als Übersetzung an-

---

perspektive, Tempora, Deixis, Konnexion etc. konkretisiert. Dies versucht dagegen HOUSE (1997) (s. Kap. 4.5).

gebracht sein, da das 'künstlich' stark affektiv wirkt (REIß 1971:43f). (Hervorhebungen von uns.)

Gegen diese Systematisierung wurde eingewendet, die Übertragung mit einer zielsprachlichen Redensart sei in jedem Text, gleich welchen Texttyps, angebracht, weil sonst „die unnötige Erzeugung eines Ungleichgewichts zwischen Original und Übersetzung im stilistischen Bereich" entstehen würde (SEGUÍ)[96]. Dies ist wohl richtig, doch ist auch zu bedenken, dass mit jenen Anweisungen eigentlich die Übersetzungskritik gemeint war, die zu wohlwollenden begründeten Urteilen finden sollte. So ist REIß' übersetzungsrelevante Texttypologie nicht präskriptiv als Anweisung zum Übersetzen zu verstehen, sondern vielmehr als deskriptiv im Sinne einer Beschreibung der möglichen übersetzerischen Reaktion auf Texte.

Von vielen Seiten wurde in sehr lebhafter Diskussion an dem Modell von REIß vor allem kritisiert, dass Texte in der Realität nicht immer eine so deutlich ausgeprägte Primärfunktion aufweisen, wie dies mit den drei Texttypen suggeriert wird.[97] Im Bereich der „innersprachlichen Instruktionen" wird teilweise Ähnliches diskutiert wie früher schon in der *Stylistique comparée*, auf die REIß selbst ja auch immer wieder ausdrücklich Bezug nimmt. Jedoch wurde damit insgesamt ein wesentlicher Beitrag zur sprachenpaarbezogenen Übersetzungsdidaktik im Deutschen geleistet. In dem Hinweis auf die außersprachlichen Determinanten werden kulturelle Unterschiede nicht explizit genannt, doch ist manches angelegt, was erst viel später fruchtbar weiterentwickelt wurde.

7.5 Übersetzungsrelevante Textgattungen (Koller)

In der 4. Auflage seiner „Einführung" unterscheidet Werner KOLLER (1992:272ff) „übersetzungsrelevante Textgattungen".[98] Im Gegensatz zur oben dargestellten Texttypologie von REIß und im Unterschied zu JUMPELT (vgl. Kap. 5.2) plädiert er dafür, „die zwei Haupt-Textkategorien *Fiktivtexte* und *Sachtexte* anzusetzen. (...) Es handelt sich dabei um eine *idealtypische* Unterscheidung, und jede der Hauptgattungen könnte unter Anwendung weiterer Kriterien kommunikativer,

---

[96] A. SEGUÍ (1990): „Zur Texttypologie von Katharina Reiß". In: *Lebende Sprachen* 2/1990, 49-53, hier S. 52.
[97] Wir lesen schon bei NIDA/TABER (1969:140): „Eines der speziellen Probleme für Übersetzer besteht darin, daß ein sehr hoher Prozentsatz beliebiger Bibeltexte verschiedene Arten der Redeform miteinander verbindet. Die sog. Darlegung ist weithin eine Verbindung von Beweisführung und Beschreibung; und ein Gespräch kann Erzählung, Beweisführung und Beschreibung enthalten, Dichtung kann Erzählung (epische Lyrik) oder Beweisführung (im Sinne von Belehrung) umfassen."
[98] Die Benennung trägt leider nicht sehr zur Klärung bei, da „Textgattung" eigentlich ein literaturwissenschaftlicher Terminus ist zur Unterscheidung der Gattungen Lyrik, Epik und Dramatik. Und eine „Textkategorie" kann unspezifisch jede sinnvolle Zusammenfassung von Texten bedeuten, wie auch „Textklasse". Aber KOLLER wollte sich hier wohl gegen die „Texttypen" von REIß absetzen. Seine Zweiteilung erinnert im übrigen an die SCHLEIERMACHERS, allerdings auf Wörter bezogene, von solchen, die Gegenstände bezeichnen und anderen, welche Gefühle erfassen (s. Kap. 2.2).

linguistischer und literarisch-ästhetischer Art weiter untergliedert werden" (1992:272).

KOLLER geht davon aus, dass zwischen Fiktivtexten und Sachtexten nicht nur graduelle, sondern „qualitative" Unterschiede bestehen, und er begründet dies im Sinne der Rezeptionsästhetik mit der Erwartungshaltung des Lesers, aus der sich für den Übersetzer bestimmte „Forderungen hinsichtlich der Übersetzungsäquivalenz" (1992:274) ergeben. Während als „fiktive Texte" vor allem die literarischen Texte angesehen werden, unterscheidet KOLLER drei Kategorien von Sachtexten:

> 1. Sachtexte, die überwiegend *allgemeinsprachlichen* Charakter haben und die primär der nicht-fachlichen Kommunikation dienen (d.h. *Gebrauchstexte* verschiedenster Art);
> 2. Sachtexte, die *allgemeinsprachlichen und fachsprachlichen* Charakter haben und die der fachlichen Kommunikation mit und unter Nicht-Fachleuten, zum Teil aber auch mit und unter Fachleuten dienen (Beispiel: populärwissenschaftliche Schriften, Einführungswerke in Fachgebiete) (= *Fachtexte im weiteren Sinne*);
> 3. Sachtexte, die spezifisch *fachsprachlichen* Charakter haben und die der Kommunikation unter Fachleuten und Spezialisten dienen (Beispiel: wissenschaftlich-technische Fachliteratur) (= *Fachtexte im engeren Sinne*)[99] (1992:274f).

Die Unterschiede zwischen den Texten werden mittels vier Kriterien erläutert:

1. *Das Kriterium der sozialen Sanktion bzw. der praktischen Folgen* besagt, dass eine Textveränderung in der literarischen Übersetzung für den Leser keine konkreten lebenspraktischen Folgen hat (auch wenn dies „höchst ärgerlich" ist) (1992:275). Anders bei den Sachtexten: Hier haben „Teilnahme bzw. Nicht-Teilnahme an der Sachkommunikation, richtiges, ungenaues oder falsches Verstehen soziale Folgen. Dabei kann es sich auch um *praktische* Folgen handeln, wenn wir beispielsweise an Bedienungsanleitungen denken" (ebd.:276); KOLLER belegt dies mit drei Beispielen.

2. *Das Kriterium der Fiktionalität* bezieht sich auf die künstliche Wirklichkeit in diesen Texten: „Aber diesen vom literarischen Text hergestellten Wirklichkeiten steht der Leser auf andere Weise gegenüber als den Inhalten von Sachtexten, (...) Der Sachtextübersetzer, der eine ‚Diskrepanz zwischen Text und Realität' feststellt, fühlt sich im allgemeinen verpflichtet, den Text zu korrigieren" (1992:278f). Beim literarischen Text dagegen gelten solche Abweichungen als gewollt und werden nicht korrigiert. Solches würde nämlich „eine den Leser bevormundende 'Verbesserung' des Originaltextes" bedeuten (ebd.:279). Während bei Sachtexten die denotative Äquivalenz oberstes Gewicht hat, steht bei literarischen Texten die konnotative Äquivalenz im Vordergrund. Vgl. dazu die

---

[99] Hier unterscheidet KOLLER drei „Untergruppen" (1992:275): (a) Fachtexte, die durch internationale Sprachnormung *mehrsprachig* terminologisiert sind, (b) solche, bei denen dies nur teilweise der Fall ist, woraus sich das „Problem der *übersetzungsbezogenen Terminologiearbeit*" ergibt, und (c) Fachtexte, „deren Wortschatz sich auf landesspezifische Sachverhalte bezieht, d. h. Fachtexte im juristischen, soziologischen, ökonomischen Bereich, die gebunden sind an institutionelle Verhältnisse in einem bestimmten Land. Bei diesen Texten stellt sich insbesondere das Problem der Wiedergabe *landeskonventioneller Elemente*".

„Formbetontheit" literarischer Texte als „Träger des künstlerischen Gestaltungswillens" nach REIß (1971:38).

3. *Das Kriterium der Ästhetizität* besagt, dass literarische Texte unter ästhetischem Aspekt rezipiert werden, und daher Abweichungen von sprachlich-stilistischen Formen als Stilmittel gelten. Für den Übersetzer ergibt sich dadurch die Notwendigkeit, solche „Sprachexperimente nachzuvollziehen" (1992:281) – man denke etwa an James Joyces „Ulysses". Zur Ästhetizität ist auch die latente Vieldeutigkeit literarischer Texte zu rechnen. In einem Sachtext dagegen wird abweichender Sprachgebrauch kaum mit dem Hinweis auf dessen Ästhetizität „entschuldigt". Fehler wirken hier vielmehr peinlich und unfreiwillig komisch. So soll der Übersetzer bei Sachtexten „nur die usuell für die betreffende Textkategorie gültigen Ausdrucksmöglichkeiten ausnutzen. Für die Sachtextübersetzung gilt die Forderung nach *sprachlich-stilistischer Adäquatheit"* (ebd.:286). Besonders wichtig ist hier neben grammatischer Korrektheit auch die eindeutige und klare Ausdrucksweise, so dass ggf. Verbesserungen am Original erforderlich sind.

4. *Intralinguistische, soziokulturelle und intertextuelle Bedeutungen* als viertes Kriterium bewirken nur einen „graduellen" Unterschied zwischen Fiktiv- und Sachtexten: *Intralinguistische Bedeutungen* ergeben sich z. B. als sprachliche Assoziationen „auf Grund phonetischer, graphematischer, morphologischer und lexikalischer Ähnlichkeiten" (ebd.:287). Dies wirkt sich „bei der Übersetzung dahingehend aus, daß die Wahrung poetischer Eigenschaften häufig nur unter Veränderung des Denotats möglich ist" (ebd.:288). *Soziokulturelle Bedeutungen* sind kulturspezifisch und im Text implizit mitgemeint. „Die Vermittlung von solchen soziokulturellen Bedeutungen ist – wenn überhaupt – oft nur in der Form von Kommentaren möglich" (ebd.:290). „*Intertextuelle Bedeutungen,* die einen literarischen Text einbetten in der literarischen Textwelt, ergeben sich durch unterschiedliche Techniken des (impliziten oder expliziten) inhaltlichen und formalen Anspielens auf andere (eigene oder fremde) Texte und Autoren" (ebd.:291). Auch hier ist eine Übersetzung oft kaum möglich.

Insgesamt erscheinen KOLLERS Ausführungen etwas zu kursorisch, um mehr zu sein als eine Erklärung zu den jeweils kurzen Beispieltexten. Bewusst gibt KOLLER kaum konkrete Hilfestellung für den Übersetzer:

> Grundsätzlich ist anzumerken, daß sich über die Legitimität kommentierender Übersetzungsverfahren *a priori* überhaupt nichts sagen läßt – wie sich denn die Übersetzungswissenschaft überhaupt hüten sollte, Anweisungen für die Praxis zu formulieren. Als empirische Wissenschaft sollte sie vielmehr die angewendeten Verfahren, ihre Funktionen, ihr Vorkommen und quantitative Verteilung in verschiedenen Textsorten, ausgehend von konkreten Übersetzungsfällen beschreiben (1992:271).

7.6 Aspektliste zum Übersetzen (Gerzymisch-Arbogast)

Mit dem Anspruch, eine „wissenschaftliche Methode des Übersetzens" zu entwickeln, hat Heidrun GERZYMISCH-ARBOGAST (1994) ein *Übersetzungswissen-*

schaftliches Propädeutikum vorgelegt und dies später noch differenzierter zur Methode ausgearbeitet (GERZYMISCH-ARBOGAST/MUDERSBACH 1998), denn Übersetzen müsse sich „im Rahmen einer wiederholbaren regelgeleiteten Schrittfolge" (ebd., 344) vollziehen. Sollen nämlich übersetzerische Entscheidungen und vor allem die Bewertung von Übersetzungen intersubjektiv nachvollziehbar gemacht werden, dann müssen die Äquivalenzforderungen „klaren und einheitlichen Kriterien" folgen: Eine Übersetzung kann nur „gut" oder „schlecht" in Bezug auf bestimmte Aspekte sein. Ähnliches forderte auch HOUSE (s. Kap. 4.5).

Es geht hier um die Frage nach der „Systematisierbarkeit übersetzerischer Entscheidungen im Spannungsfeld zwischen Entscheidungen, die den Text als Ganzes betreffen (makrostrukturelle Perspektive) und solchen, die bei kleineren Sinneinheiten ansetzen (mikrostrukturelle Perspektive) sowie solchen, die zwischen diesen beiden Betrachtungsweisen vermitteln" (GERZYMISCH-ARBOGAST 1994:9). Der Übersetzer soll eine sog. „Aspektliste" erarbeiten, die mit ihren Prioritäten dann ein Programm zur systematischen Gestaltung der Übersetzung darstellt.

> (Dabei gilt, daß) grundsätzlich in der Übersetzungswissenschaft auf einen Vergleichsstandard zwischen Original und Übersetzung nicht verzichtet werden kann. Allerdings ist dieser generelle Vergleichsstandard zwischen Original und Übersetzung im Einzelfall inhaltlich aufzufüllen und zu relativieren. Also (...) „Äquivalenz" als relationaler Begriff in bezug auf bestimmte Aspekte, die an ein Original im Hinblick auf die Übersetzung angelegt und als Vergleichsstandard herangezogen werden (GERZYMISCH-ARBOGAST 1994:28f).

In makrostruktureller Perspektive werden folgende Beschreibungsparameter aus einem Textbeispiel abgeleitet: 'Text- und Übersetzungstyp', 'Textverständnis und Kohärenz', 'Kulturspezifik'. In mikrostruktureller Perspektive werden, linear von der Textebene ausgehend, folgende Beschreibungsparameter untersucht: 'kontrastive Bedeutungsunterschiede', 'Referenz', 'Hervorhebungsmuster und thematische Progression', 'Sprachvarietäten' u. a. Diese Parameter sind in den Texten anhand einzelner „Aspekte" aufweisbar, mit denen dann die Charakteristik des Textes und der Übersetzung in einer Matrix dargestellt werden kann. Ein Vergleich der Matrizen für den Ausgangstext und für die Übersetzung zeigt Übereinstimmungen und Abweichungen mit mathematischer Genauigkeit auf, so dass übersetzungskritisch festgestellt werden kann: „Die Übersetzung ist in bezug auf die Aspekte 1, 2, 3 eher gut, in bezug auf die Aspekte 4, 5, 6 eher schlecht oder schlecht realisiert" (GERZYMISCH-ARBOGAST 1994:152).

Dementsprechend soll auch der Übersetzungsprozess selbst auf einem „aspektiven Lesen" des Originals beruhen, wobei die ermittelten Aspekte in Form einer Prioritätenliste gewichtet werden. Dies soll durch drei methodische Ansätze erreicht werden: „Aspektra", „Relatra" und „Holontra", die „zusammengenommen [...] alle Gesichtspunkte, unter denen ein Übersetzer einen Text versteht und übersetzt, berücksichtigen und systematisieren können" (GERZYMISCH-ARBOGAST/MUDERSBACH 1998:41). Die Gesichtspunkte werden dabei „individuell als relevant für sein Verständnis des Textes" definiert (ebd.,

41).[100] Die Sprache wird hier in ihrer Abbildungsfunktion für Gedanken gesehen (s. Kap. 3.1), wenn als Einstieg in das Textverstehen eine „detailbewußte Erstlektüre des AS-Textes in möglichst kleinen Schritten" (z. B. satzweise) gefordert wird.

> Diese aufwendige Erstlektüre soll den Übersetzer für das ‚Unerwartete' im Text offen halten, das ja mitunter in der Übersetzung bewahrt bleiben soll. [...] Die erste Kenntnisnahme des Textes enthält eine Möglichkeit, die bei jeder weiteren Lektüre verloren geht: nämlich überrascht zu werden durch unerwartete Auffälligkeiten (Gerzymisch-Arbogast/Mudersbach 1998:46).

Für die Übersetzerin ergeben sich in der Praxis fünf Schritte:

> In einem ersten Schritt notiert sie sich die (inhaltlichen und formalen) Auffälligkeiten, die sie im Original feststellt und ordnet sie den entsprechenden Textstellen zu (Erstlektüre). In einem zweiten Schritt (Aufstellen der *Aspektliste*) entwickelt sie aus den zunächst intuitiv notierten Auffälligkeiten *Aspekte*, denen sie wiederum einzelne Werte zuordnet, die möglichst klar gegeneinander abgrenzbar (disjunkt) sind. (...) In einem dritten Schritt (*Aspektives Lesen*) wird nun jede Textstelle unter jedem *Aspekt* gelesen und der entsprechende Wert zugeordnet. Als Ergebnis erhält man eine Textmatrix, die sozusagen die Lesart (Interpretation) des Textes durch die Übersetzerin darstellt. Schließlich werden in Schritt 4 (*Übersetzungsbezogenes Lesen*) die ermittelten *Aspekte* im Hinblick auf das Übersetzungsziel gewichtet, d. h. es wird – z. B. auf einer Skala von 1-99 – eine Prioritätenliste erstellt, welcher *Aspekt* im Hinblick auf die Übersetzung am höchsten zu bewerten ist, welcher an zweiter Stelle realisiert werden soll usw., bis eine vollständige Rangordnung erstellt ist. In Schritt 5 (*Aspektives Übersetzen*) schließlich werden zu den einzelnen Textstellen Übersetzungsvarianten erstellt, die wiederum nach der bereits erstellten Prioritätenliste gewertet werden. So erhält die Übersetzerin ein „Programm", mit dem sie klare und einheitliche Kriterien formuliert, nach denen die Übersetzung (aus der Sicht der Übersetzerin) systematisch gestaltet werden soll und die für einen Dritten nachvollziehbar sind. Damit sind die Voraussetzungen für ein wissenschaftliches Vorgehen beim Übersetzen erfüllt (GERZYMISCH-ARBOGAST 1994:95).

Die Festlegung der Aspekte erfolgt freilich weiterhin intuitiv, denn es gibt bisher keine automatisch anwendbaren Aufdeckungsprozeduren für sprachliche „Auffälligkeiten". Außerdem hängt die Notierung dessen, was überhaupt als „Aspekte" genannt wird, ganz vom Text ab. So sind ggf. die Aspektlisten für andere

---

[100] In GERZYMISCH-ARBOGAST (2002:25) wird das Vorgehen erläutert: „Die *einzelproblemorientierte Perspektive (Aspektra)* erfasst auffällige Einzelfälle (z. B. Metaphern, Hervorhebungen, syntaktische Strukturen) im Text, fragt vor dem Hintergrund der kontrastiven Kompatibilität nach ihrer prinzipiellen Realisierbarkeit in der Zielsprache und -kultur und setzt diese dann unter Berücksichtigung weiterer Zieltextdeterminanten (Übersetzungszweck, Zielsprachen(ZS)-Norm und ZS-Texttyp bzw. Textsorte) in einen zielsprachlichen Text um. – Die *musterorientierte Perspektive (Relatra)* erfasst auffällige summativ analysierbare Muster (z.B. thematische und isotopische Muster im Text, fragt wiederum vor dem Hintergrund [... s.o.]. – Im Rahmen der *holistischen Perspektive (Holontra)* werden ganzheitliche Gesamtvorstellungen im Text (z.B. kulturspezifische oder fachwissenschaftliche Gesamtstrukturen) analysiert, vor dem Hintergrund [... s.o.]". – Vgl. Heidrun GERZYMISCH-ARBOGAST (2002): „Ansätze der neueren Übersetzungsforschung." In: J. BEST/S. KALINA (Hrsg.) (2002): *Übersetzen und Dolmetschen*. Tübingen, 17-29.

Texte zu variieren. Die Vermittlung von sprachwissenschaftlichen Kenntnissen soll allerdings den Studierenden ein hierfür notwendiges Vorwissen liefern. Nach dem gesamten Durchlauf sollen die verschiedenen Aspekte, die makro- und mikrostrukturell zusammengestellt wurden, systematisiert und mit den entsprechenden Textstellen zu einer Matrix korreliert (ebd.:170) und für die Zieltextproduktion gewichtet werden.

> Die Aufstellung einer Aspektmatrix wird an einem Textbeispiel mit Übersetzung ausführlich diskutiert.
>
> **Makrostrukturelle Perspektive**
>
> Für den Parameter 'Text- und Übersetzungstyp' wird zunächst auf die übersetzungsrelevante Texttypologie nach REIß verwiesen (s. Kap. 7.4). Anhand dreier Texte über eine Stadt, „die – intuitiv betrachtet – unterschiedliche Textfunktionen haben" (GERZYMISCH-ARBOGAST 1994:38), werden sechs Aspekte gebildet, mit denen die Texte (ein informativer Lexikoneintrag, ein expressiver literarischer Abschnitt, ein operativer Werbetext) verglichen werden und ihre Unterschiede feststellbar sind. Die Aspekte sind: *Titel, Lexik, Syntax, Informationsdichte, Informationsgliederung, Autor-Leser-Verhältnis*. Diese Liste ist offen. – Die als „allgemeine Aussagen" bezeichneten Übersetzungsmethoden von REIß, nämlich „sachgerecht, autorgerecht, appellgerecht, medien- bzw. verbundgerecht", sollen durch diese Aspektliste konkretisiert werden (ebd.:45).
>
> Für den Parameter 'Textverständnis und Kohärenz' werden die Aspekte *semantisches Netz* und *Erzählperspektive* beschrieben. Dem „liegt die Annahme zugrunde, daß das lexikalische Inventar einer Sprache (oder eines Textes) durch ein Netz von Bedeutungsbeziehungen zwischen den Zeichen beschrieben werden kann. Die Bedeutung wird als gestuft angesetzt, je nachdem, welche Beziehungen (Relationen) das zu betrachtende Zeichen auf welchen Stufen eingeht, d.h. wie groß die Umgebung (Kontext) um das zu betrachtende Zeichen gefaßt wird" (ebd.:63). Zur Extraktion von semantischen Netzen aus längeren Textpassagen wird ein computergestütztes Programm verwendet, welches allerdings schwer interpretierbare Grafiken der Netzstrukturen liefert (ebd.:74; 183f). Die Darstellung eines Textes als semantisches Netz soll ein individuelles Textverständnis verdeutlichen. So fällt im Beispieltext auch „der Wechsel der *Erzählperspektive* auf. Wir setzen daher *Erzählperspektive* als Aspekt an und ordnen ihm z.B. die Werte Betrachterperspektive, Erzählfigur (Innensicht), Erzählfigur (Außensicht) zu" (ebd.:95). Ein Wandel der Erzählperspektive bewirkt eine Differenz.
>
> Für den Parameter 'Kulturspezifik' werden zunächst die am einzelnen Wort ansetzenden Darstellungen bei NEWMARK, KOLLER u.a. (s. Kap. 5.3; 6.4) zur Übersetzung kulturspezifischer Realia, der Schließung einer lexikalischen Lücke usw. diskutiert (ebd.:75ff). Demgegenüber plädiert GERZYMISCH-ARBOGAST für die Betrachtung eines Kultursystems (*Kulturem*), das noch in Teilfunktionen (*Kulturemem*) mit Alternativen (*Kulturemet*) und Auffüllungsmöglichkeiten (*Kulturet*) unterteilt werden kann. Mit einem solchen nach Zweck und Teilfunktion gegliederten Kulturbegriff könnten bestimmte Teilbereiche einer Kultur verglichen werden, die gleichfalls als Netze graphisch dargestellt werden können (ebd.:80f).
>
> **Mikrostrukturelle Perspektive**
>
> Im zweiten Teil des Buches werden Einzelprobleme des Übersetzens aus dem Textbeispiel auf Satzebene erörtert. Für den Parameter 'kontrastive Bedeutungsunterschiede' werden zunächst linguistische Verfahren der Bedeutungsbeschreibung (s. Kap. 3.6) vorgestellt (ebd.:100ff) und sodann einige wichtige Aspekte beschrieben. Der Aspekt *Konnotationsgehalt* wird anhand deskriptiver Verben [*to skim, to hurry, to*

> *dash, to whizz, to drop, to rise* etc.] erläutert (ebd.:109-113). Der Aspekt *Informationsmenge* weist durch einen zusätzlichen Untertitel in der Übersetzung eine Differenz zur Vorlage aus. Der Aspekt *Verfremdung* bezieht sich auf lautmalerische Verfremdungseffekte, Interferenz und lexikalische faux amis. Der Aspekt *Idiomatik* betrifft Verstöße gegen die syntagmatische Anschließbarkeit von Wörtern.
>
> Zum <u>Parameter 'Referenz'</u> werden die Aspekte *Deixis* in Verweisformen und Pronomina und der Aspekt *Isotopie* besprochen. „Der Isotopie-Begriff dient ... zur Festlegung der Bedeutung (Monosemierung, Disambiguierung) im Kontext" (ebd.:123). Hier besteht eine Verbindung zur makrostrukturellen Perspektive der Netze. Eine ausführliche Darstellung der linguistischen Theorie wird durch Überlegungen zur Übersetzung von Metaphern und Vergleichen ergänzt.
>
> Für den <u>Parameter 'Hervorhebungsmuster und thematische Progression'</u> werden (ebd.:132ff) die Aspekte *Thema-Rhema-Gliederung* und *Fokussierung* sowie *Satzmuster* in der Übersetzung Englisch-Deutsch dargestellt.
>
> Für den <u>Parameter 'Sprachvarietäten'</u> wird unter dem Aspekt *Sprachebene* auf diatopische (mundartliche, landschaftliche, hochsprachliche), auf diastratische (gruppensprachliche, altersspezifische, berufsspezifische) und diaphasische (situative, familiäre, formale) Unterschiede von Wörtern hingewiesen.

Wegen der recht komplizierten Darstellung bleibt allerings die Frage, ob derartige „wissenschaftliche" Aufbereitungen dessen, was der Übersetzer und Leser aufgrund seiner Textkompetenz und, wie angemerkt, „intuitiv" feststellt, im Übersetzungsprozess wirklich praktikabel, ja überhaupt möglich sind.

KOMMENTAR

Die textlinguistische Erweiterung der Übersetzungswissenschaft hat das Augenmerk auf wertvolle Aspekte der Textkonstitution, Kohärenz und Textgliederung von Textsorten gelenkt, die wissenschaftlich analysierbar sind. Mit ihrer Hilfe können übersetzungspraktische Probleme eines Textes präzisiert und Charakteristika von Textsorten im kontrastiven Vergleich beschrieben werden.

Die dreipolige Texttypologie von REIß hat mit dem Blick auf Texte und außersprachliche Bedingungen endlich die linguistische Fixierung der Übersetzungswissenschaft auf syntaktische Strukturen aufgebrochen. Auch gab ihr Ansatz Anlass zu vielen wertvollen Textsortenstudien und kontrastiven Vergleichen, wie z.B. zu Geburts- und Todesanzeigen, Gerichtsurteilen usw.

KOLLERS zwei Textgattungen beruhen auf der Einstellung von Lesern zu den Texten. So ist deutlich geworden, dass das Übersetzen mehr als nur textinterne Faktoren zu berücksichtigen hat. Allerdings hat sich aus dem Einbezug der Textlinguistik noch keine aussagekräftige Übersetzungsmethodik als solche ergeben, die etwa wesentlich über die Einsichten der sprachenpaarbezogenen Übersetzungswissenschaft (s. Abschnitt 5) hinausgehen würde.

GERZYMISCH-ARBOGAST hat mit ihrem Ansatz insbesondere verdeutlicht, dass mikro- und makrostrukturelle Merkmale auf der Textebene beim Übersetzen miteinander verknüpft werden müssen. Insgesamt sind jedoch diese textlinguistischen Studien vornehmlich an den Sprachstrukturen orientiert, aus denen die Übersetzung herzuleiten ist. Außersprachliches wird kaum einmal benannt, und auch die Möglichkeit, dass Textaspekte vom Leser einfach intuitiv erfasst werden, wird nicht gesehen.

LEKTÜREHINWEISE

Heidrun GERZYMISCH-ARBOGAST (1994): *Übersetzungswissenschaftliches Propädeutikum.* Tübingen (UTB 1782).
Heidrun GERZYMISCH-ARBOGAST/Klaus MUDERSBACH (1998): *Methoden des wissenschaftlichen Übersetzens.* Tübingen.
Werner KOLLER (1992): *Einführung in die Übersetzungswissenschaft.* Heidelberg/Wiesbaden (UTB 819).
Katharina REIß (1971): *Möglichkeiten und Grenzen der Übersetzungskritik.* München.
Katharina REIß (1976): *Texttyp und Übersetzungsmethode. Der operative Text.* ³1993. Heidelberg.
Heinz VATER (1992): *Einführung in die Textlinguistik.* München. (UTB 1660).

8 Die pragmatische Dimension beim Übersetzen

Die linguistische Pragmatik betrachtet sprachliche Äußerungen als Handlungen in einer Situation und beschreibt diese in ihren Relationen zu Sprechern und Hörern. Die Sprechakttheorie beschreibt u.a. die Funktion performativer Verben. Illokutionsindikatoren in Äußerungen und performative Texte erfordern eine funktionsgerechte Übersetzung. Situative Kommunikationskonventionen führen zur Herausbildung bestimmter Textsorten. Hönig/Kußmaul nennen die Funktion des Textes in der Zielsprache und kulturell unterschiedliche Textsortenkonventionen als wichtigstes Kriterium des Übersetzens.

8.1 Die Sprechakttheorie (Austin, Searle)

Gegen Ende der 60er Jahre zeigte sich auch in der Textlinguistik (s. Abschnitt 7) ein verstärktes Interesse an der kommunikativen Einbettung von Sprache. Um das Unbefriedigende der strukturalistischen Linguistik, die die Sprache auf ein System von formalisierbaren Zeichenstrukturen und Grammatikregeln reduzierte, zu überwinden, mussten Situation, Funktion und Handlungscharakter von Sprachäußerungen in den Blick genommen werden. So verlagerte sich das sprachwissenschaftliche Interesse auf die dritte semiotische Dimension, die Pragmatik. Als „Vater der Pragmatik" ist Ludwig WITTGENSTEIN anzusehen, der Sprechen und Handeln unter den Begriff „Sprachspiel" gefasst hat. WITTGENSTEIN hat anhand zahlreicher selbst formulierter Beispiele von Sprechsituationen seinen Begriff von Sprache dargelegt und bezeichnete es als die Aufgabe der Sprachphilosophie, die „Alltagssprache und ihre Regeln zu untersuchen" (1953, §§ 122-132).

Wenn man sprachliche Ausdrücke auf ihre konkrete Verwendung hin untersucht, dann muss man diese Verwendung auch als Bestandteil ihrer Bedeutung ansehen. WITTGENSTEIN hat sie sogar als ihre Bedeutung schlechthin betrachtet. Damit stellte er zugleich die Frage: Was tun eigentlich die Menschen, indem sie Worte verwenden? Seiner Ansicht nach handeln sie mit Worten: „Worte sind auch Taten" (ebd., § 546). Dies bezeichnete er als „Sprachspiel": „Ich werde auch das Ganze der Sprache und der Tätigkeiten, mit denen sie verwoben ist, das 'Sprachspiel' nennen" (ebd., § 7). Zwar ist aus den aphoristischen Bemerkungen WITTGENSTEINS nicht eindeutig zu entnehmen, was man sich genau unter einem Sprachspiel vorzustellen hat. Klar ist jedoch, dass WITTGENSTEN das Sprachspiel als einen Komplex versteht, in dem Sprechen und Handeln wechselseitig aufeinander bezogen sind. Das hier stichwortartig angedeutete Programm wurde dann von der Sprechakttheorie systematisch ausgearbeitet.

Begründer der Sprechakttheorie ist John L. AUSTIN, der WITTGENSTEINS These aufnimmt, Sprechen sei zugleich ein Handeln. Er unterscheidet „konstative" (feststellende) von „performativen" (etwas bewirkenden) Sprechakten. Ausgehend von sprechaktbezeichnenden performativen Verben (wie z. B. *versprechen, warnen, taufen, wetten, bitten, versichern, verbieten,* usw.) erörtert AUSTIN „How to Do Things with Words" (1962)[101]. Die Äußerung des Satzes: „Ich verspreche dir, morgen da zu sein", ist demnach ein „lokutionärer Akt" insofern als sie ein sprachliches Ereignis ist, ein „illokutionärer Akt" insofern als damit die Handlung des Versprechens vollzogen werden soll, ein „perlokutionärer Akt", wenn das Versprechen geglaubt und damit das beabsichtigte Ziel erreicht wird. Der perlokutionäre Effekt liegt allerdings nicht ausschließlich in der Macht des Sprechers.

Wichtig ist hier die Erkenntnis, dass Sprache Teil des menschlichen Handelns ist. Kritisch ist jedoch anzumerken, dass AUSTIN nur mit Satzbeispielen arbeitet, und dabei den Aspekt der Sprechhandlung verabsolutiert. Bei der Betrachtung von Texten stellen wir aber fest, dass diese nicht als eindeutig definierbare Sprechakte im Sinne AUSTINS bezeichnet werden können. Es wird dabei nicht verkannt, dass die Sprache viele performative Ausdrucksmöglichkeiten enthält.

In Deutschland wurde die Sprechakttheorie besonders von Dieter WUNDERLICH[102] weiterentwickelt (vgl. hierzu ausführlich BRAUNROTH u. a. 1978:187-241). Er hat daran erinnert, dass sich der Inhalt von Sätzen nicht nur auf die linguistische Kategorie Syntax bezieht, sondern pragmatisch auch Hinweise auf die außersprachliche Situation liefert. WUNDERLICH konzentriert sich zu diesem Zweck auf die Untersuchung von deiktischen und referentiellen sprachlichen Einheiten, die aufgrund ihrer Bedeutung über den immanent grammatikalischen Rahmen des Satzes hinaus auf den Bereich der außersprachlichen Wirklichkeit Bezug nehmen. Ausgehend von konkreten Sprechsituationen hat WUNDERLICH eine Reihe von solchen „performativen Phänomenen" behandelt. Es genügt hier, den Katalog aufzuzählen:

> deiktische Ausdrücke der Person, der Zeit und des Ortes (*ich, du, jetzt, hier, da, dort*); Formen der Kontaktaufnahme (Anrede-, Höflichkeits-, Achtungs-, Intimitätsformen); Formen der Redeerwähnung (direkte und indirekte Rede), der Redeeinteilung und des Redeabschlusses; grammatische Modi (Frage, Imperativ, Konjunktiv, Optativ); Modaladverbien; performative Verben, Reflexivierung; Zusammenhänge in Dialogtexten.

Hier sind wichtige Sprachelemente benannt, deren Feststellung auf der Textebene etwas über die Intention und die Haltung des Sprechers aussagt, denn die Sprechakttheorie untersucht vor allem die Intentionen, die ein Sprecher bei einer Äußerung hat.

AUSTINS Theorie der performativen Leistung gewisser Wörter wurde weiterentwickelt von John R. SEARLE in *Speech Acts* (1969), deutsch: *Sprechakte* (1971). Seine Grundthese lautet, dass das Sprechen eine „regelgeleitete Form des intentionalen Verhaltens" sei (1971:29). Aus einem semantischen Blickwinkel fragt er danach, inwiefern der Sprechakt eine Funktion des geäußerten Satzes sei.

Wichtig ist die Unterscheidung zwischen dem Satz (als formal-linguistischer Beschreibungseinheit) und der Äußerung (als aktuell realisierter Redesequenz).

---

[101] Deutsche Ausgabe: *Zur Theorie der Sprechakte.* Stuttgart 1972.
[102] Dieter WUNDERLICH (Hrsg.) (1972): *Linguistische Pragmatik.* Frankfurt am Main ²1975.

Die semantischen Regeln der generativen Texterzeugung (s. Kap. 3.4) umfassen für SEARLE nicht nur die Lexikonregeln, sondern auch pragmatisch die kontextspezifischen Bedingungen einer Äußerung. Aus diesen hat er dann die konstitutiven Regeln für den Vollzug von „Sprechakten" abgeleitet (1971:88ff).

Es geht dabei um das komplexe Verhältnis zwischen kommunikativer Funktion und sprachlicher Form, wobei SEARLE fünf Sprechaktklassen unterscheidet. Als „Direktiva" bezeichnet er jene Äußerungen, mit denen Hörer zu einer Handlung veranlasst werden sollen, wie z. B. das Anweisen oder Empfehlen. Als „Repräsentativa" nennt er den Zweck, den Sprecher an die Wahrheit der ausgedrückten Proposition zu binden, also z. B. das Instruieren, die Feststellung. Ferner gibt es die Sprechaktklassen „Kommissiva" (zur Bindung an etwas), „Expressiva" (zum Ausdruck von Empfindungen) und „Deklarativa" (für verbindliche Erklärungen oder Zusicherungen) (SEARLE 1976, 10ff).[103] Weil das Erkennen entsprechender Ausdrucksformen in Texten ein Übersetzungsproblem darstellt, ist eine Anwendung der Sprechakttheorie auch in der Übersetzungswissenschaft interessant.

> Auf das übersetzungsrelevante Problem der **sprachlichen Gestaltung vertraglicher Vereinbarungen und gesetzlicher Bestimmungen als Sprechakt** im Englischen hat Anna TROSBORG (1994)[104] hingewiesen. In juristischen Texten, die ja die zwischenmenschlichen Beziehungen regeln sollen, müssen Sprechakte wie „Verpflichtung", „Versprechen", „Verbot" und Situationsbeschreibungen wegen der rechtlich bindenden Wirkung solcher Texte klar ausgedrückt werden. Die Illokutionswirkung der Sprechakte wird vornehmlich mit performativen Verben erzielt. Aufgrund einer Korpusanalyse nennt TROSBORG (1994:312) folgende vertraglichen Handlungsarten:
>
> **Verpflichtung, Obliegenheit:** Will eine Vertragspartei der anderen eine Verpflichtung auferlegen, so wird im Englischen fast ausschließlich das Modalverb *shall* gebraucht. Im Deutschen erscheint an dieser Stelle das Präsens Indikativ oder *sein*+Infinitiv. *(Der Zulieferer erbringt...; folgende Leistungen ... sind zu erbringen).*
>
> **Verbot:** Bei Verhaltensregelungen mittels Verboten erscheint *shall not*. Dem entspricht im Deutschen *nicht dürfen, nicht sollen.*
>
> **Rechte:** Vertragsparteien können einander Erlaubnisse erteilen, Rechte verleihen oder Pflichten verneinen: Dies geschieht mit *may* oder *grant*. Dem entspricht im Deutschen *dürfen, können*, aber auch *erlauben, gestatten, das Recht gewähren*, usw.
>
> **Vertragliche Rahmenbedingungen:** Viele Sätze in Verträgen enthalten keine performativen Verben, sondern sind Darstellungen oder Erläuterungen von Vertragstermini oder Hinweise zur Anwendung der Klauseln. Hier erscheinen Verben wie *mean, apply, include, exclude* und Konstruktionen mit *be*+Kopula (die im Deutschen wörtlich übersetzt werden können). Erwähnungen von Vertragsklauseln mit rechtlicher Wirkung in der Zukunft erfolgen oft mit dem Modalverb *shall*, was im Deutschen nur im Präsens wiedergegeben wird.
>
> **Versprechen, Selbstverpflichtung:** Dies erfolgt explizit mit performativen Verben wie *agree, undertake, acknowledge, warrant, accept*, oder mit Modalverb *will*. Dem

---

[103] SEARLE spricht von „representatives, directives, commissives, expressives, declarations". Vgl. Ders. (1976): „A classification of illocutionary Acts". *Language in Society 5*, 1-23, S. 10ff.

[104] Vgl. Anna TROSBORG (1994): „'Acts' in contracts: Some guidelines for translation." In: M. SNELL-HORNBY, K. PÖCHHACKER, K. KAINDL (Hg.) (1994): *Translation Studies: An Interdiscipline*. Amsterdam, Philadelphia: Benjamins, S. 309-318.

entspricht im Deutschen oft das Futur oder Präsens, auch Verben wie *vereinbaren, anerkennen, garantieren* u. ä.

Auf die hohe Bedeutung **direktiver Sprechakte** in Bedienungs- und Betriebsanleitungen sowie in Werkstatthandbüchern hat Susanne GÖPFERICH[105] hingewiesen und ihr Vorkommen in deutschen und englischsprachigen Texten verglichen. Sprechakte wie „Anweisen/Verbieten" werden demnach im Deutschen als Handlungszuweisungen überwiegend im imperativischen Infinitiv *(Schlüssel abziehen und Lenkrad einrasten),* als Hinweise auf Notwendigkeiten mit Modalverben *(müssen, sollen, dürfen* und *sein zu+*Infinitiv, *nicht dürfen, es ist erforderlich)* verbalisiert, während im Englischen hier bei Handlungszuweisungen der direkte Imperativ *(push the red button),* als Hinweise auf Notwendigkeiten die Modalverben *(must/have to/may not, should, it is necessary/important/essential, require, necessitate)* erscheinen.

8.2 Illokutionsindikatoren in Texten

Die Rede von Sprechakten verweist stets pragmatisch auf die einbettende Situation. Solche Sprechakte sind nach SEARLE beispielsweise „Behauptungen aufstellen", „Befehle erteilen", „Fragen stellen", „Versprechungen machen", „Bitten äußern", „Anweisungen erteilen". Ähnlich wie bei AUSTIN werden dabei verschiedene Schichten unterschieden, die bei der konkreten Äußerung eines Satzes miteinander verbunden sind: der lokutionäre Äußerungsakt (sprachliches Ereignis), der propositionale Akt (Aussage und Bezeichnung), der illokutionäre Akt (Modalität der Intention: Behaupten, Vermuten) und der perlokutionäre Akt (die erzielte Wirkung).

Ein und dieselbe Äußerung kann freilich mit verschiedenen Illokutionen verknüpft sein. Ein grammatischer Fragesatz etwa ist nicht immer eine Frage, sondern beispielsweise als „rhetorische Frage" eine emphatische Behauptung, während eine „gute Frage" die Funktion einer Feststellung und einer Frage kombiniert. Hier wird der Handlungscharakter der Sprachverwendung deutlich. Sie kann nur intentional beschrieben werden, und die Motivation spiegelt sich in den verwendeten Sprachelementen.

Ein Übersetzer muss nun, um seine Texte richtig zu interpretieren, die Illokutionsindikatoren darin erkennen. Es sind dies u. a. Sprachelemente wie performative Verben, verdeckte performative Verben, Modalverben, Adverbien und Partikeln. Auf diese Formen muss der Übersetzer besonders achten. Die Schwierigkeit liegt darin, dass die illokutionäre Funktion von Äußerungen auf der impliziten Bedeutung pragmatischer Faktoren wie der sozialen Relation zwischen Sprecher und Hörer, dem Vertrautheitsgrad, Höflichkeitsnormen, funktionalstilistischen Präferenzen und anderem beruht.

---

[105] Vgl. Susanne GÖPFERICH (1995): *Textsorten in Naturwissenschaften und Technik. Pragmatische Typologie - Kontrastierung - Translation.* Tübingen: Narr, besonders S. 346ff.

Es gibt verschiedene **Möglichkeiten, eine Bitte auszudrücken.**
Eine indirekte Bitte steckt in der Äußerung:

(1a) *Könntest du mir noch ein Bier aus dem Kühlschrank holen?*

Eine übliche Antwort unter vertrauten Personen lautet:

(2a) *Ja gerne.*
(2b) *Nein, hol' dir's doch selber.*

Ein absichtliches provokatives Missverständnis wäre dagegen die Antwort:

(2c) *Das könnte ich schon.* (freilich ohne Reaktion).

Der Illokutionsindikator für Bitten sind im <u>Deutschen</u> u.a. Fragesätze, in denen die Modalverben *werden, können, dürfen* enthalten sind, z B.

(3a) *Würdest du mal das Fenster öffnen?*
(3b) *Kannst du mal das Fenster öffnen?*
(3c) *Darf ich mal das Fenster öffnen?*

Anders formulierte Fragen werden dagegen nicht als Bitte interpretiert, vgl.

(4a) *Bist du in der Lage, das Fenster zu schließen?*

Idiomatische Wendungen wie (3a-c) bieten bekanntlich Übersetzungsschwierigkeiten, denn es gibt für sie meist keine formalen Entsprechungen. Bei einer sozialen Relation 'höher zu tiefer' kann im <u>Englischen</u> gesagt werden:

(5a) *Shut the window!* (Was allerdings recht harsch ist.)

Bei umgekehrter sozialer Relation aber müßte z.B. geäußert werden:

(5b) *Can/Could you shut the window?*
(5c) *Would you mind shutting the window?*
(5d) *Why don't you shut the window?*
(5e) *Shut the window, won't you?*
(5f) *Shut the window, will you?*
(5g) *Shut the window, would you?*
(5h) *Won't you shut the window?*

In diesen nach zunehmender Höflichkeit geordneten englischen idiomatischen Äußerungen wird die Illokution gleichfalls mit Modalverben wie *will, can* angedeutet. Sie haben aber keine direkten formalen Entsprechungen im Deutschen. Eine wörtliche Übersetzung von (5h) mit

(6a) *Wirst du nicht das Fenster schließen?*

wäre keine idiomatische Bitte, sondern eine Frage und würde allenfalls als Befehl verstanden. Als Möglichkeiten im <u>Deutschen</u> stehen etwa zur Verfügung:

(6b) *Kannst/könntest/würdest du (bitte) das Fenster schließen?*

Höflichkeit läßt sich aber auch durch Verbindung mit Partikeln ausdrücken:

(6c) *Schließ doch/mal/eben/doch mal/doch eben/mal eben/doch mal eben das Fenster!*

Übersetzungsschwierigkeiten können auch die **verdeckten performativen Äußerungen** (hedged performatives) darstellen, wo ein performatives Verb durch ein zusätzliches Verb modifiziert wird. Beispiele für <u>Englisch</u>:

(9a) *Let me assure you ...* (9b) *I must ask you to ...*
(9c) *I can tell you ...* (9d) *I would like to say ...*

(9e) *I have to admit ...*   (9f) *I might suggest ...*

Diese sehr häufigen Formen sind weniger direkt als die entsprechende reine performative Formel *(I assure you)*. Eine formale Entsprechung ist im Deutschen nicht immer möglich:

(10a) *Ich kann Ihnen versichern/ Sie können sicher sein...*
(10b) *Ich muss Sie bitten...*
(10c) *Ich kann Ihnen/dir sagen...*   (10d) *Erlauben Sie mir, hervorzuheben...*
(10e) *Ich muss zugeben...*   (10f) *Ich würde/möchte vorschlagen...*

Als Illokutionsindikatoren dienen hier wieder Modalverben und performative Verben. (Zu einigen der Beispiele vgl. HÖNIG/KUßMAUL 1982:76-83).

8.3 Die funktionale Satzperspektive und Fokussierung

Die pragmatische Dimension der Sprachverwendung zeigt sich v. a. auch in Betonungsformen („Fokussierung"). Durch die aktuelle Satzgliederung kann der Sprecher z. B. einen Perspektivenwechsel in der Mitteilungsfunktion eines Satzes anzeigen und so darstellen, was ihm in der Aussage wichtig ist. GÜLICH/RAIBLE (1977:60ff) orientieren uns über die systematische Entwicklung aus der „Funktionalen Satzperspektive" der Prager Schule, wo V. MATHESIUS den Begriff 1929 eingeführt hatte.[106] Man hat beobachtet, dass sich in jedem Satz deutlich „Satzthema" und „Satzaussage" unterscheiden lassen. Später wurden für diese beiden Teile des Satzes die Termini *Thema* und *Rhema* gebräuchlich. Das Thema ist der kommunikative Ausgangspunkt, das der Mitteilung zu Grunde liegende Bekannte, worüber etwas ausgesagt wird, das Rhema ist dann die eigentliche Mitteilung, die neue Information zum Thema. Die Abfolge von Thema und Rhema in jedem Satz bildet dessen „Mitteilungsperspektive", und sie spiegelt sich in der Wortstellung. Syntaktische Mittel sind u. a. Deixis, Artikel und Zahlwörter als „rhematische Aktanten", die inhärente Dynamik der transitiven Verben, die Syntagmenbildung durch Adjektivabfolge und die Inversion von Subjekt und Objekt.[107] Allerdings ist die Eingrenzung von Thema und Rhema nicht unstrittig:

> Eindeutige bzw. ein für alle Mal gültige Thema- bzw. Rhema-Signale sind diese Elemente allerdings ebensowenig wie Betonung oder Wortstellung. In der Regel wirken verschiedene Mittel, die in Wechselbeziehungen zueinander stehen, bei der Kennzeichnung von Thema und Rhema zusammen (GÜLICH/RAIBLE 1977:65).

Übersetzungsrelevant ist die Mitteilungsstruktur von Sätzen wegen der damit verbundenen Probleme bei der Wiedergabe der Wortstellung, mit deren Veränderung semantisch verschiedene Inhalte zum Ausdruck gebracht werden kön-

---

[106] Vgl. V. MATHESIUS (1929): Zur Satzperspektive im modernen Englisch. In: *ASNA* 84, S. 202-210. – Vgl. auch B. BRÖMSER (1982): *Funktionale Satzperspektive im Englischen*. Tübingen; und BUßMANN (1990).
[107] Man vergleiche die folgenden Sätze: (a) *Die Königstochter war ein schönes junges Mädchen.* (b) *Eines der Mädchen war die Königstochter*. Die Aussage ist jeweils verschieden.

nen. So stellen einzelsprachlich unterschiedliche Formen der Betonung ein Übersetzungsproblem dar, wie HÖNIG/KUßMAUL (1982:110) mit Beispielen zeigen.[108]

Es scheint ein universales Prinzip zu sein, dass in einer „normalen" Satzstruktur die Betonung immer auf dem Ende des Satzes liegt (Endfokus): Die bekannte Information steht am Anfang und die neue Information folgt als Ergänzung am Ende. Was nun aber in einem Satz als neu gilt, hängt vom Kontext ab. Soll möglicherweise ein anderer Satzteil betont werden, so ist im Deutschen die Inversion oder „Rhemafrontierung" möglich, also die Voranstellung des betonten Satzteils, das Englische dagegen ist auf die Reihenfolge Subjekt-Prädikat-Objekt/adverbiale Ergänzung (S-P-O) festgelegt. Hier gibt es andere Mittel, um einen Kontrastfokus zu erzielen, wie die „konversen Verben"[109] oder die *cleft*-Konstruktionen (abgespaltene Sätze) als „Hervorhebungsformeln" oder „Fokussierungsstrukturen". Eine strukturgleiche wörtliche Übersetzung ist hier nicht möglich.

> Zum **Übersetzungsproblem von Betonungsformen** findet sich eine Darstellung bei HÖNIG/KUßMAUL (1982:112-114), welche für ihr nachstehendes Satzbeispiel auf Grammatiken von QUIRK/GREENBAUM und ERBEN verweisen[110].
>
> Man stelle sich vor: **Es ist die Rede von** *Dylan Thomas,* dem englischen Schriftsteller. Biographische Daten werden genannt, unter anderem auch sein *Geburtsort.* In diesem Zusammenhang ist ein Satz denkbar wie
>
> (a) *Dylan Thomas was born in Swánsea.*
> (b) *Dylan Thomas wurde in Swánsea geboren.*
>
> Den höchsten Mitteilungswert hat hier *Swansea,* was in <u>gesprochener Sprache</u> im <u>Deutschen und Englischen</u> durch den Akzent am Satzende zum Ausdruck kommt. In dem Beispiel ist *Dylan Thomas* leicht interpretierbar, denn der Inhalt dieses Zeichens ist im Vorhergehenden schon erarbeitet worden und nunmehr der bekannte Ausgangspunkt, das Thema. *Swansea* dagegen ist schwerer interpretierbar, denn der Inhalt dieses Wortes wird vom Leser in diesem Kontext erstmals erarbeitet, es ist Rhema, neue Information.
>
> Doch der **Kontext kann sich ändern**. Wenn z.B. von *Swansea* die Rede ist und gefragt wird, welche *berühmten Leute* dort geboren wurden, ändert sich der Fokus. Der Geburtsort ist dann das bereits bekannte Thema, und die neue Information sind die Namen der dort geborenen Personen. In der <u>gesprochenen Sprache</u> lässt sich diese Fokussierung im <u>Deutschen und Englischen</u> wiederum durch die Betonung erreichen:
>
> (c) *Dylan Thómas was born in Swansea.*
> (d) *Dylan Thómas wurde in Swansea geboren.*
>
> In der <u>Schriftsprache</u> wird im <u>Deutschen</u> die Wortstellung verändert:
>
> (e) *In Swansea wurde Dylan Thomas geboren.*

---

[108] Vgl. hier auch die Darstellung der „mikrostrukturellen Perspektive" im aspektiven Lesen bei GERZYMISCH-ARBOGAST (1994:132) (s. Kap. 7.6).
[109] Es sind dies Verben wie *to be, contain, belong to, possess, enter, receive,* mit denen die Rollen von Subjekt und Objekt umgedreht werden.
[110] Vgl. R. QUIRK/S. GREENBAUM (1976): *A University Grammar of English.* London. – J. ERBEN (1980): *Deutsche Grammatik. Ein Abriß.* München.

Außerdem kann die Betonung durch lexikalische Mittel verwirklicht werden. Damit wird auch ein deutlicherer Kontrast zu anderen Kontextinformationen gegeben, wie etwa, was in Swansea alles wichtig ist:

(f)   *In Swansea wurde nämlich Dylan Thomas geboren.*
(g)   *In Swansea, und nirgendwo sonst, wurde Dylan Thomas geboren.*

Im Englischen muss man andere Mittel verwenden, z. B. die sog. konversen Verben. So bietet sich hier an:

(h)   *Swansea was the birthplace of Dylan Thomas.*

Und noch ein **anderer Kontext** ist denkbar: Bei einem Literaturquiz wird die Frage gestellt, welcher *bekannte Schriftsteller* in Swansea geboren wurde. Jemand behauptet, es sei Roald Dahl. Ein anderer widerspricht ihm und nennt Dylan Thomas. In der gesprochenen Sprache können dann wiederum die Sätze (c) und (d) erscheinen. Die Implikation „nicht Roald Dahl wurde in Swansea geboren" läßt sich aber noch deutlicher im Englischen mit den beliebten „cleft sentences" ausdrücken:

(i)   *It was Dylan Thomas who was born in Swansea.*

Auch im Deutschen ist dies möglich:

(j)   *Es war Dylan Thomas, der in Swansea geboren wurde.*

Allerdings wird im Deutschen diese Hervorhebungsformel vornehmlich in Verbindung mit dem Subjekt verwendet, im Englischen dient sie zur Hervorhebung aller Satzglieder, also auch des Objekts oder einer Umstandsbestimmung, wie folgender Satz zeigt:

(k)   *It was in Swansea that Dylan Thomas was born.*

Entscheidend ist stets die analytische Frage nach Thema und Rhema im Vergleich zum vorangegangenen Kontext.

8.4   Textsorten durch Kommunikationskonventionen

Die Frage nach sprachlichen Signalen der Pragmatik und beschreibbaren Textformen führt zur Beobachtung wiederkehrender textinterner Strukturen, aufgrund derer sich Texte gruppieren lassen, so zum Beispiel die Invarianten der Textgliederung (s. Kap. 7.3), die jedoch auch mit bestimmten wiederkehrenden Gebrauchssituationen verknüpft sind.

Nun hat die Sprachwissenschaft bis heute noch keine allgemein akzeptierte Textsortendefinition erarbeiten können. Begriffe wie *Text, Textsorte, Textart, Textkategorie, Textgattung, Texttyp, Textklasse, Textbereich, Textgruppe* usw. werden höchst uneinheitlich verwendet. Es hat sich jedoch ein gewisser Konsens darüber herausgebildet, dass zur Beschreibung von Textsorten sowohl „textinterne" (sprachliche) als auch „textexterne" (situative) Merkmale zu berücksichtigen sind. Textsorten sind demnach überindividuelle Sprech- oder Schreibakttypen, die an wiederkehrende Kommunikationssituationen gebunden sind und bei denen sich aufgrund ihres wiederholten Auftretens charakteristische Kommunikations- und Textgestaltungsmuster herausgebildet haben. Nicht jeder Situation entspricht also eine eigene Textsorte.

> Hochinteressant ist der **Paralleltextvergleich** am Beispiel von *Familienanzeigen*. Sie weisen sehr verschiedenartige formale und inhaltliche Konventionen auf, die auch innerhalb einer Sprachgemeinschaft regional variieren können. Ein textsortenadäquates Übersetzen verlangt die Orientierung an solchen üblichen Formeln in der Zielsprache.
>
> Bei der Textsorte *Resolutionen* sind im Deutschen für die Nennung der Beweggründe meist Präpositionalphrasen mit Verbalsubstantiv charakteristisch *(In der Erwägung, dass; Unter Hinweis auf; In Anbetracht)*, während im Französischen und Englischen Partizipialformen auftreten *(Rappelant, tenant note; recalling, taking note)*.

Als feste Formen öffentlicher und privater Kommunikation haben sich streng konventionalisierte „Gebrauchstexte" herausgebildet, wie z. B. Geburts- und Todesanzeigen, Kochrezepte, Wetterberichte, Kurzmeldungen usw., aber auch Textvorkommen wie Bericht, Predigt, Gebrauchsanweisung, Bedienungsanleitung, Zeitungsnachricht und anderes. Solche Bezeichnungen orientieren sich an den textexternen Situationsmerkmalen und der pragmatischen Funktion von Texten. Demgegenüber gehen in vortheoretische Einteilungen wie „ästhetische, deskriptive, narrative, expositorische, gebrauchssprachliche, fiktionale, juristische, kommunikative, literarische, protokollarische, religiöse, wissenschaftliche u. a. Texte" (LEWANDOWSKI 1975c:761) schon klassifikatorische Auffassungen ein, die freilich sehr unterschiedlich sind. Da das Sprachverhalten nicht nur syntaktischen Regeln der idiomatischen Besonderheiten folgt, sondern ebenso Textsortenkonventionen, sind diese – genauer, die kontrastive Beschreibung von Textsorten – für den Übersetzer von Belang.

Wenn es um Anweisungen, Warnungen oder Verbote geht, gibt es auch ganze abgeschlossene Texte, die einen bestimmten Sprechakt konstituieren. Öffentliche Anschlagtafeln, Warnhinweise oder Schilder sind solche „performativen Texte" Darauf hat Mary SNELL-HORNBY (1984) hingewiesen. Sie hat englische und deutsche Schildertexte in einer Paralleltextanalyse untersucht und dabei wesentliche Unterschiede zwischen den beiden Sprachen festgestellt, welche für den Übersetzer solcher Texte wichtig sind.

Während die soziale Relation zwischen Verfassern und Lesern solcher Texte in beiden Kulturen im Zusammenhang mit Bitten, Aufforderungen, Warnungen und Verboten die gleiche ist, unterscheiden sich beide Sprachen wesentlich in der Art der Identifikation des Adressaten in seiner Rolle und von dessen Personalisierung durch Pronomina. So wird dieselbe kommunikative Funktion mit unterschiedlichen sprachlichen Formen realisiert.

> **Beispiel**
> Im Bereich Warnung und Verbot bevorzugt das *Englische* Imperative und Anrede des Lesers, während im *Deutschen* unpersönliche Nomina gebräuchlich sind, wie folgende Beispiele zeigen:
>
> *(1) Passengers entering or leaving the bus while it is in motion do so at their own risk.*
> *(2) Privatgrundstück. Benutzung auf eigene Gefahr.*
>
> Die Adressaten-Identifizierung zeigt sich im *Englischen* auch in der Verwendung des Nominalagens, während im *Deutschen* das Verbalsubstantiv vorherrscht, vgl.
>
> (3) Hawker<u>s</u>, canvasser<u>s</u>, collector<u>s</u> not allowed. (4) Hausieren verboten.

Ein weiterer Unterschied zwischen den beiden Sprachen ist das <u>Fehlen von Modalverben</u> im *Deutschen* im Gegensatz zum Englischen:

(5) *No person shall carry or consume intoxicating liquor in this park.*
(6) *Die Mitnahme von Tieren in die Mensa ist nicht gestattet.*
(7) *Children must not ride on the elevator unless they are accompanied by an adult.*
(8) *Das Spielen der Kinder auf Hof, Flur und Treppe ist im Interesse aller Mieter untersagt.*
Neuerdings aber:
(8a) *Wir (Hunde) müssen draußen bleiben.*

Doch der wesentlichste Unterschied liegt in den <u>verschiedenen Formen des Imperativ-Gebrauchs</u> im *Deutschen*. Das *Englische* hat nur eine Form des aktiven Imperativs 2. Person, und diese ist zugleich die unmarkierte Grundform des Verbs. So gibt es keinen formalen Unterschied zwischen „Keep still" als Befehl an ein Kind, und „Keep left" als Straßenschild. Hier wird der Adressat in beiden Fällen in gleicher Form angeredet. Diese eine <u>unmarkierte Form</u> im Englischen korrespondiert <u>funktional mit vier Formen</u> im Deutschen, von denen drei durch die verschiedene Anredeform (du, ihr, Sie) markiert sind. Beispiele für <u>Aufforderungen</u>:

(9) *Einfahrt freihalten!*
(10) *Ruf doch mal an!*
(11) *Schützt dieses Telefon! Es kann Leben retten.*
(12) *Bitte halten Sie den Raum zwischen Fahrer und Tür unbedingt frei.*

Festzustellen ist auch, daß <u>Verbote</u> in beiden Sprachen kaum mit dem verneinten Imperativ (Nicht füttern! Do not feed) verbalisiert werden, sondern eher mit deklarativen Sätzen, wie in den Beispielen (3) - (8).

Für die Übersetzungswissenschaft ergibt sich hieraus, dass die Situationsadäquatheit das wichtigste Kriterium bei der Übersetzung solcher Schildertexte ist. Eine Erhaltung der syntaktischen Struktur im Sinne einer wörtlichen Übersetzung kann dagegen nicht das Ziel sein. Schon VINAY/DARBELNET (1958:20) haben die schlechte Qualität kanadisch-französischer Straßenschilder moniert, die eine Übersetzung der in US-Amerika üblichen sind, aber von denen in Frankreich stark divergieren. Und wenn man 1976 bei der Schlussveranstaltung der Olympischen Winterspiele in Innsbruck auf einer riesigen Leuchtschrift „GOOD BYE IN LAKE PLACID" lesen konnte, so hatte sich der Übersetzer nur an das Wort: „Auf Wiedersehen in Lake Placid" gehalten. Hätte er nach der Situation gefragt, in der ein solcher Satz geäußert wird, dann hätte so etwas wie „We'll meet again in Lake Placid" herauskommen können.

8.5 Strategie des Übersetzens (Hönig/Kußmaul)

Den Gedanken der pragmatischen Einbettung konkret auf Texte anwendend, haben Hans G. HÖNIG und Paul KUßMAUL (1982) ein „Lehr- und Arbeitsbuch" zum Übersetzen vorgelegt. Anders als früher von einer didaktischen „Technik des Übersetzens" (s. Kap. 5.4) ist jetzt von einer „Strategie der Übersetzung" die Rede, wodurch der Handlungscharakter der Sprachverwendung im Übersetzen verdeutlicht wird. HÖNIG/KUßMAUL gehen sprachvergleichend von der Beobachtung aus, dass an bestimmten Stellen in der einen Sprache eine Markierung obligatorisch ist, in der anderen dagegen nicht, wie dies SNELL-HORNBY am Beispiel von performativen Texten gezeigt hat. Wenn man sich als Übersetzer nun ausschließlich „am Wort" orientiert, anstatt nach den Situationen des Gebrauchs zu fragen, gelangt man oft zu völlig unangemessenen Übersetzungslösungen.

Entscheidend ist vielmehr, zu fragen, für wen denn eine Übersetzung bestimmt ist. Die Bedeutung entsteht erst an dem Punkt, wo unsere Äußerungen vom jeweiligen Kommunikationspartner interpretiert werden. Die Kommunikation funktioniert nur unter der Voraussetzung, dass der Sender die möglichen Reaktionen seines Empfängers schon einplant – er stellt sich auf ihn ein. So sehen HÖNIG/KUßMAUL „den AS-Text nicht als ein fertiges Bedeutungsgefüge, sondern im wesentlichen als ein Angebot von linguistischen Instruktionen, das je nach Interesse und Situation des Übersetzers verschieden als Bedeutung realisiert wird" (1982:29). Die Autoren knüpfen damit indirekt an die Zeichentheorie von PEIRCE an, der die Zeichenbedeutung vom Empfänger her definiert hatte (s. Kap. 3.2). Die Bedeutung der in den Übersetzungstexten vorgefundenen linguistischen Instruktionen wird dann bei HÖNIG/KUßMAUL in mehreren Kapiteln abgehandelt.

1. Mit dem Verweis auf die Sprachpragmatik wird der Unterschied zwischen Sätzen und Äußerungen verdeutlicht (s. Kap. 8.1). Übersetzt werden im Allgemeinen nur Äußerungen, also „Texte-in-Situation". Ein und derselbe Satz in verschiedenen Situationen hat natürlich verschiedene Bedeutungen und wird unterschiedlich übersetzt, z.B. „*Ich bin fertig*" = a) *Ich kann nicht mehr.*
b) *Ich habe meine Arbeit beendet.*
Den Satz können wir nicht übersetzen, wohl aber die Äußerungen (*I've had it!* / *I have finished.*).

2. Diese Unterschiede liegen auch in kulturell verschiedenen Konventionen begründet. Dies wird am Beispiel des verschiedenartigen Aufbaus medizinischer Beipackzettel erläutert, wo es z. B. für die deutsche Textsorte mit ausführlichen detaillierten Texten keine Entsprechung im Englischen gibt[111]. Wenn nun ein Übersetzer einen solchen Text sorgfältig satzweise genau übersetzt, dann wirkt das Ergebnis befremdlich, und die Textsorte verliert „die Autorität der Texthandlung" (HÖNIG/KUßMAUL 1982:50). Entscheidend ist jeweils die spezifische Funktion einer Handlung in den verschiedenen Ländern.

3. Die soziokulturelle Einbettung eines Textes wird in diesem nur teilweise verbalisiert, der Grad der Differenzierung ist verschieden:

> Selbstverständlich läßt sich der notwendige Grad der Differenzierung immer nur für den jeweils zu übersetzenden Text festlegen. Er ist abhängig von der ersten strategischen Entscheidung des Übersetzers, nämlich der Definition des Übersetzungszwecks, also der Funktion des ZS-Textes. (...) Aus dieser kommunikativen Funktion leitet er den notwendigen Grad der Differenzierung ab, indem er die relevante Grenze zwischen Verbalisierung und soziokulturellem Situationshintergrund im AS-Text bestimmt, und dann als Sender des ZS-Textes

---

[111] Dort muss der Arzt oder Apotheker den Gebrauch des Medikaments und die Gefahren erläutern. Vgl. HÖNIG/KUßMAUL (1982:48).

auf dem Hintergrund der soziokulturellen Situation seiner Adressaten den notwendigen Grad der Differenzierung seiner Verbalisierung festlegt (1982:58).

Viele Bedeutungspotenzen eines Wortes im AS-Text werden danach in der Übersetzung gar nicht verbalisiert. „Nicht der 'Grad der Übereinstimmung mit dem Original' kann deshalb bei der Beurteilung einer Übersetzung herangezogen werden, sondern der notwendige Grad der Differenzierung muss beachtet werden" (1982:62). Dieser Grad kann unterschiedlich ausfallen. Als Maßstab dessen, was nötig ist, setzt KUßMAUL den Beitrag der lokalen Übersetzungslösung zum Verständnis des ganzen Textes innerhalb der jeweiligen Situation.[112]

4. Die Situation, in die ein Text eingebettet ist, ist für das Verständnis entscheidend. Dazu gehören die Faktoren soziale Relation, Vertrautheit zwischen Sprechern, geographische Herkunft und soziale Schicht eines Sprechers, Geschlecht und Anzahl der Gesprächsteilnehmer, Art des Mediums (geschrieben vs. gesprochen) sowie der Verwendungsbereich (Fachgebiet) des Textes. „Diese umfassende Situation beeinflußt die Sprache des Texts potentiell auf allen Ebenen" (1982:70).

5. Die außersprachlichen Faktoren wie kulturelle Konventionen, unterschiedlicher Differenzierungsgrad und Situation werden sodann durch die Sprachanalyse auf verschiedenen Ebenen ergänzt. Im Kapitel VII des zweiten Buchteils wird der Sprechakt und dessen illokutive Komponente als kommunikative Einheit betrachtet. Ausgehend von AUSTINS Theorie der Sprechhandlungen werden Illokutionsindikatoren in Texten diskutiert (s. Kap. 8.2) vor dem Hintergrund der Frage:

> Welche Hilfen gibt uns das Instrumentarium der Sprechakttheorie, um kommunikativ richtig zu Übersetzen? Anhand unserer Beispiele, die eine typische Auswahl von Übersetzungsschwierigkeiten bei Sprechakten darstellen, wurde deutlich, daß bestimmte sprachliche Formen besonders illokutionsoffenbarend sind (1982:83).

6. In Kapitel VIII wird das einzelne Wort als Träger von Bedeutung ins Auge gefasst und der „Vorgang des Auswählens zwischen verschiedenen Sememen" beschrieben (s. Kap. 3.6). Eine Wortbedeutung in Sätzen ist ja niemals so vage wie die Abstraktion im Wörterbuch, sondern stets vom Kontext monosemiert. Zu den sog. lexikalischen Lücken als 1:0-Entsprechungen (s. Kap. 4.3) stellen HÖNIG/KUßMAUL daher richtig fest:

> Für die kontrastive Semantik und die Wortfeldbetrachtung sind diese Fälle zweifellos interessant, für das Übersetzen aber sind sie im Grunde nur ein Scheinproblem, das daher rührt, daß Entsprechungen auf Wortebene gesucht werden. Sobald wir aber die Abstraktionsphase der Differenzierung in Sememe und Seme durchlaufen, sind wir in der Lage, die jeweils richtige Entsprechung zu finden, denn dann ist unser Blick nicht mehr auf Einzelwörter fixiert. „Lexi-

---

[112] Vgl. Paul KUßMAUL (1986): „Übersetzen als Entscheidungsprozeß. Die Rolle der Fehleranalyse in der Übersetzungsdidaktik." In: *Übersetzungswissenschaft - Eine Neuorientierung*. Hrsg. v. M. SNELL-HORNBY. Tübingen 1986, 206-229, S. 210.

kalische Lücken" lassen sich beim Übersetzen ohne Schwierigkeiten schließen (1982:93).

7. Das Kapitel IX widmet sich den Fragen von Satzbau und Bedeutung. Eine Schwierigkeit bilden grammatische Unterschiede in Sprachenpaaren, z. B. englische Partizipialkonstruktionen (s. Kap. 7.2). Eine andere sind die Formen der Betonung oder Fokussierungsstrukturen (s. Kap. 8.3). Die einzelnen Kapitel werden jeweils durch Übungsfragen ergänzt.

KOMMENTAR

Die Sprechakttheorie ist für das Übersetzen interessant, weil damit bestimmte performative Strukturen in Texten linguistisch beschrieben werden können, aber auch wegen ihres Verweisens auf die außersprachliche Situation und den Handlungscharakter der Rede. So haben HÖNIG/KUßMAUL konsequent die pragmatische Dimension in ihre Übersetzungstheorie einer „Strategie" einbezogen und damit die Aporien der auf die „Oberflächenstrukturen" fixierten Übersetzungswissenschaft aufgebrochen und den Weg für eine Weiterentwicklung der Übersetzungstheorie aufgezeigt. Mehr als eine Sensibilisierung des Übersetzers konnte freilich noch nicht geleistet werden, denn Illokutionsindikatoren in Texten sind erst in Ansätzen erforscht. Auch stellen sie keineswegs das einzige wichtige Element in Texten dar, zumal wenn man unterschiedliche Textsorten betrachtet. Durch die Ansammlung verschiedenster Einzelfallexempel, vorwiegend aus Übersetzungsklausuren, wird nicht unbedingt der Blick aufs Textganze geschärft. Die funktional orientierte „Strategie der Übersetzung" dürfte wohl vor allem für Gebrauchstexte anwendbar sein, weniger jedoch für Lyrik und ähnliches. Es zeigen sich die Grenzen einer mit dem linguistischen Instrumentarium arbeitenden Übersetzungswissenschaft.

LEKTÜREHINWEISE

John L. AUSTIN (1972): *Zur Theorie der Sprechakte*. Stuttgart.
Manfred BRAUNROTH u. a. (1978): *Ansätze und Aufgaben der linguistischen Pragmatik*. Kronberg/Ts.
Hans G. HÖNIG/Paul KUßMAUL (1982): *Strategie der Übersetzung. Ein Lehr- und Arbeitsbuch*. 41996, Tübingen.
John R. SEARLE (1971): *Sprechakte. Ein sprachphilosophischer Essay*. Frankfurt/M.
Ludwig WITTGENSTEIN (1953): *Philosophische Untersuchungen - Philosophical Investigations* (D - E). Teil I, Oxford.

9 Die Rolle der literarischen Übersetzung

> *Literarische Texte zeichnen sich durch besonders kreative Gestaltung aus. So gilt vielen deren Übersetzung als eine „Kunst". Die Übersetzung ist aber auch Gegenstand deskriptiver Untersuchung, wobei vorliegende Übersetzungen im Rahmen einer Kultur untersucht werden, was zur Beschreibung von typischem Übersetzerverhalten sowie von Wirkungen literarischer Übersetzungen führt. Ein spezielles Interesse gilt in den „Translation Studies" der literarischen Übersetzung als Teil des Polysystems einer zielsprachlichen Nationalliteratur. Der SFB in Göttingen arbeitete an einer Kulturgeschichte der Übersetzung.*

9.1 Literarische Qualität in Übersetzungen (Levý, Popovič)

Während literarische Texte in der Vergangenheit vor allem unter ästhetischen und intuitiven Gesichtspunkten behandelt worden waren und deren Übersetzung als eine „Kunst" galt (vgl. KLOEPFER 1967), hatte sich die Übersetzungswissenschaft im Blick auf Texte produktionsorientiert-präskriptiv am Ideal der inhaltlichen und formalen Entsprechung ausgerichtet, wie in den vorangehenden Kapiteln dargestellt wurde. Den Forschungsgegenstand bildeten dort weithin gebrauchssprachliche und fachsprachliche Texte, und man hatte auch schon früh die Untersuchung literarischer Texte ausgeklammert, denn hier herrsche ein „freies Spiel sprachgestalterischer Kräfte", dessen Ergebnis „unter dem Äquivalenzaspekt nur begrenzten Aufschlußwert" habe (WILSS 1977:181).

Literarische Texte zeichnen sich eben durch besondere Eigenschaften aus, deren Vorkommen und Wirkung auch in Übersetzungen analysiert werden kann, wobei es nicht um statische Bewertung der „Äquivalenz", sondern um Beschreibung dynamischer Übersetzungslösungen geht, wie auch schon die Rede vom „expressiven Texttyp" andeutete (s. Kap. 7.4). Bei der Frage nach den formalen Besonderheiten, welche die „Literarizität" ausmachen, wird u. a. auf Jiří LEVÝ (1969) verwiesen, der eine normative Theorie des literarischen Übersetzens anstrebt.[113] Er isoliert und betrachtet systematisch bestimmte Oberflächenstrukturen an Texten, wie etwa Aspekte von Rhythmus, Klang, kreative Formen und Normabweichungen, die diese als „literarisch" im Gegensatz zu gewöhnlichen Texten auszeichnen. LEVÝ definiert diese literarischen Merkmale als Elemente innerhalb eines semiotischen Systems, in Relation zu anderen Textsegmenten (synchronisch) und zu anderen Wörtern in Texten der literarischen Tradition (diachronisch), und gründet darauf seine Forderung nach einem Transfer der Literarizität im Übersetzen. Ob diese künstlerische Entsprechung gelingt, hängt allerdings entscheidend vom literarischen Einfühlungsvermögen des Übersetzers, von dessen Fähigkeiten zum Aufspüren und zur Wiedergabe der literari-

---

[113] Über seine Stellung im Rahmen des „Russischen Formalismus" unterrichtet Erich PRUNČ (2007:202-214).

schen Qualitäten eines Textes ab. Aus diesem Grund sind für LEVÝ „(...) die vergleichende historische Poetik und eine Analyse des Anteils des Übersetzers am übersetzten Werk die Voraussetzungen für die literaturwissenschaftliche Theorie der Übersetzung" (1969:24), die für ihn eine „illusionistische" ist:

> Der illusionistische Übersetzer verbirgt sich hinter dem Original, das er gleichsam ohne Mittler dem Leser mit dem Ziel vorlegt, bei ihm eine übersetzerische Illusion zu wecken, die Illusion nämlich, daß er die Vorlage lese. In allen Fällen handelt es sich um eine Illusion, die sich auf ein Einvernehmen mit dem Leser oder mit dem Zuschauer stützt: Der Theaterbesucher weiß, daß das, was er auf der Bühne sieht, nicht die Wirklichkeit ist, er verlangt jedoch, daß es wie die Wirklichkeit aussehen soll; der Romanleser weiß, daß er eine gedachte Geschichte liest, aber er fordert, daß der Roman sich an die Regeln der Wahrscheinlichkeit hält. So weiß auch der Leser einer Übersetzung, daß er nicht das Original liest, aber er verlangt, daß die Übersetzung die Qualität des Originals beibehalte (LEVÝ 1969:31f).

In solch einer Vorstellung sind Textveränderungen aufgrund der verschiedenen Sprachsysteme im Dienst der Illusion oft unumgänglich, wenn der Übersetzer ein Ausdruckselement durch ein anderes ersetzt oder eines erfindet. LEVÝ fordert die Erhaltung der Wirkung eines Werks als „die Wahrung seines Wertes für den Aufnehmenden" (1969:32) und begründet diese Methode mit der Besonderheit des Entstehungsprozesses von Werk und Übersetzung. LEVÝ sieht im Kunstwerk nämlich eine subjektive Interpretation der objektiven Wirklichkeit, sozusagen das Ergebnis eines Schöpfungsvorgangs, in dem ein bestimmter ideal-ästhetischer Inhalt durch die Sprache realisiert wird (s. Kap. 2.3). Diese Interpretation der Wirklichkeit durch den Originalautor ist die „Information", die das Werk im engeren Sinne darstellt. Und diese Information ist es, was der Übersetzer übertragen soll, während die Form nur dann bewahrt werden muss, wenn sie eine bestimmte semantische Funktion hat.

Ausgangspunkt ist also nicht der Text des Werkes, sondern dessen inhaltlich-ästhetischer Wert. Die Konkretisierung des Autors von Inhalt und Form im Material der Sprache erfolgt durch den Leser und dann durch den Übersetzer. Dessen Konzept im sprachlichen Ausdruck ist ein subjektiver Faktor, der wiederum auch zeitbedingt ist wie die Konzeption des Autors selbst.

> **Die Sprache formt die Gedanken materiell aus und leitet zu spezifischen Ausdrucksformen hin.** Gleichzeitig erweitert die Zielsprache durch Assoziationen den Bedeutungsbereich der originären Konzeption. Solches geschieht z. B. wenn bestimmte Reimverbindungen Bedeutungskombinationen bewirken, die in einer anderen Sprache so nicht nachvollziehbar sind. (Im Englischen lassen sich solche Kombinationen etwa zwischen *„womb-tomb"* und *„Jove-dove"* herstellen, was woanders keine Entsprechung findet.)
> Der Einfluss, den die Sprache auf das Werk ausübt, ist auch von Autor zu Autor verschieden. Manche Autoren versuchen die Grenze ihrer Sprache zu durchbrechen. Andere nutzen gerade die Besonderheiten der jeweiligen Sprache, um die spezifischen Möglichkeiten derselben auszukosten. Weil nun aber die Übersetzung ihren eigentlichen Wert erst in der Lektüre eines Lesers gewinnt, muss der Übersetzer stets auch mögliche Adressaten im Auge behalten, so zum Beispiel bei der Übersetzung für Kinder. Es ist Aufgabe der Übersetzung, die Unterschiede, die durch die verschie-

> denen Sprachen und Bewusstseinsinhalte der Leserkreise entstehen, so klein wie möglich zu halten. Subjektive Eingriffe von Seiten des Übersetzers sollten möglichst vermieden werden.
> Dabei kann der Übersetzer dem übersetzten Text, so LEVÝ, durchaus eine neue Sicht verleihen – wenn er sich dessen **ideologischer Grundlage** bewusst ist (so z. B. wenn marxistisch-leninistische Übersetzer die Elemente eines Werkes, die eine Sozialkritik ausdrückten, besonders dynamisch und verständlich übersetzten um jenes ideologisch-zeitkritische Anliegen deutlich zu machen), – ohne dass die Vorlage dadurch verfälscht wird (LEVÝ 1969:163). Auch dem Übersetzer von Poesie räumt LEVÝ durchaus die Freiheit ein, durch stilistische Veränderungen seine Auffassung deutlich zu machen. Nie dürfe er jedoch seine Eingriffe soweit gehen lassen, dass Kürzungen oder Ergänzungen am Original vorgenommen werden.
> Doch es gibt auch zeitbedingt **unterschiedliche Übersetzungstraditionen** (LEVÝ 1969:28). Da der Übersetzer eigentlich Autor seiner Zeit und seiner Nation sei, könne seine Poetik als Ausdruck der Unterschiede zwischen den Poetiken zweier Völker und zweier Epochen analysiert werden. Schließlich könne das übersetzte Werk als Ausdruck der gewählten Übersetzungsmethode, als Ausdruck einer bestimmten Übersetzungsnorm und einer bestimmten Entwicklungsstufe der Übersetzung betrachtet werden. Jede Nationalliteratur hat nämlich nicht nur eine literarische sondern auch eine eigene Übersetzungstradition.

Im Verhältnis der Sprachen zueinander muss man also bedenken, dass sich die Bedeutungen und ästhetischen Werte der Sprachen nicht decken, sodass eine gute Übersetzung immer einen Kompromiss verlangt, bei dem der Übersetzer seine Möglichkeiten ausweitet, indem er die nicht-äquivalenten Ausdrücke zu kompensieren sucht und latente Werte der Sprache des Originalwerks mit der eigenen Sprache ausdrückt. Der Übersetzer ist damit bisweilen gezwungen, die Grenzen der heimischen Literatur(sprache) zu durchbrechen. Der Stil des Übersetzers ist so von der Vorlage gekennzeichnet, welche die Übersetzung direkt oder indirekt zu beeinflussen vermag.

Schließlich muss der Übersetzer sich bewusst sein, dass er einen Gedanken in einem Material zu formen hat, in dem er nicht geschaffen worden war. Der sprachliche Ausdruck ist deswegen nicht absolut, sondern stellt immer nur eine konkretisierte Möglichkeit dar. Damit eine Übersetzung einen Gedanken reproduzieren kann, muss der Übersetzer zuweilen bestimmte Manipulationen durchführen, d. h. Kompromisse eingehen, um Konstruktionen wiederzugeben, die die übersetzende Sprache nicht bietet.

Die wahre Kunst der Übersetzung beginnt dort, wo sich dem Übersetzer mehrere stilistische Möglichkeiten als Lösungen bieten und er nach den Erfordernissen des Kontexts zwischen ihnen entscheiden kann. LEVÝ beschreibt als Gegenstand wissenschaftlicher Analyse den „Weg zwischen Ausgangspunkt und Ergebnis des Entstehungsprozesses" (1969:160ff). Aus den Auslassungen oder Hinzufügungen semantischer Einheiten, deren Umgruppierung und einer Veränderung der strukturellen Beziehungen, soll letztendlich das Licht „auf den Urheber, d. h. auf die Struktur der literarischen Persönlichkeit des Übersetzers" (1969:160) fallen. Dabei sollte der Analytiker jedoch nicht übersehen, dass sich im übersetzerischen Werk eines Autors auch Entwicklungen feststellen lassen und „daß sich manchmal sein Stil, sein Geschick, seine übersetzerische Ästhetik und seine Ansichten über die übersetzte Literatur verändert haben" (LEVÝ 1969:168).

Schließlich sollte eine Übersetzungsanalyse auch untersuchen, welche „Rolle die Übersetzung als Bestandteil der Nationalliteratur spielt" (1969:169), weil auch dies Auskunft über den Grund für die Wahl des Werkes und der eingesetzten übersetzerischen Mittel geben kann. Ferner sieht LEVÝ in der „Feststellung der Methoden der einzelnen Epochen und Schulen, der Beziehung der Übersetzungsmethode und -ästhetik zur Methode und Ästhetik der Originalliteratur in der betreffenden Epoche, und schließlich in der Periodisierung der Entwicklung der Übersetzungsmethoden und -theorien" (ibid.) das Hauptziel einer Übersetzungsanalyse.

Nun unterliegen eben stilistische Eigenschaften im Laufe des historischen Wandels auch verschiedenen Interpretationen. Solche Normen wären zu berücksichtigen, will man Aussagen über die Deutungsfähigkeiten des Übersetzers machen. Entsprechende Untersuchungen unternimmt Anton POPOVIČ und beobachtet Ausdrucksverschiebungen (*shifts*):

> Each individual method of translation is determined by the presence or absence of shifts in the various layers of the translation. All that appears as new with respect to the original, or fails to appear where it might have been expected, may be interpreted as a shift (1970:78).

> Die Veränderungen [durch Weglassung oder Modifizierung] werden entweder durch objektive Faktoren (sprachliche Unterschiede oder Unterschiede im stilistischen und kulturellen Kontext) oder durch subjektive Faktoren (stilistische Präferenzen des Übersetzers) verursacht" (POPOVIČ 1977:97)

Letzteres wäre als positives Merkmal der Kreativität eines Übersetzers zu beurteilen. Derartige „Abweichungen" wurden natürlich von jeher festgestellt (s. Kap. 4.4 und 5.1), doch wurden sie früher als bewusste oder unvermeidliche Verzerrung gesehen oder nur der Inkompatibilität zwischen zwei Sprachen zugeschrieben. POPOVIČ akzeptiert nun die Unmöglichkeit des Erreichens eines voll „äquivalenten Textes" und entwickelt eher eine Theorie zur Erklärung solcher Nichtidentität, etwa anhand bestimmter literarischer Normen der Empfängerkultur.

Bei seinen Entscheidungen steht der Übersetzer nach POPOVIČ im Spannungsfeld zwischen dem Autor und dem virtuellen Leser der Übersetzung. Die Konfrontation von Original und Übersetzung schließt jedoch auch eine soziologische Dimension ein. Die Übersetzung ist eine Begegnung zwischen dem „wir" und dem „sie", dem was „eigen" und dem was „fremd" ist als „Konfrontation der zwei Kulturen" (POPOVIČ 1977:105). Und diese soziologische Komponente wird bereits vor dem Beginn des Übersetzungsprozesses geortet: Schon die „Auswahl eines Werkes für die Übersetzung wird von sozialen, kulturellen, politischen und ökonomischen Faktoren ebenso beeinflußt wie von literarischen" (POPOVIČ 1977:96).

Es wird deutlich, dass literarische Übersetzungen nicht ausschließlich nach dem Äquivalenzmaßstab erörtert werden können, sondern dass hier ein neuer Blick auf die pragmatische Einbettung des gesamten Übersetzungsvorgangs notwendig ist. In späteren Theorien werden diese Gedanken weiter ausgeführt.

9.2 Literarische Übersetzung als Mimesis (Steiner)

Eine Sonderstellung nimmt George STEINER mit seinem 1975 erschienenen sprachtheoretischen Hauptwerk *After Babel. Aspects of language and Translation* ein, das auch in deutscher Übersetzung vorliegt (STEINER 2004). Seine Grundthese lautet, dass eigentlich alles Verstehen und Interpretieren ein „Übersetzen" sei. Übersetzen wird somit zur zentralen Metapher seines Denkens: Indem wir sprechen und verstehen, übersetzen wir: Man „übersetzt" die eigenen Gedanken in ein artikuliertes Zeichensystem, Texte aus früheren Epochen in die Sprache der Gegenwart, und aus entfernten Kulturen in die eigene usw., denn Übersetzen ist „formal wie ebenso praktisch Teil eines jeglichen Kommunikationsaktes" und „Bedeutungen zu hören, heißt übersetzen" (STEINER 2004:v). STEINER setzt also Reden, Verstehen und Übersetzen in eins: „Innersprachlich wie zwischensprachlich ist menschliche Kommunikation Übersetzung. Wer sich auf das Problem des Übersetzens einläßt, betreibt damit Sprachforschung" (ebd., 48).

Sein Beitrag zum übersetzungstheoretischen Denken ist der Entwurf eines Prozessmodells des Übersetzungsaktes, das er in der Tradition der Hermeneutik situiert (STEINER 2004:320). Im hermeneutischen (verstehensbasierten) Vorgang des zwischensprachlichen Übersetzens identifiziert STEINER vier Phasen, nämlich Sinnvertrauen, Aggression, Einverleibung und ein Ausgleichsstreben. Die Bezeichnung dieser aufeinander folgenden Phasen, deren Gesamtheit STEINER als *„hermeneutic motion"* definiert, lässt schon erkennen, dass damit kein streng theoretischer Anspruch verbunden ist. Sein Anliegen ist es vielmehr, den dynamischen hermeneutischen Akt von der Praxis des Übersetzens her darzustellen, und hierfür verwendet er eine sehr bildhafte Sprache, die im Bereich der Übersetzungswissenschaft wenig Anklang fand.

> **(1) Die erste Phase in STEINERS hermeneutischem Übersetzungsvorgang ist das *Sinnvertrauen*,** das er als „eine Vorleistung von Glauben an die Bedeutungshaltigkeit des Textes" (STEINER 2004:311) definiert. Dies steht in klarem Gegensatz zu Vorstellungen der Dekonstruktion (s. Kap. 2.6). Der Übersetzer begegnet der Textvorlage mit der Erwartung, dass „da etwas ist" (STEINER 2004:311), das der Übersetzung wert wäre. Dieser vorbehaltlose Glaube an die Sinnhaftigkeit von Texten, dessen Folge eine offene und höfliche Haltung (*cortesia*) ihnen gegenüber ist, hat komplexe Grundlagen: Er beruht auf der Annahme einer fundamentalen Kohärenz der Welt bezüglich ihres symbolischen und logischen Aufbaus, eine Annahme, die ihrerseits in einer transzendenten Untermauerung begründet liegt.
> Das Vertrauen in die Sinnhaftigkeit von Texten kann jedoch in manchen Fällen auch auf die Probe gestellt werden: wenn „etwas" „schlechthin alles" bedeuten kann wie in manchen Teilen der mittelalterlichen Bibelexegese, bzw. wenn „etwas" eigentlich „nichts" bedeutet, wie beispielsweise in der Nonsense-Dichtung. In all seinen Schattierungen befindet sich dieser erste Schritt im hermeneutischen Übersetzungsprozess also durch seinen Überschuss an Glaubensinvestition in den Vorlagetext in einem Ungleichgewicht.
>
> **(2) Die passive Haltung der ersten Phase wird in einem zweiten Schritt ausgeglichen durch einen aktiven Zugriff in *Aggression*:** Übersetzen sei eine Invasion in die Welt und Substanz der Textvorlage mit dem Ziel der Aneignung („Einverleibung") von dessen Sinn. STEINER begnügt sich nicht damit, die aktive Dimension des Interpretationsvorgangs im Übersetzen hervorzuheben, sondern spricht in einer eindeutig

kriegerischen Metaphorik von einer gewaltsamen Aneignung des Textsinns: „Die zwischensprachliche Übersetzung ist ausdrücklich ein aggressives ‚erschöpfendes' Einkreisungsmanöver, nach dessen Gelingen der Übersetzer als siegreicher Eroberer die fremde Bedeutung als Gefangenen nach Hause bringt" (STEINER 2004:313). Dies hat **Konsequenzen für den Text**. Der „Beutefeldzug" der Übersetzung hinterlässt einen desolaten Anblick des Originals, denn durch den Akt der „Sinnentnahme" wurde das Original quasi seziert, „die lebendigen Schichten sind entblößt" (ibid.). Ein anderes suggestives Bild ist hier das von einem „ausgeplünderten Stollen", der „als häßliche Narbe in der Landschaft zurückbleibt" (2004:314). Der lebendige Organismus des Ausgangstextes liegt nun leichenhaft vor und eine solche Degradierung kann nur Trauer auslösen: „die ‚tristitia' des heiligen Augustinus, die auf die verwandten Akte erotischer und geistiger Besitzergreifung folgt" (STEINER 2004:313). Auf der Seite des Eroberers, d. h. des Übersetzers, herrscht Traurigkeit: Die Übersetzung hat noch nicht die Lebendigkeit des Originals erreicht. In dieser Phase des Übersetzungsvorgangs ist somit das Ungleichgewicht zwischen Ausgangs- und Zieltext sehr deutlich spür- und messbar: „Der Text in der anderen Sprache ist materiell ‚dünner' geworden, das Licht scheint unbehindert durch das poröse Gewebe" (ibid.). Die Überhellung des Originals hat eine Substanzveränderung bewirkt, die Übersetzung ist noch nicht gelungen.

STEINER macht an dieser Stelle noch auf zwei **mögliche Konsequenzen außerhalb** der übersetzenden Aggression aufmerksam: Manche Texte oder ganze Gattungen würden durch Übersetzung ausgeschöpft und überlebten in der Zielkultur nicht, andere wiederum überbieten das Original und erlangen in der Übersetzung eine höhere ästhetische Qualität als Ergebnis eines „Paradoxons des Verrats durch Verklärung" (STEINER 2004:314).

(3) Die dritte Phase im hermeneutischen Übersetzungsprozess ist die *Einverleibung* des Neuerwerbs. Diese Assimilierung ist bei STEINER ein prozesshafter und energetischer Vorgang: Die Wechselwirkung zwischen Originaltext und Translator, Empfängersprache und -kultur wird mit den Metaphern der „eingeatmeten Stimme" (STEINER 2004:315) und des Energieaustauschs veranschaulicht. Dies kann von der „totalen Domestizierung" bis hin zur „permanenten Fremdheit" (ebd., 314) reichen. Die zweipolige **Wirkung der Assimilierung** im Steinerschen Modell ist mit unterschiedlicher Intensität auf verschiedenen Ebenen zu beobachten: auf den Übersetzer selbst aber auch auf die Zielsprache und -kultur.

Der **Übersetzer** kann durch die Konfrontation mit einem fremdsprachigen Text innerlich bereichert werden, indem sich ihm eine neue Welt und ein neuer sprachlicher Ausdruck auftun, aber er kann auch überwältigt werden. „Seine Tätigkeit bereichert seine Mittel, ermöglicht ihm die Inkarnation alternativer Energien und Quellen der Empfindung, aber sie kann ihn auch übermannen und lähmen" (STEINER 2004:315). Das aufschlussreichste Beispiel, das sich hier anbietet, ist der Fall von Schriftstellern, die zugleich Übersetzer waren. Der Übersetzungsakt hat manche von ihnen (beispielsweise Plotin) dermaßen aus dem Gleichgewicht gebracht, dass sie aufs Übersetzen verzichten mussten, weil ihre eigene Stimme durch die fremde zu ersticken drohte. Unausgereifte Systeme werden unter dem Einfluss des fremden Guts dekonstruiert und verlieren somit ihre eigene Identität. Für die **Zielkultur** gilt: Quasistabile Ensembles vermögen zwar die Kraft neuer Gebilde zu verkraften, stoßen sie aber permanent als Fremdkörper ab (vgl. die abwehrende Haltung der europäischen Romantik gegenüber französischen neoklassischen literarischen Modellen des 18. Jahrhunderts), reife Sprachen und Kulturen erfahren dagegen einen Wertgewinn und eine Bereicherung durch die Zufuhr neuen Sprach- und Gedankenguts (z. B. die Luther-Bibel). Hier bezieht sich STEINER wiederum auf den transzendenten Bezug von Sprache, indem er den geglückten Akt der Einverleibung eines neuen Textes mit der symbolischen Einverleibung Jesu Christi in der eucharistischen Kommunion vergleicht (ebd., 314).

(4) Die ersten drei Phasen des hermeneutischen Übersetzungsvorgangs haben gezeigt, welchen Risiken Übersetzer, übersetzende Sprache und übersetzende Kultur ausgesetzt sind, wenn dieser Prozess unvollständig bleibt. **Das fundamentale Ungleichgewicht der ersten drei Phasen muss im Versuch der Schaffung von *Reziprozität* ausgeglichen werden:** Dem Original muss ersetzt werden, was es durch Übertragung verloren hat. So ist es die die Aufgabe der Übersetzung, dem Original dazu zu verhelfen, seine ursprüngliche Statur kenntlich zu machen. Der durch Übersetzung ausgeplünderte Originaltext soll durch das von der Übersetzung mitgebrachte Fortbestehen und Weiterwirken sein Prestige wiedergewinnen und sogar zu **weiterem Wachstum** gebracht werden: „Kein Zweifel: Echo bereichert, ist mehr als Schatten und lebloses Abbild. Wie ein Spiegel reflektiert die Übersetzung nicht nur, sie leuchtet auch selbst. Der Originaltext gewinnt durch verschiedene Verhältnisse und Abstände zwischen ihm und seinen Übersetzungen. Die Reziprozität ist dialektisch: Abstand und Nähe verändern das ‚Format' der Signifikanz. Manche Übersetzungen lassen uns von der Leinwand zurücktreten, andere stellen uns dicht vor sie hin" (STEINER 2004:317). Übersetzungen verhelfen also Originaltexten zu größerer Überlebensdauer und zu einer geographischen und **kulturellen Breitenwirkung**, die sie ohne Übersetzungen nicht gehabt hätten. (Kierkegaard, Ibsen, Strindberg haben Weltgeltung erst durch Übersetzungen erlangt.) Übersetzungen können auch die Bedeutung eines Werkes, die in der heimatlichen Kultur unterschätzt oder übersehen worden war, erst offenbaren. (Amerika hat Faulkner erst eigentlich nach seiner Übersetzung ins Französische zur Kenntnis genommen.) Manchmal erweisen sich fremde Kulturen aufnahmebereiter als die eigene.
Die Prägnanz eines Originals tritt folglich dialektisch im Vergleich mit seiner Übersetzung und durch Übersetzung deutlicher hervor. Wenn die Übersetzung qualitativ hinter dem Ausgangstext zurückbleibt, werden dessen Vorzüge umso mehr sichtbar. Wenn sie hingegen das Original qualitativ (z. B. auf stilistischer Ebene oder durch die Freilegung neuer Interpretationsmöglichkeiten) übertrifft, weist sie darauf hin, dass darin Sinnpotenzialitäten vorhanden waren, die es selbst noch nicht zum Erscheinen gebracht hat und die erst durch Übersetzung zutage getreten sind. Ein Original braucht eine Übersetzung, um sich selbst zu definieren in dem Sinne, dass seine Übersetzungen wie ein Spiegelbild die eigenen Konturen besser erkennen lassen.

Das **Postulat der Wiederherstellung des Paritätsverhältnisses** (im Sinne einer Gleichwertigkeit von Original und Übersetzung) als Endziel des Übersetzens führt zu einer Umwertung des Schlüsselbegriffs der übersetzerischen Treue (s. Kap. 6.3). Eine Übersetzung ist nach STEINER gut und gelungen nicht, wenn sie dem Wort oder dem Geist des Originals gerecht wird, sondern wenn sie den Sprung zum Ausgleich schafft: „Der Übersetzer, der Exeget, der Leser ist seinem Text nur dann getreu, gibt ihm verantwortlich Antwort, wenn er um das Gleichgewicht der Kräfte, die Wiederherstellung der intakten Präsenz bemüht ist, die er durch das aneignende Verstehen gestört hat" (STEINER 2004:319). Selbst wenn STEINER behauptet, dass ein solches „vollkommenes Double" (ibid.) nicht existiere, ist der ständige Bezug des Übersetzers auf diesen Idealfall seine vornehmliche, fast moralische Aufgabe. Als Beispiel „totaler Übersetzung" und von „bis auf die Spitze getriebener Mimesis" (2004:79) nennt STEINER Borges' Erzählung *Pierre Menard, autor del ‚Quijote'*.
Dies bleibt eine **Utopie**: „Die wirkliche Interlinearversion ist das letzte, nie erreichbare Ziel des hermeneutischen Aktes. ... Streng gedacht verkörpert sie jene Totalität von Verstehen und Reproduktion, jene äußerste Transparenz zwischen den Sprachen, welche ein Zeichen für die Rückkehr zum paradiesischen Unisono wäre" (STEINER 2004:322f). Und dies geht nur auf der Ebene des Wortes: „Nur das einzelne Wort kann man einkreisen und aufbrechen, auf dass es seine organische Einzigartigkeit enthülle" (ebd., 335). So steht diese Konzeption in der Tradition der formbetonten Übersetzung (s. Kap. 2.5). Bekannt ist STEINERS lapidare Bankrotterklärung an die Geschichte des Übersetzens: „Neunzig Prozent aller Übersetzungen seit Babel sind ohne Zweifel inadäquat, und so wird es wohl bleiben" (ebd., 382).

STEINERS Vorstellungen gründen in seinem Begriff von Sprache, deren Dynamik und Geschichtlichkeit er schon zu Beginn seines Werkes betont (2004:7-15). Und so ist eben auch das Verstehen und Übersetzen wesentlich vom geschichtlichen Wandel der Sprache getragen. Dabei ist ihm das Element der Privatheit in der Sprache wichtig: „Jede kommunikative Geste enthält einen Rückstand des Privaten" meint STEINER (2004:46) und wird nicht müde, Beweise für die „grandiose Ungezähmtheit" der Sprache zu bringen, die sie „erfinderisch und ausdrucksfähig für subjektive Absichten erhält" (2004:222). Die kreative Schöpfung in der Sprache ist ein Ausdruck der Individuation des Menschen, und durch die Übersetzung des Anderen, der im fremdsprachlichen Text präsent ist, gewinnt man einen neuen Zugang zum eigenen Selbstverständnis, das zu immer neuem Ausdruck drängt. „Die grandiose ‚Liederlichkeit' der natürlichen Sprache ist von unschätzbarem Wert für die Kreativität des inneren wie des nach außen gerichteten Sprachstroms" (STEINER 2004:236). Regeln und Grundsätze des Übersetzens, die aus der Praxis induktiv gewonnen werden könnten, bleiben im wesentlichen durch „Unbestimmtheit" (eabd., 291) gekennzeichnet und Übersetzen ist eine „exakte Kunst" (ebd., 311). Diese Auffassung fördert eine genieorientierte Einstellung literarischer Übersetzer, die jegliche Theorie ablehnen.

STEINERS Darstellung schwankt zwischen spekulativen Aussagen über den verstehenden Zugriff auf Texte und der Beschreibung von Wirkungen des Übersetzens auf den Übersetzer und seine Umwelt. Besonders im englischen Sprachraum ist STEINER wohlwollend rezipiert worden und war eine Fundgrube für vielerlei Forschungsarbeiten, die die kreative Entfaltung von Texten aufzeigen.

9.3 Manipulationistische Fallstudien (Bassnett, Hermans, Lefevere)

In Belgien und den Niederlanden entstand in den 1970er Jahren eine übersetzungstheoretische Schule, die Übersetzungsforschung als Teil der Vergleichenden Literaturwissenschaft (*Comparative literature*) betreibt. Diese Richtung ist mit Theoretikern wie André LEFEVERE und Theo HERMANS verbunden. Doch auch Forscher in England wie Susan BASSNETT, deren Buch (²1991) *Translation Studies* einen guten Überblick liefert, gehören dazu. Hier werden Übersetzungen, einfach so wie sie sind, anhand von Fallstudien analysiert, um daraus theoretische Rückschlüsse im Bereich von Literatur und Gesellschaft ziehen zu können.

Zugleich tritt man mit dem Anspruch auf, eine ganz neue Forschungsrichtung durch einen Paradigmenwechsel zu begründen, weshalb diese Studien „Translation Studies" genannt wurden.[114] Zwar lautet deren niederländische

---

[114] Der in Amsterdam lehrende amerikanische Übersetzer James S. HOLMES distanzierte sich von „Theorien" des Übersetzens, die oft bloß die Meinung des Verfassers wiedergäben, aber auch von „Wissenschaften" des Übersetzens, die sich oft kaum zur Untersuchung literarischer Texte eignen, und prägte stattdessen den Ausdruck „Translation Studies" für einen neuartigen Forschungsansatz. Vgl. James HOLMES (1972): *The Name and Nature of Translation Studies*. Amsterdam: Translation Studies Section, Department of General Studies, p. 8.

Bezeichnung „vertaalwetenschap", doch trotz der formalen Ähnlichkeit umfasst dieser Forschungsansatz etwas ganz anderes als die deutsche „Übersetzungswissenschaft", oder die Übersetzungsforschung im Allgemeinen, denn er beschränkt sich praktisch auf die Deskription literarischer Übersetzungen.[115]

Einige der lange Zeit kaum zugänglichen englischsprachigen Beiträge aus dieser Schule wurden von Theo HERMANS (1985) in einer Anthologie unter dem Titel *The Manipulation of Literature: Studies in Literary Translation* veröffentlicht, sodass dieser Ansatz nun breiter diskutiert wird, und bald wurde die Gruppe die „Manipulation School" genannt, und HERMANS schreibt auch in seiner Einleitung (1985:9):

> From the point of view of the target literature, all translation implies a degree of manipulation of the source text for a certain purpose.[116]

Der Herausgeber wendet sich ausdrücklich gegen Einflüsse der Linguistik und kennzeichnet die eigene Grundorientierung folgendermaßen:

> Linguistics had undoubtedly benefited our understanding of translations as far as the treatment of unmarked, non-literary texts is concerned. But as it proved too restricted in scope to be of much use to literary studies generally – witness the frantic attempts in recent years to conduct a text linguistics – and unable to deal with the manifold complexities of literary works, it became obvious that it could not serve as a proper basis for the study of literary translation either (HERMANS 1985:10f).

In den Translation Studies werden literarische Qualitäten an Texten im Rahmen der sie umgebenden Kultur und Sprache wahrgenommen. So können beispielsweise übersetzerische Präferenzen oder historische Normen des Literarischen in einer Empfängerkultur verdeutlicht werden. LEFEVERE schlägt vor, die das Übersetzen als Neuschreiben (*rewriting*) beeinflussenden externen Faktoren zu untersuchen und führt dazu den Begriff „Patronage" ein:

> The second control factor (…) will be called 'patronage' here, and it will be understood to mean something like the powers (person, institutions) that can further or hinder the reading, writing, and rewriting of literature. It is important to understand 'power' here in the Foucauldian sense, not just, or even primarily, as a repressive force (LEFEVERE 1992:15).

Es ergeben sich analytisch Regelhaftigkeiten des Übersetzerverhaltens, wie z. B. die Auslassung von Metaphern im Text als „Übersetzungslösung", oder der kompensierende Umgang mit fremdkulturellen Gegebenheiten, wie mit entsprechenden Untersuchungen nachgewiesen wird.[117] So können in diachroni-

---

[115] Wegen dieser Neuorientierung sollte der Ausdruck auch nicht unreflektiert als englische Übersetzung für dt. *Übersetzungswissenschaft* verwendet werden.

[116] Mit dem Akzeptieren von Textveränderungen steht die Manipulation School in diametralem Gegensatz zur linguistischen Übersetzungswissenschaft, die „Äquivalenz" auf möglichst vielen Ebenen anstrebt (s. Kap. 4.5) und Übersetzungsfehler untersucht (s. Kap. 5.4).

[117] Vgl. U. KJÄR (1988): „*Der Schrank seufzt*". *Metaphern im Bereich des Verbs und ihre Übersetzung.* Göteborg (Göteborger Germanistische Forschungen, 30). – Oder auch: Rudolf ZIMMER (1981): *Probleme der Übersetzung formbetonter Sprache.* Tübingen: Niemeyer. – Siehe auch: Birgit

scher Perspektive Übersetzungstraditionen und -normen analysiert werden, während andererseits die Leistung von Einzelübersetzern auch als von deren Situation beeinflusst gesehen werden kann. Man beobachtet deskriptiv ein Nebeneinander von Äquivalenz und tatsächlich empirisch nachgewiesener Beziehung zwischen zwei Texten:[118]

> The existing theories of translation (...) actually *reduce* 'translation' to 'translatability' (...) their notions are only *restricted* versions of a *general* concept of translatability because they always have some specified adequacy conditions which are *postulated* as the only *proper* ones, if not disguised as the only possible ones.

Texte werden als etwas Dynamisches und Produktives angesehen, wie auch STEINER es angedeutet hatte (s. Kap. 9.2). Dabei werden Veränderungen in Übersetzungen als gegeben hingenommen und dann in ihrer Eigenart analysiert, indem beispielsweise mehrere Übersetzungen eines Werkes miteinander verglichen werden, was breiten Raum für empirische Studien gibt. Auch kann etwa nachgezeichnet werden, wie eine Erstübertragung die nachfolgenden beeinflusst hat. Es gilt die Grundauffassung, dass es keine „Musterübersetzung" eines literarischen Textes gibt und dass die (manipulierende) Interpretation der Übersetzung daher auf dem Vergleich der „Funktion" des Textes als Original und als Übersetzung gründen müsse. Dies war provokativ weil es das Allerheiligste des kulturellen Selbstverständnisses betraf: die Vorstellung von den ewigen Werten, den Glauben an die überzeitliche Sinnstabilität literarischer Werke und an das schöpferische Genie, das diese Werke schafft. Allerdings ist nicht sicher, ob die Frage der Evaluation immer ganz ausgeklammert werden kann, oder ob nicht subjektive Vorstellungen des Übersetzungskritikers mit einfließen.

> **Beispiel**:
> BASSNETT (1980:88-91) führt diese Auffassung praktisch vor. In einer Analyse der Übersetzungsgeschichte **verschiedener Versionen von Catulls dreizehntem Poem** wird beispielsweise eine sehr weite Definition von „Funktion" verwendet, um die verschiedenen Versionen „objektiv" beschreiben zu können. Allerdings scheint die Verfasserin sich selbst von der Übersetzung durch Sir Walter Marris zu distanzieren, wenn sie wertend anmerkt, er "has fallen into the pitfalls awaiting the translator who decides to tie himself to a very formal rhyme scheme", und neigt wohl mehr einer anderen Version voller Hip-Jargon und Rock and Roll-Lyrik Frank Copleys zu, die angeblich "closer to the Latin poem than the more literal version by Marris" sei. Bei der Besprechung einer Version Ben Johnsons, der das Sonett in ein Gedicht mit einundvierzig Zeilen übertrug, heißt es: "it comes nearer in mood, tone and language to Catullus than either of the other versions".
> Hier werden inhaltliche Aspekte wie 'Stimmung', 'Ton' anstelle von Texteigenschaften betont, und dadurch der freie Umgang des Übersetzers mit sprachlichen Effekten und Hinzufügungen favorisiert, damit das Gedicht den modernen Leser anspricht. Wenn aber fast jede Veränderung als „functional equivalent" bezeichnet werden darf, wird der Evaluationsmaßstab beliebig oder subjektiv.

BÖDEKER/Katrin FREESE (1987): „Die Übersetzung von Realienbezeichnungen bei literarischen Texten: Eine Prototypologie." In: *TEXTconTEXT* 2-3/1987, S. 137-165.

[118] Siehe Gideon TOURY (1980): *In Search of a Theory of Translation*. Tel Aviv: The Porter Institute for Poetics and Semiotics, p. 27.

Aus dem kreativen Gestaltungswillen und aus dem Labyrinth, das Texte und Akteure zu durchlaufen haben, entstehen auf der Weltbühne die Repertoires der Kulturen. Das semiotische Gebilde, das als Ergebnis von Transformation, Aneignung und Manipulation entsteht, die Kultur selbst, wurde von LEFEVERE und BASSNETT sukzessive in den zentralen Objektbereich der Forschung gerückt.[119] Die Kernaussage lautet:

> Translation has been a major shaping force in the development of world culture, and no study of comparative literature can take place without regard to translation (LEFEVERE/BASSNETT 1990:12).

9.4 Literatur als Polysystem (Even-Zohar)

Die manipulationistischen Fallstudien greifen einen Perspektivenwechsel auf und untersuchen das Umfeld der Übersetzungen. Damit öffnet sich der Blick auch auf Auswirkungen, die von literarischen Übersetzungen in ihrer Zielkultur verursacht werden. Die Übersetzung wird nicht mehr nur als ein „produziertes", sondern auch als ein „produzierendes" Objekt gesehen, ein Gedanke der auch bei STEINER auftritt (s. Kap. 9.2). Hauptanliegen ist es, die Wirkung von Übersetzungen innerhalb der Nationalliteratur einer Zielsprache zu untersuchen, denn Übersetzungen bringen immer ein fremdes Element mit sich und spielen daher auch eine innovative Rolle innerhalb dieser Literatur. Die Übersetzung wird so zu einer eigenständigen Textsorte.

Nach Auskunft von HOLMES (1985:150) wurde diese literarische Übersetzungstheorie Ende der 1970er Jahre in Tel Aviv von einer Gruppe um Itamar EVEN-ZOHAR entwickelt[120], und hat sich inzwischen mit den Translation Studies vereinigt.[121] Man sieht die Literatur in einer gegebenen Kultur als ein Polysystem, in welchem verschiedene Genres, Schulen, Strömungen und anderes ständig miteinander im Wettstreit um die Gunst des Lesers liegen. Ähnliches hatte schon LEVÝ angedeutet (s. Kap. 9.1).[122] Und dann ist „Literatur" nicht mehr der feierliche, statische Gegenstand der Kanoniker, sondern ein höchst wandelbares „kinetisches Gebilde". Literarische Übersetzungen haben in diesem hochdynamischen Makrosystem immer eine wichtige Rolle gespielt, wie die Verbreitung so verschiedenartiger literarischer Elemente wie des italienischen Sonetts, des französischen Klassizismus, oder von Dichtern wie Dostojewsky und Ibsen in

---

[119] Vgl. den gemeinsamen Sammelband (1990): *Translation, History and Culture*. London.
[120] Vgl. Itamar EVEN-ZOHAR (1990): *Polysystem Studies*. Tel Aviv: The Porter Institute for Poetics and Semiotics. – Oder: I. EVEN-ZOHAR/G. TOURY (eds.) (1981): *Theory of Translation and Intercultural Relations*. Tel Aviv: The Porter Institute for Poetics and Semiotics.
[121] So bemerkt Theo HERMANS in seiner Einleitung (1985:10): "The work of Itamar Even-Zohar in particular is directly associated with the new approach".
[122] Erich PRUNČ (2007:226) merkt dazu an: „Itamar Even-Zohar war mit den Schriften der Russischen Formalisten bestens vertraut. Der Gedanke von der Literatur als System von Systemen, den wir von Tynjanov und Jakobson über Mukarovsky, Levý und Popovič verfolgen konnten, wurde von ihm weitergesponnen und Ende der 1970er Jahre mit der griffigen Bezeichnung Polysystemtheorie versehen."

ganz Europa zeigt. Die israelische Kultur, die sehr stark auf Übersetzungen angewiesen war und ist, bildete den Ausgangspunkt dieser Forschungsrichtung.

> **Jede Kultur ist ein System aus hierarchisierten Subsystemen.** Ihre historische Dynamik besteht systemintern im Kampf um die Dominanz innerhalb der Hierarchie. Als kanonisiert gehalten dabei jene Elemente und Funktionen, die von relevanten Kreisen einer Gesellschaft als mehr oder minder verbindlich und/oder korrekt angesehen werden. **Kanonizität** ist also keine Eigenschaft, die kulturelle Phänomene a priori an sich hätten. EVEN-ZOHAR sieht *zentrale* vs. *periphere* Elemente, und dies bezieht sich auf deren relative Position innerhalb des gesamten Polysystems. Dies kann auch als Gegensatz zwischen offizieller Hochkultur und marginalisierten Subkulturen verstanden werden.
> Als *primär* gelten dabei jene Elemente und Funktionen, die in Bezug auf das jeweilige System innovativ sind, während Elemente und Funktionen mit eher konservierendem Charakter als *sekundär* bezeichnet werden. Für kulturelle Phänomene, wie Verhaltensmuster, Sprache, Kunst, Literaturzeugnisse usw., gibt es ein Repertoire zum Umgang damit (vgl. EVEN-ZOHAR 1990:39). **Literatur** ist dann das Produkt des Repertoires, das von den dominanten Klassen einer Gesellschaft als Literatur betrachtet wird. In ihrem Kernbereich sind die kanonischen Repertoires etabliert. Diese stehen immer in Opposition zu den marginalen nicht-kanonischen Repertoires. Sie werden allerdings durch Wiederholung auch verbraucht, automatisiert und konventionalisiert, wodurch ihr Informationsgehalt sinkt. Deshalb werden sie allmählich an die Peripherie des Systems abgedrängt und erstarren zu Stereotypen. Andererseits drängen periphere Repertoires in den kanonischen Bereich vor.
> Die **Übersetzung** kann dabei die Funktion sowohl der Stärkung des vorherrschenden literarischen Repertoires übernehmen, als auch die Rolle eines kreativen Impulsgebers spielen, indem sie neue Ideen, literarische Konzepte, Formen, Gattungen usw. in die zielkulturelle Nationalliteratur einführt. Die israelischen Forscher betonen, dass Übersetzungen oft sprachlich eine „innovative, primäre Rolle" gespielt hätten (*primary translations*), indem sie ungewöhnliche neue Gedankengänge, Methoden, literarischen Geschmack und fremde Weltbilder in ein literarisches Polysystem einführten. Solche Elemente werden ja oft von einheimischen Autoren imitiert und in ihr eigenes Werk integriert.
> Die logische Konsequenz der **Interaktion mit der rezipierenden Literatur** ist es, dass Übersetzen nicht allein vom Aspekt der Reproduktion eines Originals beurteilt werden kann, es hat auch andere Funktionen (vgl. PRUNČ 2007:227-229).

Die Übersetzung wird hier als historisches Objekt betrachtet, und zwar nur als Teil des zielsprachlichen Systems. Und dann muss sie vom Wissenschaftler als integrierter Bestandteil des literarischen Systems angenommen werden. Auch die Rezeptionsgeschichte von Übersetzungen wird untersucht, wobei das Studium von Literatur mit sozialen und wirtschaftlichen Faktoren der Geschichte verknüpft wird.

Der Anfang der modernen nationalen Literatursysteme kann nicht selten auf „primäre" Übersetzungen und Adaptierungen von Originalen prestigeträchtiger, z. B. „klassischer" literarischer Systeme zurückverfolgt werden. Immer gab es komplexe Interaktionen zwischen Übersetzungen und der literarischen Produktion in der Empfängerkultur. Ein spezieller Fall solcher Beeinflussung liegt vor, wenn die Konventionen von Genre und Stil in der Zielkultur unsicher sind und damit offen für fremde Einflüsse, wie etwa in Israel nach der Staatsgründung.

Nicht alle Übersetzungen haben freilich eine solche „Primärfunktion". Die meisten sind „sekundäre Übersetzungen" (*secondary translations*), die sich den stilistischen Normen des zielsprachlichen Polysystems durchaus anpassen. HOLMES (1985:151) merkt sogar ironisch an, dass wohl viele Übersetzungen mit innovativem Potential gar nicht erst entstehen, weil Verlage davor zurückschrecken würden. Jedenfalls bietet sich hier ein weites Feld für Untersuchungen zur Theaterübersetzung, für die Genre-Forschung, für das Sprachverhalten bestimmter soziologischer Gruppen sowie die Wirkungen von Texten in Kolonialsituationen an.

So bietet die breit angelegte Betrachtung des literarischen Polysystems als Ganzes wichtige Impulse für die Übersetzungstheorie und vor allem auch für die Übersetzungskritik, wenn dadurch die oft kurzsichtige Bindung an die Oberflächenstrukturen und Äquivalenznormen überwunden werden kann, indem soziale und kulturelle Gründe für Textveränderungen gefunden werden.

> Meist wird angenommen, dass die **Übersetzung eines literarischen Textes einer Ausgangskultur auch in der Zielkultur ein „literarischer Text"** sei, und dass sie möglichst genau die Vorlage wiederzugeben habe und die gleiche Wirkung entfalte. Das ist zwar häufig der Fall, doch es gibt auch andere Beispiele.
> Gideon TOURY (1989:103) nennt diesbezüglich die jüngste Übersetzung der Schriften Sigmund Freuds ins Hebräische. Kein Israeli würde die Übersetzung ernsthaft als einen wissenschaftlichen Beitrag zur Psychoanalyse ansehen, sondern vielmehr als „a good piece of writing". Der Übersetzer wurde für seine Leistung sogar mit dem höchsten Literaturübersetzer-Preis des Landes ausgezeichnet. Allerdings gelten Freuds Texte auch in Österreich als von besonderer literarischer Qualität.
>
> Als fruchtbar erweist sich diese Übersetzungsauffassung auch beim **Übersetzen fürs Theater**, wo immer wieder neue Bearbeitungen von Texten vorgenommen werden. Sirkku AALTONEN (1993)[123] fragt an Hand einer Analyse von Dramenübersetzungen, *wie* fremde sozio-kulturelle Textelemente in der Übersetzung „transplantiert" wurden, *welche* Elemente transplantiert und *welche* kulturell adaptiert wurden, und schließlich, *warum* dies, auch in diachronischer Perspektive, so geschah. Dabei wird auch der unterschiedliche Charakter eines Dramas als Lesestoff und als gespielter Text genannt. Während in Finnland Dramentexte praktisch nie den Bereich des Theaters verlassen, werden sie in England auch als Teil der Literatur gesehen und sogar im Schulunterricht verwendet.
> Das **Verhältnis zwischen einem literarischen Polysystem in Ausgangs- und Zielkultur** untersucht Sunil SAWANT aus Indien.[124] Er betrachtet die Übersetzung amerikanischer Literatur ins Marathi, der Sprache des Bundesstaates Maharashtra in diachronischer Perspektive. Die Zeit des Kolonialismus hatte im 19. Jh. ein neues literarisches Polysystem auf Marathi hervorgebracht, das drei **Übersetzungsmodelle** umfasste: das missionare mit dem Ziel der Bekehrung, das pädagogische mit dem Ziel der Aufklärung und das adaptive mit dem Ziel der Unterhaltung für Menschen im Zielbereich. Übersetzt wurden Autoren wie *Hall Caine, Charles Garvis, Henry Wood, Raider Haggard, G.W.M. Reynolds, Maria Edgeworth, Bulwar Litton* und *Mari Corelli*.

---

[123] S. AALTONEN (1993): „Rewriting the exotic. The manipulation of otherness in translated drama." In: *Proceedings of XIII FIT World Congress "Translation - The vital link", August 1993 at Brighton.* London: ITI, 26-33.

[124] Vgl. Sunil SAWANT: „Towards a Comprehensive Research Model for the Study of the Interface between Parallel Literary Poysystems", *Abstract* für die Konferenz "Research Models in Translations Studies II", Manchester 2011.

Allmählich führte aber die Begegnung mit der amerikanischem Literatur und deren nationalistischer Agenda von Freiheit und Demokratie zu einer Abwendung der Marathi-Leser von der engen britischen offiziellen Literaturauffassung hin zu einer Anerkennung Amerikas als eigenständiger Nation und Kultur auf der Weltkarte. Übersetzt wurden nunmehr Autoren wie *Harriet Beecher Stowe, Upton Sinclair, Pearl S. Buck, William Saroyan, John Steinbeck* etc. Der kolonialistische Erwartungshorizont wurde durch einen Wechsel vom didaktischen und romantischen hin zum ideologischen abgelöst.

Nach dem 2. Weltkrieg führte der Aufstieg Amerikas zur Supermacht und deren Förderung von Übersetzungen zu einem neo-kolonialistischen Erwartungshorizont mit einer Abkehr von ideologischen hin zu ernsthaften Texten. Übersetzt wurden nun *Nathaniel Hawthorne, Herman Melville, Mark Twain, Stephen Crane, Sinclair Lewis, Willa Cather, Ernest Hemingway, Truman Capote, Eugene O'Neill, Tennessee Williams* u. a.

Das Ende des Kalten Kriegs und die Entfaltung des Nationalismus und der Dalit-Bewegung in Indien führten schließlich zu einem post-kolonialistischen Erwartungshorizont mit dem Wechsel vom Ernsthaften zum Populären. Übersetzt wurden populäre Romane, Bestseller, billige Thriller, z. B. von *Irving Wallace, Mario Puzo, Robin Cook, Arthur Hailey* und anderen.

Parallel zum romantischen, modernistischen und postmodernen Erwartungshorizont in der amerikanischen Literatur entstanden also ein kolonialistischer, neo-kolonialistischer und post-kolonialistischer Erwartungshorizont im Polysystem der zielkulturellen Literatur auf Marathi.

9.5 Kulturgeschichte der Übersetzung (SFB Göttingen)

Der Beitrag der Übersetzung zur interkulturellen Bereicherung des literarischen Lebens lässt sich qualitativ wie quantitativ kaum überschätzen, doch ist diese Bedeutung der literarischen Übersetzung noch nicht tiefgreifend erforscht. Diesem Anliegen widmete sich seit 1983 ein Sonderforschungsbereich „Die Literarische Übersetzung" an der Universität Göttingen[125], der sich insbesondere mit philologisch-historischen Untersuchungen von Übersetzungen ins Deutsche befasst. Dieser Ansatz ist aber nicht rein zielorientiert, wie bei der Betrachtung der Literatur als Polysystem (s. Kap. 9.4). Vielmehr wird hier ein *„transferorientierter* Ansatz" vertreten, denn:

> In erster Linie geht es uns nämlich um die Erforschung der Übersetzung *als Übersetzung,* also gewissermaßen als grenzüberschreitender Verkehr zwischen zwei Sprachen, Literaturen und Kulturen. Die meisten der im Sonderforschungsbereich Zusammenarbeitenden teilen auch nicht die Auffassung der Literatur als eines Systems – und sei es nur deshalb, weil noch keine Nationalliteratur als System voll ausgearbeitet worden ist, so daß sich der Übersetzungsforscher eine kaum zu bewältigende zusätzliche Aufgabe aufladen müßte, wollte er in diesem Sinne vorgehen (FRANK 1987:XIII).

---

[125] Die Ergebnisse liegen vor in den *Göttinger Beiträgen zur Internationalen Übersetzungsforschung,* die im Erich Schmidt Verlag, Berlin, herausgegeben werden. Seit 1996 besteht ein neuer SFB „Die Internationalität nationaler Literaturen". Auch hier spielt die Übersetzung eine bedeutende Rolle.

Das Hauptarbeitsmittel sind Fallstudien, die an einzelnen wichtigen oder besonders interessanten oder wirkmächtigen literarischen Texten im Vergleich mit ihren deutschen Übersetzungen angefertigt werden. Daraus entsteht allmählich eine Kulturgeschichte der Übersetzung, zumindest wird der Beitrag erhellt, den Übersetzungen zur Fortentwicklung der deutschen Literatur geleistet haben.

> **In diesem Rahmen entstehen historisch orientierte komparatistische Untersuchungen, wie etwa folgende Titel:**
>
> *Die literarische Übersetzung: Stand und Perspektiven ihrer Erforschung.* Hrsg. v. H. KITTEL (1988) (Band 2 Göttinger Beiträge zur Internationalen Übersetzungsforschung).
>
> *Der lange Schatten kurzer Geschichten. Amerikanische Kurzprosa in deutschen Übersetzungen.* Hrsg. v. A. P. FRANK (1989) (Band 3 Göttinger Beiträge zur Internationalen Übersetzungsforschung).
>
> *Übersetzen, Verstehen, Brücken bauen. Geisteswissenschaftliches und literarisches Übersetzen im internationalen Kulturaustausch.* Hrsg. v. A. P. FRANK et al. (1993) (Band 5 Göttinger Beiträge zur Internationalen Übersetzungsforschung).
>
> *International Anthologies of Literature in Translation.* Hrsg. v. H. KITTEL (1995) (Band 9 Göttinger Beiträge zur Internationalen Übersetzungsforschung).
>
> *Literaturkanon - Medienereignis - Kultureller Text: Formen interkultureller Kommunikation und Übersetzung.* Hrsg. v. A. POLTERMANN (1995) (Band 10 Göttinger Beiträge zur Internationalen Übersetzungsforschung).
>
> *Weltliteratur in deutschen Versanthologien des 19. Jahrhunderts.* Hrsg. v. H. EßMANN und U. SCHÖNING (1996) (Band 11 Göttinger Beiträge zur Internationalen Übersetzungsforschung).
>
> *Übersetzung als Repräsentation fremder Kulturen.* Hrsg. v. D. BACHMANN-MEDICK (1997) (Band 12 Göttinger Beiträge zur Internationalen Übersetzungsforschung).
>
> *Erlebte Rede und impressionistischer Stil: Europäische Erzählprosa im Vergleich mit ihren deutschen Übersetzungen.* Hrsg. v. D. KULLMANN (1995): Göttingen: Wallstein.
>
> Auch im englischsprachigen Bereich ist heute das Paradigma der Translation Studies die Grundlage unzähliger empirischer Einzelstudien, die übersetzerisches Verhalten und kulturelle Strömungen, besonders auch an historischen Texten, nachzeichnen (vgl. dazu weiter unten in Abschnitt 15).

In diesen Arbeiten gilt meist die Grundannahme, dass die literarische Übersetzung notwendigerweise von ihrer Vorlage abweicht (s. Kap. 9.2), und zwar aufgrund der verschiedenen Sprachsysteme, der verschiedenen Literaturen mit den ihnen jeweils eigenen Traditionen, der unterschiedlichen Kulturen mit ihren geistigen und materiellen Ausprägungen, der historisch und individuell verschiedenen Vorstellungen vom Literaturübersetzen, und nicht zuletzt von „dem historisch und individuell verschiedenen Verständnis des jeweiligen Werks" (FRANK 1987:XIV). Die in der Übersetzung implizierte Werkinterpretation wird als konstitutiv für die Übersetzung angesehen:

> Literatur übersetzen heißt vielmehr, eine Interpretation eines literarischen Werks übersetzen. Nicht im Sinne einer Wesensbestimmung, sondern als heuristische Orientierung haben sich die im Sonderforschungsbereich Zusammen-

arbeitenden darauf verständigt, eine literarische Übersetzung grundsätzlich als integrale – wenn auch nicht unbedingt vorausbedachte und kohärente – Interpretation eines literarischen Werks in einer zweiten Sprache aufzufassen, allerdings nicht als metasprachliche, sondern als eine zumindest dem Anspruch nach literatursprachliche Interpretation. Deshalb nimmt sich diese besondere Art der Interpretation auch wie ein literarisches Werk aus, das – zumindest für den nur zielsprachigen Leser – das „übersetzte" in der zweiten Sprache, Literatur und Kultur „ersetzt" (FRANK 1987:XV).

Das so verstandene Übersetzen spielt sich in einem institutionellen Geflecht von Verlegern, Herausgebern und literarischen Promotern/Kritikern ab. Die Tätigkeit der *Übersetzer* impliziert dabei deren Absicht „Äquivalenzen" herzustellen, auch wenn sie Differenzen formulieren. Die Tätigkeit der *zielsprachigen Leser* impliziert, dass sie das Werk nur im Kontext der Zielliteratur aufnehmen. Die Tätigkeit der *Übersetzungskritiker, -forscher* und *-historiker* steht unter der Bedingung, dass sie die Übersetzung als Transaktion zwischen den beiden Sprachen und Kulturen beurteilen können. Und hier wird wieder an die Definition der „Kenner" bei SCHLEIERMACHER (s. Kap. 2.2) erinnert, denen nämlich „die fremde Sprache geläufig ist, aber dennoch immer fremd bleibt" (1969:50).

KOMMENTAR

Die literarische Übersetzung wird vorwiegend deskriptiv untersucht. Das Literarische an Texten zeigt sich in einer besonderen, spielerisch gewonnenen Sprachgestalt, die vom Gewöhnlichen der gebrauchssprachlichen oder fachlichen Kommunikation abweicht und sich damit der wissenschaftlichen Objektivierung entzieht. Wo literarische Übersetzung als Kunst gilt kann gefragt werden, inwiefern der Übersetzer dem gerecht geworden ist. Dargestellt werden Textveränderungen durch den Übersetzer, die durch eine spezifische Interpretation, durch andere historische Übersetzungsnormen oder durch Übersetzer'schulen' und Verlagstraditionen bedingt sein können. Dargestellt werden ferner Auswirkungen von literarischen Übersetzungen auf die sie umgebende Literatur in der Zielkultur, und auch die Wirkungsgeschichte bestimmter Texte in der Spur ihrer Übersetzungen kann untersucht werden.

LEKTÜREHINWEISE

Susan BASSNETT-MCGUIRE (1980, ²1991): *Translation Studies*. London, New York.
Theo HERMANS (ed.) (1985): *The Manipulation of Literature. Studies in Literary Translation*. London, Sydney.
André LEFEVERE (1992): *Translation, Rewriting and the Manipulation of Literary Fame*. London, New York.
Jirí LEVÝ (1969): *Die literarische Übersetzung. Theorie einer Kunstgattung*. Frankfurt.
George STEINER (2004): *Nach Babel. Aspekte der Sprache und des Übersetzens*. Frankfurt am Main.

Der Blick auf die Disziplin

10 Übersetzungsforschung als Feldtheorie

> *Die Forschung zum Übersetzen ist als empirische Wissenschaft ein Feld verschiedener einander ergänzender Einzeltheorien. In den Descriptive Translation Studies (DTS) wird die Übersetzung als Faktum einer Zielkultur betrachtet, wobei sie in ihrer Funktion sowie als Produkt und Prozess untersucht wird. Angewandte Studien besetzen ein anderes Feld. Korpus-basierte Studien erforschen übersetzerische Universalien.*

10.1 Der empirische Ansatz (Holmes)

In den 1980er Jahren wurde das Bedürfnis sichtbar, dass die Übersetzungswissenschaft sich als eigenständige Disziplin formieren und nicht mehr nur als Teilgebiet im Rahmen der Sprachwissenschaft oder der Literaturwissenschaft angesehen werden sollte. Anfangs war sie ja „als neue Teildisziplin des synchron-deskriptiven Sprachvergleichs" (WILSS 1977:9) definiert worden. Die wissenschaftstheoretische Vision einer Übersetzungswissenschaft in verschiedenen Forschungsfeldern ist von James S. HOLMES angeregt worden, dessen Ideen zunächst im Bereich der literarischen Übersetzung praktische Anwendung fanden (s. Kap. 9.3). Er unternahm den Versuch, die vielfältigen einzelnen Forschungsbereiche in ein System zu bringen, wobei er die Übersetzungsforschung als empirische Wissenschaft sieht (1988:71), die Schlussfolgerungen aus Beobachtungsdaten ableitet.

In mehreren Einzelstudien, die (1988) in „Translated!" postum zusammengestellt erschienen[126], entfaltet er seine Vision einer Feldtheorie der Übersetzungsforschung, wofür er den Ausdruck „Translation Studies" prägte.[127]

> Translation Studies[128] is to be understood as a collective and inclusve designation for all research activities taking the phenomena of translating and translation as their basis of focus (HOLMES 1988:71)

Er betrachtet nicht die Texte und die Frage, wie man sie übersetzen soll, sondern die bis dato erörterten „Übersetzungstheorien", also die Disziplin als Ganzes. Dabei unterscheidet er (metatheoretisch) als Forschungsbereich der Translation

---

[126] Auf dem Dritten Internationalen Kongress für Angewandte Linguistik 1972 in Kopenhagen hatte HOLMES zum ersten Mal seine Überlegungen zu „The Name and Nature of Translation Studies" (1988:67-80) mündlich vorgetragen, ein Beitrag, der gut 15 Jahre lang kaum zugänglich war.

[127] Seitdem hat sich diese Bezeichnung in englischsprachigen Publikationen eingebürgert und Bezeichnungen wie „Science of Translating (NIDA), „Science of Translation" (BAUSCH/KLEGRAF/WILSS 1970) oder „Translatology" verdrängt. Der Terminus bezeichnet die theoretische Übersetzungsforschung oder Übersetzungswissenschaft, jedoch ausdrücklich nicht das Übersetzer*studium*.

[128] Um eine Verwechslung mit den deskriptiv-literarischen Arbeiten der „Translation Studies" im Sinne der Manipulations-Gruppe (s. Kap. 9.2), zu der HOLMES ja auch gehörte, zu vermeiden, müsste man dieses Feld eigentlich mit *Studies in Translation* bezeichnen.

Studies ein Feld, das in einen rein wissenschaftlichen und einen angewandten Bereich unterteilt ist.

Wichtig in der Übersetzungsforschung ist der Begriff der Arbeitsteilung. Nicht jede Erörterung oder Aussage zum Übersetzen ist gleichermaßen theoretisch, es gibt auch didaktisch orientierte Fragestellungen. So entwirft HOLMES eine Art „Orientierungskarte" der Disziplin. Neben den angewandten Untersuchungen hinsichtlich des Übersetzungsunterrichts oder der Übersetzungskritik steht die „reine" Theorie, die er in theoretische und deskriptive Ansätze untergliedert. So entsteht ein Feld (vgl. TOURY 1995:10):

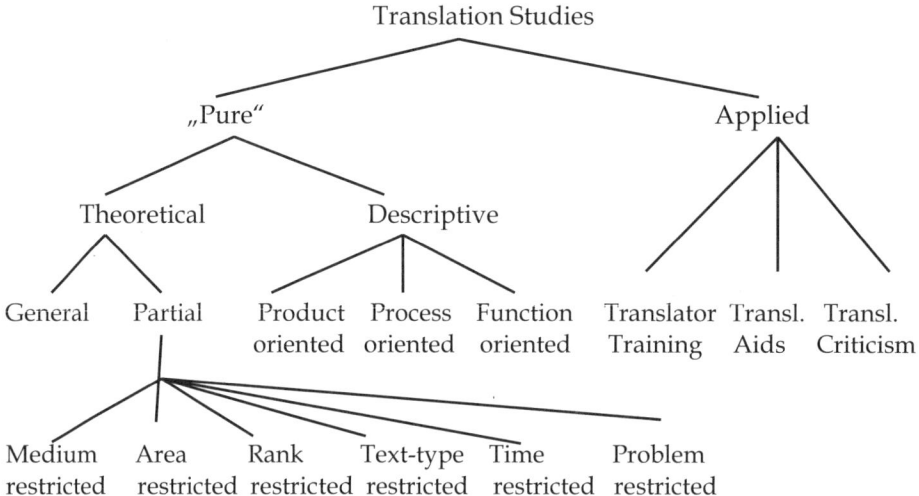

Ausgangspunkt des empirischen Ansatzes ist die Feststellung, dass die fruchtbare Entwicklung der Übersetzungswissenschaft zu lange von der Suche nach „umfassenden Theorien" oder aber durch die gegenseitige Ablehnung verschiedenster „linguistischer Theorien" oder „praxisorientierter Ansätze" behindert worden sei. Tatsächlich wurden in den meisten Übersetzungstheorien bisher einer oder mehrere der vorgenannten Teilaspekte abgehandelt. Dabei erhoben diese Theorien oft implizit den Anspruch, eine „allgemeine Übersetzungstheorie" darzustellen; bei genauerem Hinsehen zeigte sich jedoch immer wieder nur eine Teiltheorie. Eine Zusammenschau der verschiedenen Teilbereiche würde daher diese unbefriedigende Situation aufheben und die zwecklose Suche nach der „allgemeinen Übersetzungstheorie" erübrigen. Die unabhängige Disziplin der Translation Studies wäre vielmehr ein Forschungsfeld einander ergänzender Teilbereiche, die dann in Einzeltheorien spezifiziert werden könnten.

Ein besonderes Augenmerk wird dabei auf den deskriptiven Bereich gelegt, der Übersetzungen als Produkt, als Prozess und deren Funktion in der Zielkultur untersucht (vgl. HOLMES 1988:95). Die deskriptive Theorie bezieht sich auf:

> eine Theorie des Übersetzungs*prozesses,* d.h. die Theorie dessen, was geschieht, wenn jemand etwas übersetzen will;

> eine Theorie des Übersetzungs*produkts,* d.h. was den übersetzten Text als Text kennzeichnet;
> eine Theorie der Übersetzungs*funktion,* d.h. wie die Übersetzung in der Empfängerkultur wirkt.

Dabei geht es auch um die Beziehungen dieser Bereiche untereinander. So gilt, dass die intendierte Position einer Übersetzung im System einer Zielkultur (Funktion) deren geeignete Oberflächenrealisation (Produkt) bestimmt, was wiederum die Übersetzungsstrategien (Prozess) regiert (TOURY 1995:13).

Natürlich können von der deskriptiven Forschung auch Einflüsse auf rein theoretische Ansätze erfolgen und umgekehrt. Die Feststellung von übersetzerischen Verhaltensregularitäten als evolutiver Prozess könnte zu einem allmählichen Übergang von Teiltheorien, die auf Bereiche wie Medium, Rang, Texttyp, Zeit, Problem (HOLMES 1988:74-77) beschränkt sind, in eine allgemeine Übersetzungstheorie führen. Und durch theoretische Fragestellungen werden auch neue Aufgabenbereiche für die deskriptive Beschreibung entworfen.

Sodann hat die „reine" Theorie in ihrer abstrakten und in der deskriptiven Ausformung Auswirkungen auf die angewandten Bereiche wie Übersetzerausbildung, Übersetzungskritik und praktische Hilfsmittel des Übersetzens. Doch diese Arbeitsfelder unterliegen immer auch extralinguistischen Einflüssen und Fragestellungen aus anderem Blickwinkel.

Das theoretische Aufbrechen der Perspektive von Einzelaspekten und ihrer Vermischung auf verschiedenen Ebenen hin zu einer breiteren Palette der Möglichkeiten einer Forschung zum Übersetzen führt zu einer klareren Strukturierung der Disziplin. Dadurch können sich einzelne Forschungsansätze wissenschaftstheoretisch genau einordnen. So ist der empirische Ansatz eine Aufforderung zur komplexeren Sicht der Dinge.

10.2 Descriptive Translation Studies DTS (Toury)

In einer empirischen Wissenschaft kommt der Deskription eine entscheidende Rolle zu, denn nur aus der Analyse beobachteter Fakten können wissenschaftliche Schlüsse gezogen werden. Ursprünglich arbeitete Gideon TOURY im Rahmen der „Polysystem theory" (s. Kap. 9.4), doch nun (1995)[129] weist er den DTS eine Schlüsselstellung für die Übersetzungsforschung überhaupt zu, nicht nur im literarischen Bereich.[130]

> Describing, explaining and predicting phenomena pertaining to its object level is thus the main goal of such a [sc. empirical] discipline. In addition, carefully performed studies into well-defined corpuses, or sets of problems, constitute the best means of testing, refuting, and especially modifying and amending the

---

[129] Gideon TOURY (1995:3) betont, dass dieses neue Buch nun an die Stelle seines früheren programmatischen Werkes (1980) tritt: *In Search of a Theory of Translation* (Tel Aviv), in welchem er schon die Grundzüge der Descriptive Translation Studies entworfen hatte.
[130] Susanne HAGEMANN (Hg.) (2009): *Deskriptive Übersetzungsforschung. Eine Auswahl* (Berlin, Saxa) bringt Aufsätze oder Buchkapitel in deutscher Übersetzung folgender Autoren: J. S. Holmes, I. Even-Zohar, A. Lefevere, G. Toury, T. Hermans.

> very *theory*, in whose terms research is carried out. Being reciprocal in nature, the relations between the theoretical and descriptive branches of a discipline also make it possible to produce more refined and hence more significant studies thus facilitating an ever better understanding of that section of reality to which that science refers. […].
>
> Whether one chooses to focus one's efforts on translated texts and/or their constituents, on intertextual relationships, on models and norms of translational behaviour or on strategies resorted to in and for the solutions of particular problems, what constitutes the subject matter of a proper discipline of Translation Studies is (observable or reconstructable) facts of real life rather than merely speculative entities resulting from preconceived hypotheses and theoretical models. It is therefore empirical by this very nature and should be worked out accordingly (TOURY 1995:1).

Als Untersuchungsgegenstand wird die Übersetzung im Rahmen ihres Kontextes (also der Zielkultur) gesehen, wo sie in ihrer Position als Produkt eines spezifischen Übersetzungsprozesses untersucht werden kann. Was mit „Kultur" (culture) gemeint ist, wird nicht explizit definiert, jedoch wird darunter wohl die Gesamtheit der Texte und der sich darin spiegelnden Vorstellungen einer Sprachgemeinschaft verstanden. Damit ist DTS gänzlich „zielorientiert" (*target-orientedness*, TOURY 1995:15). Im Folgenden werden einige Grundsätze vorgestellt.

(1) Übersetzungen sind ein kulturelles Faktum und werden als geschichtliches Objekt einer Zielkultur gesehen. Im Extrem impliziert dies, dass jeder Text als Übersetzung eines anderen Textes akzeptiert werden muss, wenn er nur als solcher bezeichnet wird. Dies gilt auch für „Pseudoübersetzungen".

> Thus, when a text is offered as a translation, it is quite readily accepted bona fide as one, no further questions asked. Among other things, this is the reason why it is that easy for *fictitious* translations to pass as genuine ones. By contrast, when a text is presented as having been originally composed in a language, reasons will often manifest themselves – e.g., certain features of textual make-up and verbal formulation, which persons-in-the-culture have come to associate with translations and translating – to suspect, correctly or not, that the given text has in fact been translated into it (TOURY 1995:26).

Im Sinne der empirischen Wissenschaft sollten so wenig wie möglich vorab bestimmte Annahmen gemacht werden, die dann angesichts realer Beobachtungen wieder zunichte würden. So werden kulturinterne Fakten zum Ausgangspunkt der Untersuchung genommen. Dagegen hat die Übersetzung systemisch keinen gemeinsamen Raum mit ihrem (echten oder angeblichen) Ausgangstext, auch wenn z. B. beide nebeneinander präsentiert werden, und auch zwei zeitgenössische Versionen von einem Original können nie dieselbe Position in einem Kultursystem einnehmen, denn jeder Text ist eine individuelle Einheit.

Ein Text wirkt vielmehr in *seiner* Kultur, wenn freilich nicht ausgeschlossen wird, dass er auf eine andere (etwa die des Ausgangstextes) einwirken kann, doch dies wäre eben als Gegenstand einer eigenen Untersuchung erst festzustellen. Und wenn dann eine Übersetzung zum Ausgangspunkt weiterer Übersetzungen wird, gewinnt die ursprüngliche Zielkultur nunmehr eine Vermittlerrolle als neue Ausgangskultur.

Andererseits können Übersetzungsprozesse und deren Produkte, die Übersetzungen, auch Veränderungen in der Zielkultur bewirken. So kann, wie TOURY (1995:27) ausführt, die Empfindung einer Lücke, oder häufiger das Vorhandensein von Werten in einer anderen Kultur, zu denen die spätere Zielkultur der Übersetzung „aufblickt", zum Anlass einer Übersetzung werden. Damit werden Übersetzungen von der Zielkultur initiiert. Der Ausgangspunkt ist stets ein gewisses Defizit, auch wenn beispielsweise in einer Kolonialsituation die „Lücke" eher von außen behauptet wird.

Das Auftreten einer Übersetzung bewirkt dann eine Veränderung in der Zielkultur, indem es die vorhandene oder angenommene Lücke füllt und als Text auf den Kontext einwirkt. Dies gilt auch für die soundsovielte Neuübertragung eines Textes, auch für „indirekte Übersetzungen" oder für „pseudotranslations" (TOURY 1995:40ff). Es gibt ganze Generationen von Übersetzungen eines Ursprungstextes (man denke an den *Quixote* von Cervantes),

Die verändernde Wirkung von Übersetzungen in einer Zielkultur erfolgt durch ihre Funktion darin, aber auch durch ihre Texteigenschaften:

> (...) while translations are indeed intended to cater for the needs of a target culture, they also tend to *deviate* from its sanctioned patterns, on one level or another, not least because of the postulate of retaining invariant at least some features of the source text – which seems to be part of any culture-internal notion of translation. This tendency often renders translations quite distinct from non-translational texts, and not necessarily as a mere production mishap either (TOURY 1995:28).

Andererseits können unübliche Gedanken und Schreibformen eines Autors so auch hinter einer angeblichen „Übersetzung" versteckt werden.

> **Pseudoübersetzungen**.
> Textautoren kennen als kulturell verwurzelte Personen durchaus die geltenden Normen und nutzen dies auch aus. So gibt es **Texte, die als Übersetzungen ausgegeben werden**, obwohl sie es gar nicht sind: *Pseudoübersetzungen*.
> Freilich können solche Texte empirisch erst im Nachhinein als solche analysiert werden, wenn sich ihre Position innerhalb des Kultursystems verändert hat.
>
> Aus dem Blickwinkel der kulturellen Entwicklung ist die wichtigste Funktion solcher vorgeblichen Übersetzungen die Tatsache, dass hiermit am einfachsten **Neuigkeiten in eine Kultur eingeführt werden können,** ohne auf allzu strengen Widerstand zu stoßen, speziell in Kulturen, die an geltenden Modellen und Normen festhalten. Da Übersetzungen oft als „sekundäre Textproduktion" angesehen werden, treffen Normabweichungen in solchen Texten auf größere Toleranz, was erklärt, warum so viele Neuerer über die Jahrhunderte ihre eigenen Texte als Übersetzungen verschleiert haben.
> Ein extremes Beispiel ist das *Book of Mormon* (1830): Hier führen die in die amerikanische (christliche) Kultur der damaligen Zeit eingebrachten Neuerungen durch einen Text, der als Übersetzung ausgegeben wurde, letztendlich sogar zur Begründung einer neuen Kirche, was wiederum zu einer Verschiebung nicht allein des religiösen Sektors des fraglichen Kultursystems führte (vgl. TOURY 1995:41).

(2) Voraussetzung für derartige deskriptive Untersuchungen ist natürlich eine geeignete Kontextualisierung, die sich wiederum erst im Laufe der wissenschaftlichen Untersuchung ergibt.[131] Dabei kann es ein Trugschluss sein, zu meinen, man kenne schon die (Sub)-kultur der Übersetzung, wenn man weiß in welcher Sprache diese formuliert ist, denn eine eins-zu-eins-Beziehung zwischen Sprache und Kultur kann irreführend sein, zumal das Englische in vielen Ländern mit unterschiedlicher Kultur gesprochen wird. (Anders dagegen die Vorstellung vom muttersprachlichen Weltbild, s. Kap. 2.1).

Deskriptive Ergebnisse können auch erwartet werden von der Erforschung der systemischen Position, die für eine Übersetzung bei ihrer Abfassung intendiert war, und ihrer dann tatsächlich feststellbaren Funktion. Schließlich kann sich diese Position in der Zielkultur auch mit der Zeit ändern. Die Analyse solcher Veränderungen erbrächte Einsichten über den Wandel von Textpräferenzen in späteren Epochen.

(3) Der Begriff der „assumed translation", eines „als Übersetzung funktionierenden Textes", ist für DTS zentral. In den meisten übersetzungstheoretischen Ansätzen wird ja zunächst definiert, was eine „Übersetzung" sei. Damit ist jedoch eine deduktive Arbeitsmethode verbunden, was dem deskriptiven Ansatz empirischer Ausrichtung widerspricht.

> Thus, any a priori definition, especially if couched in essentialistic terms, allegedly specifying what is 'inherently' translational, would involve an untenable pretense of fixing once and for all the boundaries of an object which is characterized by its very **variability:** *difference* across cultures, *variation* within a culture and *change* over time. Not only would the field of study be considerably shrunk that way, in relation to what cultures have been, and are willing to accept as translational, but research limited to these boundaries may also breed circular reasoning (...) (TOURY 1995:31).

Solche „angenommenen Übersetzungen" würden in anderen deduktiven Ansätzen u. U. als „Adaptation" betrachtet und dann von weiterer deskriptiver Analyse ausgenommen, da es sich ja nicht um „Übersetzungen" handelt (s. Kap. 6.3). Doch es gehört zum kulturinternen Begriff von (angenommener) Übersetzung, dass ein irgendwie gearteter Ausgangstext vorliegt, und deswegen gilt auch hier nach Toury (1995:33) das Postulat eines Quellentextes, eines Transfers und einer textuellen Relation. Doch diese Beziehungen werden hier *postuliert*, ob sie auch *faktisch* sind und bis zu welchem Grad und in welcher Art und Weise, das ergibt erst die deskriptive Analyse.

(4) So bilden auch die Übersetzungsstrategien im Hinblick auf den Prozess der Übersetzung einen Forschungsgegenstand von DTS. Im Vergleich eines

---

[131] TOURY (1995:29) bemerkt hierzu: „Rather, its establishment forms part of the study itself which is applied to texts assumed to be translations. In an almost tautological way it could be said that, in the final analysis, a translation is a fact of whatever target sector it is found to be a fact of, i.e., that (sub)system which proves to be best equipped to account for it: function, product and underlying process. This then, is the ultimate test of any contextualization. Consequently, the initial positioning of a translation, which is a sine qua non for launching a meaningful analysis, may be no more than *tentative*; it may often have to undergo revision as the study proceeds – on the basis of its interim findings, i.e., in a process of continuous negotiation."

Textpaars kann, indem Textelemente aufeinander abgebildet werden, die Konzeption der Übersetzung aufgedeckt werden, oder auch der Nachweis erbracht werden, dass es sich eben nicht um eine Übersetzung handelt. So können zum Beispiel Muster des Übersetzerverhaltens beobachtet werden.

Damit entsteht deskriptiv ein Nebeneinander von „Äquivalenz" und tatsächlich empirisch nachgewiesener Beziehung zwischen zwei Texten, wodurch auch der Begriff der „Übersetzbarkeit" (s. Kap. 3.7) von seiner Fixierung auf Äquivalenz befreit wird. Entsprechende Intuitionen in der Analyse müssen freilich begründet werden, um als gültige Erklärungen akzeptiert zu werden. TOURY (1995:37f) stellt „discovery procedures" und „justification procedures" als gegenläufige Entsprechungen dar (siehe nächste Seite).

Discovery procedures / **Justification procedures**

1. Target text presented/regarded as a translation:
   - acceptability, deviations from acceptability...
   - probably: first tentative explanations to individual textual-linguistic phenomena, based on the assumption that the text is indeed a translation.
2. Establishment of a corresponding source text and mapping target text (or parts of it, or phenomena occurring in it) on source text (or etc. ...)
   - determination of text's status as an appropriate source text
   - establishment of pairs of 'solution + problem' as units of immediate comparison
   - establishment of target-source relationships for individual coupled pairs.
3. Formulation of first-level generalizations:
   - primary vs. secondary relationships for the text as a whole;
   - preferred invariant(s) and translation units;
   - [reconstructed] process of translation...

Die Analyse eines Textpaares allein genügt aber noch nicht für eine Darstellung der kulturellen Interdependenz von Übersetzungsfunktion, -prozess und -produktgestalt. Hierzu wäre eine Ausweitung des Korpus erforderlich, z. B. nach Übersetzerschule, Epoche, Textgattung oder anderen Prinzipien (TOURY 1995:38).

10.3 Korpusanalysen und übersetzerische Regularitäten (Toury, Baker)

Konsequent seinen wissenschaftlich-deskriptiven Ansatz fortsetzend, bringt TOURY (1995:259ff) Überlegungen zur theoretischen Herausarbeitung übersetzerischer Gesetzmäßigkeiten, den *„laws of translational behaviour"*.[132] Apodiktisch behauptet er:

---

[132] Eine deutsche Übersetzung dieses Kapitels u. a. bietet: Susanne HAGEMANN (2009), s. Anmerkung 130 oben.

> Sciences *qua* sciences are characterized by an incessant quest for laws, i.e., theoretical formulations purporting to state the relations between all variables which have been found relevant to a particular domain. In fact, "while the nature of these 'laws', their status and the norms for their formulation, accessibility and acceptability may well have changed throughout history, getting them in the first place has remained an unchanged goal" (Even-Zohar 1986: 75) (TOURY 1995:259).

Zunächst wird festgestellt, dass die allbekannten Generalisierungen, wie z. B. der Umgang mit Metaphern, natürlich keine Gesetze darstellten, sondern vielmehr Listen von Möglichkeiten sind (Übersetzung mit Metapher oder nicht, einer kreativen oder lexikalisierten, etc.). Auch die in der äquivalenzorientierten Übersetzungswissenschaft (s. Kap. 6.3) üblichen Anweisungen (*man sollte, muss ... übersetzen*) seien keine Regeln, sondern simple präskriptiv-normative Vorschriften, die nur befolgt oder eben ignoriert werden könnten.

Ihm geht es wissenschaftlich darum, die Faktoren der Translation als solcher zu entdecken, nämlich die Relationen zwischen Variablen. Jedes Relationsgesetz (*relational law*) ist probabilistischer Natur, denn es wird konditional formuliert: „if X, then the greater/the lesser the likelihood that Y" (TOURY 1995:265). Es gilt also: Wenn X (der bedingende Faktor) gegeben, dann ist die Wahrscheinlichkeit dass Y (ein beobachtetes übersetzerisches Verhalten) größer oder kleiner. Die Bedingungen müssen nun spezifiziert werden. Regularitäten tatsächlichen Übersetzerverhaltens können aber nur durch vielfältige Korpusanalysen gewonnen werden. Diese sind, neben replizierbaren Experimenten, für TOURY ein zentrales Element der Translation Studies als Disziplin:

> In fact, as I see it, one of the weaknesses of Translation Studies in the present phase of its evolution lies precisely in the fact that descriptivism as such is often looked down upon, driving almost every scholar to theorize, very often in a highly speculative manner. [...] It is to be hoped that acknowledgement of the centrality of descriptive-explanatory work of all kinds will indeed bring about a healthier distinction between the tasks of researchers and theoreticians (TOURY 1995:266).

Entsprechende empirische Studien hätten dann Rückwirkungen auch auf den eigenen theoretischen Hintergrund, der verifiziert oder falsifiziert wird und ständig neue Forschungsdesiderate hervorbringt. Um bestimmte übersetzerische Reaktionen auf Textstrukturen wirklich vorhersehbar (*predictable*) zu machen, sind unzählige Faktoren im Blick auf den Übersetzer, die Kultur, die soziologische Stellung usw. einzubeziehen.

TOURY versäumt es allerdings, den konkreten Erkenntniswert solcher Analysen darzulegen. Die gefundenen „Universalien" (s. Kap. 3.4) des übersetzerischen Verhaltens können ja immer auch (wie Normen) individuell ignoriert werden, weshalb diese Gesetze auch nur probabilistisch und nicht absolut sind. Abweichendes Verhalten ist stets möglich. Es drängt sich der Eindruck auf, dass dies nur zur Herausbildung und Perpetuierung der Disziplin dienen soll:

> Proceeding this way, translation theory will ultimately become a series of truly interconnected hypotheses, which is the only kind of theory which would offer

a possibility of supplementing exhaustive **descriptions** and viable **explanations** with justifiable **predictions**. [...] the theory of translation can always be further refined. And most fortunately so. After all, one would hate to be accused of foreseeing the end of one's discipline at the very outset... (TOURY 1995:267). (Hervorhebungen im Text)

Die Anregungen wurden in den 1990er Jahren systematisch in der korpusbasierten Übersetzungsforschung aufgenommen. Mit empirisch-statistischen Methoden wird der übersetzerischen Reaktion auf Textstrukturen nachgegangen, also "features that typically occur in translated text rather than original utterances and which are not the result of interference from specific linguistic systems" (BAKER 1993:243).[133] Vor allem im englischen Sprachraum wurden mit dem Vergleich von Texten und ihren Übersetzungen sowie im Vergleich zu nicht übersetzten Paralleltexten ähnlichen Typs bestimmte Regularitäten eruiert: *explicitation, simplification, standardization, the "law of interference"* und *"the unique items hypothesis"* wurden gefunden. Althergebrachte Überzeugungen (*predictive hypothesis*), wie etwa Übersetzungen seien oft „flacher" als das Original, oder Übersetzer würden implizites Wissen bisweilen überdeutlich ausdrücken, konnten so überprüft werden.

Verwendet werden hierfür annotierte Korpora. Ein „Korpus" ist eine elektronisch erfasste Sammlung möglichst vieler authentischer Texte in einer Sprache, die mit bestimmten Softwaremethoden auf diversen linguistischen Ebenen (phonologisch, morphologisch, semantisch, lexikalisch, syntaktisch, diskursanalytisch, stilistisch, usw.) gekennzeichnet, d. h. annotiert werden. Hier wird auf die Erkenntnisse der vergleichenden Stilistik (s. Kap. 5.1) und auf CATFORDS Shifts (s. Kap. 4.4) zurückgegriffen.

Zwei wichtige Analysewerkzeuge sind der Wortlister und die Konkordanz. Ein **Wortlister** zählt die Gesamtanzahl eines Wortes (oder einer Einheit) im Korpus oder einem betrachteten Text. Wortlisten können alphabetisch oder nach Häufigkeit angeordnet werden. Eine **Konkordanz** dagegen zeigt alle Vorkommen eines Suchwortes oder einer Wortgruppe im unmittelbaren linken und rechten Vorkommen in einem Satz. Mit einer Konkordanz können lexikogrammatische Muster eines Suchworts aufgezeigt werden.

Wenn nun das Vorkommen bestimmter Kollokationen in Übersetzungen aufscheint, dann kann damit u. U. eine bestimmte Stilvorliebe eines Übersetzers nachgewiesen werden. Manche, einem Übersetzer intuitiv als kreativ erscheinende Lösungen könnten sich auch als Spiegel des sprachlich Üblichen herausstellen. Während die Tendenz zur Explizitierung auf einem unsicheren Textverständnis beruhen mag, könnte die Neigung zur Normalisierung von einer unterschwelligen Ablehnung des Fremden in Texten herrühren. Die Korpusanalysen zeigen jedenfalls Muster des mikrostilistischen übersetzerischen Ver-

---

[133] Der Aufsatz BAKERS war hier eine Initialzündung gewesen. Zu einem Überglick über Korpusanalysen vgl. die *Routledge Encyclopedia of Translation Studies*, edited by Mona Baker & Gabriela Saldanha (2009), London & New York: Routledge. Darin die Beiträge von D. KENNY: "Corpora", 59–62; K. KLAUDY: "Explicitation", 104-108; S. LAVIOSA: "Universals", 306-310.

haltens auf (TEICH 2003)[134], geben aber keine Anweisungen zum konkreten richtigen Handeln.

Allerdings werden Parallelkorpora sowie Analyseergebnisse auch in der Übersetzungsdidaktik und Fehleranalyse (s. Kap. 5.4) verwendet, um idiomatische Ausdrucksweisen zu erlernen und Bewertungskriterien objektiver zu machen (vgl. HOUSE, s. Kap. 4.5). Die Kriterien sind dabei grammatisch-syntaktischer Natur und so ist die Korpusanalyse auch von der Maschinellen Übersetzung beeinflusst (s. Kap. 4.2).

KOMMENTAR

Die Konzeption der Übersetzungsforschung als Feldtheorie deutet an, dass die Übersetzungswissenschaft dann als eigenständige Disziplin Gestalt gewinnt, wenn sie mehrere Teiltheorien in sich vereinigt, mit welchen das komplexe Gesamtphänomen des Übersetzens differenziert beschrieben werden könnte. DTS gehen von den Texten in ihrer Zielkultur aus und entfalten von daher eine empirische, beschreibende Analyse. Korpusanalysen betrachten auf der Suche nach Universalien die mikrostilistische Reaktion auf Strukturen in einem Ausgangstext. Da hier ein rein deskriptiver Ansatz vorliegt, bleibt die didaktische Frage nach der „Richtigkeit" von Übersetzungen außerhalb der Perspektive von DTS. Im Sinne der Feldtheorie der Translation Studies gehört dies zu den angewandten Forschungsrichtungen.

Im Gegensatz zu anderen deskriptiven übersetzungswissenschaftlichen Forschungsansätzen, wie der syntaktischen *Stylistique comparée* (s. Kap. 5.1), und der linguistischen Theorie normativer Äquivalenzforderungen (s. Kap. 6.4) richtet sich das Augenmerk der Deskription hier auch auf den umgebenden Kontext von Übersetzungstexten. Bisher liegen überwiegend literarische Untersuchungen vor, doch könnte eine deskriptive Untersuchungsweise auch in anderen Sprachbereichen nützlich sein, ja sie erscheint hier als methodisches Charakteristikum der Übersetzungsforschung als Disziplin.

LEKTÜREHINWEISE

James S. HOLMES (1988): *Translated! Papers on Literary Translation and Translation Studies*. Amsterdam.

Lothar LEMNITZER / Heike ZINSMEISTER: (2010): *Korpuslinguistik. Eine Einführung*. Tübingen.

Gideon TOURY (1995): *Descriptive Translation Studies and beyond*. Amsterdam, Philadelphia.

Routledge Encyclopedia of Translation Studies, edited by Mona BAKER & Gabriela SALDANHA (2009), London & New York.

---

[134] Elke TEICH (2003): *Cross-Linguistic Variation in System and Text. A Methodology for the investigation of Translations and Comparable Texts*. Berlin: Mouton de Gruyter.

11 Übersetzungswissenschaft als Interdisziplin

> *Die Übersetzungstheorie könnte auch im Sinne einer interdisziplinären Integration verschiedener Methoden Profil gewinnen. An die Stelle einer Feldtheorie tritt die Fruchtbarmachung unterschiedlicher sprachwissenschaftlicher Ansätze fürs Übersetzen.*

11.1 Prototypologie der Texte (Snell-Hornby)

Andere Forscher wollen die rein linguistische Orientierung überwinden. So plädiert Mary SNELL-HORNBY (1988) in ihrem übersetzungstheoretischen Entwurf für ein Aufweichen festgefahrener Systematiken in der Übersetzungstheorie. Für sie ist Übersetzungswissenschaft weiterhin *übersetzerische Produktionstheorie*, bemüht um die Klärung der Voraussetzungen für das Anfertigen von Übersetzungen und die Entwicklung von Anweisungen, wie dies am besten geschehen soll. Diese Aufgabe bleibt, trotz der forcierten Betonung der Deskription in DTS (s. Kap. 10.2), weiterhin legitim und gehört mehr zum theoretischen Teil der Übersetzungsforschung.

SNELL-HORNBY moniert, dass die meisten übersetzungstheoretischen Ansätze und Modelle, wie auch aus den vorhergehenden Kapiteln dieser Einführung deutlich wird, nicht von der als wissenschaftliches Axiom geltenden Tendenz zur starren Kategorisierung loskommen. Von den 5 Arten der „potentiellen Entsprechungen" der Leipziger Schule (s. Kap. 4.3) über die 7 „Übersetzungsprozeduren" der *Stylistique comparée* (s. Kap. 5.1), HOUSES zwei Übersetzungsarten (s. Kap. 4.5), das Drei-Schritt-Transfermodell NIDAS (s. Kap. 6.2) neben WILSS' „semiotischer Textanalyse" auf 3 Faktorenebenen (s. Kap. 4.6), KOLLERS 5 „Äquivalenzforderungen" (s. Kap. 6.4) bei 2 „Textgattungen" mit 4 Kriterien (s. Kap. 7.5) bis zu REIß' drei „Texttypen" (s. Kap. 7.4) und verschiedenen „Sprechakten" – überall wird zwar die alte Dichotomie zwischen „Treue" und „Freiheit" durchbrochen, doch jede Vorstellung von schwimmenden Übergängen im Sprachlichen bleibt ausgeklammert.

Solche starren Kategorisierungen sollten nach SNELL-HORNBYS Meinung endlich überwunden werden (1988:2). In diesem Sinne bietet die Literaturwissenschaft wertvolle Anregungen, und die Autorin beklagt die bisher mangelnde Berührung zwischen Literatur- und Fachübersetzern (1986:10). Sie möchte hier eine Brücke schlagen und verweist auf STEINER, der stets die Interdisziplinarität betont hatte (s. Kap. 9.2). SNELL-HORNBY (1988:35ff) greift dazu die Konzeption der empirischen Übersetzungsforschung bei HOLMES (s. Kap. 10.1) auf und plädiert für die Bestimmung eines speziellen Forschungsbereichs der Übersetzungswissenschaft als eigenständiger Disziplin anstelle der bislang üblichen Vorstellung, ein Teilgebiet der Linguistik zu sein.

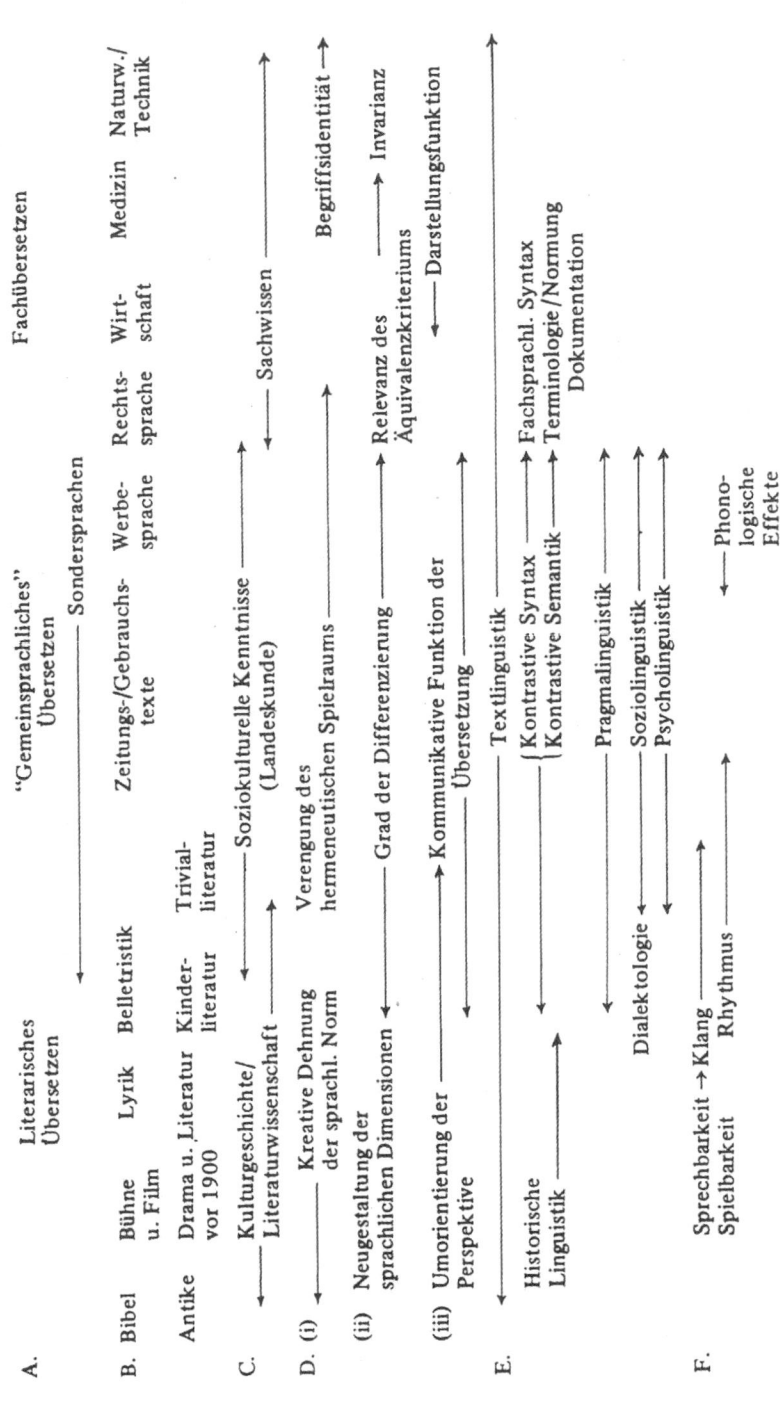

Abb. 2: Prototypologie der Texte nach SNELL-HORNBY *(1986:18).*

Die wissenschaftliche Weiterentwicklung sei durch das klassische Kästchendenken mit strengen Trennungslinien, binären Oppositionen, Antithesen und Dichotomien behindert worden. Diese oft rein akademischen Konstrukte lähmten eine feinere Ausdifferenzierung, wie sie aber vom Gegenstandsbereich der Übersetzungswissenschaft gefordert ist. Daher wird die Typologie hier durch eine „Prototypologie" (1988:29) ersetzt, wobei unscharfe Ränder möglich sind und strenge Kategorisierungen in ein Spektrum der Phänomene um einen Fokus herum übergehen.

In diesem Sinn entwirft SNELL-HORNBY, ausgehend von Textsorten und „übersetzungsrelevanten Gesichtspunkten" ein Schichten- oder Stratifikationsmodell, das sich ohne scharfe Trennungslinien und mit fließenden Übergängen von der Makroebene (A) bis zur Mikroebene (F) bewegt (siehe nebenstehende Abbildung aus 1986:17; vgl. auch 1988:32).

Ebene A kennzeichnet die bislang allzu säuberlich getrennten Übersetzungsbereiche. Die Pfeile bezeichnen mögliche Berührungen. *Ebene B* stellt eine Prototypologie der wesentlichen Textsorten dar, von der Bibel bis zur Fachübersetzung; natürlich gibt es viele Mischtypen. *Ebene C* zeigt die „nicht-linguistischen Disziplinen bzw. Gebiete der sogenannten 'außersprachlichen Realität', die mit dem Übersetzen unzertrennlich verbunden sind" (1986:18). *Ebene D* stellt die „wesentlichen Gesichtspunkte" bei der Übersetzung dar:

> D(i) bezieht sich auf den Ausgangstext: im Mittelpunkt steht hier das Verstehen. D(ii) nennt Qualitätskriterien für die Übersetzung. (...) Ansonsten wird für den dynamischeren Ansatz von Hönig und Kußmaul plädiert, die sich nach der Funktion der Übersetzung für den Adressaten richten - hier in der Ebene D(iii) dargestellt und als Qualitätskriterium den „notwendigen Grad der Differenzierung" ansetzen (1986:19).

In *Ebene E* sind die übersetzungsrelevanten Bereiche der Linguistik aufgeführt, und in *Ebene F* sind phonologische Gesichtspunkte genannt, die für einzelne Textsorten von Bedeutung sind.

Einer solchen Prototypologie entspricht die interdisziplinäre Offenheit und das Integrieren verschiedener Methoden der Textbeschreibung. In diesem Sinne hat SNELL-HORNBY (1986) in einem Sammelband zur „Neuorientierung" der Übersetzungswissenschaft Beiträge verschiedener Autoren zusammengetragen, deren Ansätze ihr für eine solche offenere, flexiblere Konzeption des Übersetzens geeignet erscheinen. Später hat sie (1988) unter dem Titel *Translation Studies - An Integrated Approach* ihre Vorstellung noch präziser ausgebreitet.[135]

Die Vorstellung von Prototypen wird aus den „natürlichen Kategorien" der Psychologin Eleanor ROSCH[136] entwickelt. Bei der Frage, wie denn Bedeutungsvorstellungen in den Köpfen der Menschen zusammengesetzt sind, wird nun der aristotelische Begriff der „Kategorie" mit ihrer inneren Struktur distinktiver Merkmale (s. Kap. 3.6) ersetzt durch den Begriff des „Prototyps". Er ist als „bes-

---

[135] Es werden dort verschiedene übersetzungstheoretische Ansätze beschrieben und kritisch bewertet, wie z.B. die alte Dichotomie wörtlich-frei, die „Illusion der Äquivalenz" (s. Kap. 6.5), die „Übersetzung als Manipulation" (s. Kap. 9.5).
[136] Vgl. Eleanor ROSCH (1973): „Natural categories". In: *Cognitive Psychology 4*, S. 328-350.

tes Exemplar" einer Kategorie eine Kernvorstellung mit unscharfen Rändern. Die Einzelelemente sind nicht analysierbar, sondern weisen eine „Familienähnlichkeit" auf. Diese Vorstellung ist mittlerweile in der nicht strukturalistischen Bedeutungslehre anerkannt, vgl. KLEIBER 1993.

> Mit dem Schlüsselbegriff *Prototyp* stellten die Psychologin E. Rosch und nach ihr der Linguist G. Lakoff (1982) die herkömmliche Theorie der Kategorisierung in Frage, die im wesentlichen als objektivistisch und reduktionistisch zu bezeichnen wäre. Das heißt, eine Kategorie wird objektiv und sauber nach außen abgegrenzt, und ein Begriff besteht aus der Summe seiner Teile, ist eine Addition von Komponenten. Demgegenüber stellte Rosch ihre Theorie der „natürlichen Kategorisierung" (1973): durch Experimente konnte sie nachweisen, daß der Mensch nach Prototypen kategorisiert, d.h. die natürliche Kategorie hat eine fokale Mitte und verschwommene Ränder. Als Beispiel für die Kategorie *Vogel* wäre z. B. „Spatz" prototypisch, „Pinguin" jedoch nicht (VANNEREM/SNELL-HORNBY 1986, 187).

11.2 Integration linguistischer Theorien

In einem Kapitel mit der Überschrift „Translation, Text and Language" legt SNELL-HORNBY (1988:65ff) die Anwendung einiger sprachwissenschaftlicher Theorien aus anderen Disziplinen beim Übersetzen von Texten dar. Mit Verweis auf HUMBOLDT (s. Kap. 2.1) betont sie, dass Sprache und Kultur zusammengehören und daher auch das Übersetzen einen „kulturellen Übergang" darstellt.

Sie nennt ferner den Ansatz der Hermeneutik, der Wesentliches zum Verstehen von Texten beitrage (1988:42f), sowie den pragmatischen Ansatz bei HÖNIG/KUßMAUL (s. Kap. 8.5). Jeweils an einzelnen Textbeispielen werden semantische Probleme erörtert, wobei die Begriffe „Perspektive" und „Dimension" unterschieden werden:

> In this sense *dimension* refers to the linguistic orientation realized in lexical items, stylistic devices and syntactic structures, and it becomes a translation problem when *multidimensionality* in linguistic expression is involved. This not only concerns the interplay of syntax, semantics and pragmatics, but extends to the multiple levels of shifting focus as in metaphors and puns (or any play on words).
> With *perspective* I mean the viewpoint of the speaker, narrator or reader in terms of culture, attitude, time and place; this shifts, for example, in parody and satire, and invariably in translation. Thus dimension focusses on internal aspects of language, perspective on the relationship of the text to external, social and cultural factors, but again we are not concerned with a dichotomy, but with complementary and often overlapping facets of an integrated whole (SNELL-HORNBY 1988:52).

„Dimension" bezieht sich demnach auf textimmanente Strukturen wie etwa stilistische Effekte, während „Perspektive" pragmatische Überlegungen wie soziolinguistische Aspekte betrifft. HOUSE hatte als Dimensionen als Gebrauchskategorie definiert (s. Kap. 4.5).

Die Textanalyse als Vorbereitung des Übersetzens sollte den Text als ganzheitliche Größe im Sinne der Gestalttheorie sehen und vom Großen zum Kleinen vorgehen, vom Textganzen zum einzelnen Zeichen:

> Grundlegend in der Gestaltpsychologie war das berühmte holistische Ganzheitlichkeitsprinzip, nach dem das Ganze nicht als bloße Addition seiner Teile aufgefaßt werden und eine Analyse von Teilen nicht zum Verstehen des Ganzen führen konnte. Vielmehr sollte die Analyse von der Gesamtstruktur bis zu den einzelnen Merkmalen also „von oben nach unten", von der Makro- bis zur Mikroebene durchgeführt werden (VANNEREM/SNELL-HORNBY 1986:288).

Weil Texte nur im Rahmen einer gegebenen Situation funktionieren, muss zunächst dieser Bereich bestimmt werden. Der nächste Schritt ist dann die Analyse der textuellen Makrostruktur, etwa über Gliederungssignale (s. Kap. 7.3), wobei auch das Verhältnis zwischen Titel und Text zu berücksichtigen ist. SNELL-HORNBY (1988:69) betont hierzu erneut, dass es in der Analyse nicht um die Isolierung bestimmter Einzelphänomene geht, sondern um das Nachzeichnen eines Beziehungsgeflechts, in dem die Bedeutung von Einzelphänomenen durch ihre Relevanz und Funktion im Textganzen determiniert wird.

Zur Textanalyse gehört schließlich auch eine Untersuchung der in einem Text auffindbaren Wortfelder. Die Analyse, die an einem literarischen Text aufgezeigt wird, beruft sich auf das von STOLZE (1986) entwickelte Modell. Am Beispiel einer Übersetzungskritik wird gezeigt, dass mehrere einander in einem Text überlagernde Wortfelder ein wesentliches Kriterium von dessen inhaltlicher Kohärenz sind. Wenn dies ein Übersetzer nicht beachtet, verliert die Übersetzung, im Vergleich zur Textvorlage, viel von ihrer Aussagekraft.

Beispiel
Im Folgenden wird ein kurzes Textstück mit Übersetzung aufgeführt, um die übersetzungsrelevante Textanalyse nach SNELL-HORNBY (1988:70-78) aufzuzeigen:

THE PACIFIC
The Pacific^1 is inconstant^2 and uncertain,^{2} like the soul of man.^{2} Sometimes it is grey^3 like the English Channel^4 off Beachy Head, with a heavy swell,^{1} and sometimes it is rough,^{1} capped with white crests,^{1} and boisterous.^{2} It is not so often that it is calm^1 and blue.^{3} Then, indeed, the blue^3 is arrogant.^{2} The sun shines^3 fiercely^2 from an unclouded sky.^{4} The trade wind^4 gets into your blood,^{2} and you are filled with an impatience^2 for the unknown. The billows, magnificently rolling,^{1} stretch widely on all sides of you, and you forget your vanished youth,^{2} with its memories,^{2} cruel and sweet, in a restless, intolerable desire for life.^{2} On such a sea as this^1 Ulysses sailed when he sought the Happy Isles.^{1} (...) –   W. S. Maugham (1921).

Der Stille Ozean
Der Stille Ozean^1 ist unbeständig^2 und wandelbar^2 wie die Seele des Menschen^2 Manchmal liegt er grau^3 da mit mächtiger Dünung,^{1} manchmal ist er wild gebauscht^1 und trägt weiße^3 Wellenkämme.^{1} Nicht häufig zeigt er sich blau^3 und glatt,^{1} dann aber ist er von anmaßendem^2 Blau.^{3} Hemmungslos brennt die Sonne^3 aus wolkenlosem Himmel.^{4} hernieder. Der Passatwind^4 geht einem ins Blut^2 und erfüllt es mit der ungeduldigen Forderung^2 nach dem Unbekannten. Die hochaufrollenden Wogen^1 umgeben einen üppig von allen Seiten, und man vergißt die schwindende Jugend^2 mit ihren grausamen und süßen Erinnerungen^2 vor lauter Sehnsucht,^{2} dieser rastlosen,^{2}

> unaushaltbaren Sehnsucht nach Leben.² Auf solch einem Meer¹ segelte Odysseus, als er die Glücklichen Inseln⁴ suchte. (...)
> *Berechtigte Übertragung von Ilse Krämer (1953).*
>
> Zur **Situation** wird festgestellt: Dieser literarische Text erschien, als das British Empire noch in Blüte stand, der Topos des Europäers in fremden Gefilden ist dem gebildeten Engländer vertraut, und findet auch einen Anknüpfungspunkt mit dem Vergleich im Text – „English Channel" (Zeile 2). Die **Sprecherperspektive** ist persönlich, indem der Leser direkt angesprochen und in die Gefühle mit hineingenommen wird – „The trade wind gets into your blood and you are filled ...". Der **Titel** wird am Textanfang unmittelbar als Leitmotiv aufgenommen, wobei der Pazifik mit dem menschlichen Gemüt verglichen wird – „soul of man" (Zeile 1). Die dadurch entstehende Dualität in der Textstruktur zeigt sich in zwei einander überlagernden **semantischen Wortfeldern** als Isotopie. Die wesentliche Aussage des Textes findet sich in sehr bildhaften Adjektiven und Substantiven, die Verben sind blass. Die Substantive¹ benennen das Meer – *Pacific, swell, crests, trade wind, billows, sea, Happy Isles.* Die Adjektive² dagegen sind alle doppeldeutig, sie beschreiben auch den Seelenzustand des Menschen – *inconstant and uncertain, heavy, rough, boisterous, arrogant, restless, intolerable.* Die verschiedenen Bilder des Meeres⁴ werden mit Gliederungssignalen eingeführt – *sometimes, then, not so often.* Das Licht wird mit Farbadjektiven³ bezeichnet.
>
> Ein **übersetzungskritischer Vergleich** mit der vorgelegten Version zeigt, dass die Übersetzerin zwar sprachenpaarbezogen direkte Äquivalente gesucht hat, nicht jedoch das nur im Textganzen erkennbare Wortfeld gesehen hat. Die persönliche Anrede und der Einbezug des Lesers fehlen, wodurch die gesamte Aussage des Textes verwischt und abgeflacht wird. Die Formulierung „Der Stille Ozean ist unbeständig und wandelbar" (Zeile 1) enthält sogar eine semantische Inkompatibilität, was bei „Pacific" als geographischer Bezeichnung nicht der Fall ist.

SNELL-HORNBY (1988:86ff) integriert unter Berufung auf HÖNIG-KUßMAUL (1982) schließlich noch die Sprechakttheorie (s. Kap. 8.1) und die strukturelle Bedeutungsanalyse (s. Kap. 3.6), die im Sinne des prototypologischen Konzepts dynamisch erweitert wird. Hier erwähnt sie diesbezügliche Vorarbeiten bei STOLZE (1982). Da Texte viele Perspektiven und Dimensionen enthalten, können sie niemals nur anhand einer einzigen linguistischen Theorie analysiert werden.

11.3 Das Scenes-and-frames-Konzept (Vannerem / Snell-Hornby)

SNELL-HORNBY (1988:79ff) integriert des Weiteren die „scenes-and-frames-semantics" nach FILLMORE (1977), wie sie in VANNEREM/SNELL-HORNBY (1986) für das Übersetzen aktualisiert wurde. Anstelle starrer Systematik plädiert FILLMORE für "an integrated view of language structure, language behaviour, language comprehension, language change and language acquisition" (1977:55) und entwickelt eine eigene Semantik auf der Basis des „Prototyp"-Begriffs.

Die „Prototypensemantik" (vgl. KLEIBER 1993) betrachtet die Wortbedeutung im Gegensatz zur Strukturellen Semantik nicht als eine Struktur distinktiver semantischer Merkmale, sondern als eine unscharfe Menge verwandter Merkmale mit einer Familienähnlichkeit. So gilt die Wortbedeutung als eine Ansammlung typischer Attribute oder Eigenschaften in einem Schema oder Konzept. Sprachliches Verstehen erfolgt über die begrifflich-schematischen Konzepte, die miteinander vernetzt im Wissen der Menschen vorhanden sind und in der Kommunikation aus dem Kontext angereichert und präzisiert werden. Betont werden die Gestaltqualitäten von Wörtern, wobei man von der Hypothese ausgeht, dass nur die prototypischen Bedeutungsmerkmale im Sinne einer Kernbedeutung und die prototypischen Verwendungsbedingungen von Wörtern lexikographisch verzeichnet werden können.

Die Menschen verfügen also über ein Inventar an Schemata zur Deutung von Erfahrungen, das sie dann auf den Einzelfall anwenden. Eine Bedeutungsvorstellung baut sich aus den Erfahrungen des Sprechers auf, analog zum Spracherwerb des Kindes, das Bedeutung zunächst im Gesamtzusammenhang einer Situation erfährt und dann erst lernt, von dieser einen Situation zu abstrahieren und die erfahrene Bedeutung auf neue Situationen anzuwenden:

> On this view, the process of using a word in a novel situation involves comparing current experiences with past experiences and judging whether they are similar enough to call for the same linguistic coding (FILLMORE 1977:57).

Eine *scene* ist dabei eine Art „Bild von Welt" im Kopf eines Menschen, das *frame* der bereitstehende Ausdruck, die sprachliche Kodierung als „Organisationsform für Wissen" mit dem Konzept als Bedeutungsinhalt.

Dann läuft der Kommunikations- und Verstehensprozeß so ab, dass wir zu jeder linguistischen Form (*frame*) zunächst mittels eigener Erfahrung bzw. einer Situation Zugang finden, die für uns persönlich von Bedeutung ist (*scene*) (FILLMORE 1977:63). *Scenes* und *frames* aktivieren einander wechselseitig und in unterschiedlicher Komplexität, das heißt, eine bestimmte sprachliche Form ruft Assoziationen hervor, diese wiederum aktivieren andere Formen, bzw. erwecken weitere Assoziationen.

Zu einem *frame* gehören Lexeme, die auf eine prototypische komplexe Situation oder *scene* Bezug nehmen. Wörter wie *kaufen, verkaufen, bezahlen, kosten, bestellen, liefern, Käufer, Verkäufer, Kunde, Ware, Preis, teuer, billig* z. B. heben jeweils einen Aspekt einer bestimmten Situation oder eines Ereignisses hervor. Ein Sprecher kann normalerweise davon ausgehen, dass sein Hörer mit der Kenntnis eines Wortes auch das konventionelle Wissen über die gesamte komplexe Situation verbindet; diese muss nicht in allen Einzelheiten beschrieben werden. Es genügt, im Text eine Komponente zu aktualisieren und dem Hörer die Aktivierung anderer im *frame* vorhandener, spezifischer Komponenten zu überlassen. Hier wird das Hintergrundwissen als Informationseinheit in Form von globalen Mustern oder Schemata angesprochen.

Die Anwendung des „*scenes-and-frames*-Konzepts" auf die Textanalyse bietet nach FILLMORES Ansicht entscheidende Vorteile gegenüber anderen Ansätzen, etwa den Untersuchungen zur Textkohäsion (s. Kap. 7.1), da jene den dynamischen Aspekt der Textassimilation außer Acht lassen:

> Successful text analysis has got to provide an understanding on the part of the interpreter of an image or scene or picture of the world that gets created and

> filled out between the beginning and the end of the text-interpretation experience (1977:61).

Die Kohärenz eines Textganzen ergibt sich nach FILLMORE schließlich aus dem Aufbau einer ganzen, unter Umständen sehr komplexen Szene aus einzelnen Bestandteilen. Die vom Sprecher realisierte sprachliche Auswahl aktiviert bestimmte *scenes* beim Leser; im weiteren Verstehensverlauf schließen sich diese in größeren Komplexen zusammen, die Leerstellen werden ausgefüllt, Perspektiven festgelegt, wobei sich der Leser im Interpretationsprozess auf sein Hintergrundwissen stützt.

Aus dieser *scenes-and-frames*-Semantik FILLMORES leiten VANNEREM/SNELL-HORNBY nun ein Konzept für die Übersetzung ab:

> Die Anwendung des *scenes-and-frames*-Ansatzes auf die Übersetzung sieht den Übersetzer als kreativen Empfänger, der zum einen die vom Text-*frame* gelieferte Information verarbeitet, zum anderen sein eigenes prototypisches Weltwissen einbringt, um seine eigene Szene hinter dem Text zu schaffen. Daraus ergibt sich zwangsläufig ein sehr dynamisches Konzept der Übersetzung. Die Szene hinter dem Text besteht aus x kleinen *scenes,* die aber keine statische Hierarchie aufbauen, sondern ein Gewebe aus einer großen Anzahl von sich gegenseitig beeinflussenden Elementen bilden, in das auch das prototypische Wissen des Übersetzers hineinverwoben ist (1986:192).

Übersetzer müssen „erkennen können, wo ihre prototypischen *scenes* nicht mehr ausreichen und wissen, mit welchen Hilfsmitteln man den speziellen Forderungen des Textes gerecht werden kann" (1986:203). Es geht also darum, weitgehend die *scenes*-Struktur der Textvorlage zu erhalten und sich andererseits zu vergewissern, ob die im Sprachbewusstsein von den *scenes* aufgerufenen zielsprachlichen *frames* auch wirklich adäquat sind für die *scenes,* die sie in der Übersetzung bei anderen Lesern aufrufen sollen. Die Übersetzungsstrategie läuft darauf hinaus, sich die *scenes* des Ausgangstextes vorzustellen, um zielsprachlich ein geeignetes *frame* zu finden.

> Diese Konzeption wird am **Beispiel einer Zeitungsmeldung** über eine dramatische Rettungsaktion expliziert, wofür sie sicher auch besonders geeignet ist (vgl. VANNEREM/SNELL-HORNBY 1986:192-198). Die lexikalische Struktur in Wortfeldern des Textes evoziert dabei die *scene,* der Zeitablauf wird durch Verbformen angezeigt, die Deixis durch Adverbialpartikeln. Dabei ist in der Darstellung keine lineare Progression, vielmehr ist ein häufiger „Szenen-wechsel" und ein Umspringen der Perspektive zu beobachten. Dies kann auch in der Übersetzung wiedergegeben werden. „Maßgebend ist das Ganzheitlichkeitsprinzip, d.h. es geht nicht um einzelne Wörter, sondern um die Neu-'gestalt'-ung ganzer *scenes,* wobei verschiedene Gesichtspunkte gleichzeitig berücksichtigt werden müssen" (1986:197).

11.4 Textstatus und Stil (Leech / Short)

SNELL-HORNBY (1988:111ff) plädiert für fließende Übergänge in der Übersetzungstheorie hinsichtlich des Textstatus der Fachtexte und der literarischen Texte. Beide Bereiche sollten im Sinne eines „Spektrums" miteinander betrachtet werden. Es wird festgestellt, dass in neueren Übersetzungstheorien (VERMEER 1986, HÖNIG/KUßMAUL 1982, HERMANS 1985) (s. Kap. 8.5, 9.2) eine deutliche Verlagerung des Schwerpunkts vom Ausgangs- zum Zieltext und seiner Funktion zu verzeichnen ist, eine Entwicklung, die es zu relativieren gelte. Sie unterscheidet daher zwischen der Situation des Ausgangstextes und der Funktion des Zieltextes in einer anderen Kultur.

Fach- und Gebrauchstexte haben meist eine genau bestimmbare Situation, die ihre Bedeutung mitbestimmt. Demgegenüber wird gelegentlich die Meinung vertreten, ein literarischer Text sei nicht situativ gebunden.[137] Doch dagegen führt SNELL-HORNBY die rezeptionsästhetische Theorie ISERS (1976)[138] ins Feld, der die Interaktion zwischen Leser und Text als Erschaffung einer Situation beschreibt: „Folglich sind Text und Leser in einer dynamischen Situation miteinander verspannt, die ihnen nicht vorgegeben ist, sondern im Lesevorgang als Bedingung der Verständigung mit dem Text entsteht" (1976:111). So wird die (fiktive) Wirklichkeit des literarischen Textes im Lesevorgang konkret erschaffen. Neben dem individuellen Akt der Wirklichkeitserschaffung beim Lesen hat Literatur als anerkannter Teil eines bestimmten Kulturerbes auch einen gewissen Grad an Unabhängigkeit und Stabilität erreicht, der ihr eine bestimmte zeitgenössische Deutung garantiert (s. Kap. 9.4).

Im Blick auf die Funktion von Übersetzungen entsteht ein ähnliches Bild. Viele Texte haben eine klar bestimmbare Funktion in der Zielkultur, auf die hin sie formuliert werden, doch auch literarische Texte sind nicht funktionslos: Da ist, wie SNELL-HORNBY (1988:114) anmerkt, zunächst die Funktion der intratextuellen Kohärenz, ohne die der Aufbau jener „alternativen Welt" in Fiktivtexten gar nicht möglich wäre, und daneben gibt es die Funktion der Übersetzung, wiederum einen „literarischen Text" oder ein Kunstwerk im Rahmen einer Zielkultur zu erschaffen. Kaum einmal wird freilich eine Übersetzung selbst zum „Klassiker" für mehrere Generationen, vielmehr wird immer wieder das Bedürfnis nach neuen Literaturübersetzungen spürbar. Im Rahmen eines solchen dynamischen Spektrums von pragmatischen bis literarischen Texten gelangt SNELL-HORNBY zu folgendem Schluss:

> (1) the more "specialized" or "pragmatic" the source text, the more closely it is bound to a single, specific situation, and the easier it is to define the function of its translation;

---

[137] Vgl. Roland BARTHES (1966): *Critique et Vérité*. Paris: Ed. du Seuil. Er schreibt (S. 54): „L'œuvre n'est entourée, désignée, protégée, dirigée par aucune situation, aucune vie pratique n'est là pour nous dire le sens qu'il faut lui donner; elle a toujours quelque chose de citationnel: en elle l'ambiguïté est toute pure...".

[138] Vgl. Wolfgang ISER (1976): *Der Akt des Lesens. Theorie ästhetischer Wirkung*. München: Fink.

(2) the more specific the situation and the more clearly defined the function, the more target-oriented a translation is likely to be;
(3) the more "literary" a text (whether original or translation), the more both "situation" and "function" depend on reader activation;
(4) the more "literary" a translation, the higher is the status of the source text as a work of art using the medium of language[139] (1988:115).

So kann aufgrund einer wie auch immmer gearteten „Funktion" eines Textes keine scharfe Trennung zwischen literarischen und anderen Textarten vorgenommen werden.

Ein wichtiger, bisher kaum übersetzungstheoretisch behandelter Aspekt ist der Faktor *Stil*. Um auch diesen Faktor in ein prototypologisches Gesamtspektrum einzuführen, nennt SNELL-HORNBY (1988:120ff) die Stiltheorie von Geoffrey N. LEECH und Michael H. SHORT (1981). Beide gehen von einem breit angelegten Konzept des Stils als einem System der Auswahl im Sprachgebrauch aus, wobei eine Pluralität semantischer, syntaktischer und graphisch-phonologischer Möglichkeiten in Texten anzusetzen ist, die mit einer Vielfalt der Textfunktionen gekoppelt ist. Stil kann *quantitativ* beschrieben werden, indem die *Frequenz* bestimmter stilistischer Merkmale bestimmt wird (LEECH/SHORT 1981:42ff). Außerdem stellt SNELL-HORNBY (1988:120f) fest:

> Salient in Leech's approach is the notion of *foregrounding* or *artistically motivated deviation* from the norms of the linguistic code (1981:48). This may be *qualitative* (e.g. a breach of some rule or convention in the language) or *quantitative* (i. e. deviance from an expected frequency).
> Leech and Short differentiate between *transparent* style, which shows the meaning of the text easily and directly (1981:19), and *opaque style*, where the meaning of the text is obscured by means of foregrounding and its interpretation is hence obstructed (1981:28). Transparent style focusses on the content expressed, opaque style on the *medium of language* in its own right (1981:29).

Für die übersetzungsrelevante Textanalyse ergibt sich so der Auftrag, stilistische Aspekte, wie Satzstrukturen und Länge, Informationsarrangement, Frequenz von Verbalphrasen versus Nominalphrasen, Frequenz der Adjektiva usw. zu untersuchen, wobei Fragen der Sprachnorm entscheidend sind. Abweichungen von der Norm können nämlich Fehlleistungen, aber auch künstlerische Erweiterungen derselben sein.

Ein „transparenter Stil" ist durch semantische Koordination und Verstärkung gekennzeichnet, während im „opaken Stil" die Wörter nicht vom Kontext her erhellt werden, sondern oft idiosynkratisch in unerwarteter Weise verwendet sind. Dann ist für das Verständnis eine Vorkenntnis der Implikationen oder ein spezifisches Fachwissen erforderlich.

---

[139] Die Forderung nach einer möglichst „wörtlichen" Übersetzung bei Texten mit hohem Status vertritt auch Peter NEWMARK, s. Kap. 5.3.

Wir finden eine **Erläuterung** hierzu in SNELL-HORNBY (1988:122f):

(1) *He was extremely nervous. His delicate white hand fiddled incessantly with the signet ring on his little finger; his uneasy blue eyes kept squinting rapid glances into the corridor* (C. Isherwood).

Hier wird das metaphorische „Bild der Ängstlichkeit" kontinuierlich verstärkt: *extremely nervous* durch *fiddled incessantly, uneasy blue eyes* durch *squinting rapid glances*. Semantische Kongruenz zeigt sich zwischen *hand* und *fiddle, eye, squint* und *glance*, sowie bei *delicate white hand, signet ring, little finger*. Solcher **transparenter Stil** hält sich an die **etablierte Norm**, ist typisch für einfache Prosa, es geht um leichte Verständlichkeit, eingängige Lesbarkeit.

(2) *Soon the cicadas will bring in their crackling music, background to the shepherd's dry flute among the rocks. The scrambling tortoise and the lizard are our only companions* (L. Durrell).

(2') *Bald werden die Zikaden ihre knarrende Musik anstimmen, Hintergrund für die klare Flötenstimme des Schafhirten zwischen den Felsen. Die schwerfällige Schildkröte und die Eidechse sind unsere einzigen Gefährten* (gedruckte Übersetzung).

Hier zeigt sich im **opaken Stil eine künstlerische Abweichung von der Norm**, denn *crackle* beschreibt normalerweise das Geräusch trockener Zweige im Feuer, nicht das eines Lebewesens, und es kolloklert nicht mit 'Musik'. *Scramble* evoziert eine menschliche Bewegung mit Armen und Beinen; bei der Schildkröte soll es hier die unkoordinierte hastige Bewegung andeuten. Solche Textpassagen sind schwieriger zu übersetzen. Sehr oft werden die normabweichenden, opaken Problemstellen in der Übersetzung transparent gemacht, was von der Übersetzungskritik dann deskriptiv als „stilistische Verflachung" vermerkt wird (s. Kap. 9.1). In Beispiel (2') wurde bei „knarrende Musik" das opake Element gut wiedergegeben, die „schwerfällige Schildkröte" dagegen ist banal. Vielleicht braucht es hier noch mehr Mut des Übersetzers zu neuen Sprachformen.

Während bei LEECH/SHORT (1981) Stil als Auswahl des individuellen Schreibers angesehen wird, ist für den Bereich der Fach- und Gebrauchstexte demgegenüber eine soziale Gruppe zu sehen, deren Konventionen einen Funktionalstil ergeben. Transparenz in solchen Texten eingeschränkter Verständlichkeit resultiert dann nicht nur aus semantischen Komponenten, sondern berührt auch Fachtermini und syntaktische Konventionen. Alle die genannten Aspekte wären in einer prototypisch variablen Textanalyse zu berücksichtigen, und entsprechende sprachwissenschaftliche Methoden könnten interdisziplinär zu einer breiter fundierten Übersetzungswissenschaft beitragen.

KOMMENTAR

Die Übersetzungswissenschaft wird zur Interdiszplin, wenn sie verschiedene linguistische Forschungserträge für das Übersetzen fruchtbar integriert. Begriffe wie „Prototypologie" und „Spektrum" deuten eine oszillierende Beweglichkeit im Sprachlichen an, die den streng klassifikatorischen Ansatz anderer übersetzungstheoretischer Modelle sprengt. Werden aber Texte und Übersetzungen als variable Erscheinungen auf einer beweglichen Skala gesehen, dann können sie auch nicht mehr nur nach einer einzigen Methode beschrieben werden. Mit dem Entwurf einer interdisziplinären Integrierung von Theorie und Praxis sind wesentliche Umrisse einer Übersetzungswissenschaft als eigenständiger Disziplin vorgezeichnet, wenngleich es sich hier noch kaum um mehr als einen vagen Entwurf handelt.

Wichtig ist die Hinwendung zum Text als einer Ganzheit, welche die Bedeutung einzelner Textelemente relativiert. Dies ist eine Entwicklung, die weithin in der übersetzungswissenschaftlichen Diskussion der 1980er Jahre zu beobachten ist.

LEKTÜREHINWEISE

Georges KLEIBER (1993): *Prototypensemantik. Eine Einführung.* Tübingen.

Mary SNELL-HORNBY (Hrsg.) (1986): *Übersetzungswissenschaft — Eine Neuorientierung.* Tübingen (UTB 1415).

Mary SNELL-HORNBY (1988): *Translation Studies – An Integrated Approach.* Amsterdam/Philadelphia.

12 Translationstheorie als Handlungstheorie

> *Translation ist eine Sondersorte des kommunikativen Handelns, welches kulturspezifisch ist. So ist Übersetzen ein kultureller Transfer. Oberster Primat ist der funktionale Zweck. Die Skopostheorie sieht im Translat ein Informationsangebot in der Zielkultur über ein Informationsangebot aus einer Ausgangskultur. Wichtiger als die Nähe zwischen Ausgangs- und Zieltext ist die kulturspezifische Kohärenz des Translats.*

12.1 Eine allgemeine Translationstheorie (Vermeer)

Mit der pragmatischen Dimension des Übersetzens (s. Abschnitt 8) war schon der Blick auf Außersprachliches gelenkt worden. Der in den 1980er Jahren erfolgten „pragmatischen Wende" der Linguistik folgt die Umorientierung der Übersetzungstheorie. Reden, sprachliches Verhalten, ist auch ein zielgerichtetes Handeln, und so bietet sich als Rahmen für eine Übersetzungstheorie, die sich nicht auf Deskription des Faktischen (s. Kap. 10.2) beschränken, sondern produktionsorientiert Anhalte geben will, die allgemeine Handlungstheorie an. In der Handlungstheorie kann die so wichtige kulturelle Einbettung der Übersetzung angemessener berücksichtigt werden als in „rein" linguistischen Modellen.

Diese neue Sicht der Dinge im Bereich der Übersetzungswissenschaft wurde im Wesentlichen durch Hans J. VERMEER (1978) initiiert. Sie tritt mit dem Anspruch absoluter Gültigkeit auf und besteht daher auf einer neuen, eigenen Begrifflichkeit. Übersetzen und Dolmetschen als Handeln werden unter dem Oberbegriff „Translation" zusammengefaßt, der von KADE (1968:33) geprägt worden war und also von der Leipziger Schule (vgl. Kap. 4.2) stammt. Das Ziel ist eine grundsätzliche Neubestimmung der Theorie vom Übersetzen:

> 0. Eine „allgemeine Translationstheorie" besteht aus den Teilen: (1) Begriffsbestimmung des Terminus „Translation"; (2) Theoriebasis; (3) Einordnung in die Disziplin der Angewandten Sprachwissenschaft [Sprachpragmatik]; (4) – als Hauptteil – einem Translationsmodell mit den Unterteilen Rezeptions-, Produktions-, Reproduktionsmodell auf der Grundlage eines allgemeinen Interaktionsmodells;
> (5) einem Regelinventar (das Inventar umfaßt lediglich drei Regeln); (6) einer komplexen Stilistik zur Analyse von Textstrukturen (Grundlage jeder Translation ist ein "Text"), wobei die Stilistik ihrerseits aus den Unterteilen formale Statistik und stellenwert-spezifische Kulturgrammatik besteht.
> 1. „Übersetzen" und „Dolmetschen" seien als *Translation* zusammengefaßt. (...)
> 2.1. Bei einer Translation wird ein Text aus einer Sprache A in eine Sprache Z übertragen (...) „Translation" ist Sondersorte von *Transfer* – vgl. Transfer von Bildern in Musik, Transfer einer Zeichnung in ein Bauwerk, ... Unterscheidendes Merkmal für Translation sei die Verwendung menschlicher Sprache. (...)

„Translation" ist damit zugleich Sondersorte von *Reden*. „Rede" ist Sondersorte von *Handeln* (vgl. „Verbales Handeln" : „aktionales Handeln"); Handeln ist intentionales Sich-Verhalten. – Jedes Handeln verläuft in einer gegebenen Situation, ist Teil der Situation und verändert sie zugleich. Reden ist Teilverbalisierung von Situation und zugleich situationsverändernd. – Entscheidend für Translation ist, daß das Verhältnis „Situation : verbalisierter Situationsteil" kultur- und damit sprachspezifisch unterschiedlich ist. Damit wird es unmöglich, in der Translation nur den verbalen (sprachlichen) Teil zu berücksichtigen. (...)
3. Eine Translationstheorie umfaßt also einen sprachlichen und – als Oberbegriff – einen kulturellen Teil. Sie ist Subdisziplin der „Interkulturellen Kommunikation" (1978:99f).

Die funktionale Translationstheorie wird im Wesentlichen vorgestellt in dem Buch „Grundlegung einer allgemeinen Translationstheorie" (REIß/VERMEER 1984) und in der Fachzeitschrift *„TEXTconTEXT"*[140]. Hier soll eine Theorie entworfen werden, die sich den Bedingungen wissenschaftlicher Beschreibung (s. Kap. 4.1), wie Objektivität und intersubjektiver Gültigkeit durch Nachvollziehbarkeit, unterwirft. Die Darstellung bewegt sich auf hoher Abstraktionsebene mit einem aufwendigen wissenschaftlichen Formelapparat.

In deutlicher Abgrenzung von der traditionellen linguistischen Übersetzungswissenschaft wird nun ein ganz neuer Ansatz formuliert, und „neue Paradigmen benutzen eine neue Terminologie" (REIß/VERMEER 1984:4). Anders als bisher, wo von ausgangs- und ziel*sprachlichem* Text, von Autor, Leser, Sender und Empfänger usw. gesprochen wurde, ist hier vom *Ausgangs-* und *Zieltext* und vom *Zielrezipienten* die Rede.

Analysiert werden soll „Translation" als Prozess und dessen Produkt, das Translat, eine Benennungsweise, mit der die Doppeldeutigkeit von „Übersetzung" als Produkt und als Prozess im Deutschen sinnvoll überwunden wird. Der Handelnde ist der Translator. Die Wissenschaft vom Dolmetschen und Übersetzen heißt Translatologie, die Praxis ist Translatorik. Bei HOLMES (s. Kap. 10.1) würde dies allerdings nur zwei Bereiche der Feldtheorie umfassen. Ausgangspunkt der Theorie ist die Einsicht, dass Sprache und Kultur interdependent sind, doch wird diese Interdependenz nicht in der engen Sicht WEISGERBERS (s. Kap. 2.3) vertreten. So wird die Translatologie als Unterdisziplin der Angewandten Sprachwissenschaft, Abteilung 'Pragmatik', eingeordnet. Diese bildet einen Teil der Kulturwissenschaft, und „Translatologie (ist) dann als eine Sondersorte kulturbedingter Textologie (Textherstellung)" zu behandeln (REIß/VERMEER 1984:1f).

Wenn jemand an einem bestimmten Ort und zu einer bestimmten Zeit etwas Sinnvolles äußert, so „produziert er einen Text", könnte man sagen. Dadurch tritt man mit einem anderen in Interaktion, im Sprachlichen ist dies eine 'Kommunikation'. Eine Äußerung ist offensichtlich von inneren und äußeren Umständen abhängig, man kann nicht überall X-Beliebiges sagen. Produzent und Rezipient eines Textes gehören als 'Kommunikationspartner' zur 'Situation'. Die 'Situation' ist wiederum eingebettet in den Kontext einer 'Kultur'. Der Begriff

---

[140] 1986-1995 im Groos-Verlag, 1997-2002 im eigenen Textcontext Verlag, Heidelberg.

basiert auf einer handlungstheoretischen Kulturdefinition nach GÖHRING[141], die weiter ist als bei der literarischen Übersetzung (s. Kap. 9.5):

> Kultur ist all das, was man wissen, beherrschen und empfinden können muß, um beurteilen zu können, wo sich Einheimische in ihren verschiedenen Rollen erwartungskonform oder abweichend verhalten, und um sich selbst in der betreffenden Gesellschaft erwartungskonform verhalten zu können, sofern man dies will und nicht etwa bereit ist, die jeweils aus erwartungswidrigem Verhalten entstehenden Konsequenzen zu tragen (1978:108).

Zur Kultur gehört auch die Sprache. Die Faktoren dieses Kommunikationsmodells enthalten jeweils individuelle und überindividuelle (soziale) Merkmale. Zur Textkonstitution erläutern REIß/VERMEER:

> Der Translator geht von einem vorgegebenen, von ihm verstandenen und interpretierten Text aus. Ein Text ist sozusagen ein Informationsangebot an einen Rezipienten seitens eines Produzenten. (Die Art des Angebots hängt von den situationellen Umständen ab, wie soeben dargelegt wurde.) Der Translator formuliert einen Zieltext, der als Text somit ebenfalls ein Informationsangebot an einen Rezipienten ist. Ein Translat ist somit als Informationsangebot bestimmter Sorte über ein Informationsangebot darstellbar (1984:19).

Diese Translationstheorie will also zunächst einmal die allgemeinen Bedingungen und Regeln angeben, unter denen die „Translationshandlung", das Übersetzen abläuft. Je größer der Abstand zwischen den Kulturen ist, um so mehr wächst auch der Bedarf nach dem Einsatz einer „neuen" Situation in der Translation. Weil ein Translat ein „anderer Text" ist, gibt es keine identische Weitergabe von Information mittels einfacher Transkodierung (s. Kap. 4.2). Es wird klar unterschieden zwischen textbezogener Äquivalenz (s. Kap. 6.4) und Adäquatheit des Translats. So gilt nach (REIß/VERMEER 1984:76):

> Entscheidend für unsere Theorie als einheitlicher Translationstheorie ist, daß j e d e s Translat (Übersetzung und Verdolmetschung) unabhängig von seiner Funktion und Textsorte als Informationsangebot in einer Zielsprache und deren -kultur (IA_Z) über ein Informationsangebot aus einer Ausgangssprache und deren -kultur (IA_A) gefaßt wird.

$$Trl. = IA_Z(IA_A)$$

---

[141] Vgl. Heinz GÖHRING (1978): „Interkulturelle Kommunikation: Die Überwindung der Trennung von Fremdsprachen- und Landeskundeunterricht durch einen integrierten Fremdverhaltensunterricht." In: Ders. (2002): *Interkulturelle Kommunikation. Anregungen für Sprach- und Kulturmittler.* Hrsg. v. A. F. KELLETAT und H. SIEVER. Tübingen: Stauffenburg, 107-111. – Er hat diese Definition seinerseits von Ward Goodenough übernommen.

12.2 Die Skopostheorie

Die Bedeutung der Handlungstheorie für die Translationstheorie hat noch einen weiteren Effekt. Texte werden zu einem bestimmten Zweck und für jemanden produziert, sie sind „Handlungen". Menschliches Handeln ist stets intentional. Durch eine solche Handlung tritt man mit anderen in Interaktion, in Kommunikation. Translation ist „Sondersorte interaktionalen Handelns".

> Eine Handlung bezweckt die Erreichung eines Zieles und damit die Änderung eines bestehenden Zustandes. Die Motivation für eine Handlung besteht darin, daß das angestrebte Ziel höher eingeschätzt wird als der bestehende Zustand. (...) Eine Translationstheorie als spezielle Handlungstheorie geht von einer Situation aus, in der bereits immer schon ein Ausgangstext als „Primärhandlung" vorhanden ist; die Frage ist also nicht: ob und wie gehandelt, sondern ob, was und wie weitergehandelt (übersetzt/gedolmetscht) werden soll. Unter diesem Gesichtspunkt ist eine Translationstheorie also eine k o m p l e x e Handlungs-theorie. – Translationsentscheidungen hängen also von einer dominierenden Grundregel ab; ob und was transferiert wird, entscheidet sich an ihr ebenso wie das Wie, die Translationsstrategie (REIß/VERMEER 1984:95).

Und so gilt das Postulat: „Die Dominante aller Translation ist deren Zweck" (ebd.:96). Die Ausdrücke „Zweck", „Ziel", „Funktion", „Skopos" werden synonym verwendet.[142] In diesem Sinne heißt die funktionale Translationstheorie auch „Skopostheorie".

Handeln kann als Reaktion (im weitesten Sinn) auf eine gegebene Situation beschrieben werden. „Eine Handlung ist dann 'geglückt', wenn sie als situationsadäquat (sinnvoll) erklärt werden kann" (REIß/VERMEER 1984:99), und wenn von keiner der betroffenen Parteien ein „Protest" dagegen erfolgt. Dazu gehört auch, dass das Translat in sich kohärent (verständlich) ist.

Weil der Skopos alles regiert, ist es wichtiger, dass ein gegebener Translationszweck erreicht, als dass eine Translation in bestimmter Weise durchgeführt wird. Der Skopos eines Translats kann auch von dem des Ausgangstextes abweichen (Funktionsänderung). Schließlich sollte ein Translat auch Ähnlichkeit mit dem Ausgangstext aufweisen (intertextuelle Kohärenz), doch ist diese Regel den anderen nachgeordnet. Von einem Translat kann nur verlangt werden, dass es möglichst nahe an den Ausgangstext herankommt.

Der Begriff „Äquivalenz" (s. Abschnitt 6) wird hier dynamisch erweitert zur *Textäquivalenz*, die in unterschiedlicher Ausprägung verwirklicht werden kann. Durch Änderungen des Zeitgeschmacks können Übersetzungen auch veralten. „Über Äquivalenz zwischen Ausgangs- und Zieltext kann man demnach immer nur unter Bezugnahme auf die Entstehungsbedingungen einschließlich z.B. die

---

[142] Die Definition dessen, was „Skopos" eigentlich meint, ist nicht ganz einfach. REIß/VERMEER bemerken (1984:96): „Wir verwenden die Termini 'Zweck' (auch 'Ziel'), 'Funktion', 'Skopos' vorerst synonym. Vgl. auch 'technischer Sinn' bei Betti (1967); 'praktischer Sinn' (ib. 335); 'focus' (Schenkein 1972, 354f); 'Interaktionsform' (Kallmeyer + Schütze 1976, 12 und 15). Griechisch *skopós* = Zweck, Ziel. 'Funktion' hat auch in der vorliegenden Arbeit zwei Bedeutungen: (1) Funktion = Zweck, Skopos (wie oben); (2) Funktion = regelhafte Abhängigkeit von Größen untereinander (vgl. die Mathematik)."

Die Skopostheorie

Entstehungszeit – also unter Bezugnahme auf die Translations'situation' einer Übersetzung diskutieren" (REIß/VERMEER 1984:141). Das Neue an dieser Theorie war, dass neben der Funktionsgleichheit einer Übersetzung in Bezug auf die Vorlage (s. Kap. 6.2) auch die Wahrscheinlichkeit eines Funktionswechsels ins Auge gefasst wurde. Der translatorische Entscheidungsprozess wird komplexer, weil neben der sprachlichen Struktur des AT nun noch die Bedingungen der Zielempfänger zu beachten sind. Die „Zusammenfassung der allgemeinen Translationstheorie" sieht formelhaft dann so aus (vgl. REIß/VERMEER 1984:119):

(1) Ein Translat ist skoposbedingt.
   Trl. = f(Sk)
(2) Ein Translat ist ein Informationsangebot in einer Zielkultur und -sprache über ein Informationsangebot in einer Ausgangskultur und -sprache.
   Trl. = $IA_Z (IA_A)$
(3) Ein Translat bildet ein Informationsangebot nichtumkehrbar eindeutig ab.
   Trl. $\subseteq IA_Z \times IA_A$
(4) Ein Translat muß in sich kohärent sein.
   $N_{Trl.}$ $\underline{k}$ Sit_R
(5) Ein Translat muß mit dem Ausgangstext kohärent sein.
   $N_{Trl.}$ $\underline{fi}d$ $N_{Trl.}$ $\underline{fi}d$ N_{Rd}
   P_e R_{ipr}
(6) Die angeführten Regeln sind untereinander in der angegebenen Reihenfolge hierarchisch geordnet („verkettet").

Es scheint ein wissenschaftliches Axiom zu sein (s. Kap. 4.1), die eigenen Gedankenschritte in logische Formeln zu fassen, auch wenn dies nicht sehr zur Verständlichkeit beiträgt. Während Textveränderungen für den Zweck einer „funktionalen Äquivalenz" durchaus erlaubt sind, war das ursprüngliche Ziel der Skopostheorie noch weiter gesteckt. Es sollten auch nicht-funktionsgleiche Translationen einem übergreifenden theoretischen Rahmen zugewiesen werden. Entsprechende Verfahren liegen zum Beispiel bei der multimedialen Übersetzung für Filmsynchronisation oder Untertitelung von Filmen,[143] bei der technischen Redaktion in einer Fremdsprache, oder beim referierenden Dolmetschen vor. Damit wird der Ausdruck „Textbearbeitung" überflüssig.

KOMMENTAR

Die Verortung einer allgemeinen Translationstheorie im Bereich der Handlungstheorie stellt einen neuen Ansatz für die Disziplin der Übersetzungsforschung dar. Studien aus dieser Perspektive betrachten insbesondere den funktionalen Rahmen der Translation als schriftliche oder mündliche Sprachmittlung, jedoch

---

[143] Vgl. dazu Aline REMAEL (2010): "Audiovisual translation", in *Handbook of Translation Studies,* ed. by Y. Gambier & Lyc van Doorslaer. Amsterdam: Benjamins.

nicht deskriptiv, sondern vielmehr produktionsorientiert-präskriptiv mit einer ausgeprägten Orientierung an den Empfängerbedingungen. Solches war in früheren rein ausgangstextbezogenen Ansätzen oft zu kurz gekommen. Damit wird deutlich, dass eine rein sprachliche Betrachtung des Übersetzens unzureichend ist.

LEKTÜREHINWEISE

Margret AMMAN (1990): *Grundlagen der modernen Translationstheorie - Ein Leitfaden für Studierende*. Heidelberg.

Katharina REIß/Hans J. VERMEER (1984, ²1991): *Grundlegung einer allgemeinen Translationstheorie*. Tübingen.

Hans J. VERMEER (1978): „Ein Rahmen für eine allgemeine Translationstheorie". In: *Lebende Sprachen* 23/1978, S. 99-102.

Hans J. VERMEER (1996): *A skopos theory of translation (Some arguments for and against)*. Heidelberg.

Hans J. VERMEER (1996a): *Die Welt, in der wir übersetzen. Drei translatologische Überlegungen zu Realität, Vergleich und Prozeß*. Heidelberg.

Der Blick auf das Handeln

13   Die funktionale Translation

> *Die funktionale Translation stellt sich als interkulturelle Kommunikationshandlung dar, wobei der Skopos der Translation entscheidend ist. Praktisch gesehen ist Translation eine professionelle Expertenhandlung im Rahmen eines translatorischen Handlungsgefüges zwischen Initiator, Bedarfsträger und Translator.*

13.1   Übersetzen als interkultureller Transfer (Reiß / Vermeer)

Die Allgemeine Translationstheorie (s. Kap. 12.1) gibt die Bedingungen und Regeln an, unter denen die „Translationshandlung" abläuft. Um diese allgemeingültig darzustellen, wird ein Modell der interkulturellen Kommunikation mit wissenschaftlicher Akribie beschrieben. Damit wird ein deutlicher Unterschied zum „interlingualen Kommunikationsmodell" der Leipziger Schule (s. Kap. 4.2) angedeutet.

> Das **Modell der interkulturellen Kommunikation** wird so beschrieben (vgl. die programmatische Einleitung von Justa Holz-Mälnttäri, Hans-J. Stellbrink, Hans J. Vermeer:[144]
> Gegeben sei eine Person P als Mitglied einer Gesellschaft G. Das Verhalten von P wird von Umständen bedingt, die zur Zeit und am Ort von P herrschen. Lassen wir allgemein menschliche biologisch-physiologische Bedingungen beiseite, so interessieren uns hier 3 Umstands"mengen":
> 1) die gesellschaftlichen Umstände (die „Kultur"). (...)
> Die gesellschaftlichen Umstände können in sich wieder gegliedert sein: Einige Umstände gelten für die Gesamtgesellschaft („Parakultur"); andere für Teile davon („Diakultur), zum Beispiel P's Berufsstand oder Fußballverein; wieder andere nur für P selbst („Idiokultur").
> 2) Die äußeren, situationellen Umstände (die „Situation"), das heißt diejenigen Phänomene der Außenwelt, die in gegebenem Zeitpunkt an gegebenem Ort für P relevant werden (können).
> 3) Die innere aktuelle „Disposition", das heißt die individuellen Bedingungen, die die Person P zu einem gegebenen Zeitpunkt in ihrem Verhalten mitbestimmen (...).
> Nehmen wir nun an, zu einem gegebenen Zeitpunkt glaube P*, für ein anderes Mitglied seiner Gesellschaft R* (in dessen Kontinuum!) eine „Information" im weitesten Sinn des Wortes zu besitzen (...). P* kann sich entscheiden, wie wir annehmen wollen, dem R* diese Information zukommen zu lassen. Da, wo Entscheidungsfreiheit a n g e n o m -m e n wird, sprechen wir von „Handlung". (P*, R* und ein Beobachter B* können für ein Verhalten je verschiedene Annahmen machen!).
> Will P* dem R* eine Information zukommen lassen, so wird er damit ein bestimmtes Ziel verfolgen. Man sagt nicht einfach irgend etwas dahin, man gestikuliert nicht ziellos in der Gegend herum, man handelt zielgerichtet.
> Bei einer Übermittlung einer Information an R* wird P* sich auf R* einstellen. Er möchte ja, daß seine Information möglichst in dem von ihm angestrebten Sinn optimal ankommt. (...).

---

[144] Vgl. „Vorwort: Ein Fach und seine Zeitschrift", in *TEXTconTEXT*, Heft 1 (1986:1-10).

> Angenommen nun, R* gehöre einer anderen Gesellschaft an als P* und der Unterschied zwischen beiden Gesellschaften und ihren Kulturen sei so groß, daß P* sich nicht kompetent fühle, direkt mit R* zu kommunizieren. (...)
> In einem solchen Fall sucht sich P* jemanden, von dem er annimmt, daß der beide Kulturen kenne: P*s eigene (damit P* sein Anliegen verständlich machen kann) und die fremde (damit das Anliegen dem R* verständlich gemacht werden kann). Dieser Jemand ist von Berufs wegen der Translator.
> (...) Der Translator entscheidet nun, auf Grund seiner Kenntnis der R-Kultur (und soweit wie möglich von R* überhaupt) darüber, ob, was und wie zu kommunizieren ist, damit die intendierte Information möglichst optimal bei R* ankommen kann. Dies ist unser Verständnis von „Translation".

Für das praktische Übersetzen relevant ist die Bestimmung der Translation als Transfer zwischen Kulturen.

> Den Translator (als Translator) interessieren weder objektive Realität noch Wahrheitswerte. Den Translator interessiert der Wert eines historischen Ereignisses, wie es sich in einem Text manifestiert, bezogen auf die geltende Norm (Kultur) und aktuelle Situation des Textes (und/oder seines Produzenten) u n d die Wertänderung bei einer Translation des Textes in einen Zieltext (REIß/VERMEER 1984:26).

Ein Translator muß also die Ausgangs- und Zielkulturen kennen, er muss „bikulturell" sein. Ein Ereigniswert kann sich interkulturell bei der Translation in seiner Art oder seinem Grad oder beidem ändern. In der Praxis sind die Konventionen und Normen der Zielkultur zu verwenden: „Ein Übersetzer sollte keine Angst haben, schlecht verfaßte Ausgangstexte zur Erfüllung seines gesetzten Ziels neu zu vertexten!" (VERMEER 1986:41). Der Ausgangstext in seiner sprachlichen Form ist 'entthront'. „'Der' Ausgangstext kann also auch nicht Grundlage und Ausgangspunkt für 'die' Übersetzung sein" (ebd.:42). Vielmehr ist es der Translator, der die zielkulturelle Funktion des Textes bestimmt.

> Das Buch von REIß/VERMEER nennt einige eindrückliche **Beispiele für kulturelle Unterschiede:**
>
> (a)
> Eine Koranübersetzung ins Deutsche trifft auf andere Wertvorstellungen über die islamische Religion, vielleicht aber auf eine ähnliche religiöse Grundhaltung. – Deutsche Hundeliebe trifft in Italien auf Hundeverachtung und -ausbeutung, in Indien auf eine ähnliche Haltung zum Tier, aber gänzlich andere Vorstellungen über den „Wert" eines Haustieres. – Menanders Moralvorstellungen treffen im heutigen Mitteleuropa auf andere Haltungen (vgl. REIß/VERMEER 1984:26).
>
> (b)
> „[Translation] problems are often as much bicultural as they are bilingual, and bicultural informants [...] are needed to determine when a good translation is not a good adaptation [= kultureller Transfer] into another culture. This is particularly obvious when one tries to translate questionnaire items into a language for whose speakers the cultural substance may be subtly different or even nonexistent. Imagine trying to use a literally translated statement like 'I would not admit a Negro to my social club' with Bantus or a statement like 'I go to church every Sunday' with Moslems or Buddhists!" (Osgood, May, Miron 1975, 17). Die Diktion dieses Zitats ist selbst typisch US-amerikanisch" (REIß/VERMEER 1984:27).

> (c)
> „An einem Werbestand in Deutschland lagen dicke Reiseprospekte für Wales, Großbritannien, aus. Eine Interessentin schaute sie sich an und fragte dann überrascht: *Are all your booklets in French?* Darauf eine Waliserin entsetzt über die Panne: *Oh, that would be awful, wouldn't it?* (mit emphatischer Stimmhebung und expiratorischem Satzakzent auf *would*).
> Nehmen wir an, vorstehende Situationsskizze oder das in ihr Gesagte (die „Rede" darin) sei ins Deutsche zu übersetzen oder zu dolmetschen. Wir behaupten, es gebe für die hic et nunc übliche Praxis zwei Grundtypen solcher Translation (wobei von möglichen Varianten für jeden Typ abgesehen werden kann):
> Typ$_1$: *Sind alle Ihre Prospekte auf französisch? Oh, das wäre ja schrecklich, nicht wahr?*
> Typ$_2$: *Haben Sie denn nur französische Prospekte? Um Gottes Willen! Das darf doch nicht wahr sein!*
> (REIß/VERMEER 1984:29f).

Während CATFORD (s. Kap. 4.4) noch systemlinguistisch nach austauschbarem „Sprachmaterial" in einer vergleichbaren Situation gesucht hatte, wird hier eine „Situationskonstanz" überhaupt negiert (REIß/VERMEER 1984:33). Translation ist vielmehr ein „transkulturelles Handeln" (VERMEER 1986:35). Ähnlich hatten auch HÖNIG/KUßMAUL (1982) die wichtige Rolle der Situation hervorgehoben (s. Kap. 8.5). Damit ändert sich aber auch die Übersetzungsfunktion, denn ein Text wird jeweils in anderer Situation rezipiert und interpretiert. Mit anderen Worten:

> Es ist nicht möglich, Translation als Transkodierung tout simple der/einer Bedeutung eines Textes zu verstehen. Translation setzt Verstehen eines Textes, damit Interpretation des Gegenstandes „Text" in einer Situation voraus. Damit ist Translation nicht nur an Bedeutung, sondern an Sinn/Gemeintes, also an Textsinn-in-Situation, gebunden (REIß/VERMEER 1984:58).

Die Tatsache, dass das Übersetzen wegen der verschiedenen Kulturen nicht wortgetreu möglich ist, sondern dass eine äquivalente Wiedergabe der Botschaft in der Zielkultur zu Ausdrucksveränderungen führt, war schon früher, etwa bei NIDA (s. Kap. 6.1) anerkannt worden und wird nunmehr erneut fruchtbar gemacht. Dies findet inzwischen Widerhall auch in den postmodernen Strömungen (s. Kap. 9.5).

REIß/VERMEER gehen noch einen Schritt weiter und stellen fest, dass es wegen des kulturellen Abstandes überhaupt keine Situationskonstanz geben kann. Dann bleibt aber auch die Botschaft nicht unverändert. Der Translator formuliert vielmehr eine neue, „andere" Botschaft für seine Zielrezipienten. So kann ein Translat tatsächlich nicht mehr sein als ein „Informationsangebot in einer Zielkultur und deren Sprache über ein Informationsangebot aus der Ausgangskultur und deren Sprache" (REIß/VERMEER 1984:103):

> Eine Translation ist nicht eine Transkodierung von Wörtern oder Sätzen aus einer Sprache in eine andere, sondern eine komplexe Handlung, in der jemand unter neuen funktionalen und kulturellen und sprachlichen Bedingungen in einer neuen Situation über einen Text (Ausgangssachverhalt) berichtet, indem er ihn auch formal möglichst nachahmt (VERMEER 1986:33).

> Was es (...) nicht gibt, ist „der" Ausgangstext. Es gibt nur einen je spezifisch interpretierten Ausgangstext (...). „Der" Ausgangstext kann also auch nicht Grundlage und Ausgangspunkt für „die" Übersetzung sein (die es ebenso wenig gibt). Er ist entthront, die Translation dieser Fiktion enthoben (ebd., 42).

Die Translation unterliegt jeweils einem bestimmten Skopos (s. Kap. 12.2), und so geschieht das Übersetzen nicht ohne funktionalen Bezug. Der Funktionalität wird sogar ein Vorrang eingeräumt, denn was „sinnvoll" in einer gegebenen Situation ist, das bestimmen die konventionell geltenden kulturspezifischen Verhaltensnormen.

13.2 Das Faktorenmodell der Translation (Reiß)

Als Grundlage für die Ermittlung von „Faktoren", die die Konstitution von Texten und damit auch die Herstellung von Textäquivalenz beeinflussen, wird ein „Faktorenmodell für die Translation" entworfen, welches das objektiv gegebene Bedingungsgefüge für einen Übersetzungsprozess schematisch darstellen soll (vgl. REIß/VERMEER 1984:148). Das Modell findet sich auch in REIß (1986:4)[145] und REIß (1989:81)[146].

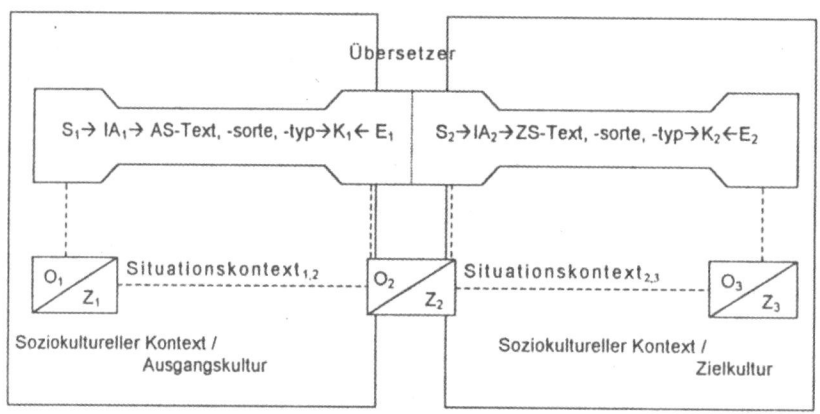

Abb. 3: Faktorenmodell für die Translation nach REIß/VERMEER (1984:148).

Das Modell wird bei REIß/VERMEER (1984:149-153) ausführlich erläutert. Dies könnten wir wie folgt paraphrasieren:

---

[145] Vgl. Katharina REIß (1986): „Übersetzungstheorien und ihre Relevanz für die Praxis." In: *Lebende Sprachen* 1/1986, 1-5.
[146] Vgl. Katharina REIß (1989): „Übersetzungstheorie und -praxis der Übersetzungskritik." In: *Übersetzungswissenschaft und Fremdsprachenuntericht. Neue Beiträge zu einem alten Thema*. Hrsg. v. H. G. KÖNIGS. München: Goethe-Institut 1989, 71-93.

Der **Übersetzer** nimmt als alles entscheidender Faktor die zentrale Stellung im Translationsprozess ein. Wie alle anderen Faktoren ist er eine variable Größe (translatorische Kompetenz, Verständnis von AS-Text, subjektive Qualitätsvorstellungen, Entscheidung über Übersetzungstyp).

Der **Produzent** (Sender: S_1) des Ausgangstextes macht mit seinem Text ein Informationsangebot (IA_1) an Ausgangstextrezipienten (Empfänger: E_1). Wird dieser Text rezipiert, so kommt ein **Kommunikationsakt** (K_1) zustande. Einmal ist hierbei der **AS-Text** selbst als Textindividuum zu beachten. Dieser repräsentiert aber auch eine **Textsorte**. Jeder Text ist zudem die mehr oder weniger geglückte Realisierung eines übersetzungsrelevanten **Texttyps**. Die Entscheidung für den Primat einer der drei Grundformen und ihre eventuelle Hierarchie in einem Text wird die Sprachzeichenwahl für den gesamten Text beeinflussen und den Übersetzer zu unterschiedlichen Übersetzungsstrategien zwingen.

Die Sprachzeichenwahl für die Konstituierung des Ausgangstexts als Realisation eines Texttyps und einer Textsorte ist eng verknüpft mit dem **Situationskontext**$_{1,2}$, gekennzeichnet durch eine Vielzahl von Faktoren, aus denen sie hier exemplarisch **Ort und Zeit** (**O/Z**) der Verbalisierung herausgreifen. Schließlich ist ein für das Übersetzen ausschlaggebender Faktor der **soziokulturelle Kontext** eines Ausgangstextes, denn natürliche Sprachen sind von ihrer Kultur geprägt.

Alle diese genannten Faktoren beeinflussen nun auch die Verbalisierung des Informationsangebots (IA_2) für den Rezipienten des Translats (E_2) durch den **Übersetzer**. Der **Situationskontext**$_{2,3}$ der Translation differiert vom Kontext des Ausgangstextes, und der Kontext der Translatrezeption von beiden. Die sozio-kulturelle Einbettung des Translats ist eine andere als die des Ausgangstextes. Der **Übersetzer**, der gleichzeitig Rezipient des Ausgangstextes und Produzent des Zieltextes (E_1 und S_2) ist, entscheidet ob er sein Informationsangebot demselben **Texttyp** und derselben **Textsorte** zuweisen will/soll/kann, und wählt danach seine Übersetzung.

Die im Übersetzungsmodell festgehaltenen Faktoren: Produzent, Rezipient, Text, Texttyp nach REIß (s. Kap. 7.4), Textsorte, Kontext, Kultur, und ihre Relationen untereinander bilden das relevante „Netzwerk", das die „Herstellung des Zieltextes" determiniert. Das Modell erscheint wie eine spiegelbildliche Abbildung zwischen Ausgangs- und Zielkultur. Leider wird das Verhältnis zwischen dem „Faktorenmodell" und der „Zusammenfassung der allgemeinen Translationstheorie" (s. Kap. 12.1) nicht ganz klar, denn die dort so wichtigen Begriffe wie „Skopos", „Informationsangebot", „Translat", kommen hier nicht mehr vor. So scheint es, dass die beiden Autoren sich auch das Buch in zwei Teile aufgeteilt haben.

13.3 Translation als Expertenhandeln (Holz-Mänttäri)

Wenn der Translator als entscheidender Faktor im Translationsprozess bezeichnet wird (s. Kap. 13.2), so können seine Einbettung in ein soziales Handlungsgefüge gesondert analysiert und die Bedingungen aufgezeigt werden, unter denen das translatorische Handeln erfolgt. Die Praxis verlangt oft genug vom Translator sehr weitgehende Entscheidungen (bis hin zur Nichtübersetzung, weil der herzustellende Zieltext für den Bedarfsträger irrelevant wäre), doch solche Handlungsentscheidungen sind ja nicht allein der Subjektivität des Translators zu überlassen.

Um diese situative Einbettung in die Theorie mit einzubeziehen, hat Justa HOLZ-MÄNTTÄRI (1984; 1986) das „translatorische Handeln" modellhaft zu fassen versucht. Sie meint, es sollten

> Texte als Botschaftsträger in Funktionssituationen betrachtet werden, so daß die zu vollziehende translatorische Produktionshandlung „fallbezogen spezifiziert" werden kann. Auch ein Text kann und muß bei professioneller Herstellung wie jedes Produkt hinsichtlich seines Verwendungszwecks in einer bestimmten Situation beschrieben werden. Spezifikationen sind Teil der Textbestellung und damit Bestandteil des Vertrags zwischen Bedarfsträger und Produzent (HOLZ-MÄNTTÄRI 1986:351f).

Diese „Theorie über translatorisches Handeln als umfassendes Handlungskonzept" (ebd., 352) soll den Faktorenrahmen für „Professionalität" liefern. In der modernen arbeitsteiligen Welt gilt die Spezialisierung, und der Translator ist „Experte für die Produktion von transkulturellen Botschaftsträgern, die in kommunikativen Handlungen von Bedarfsträgern zur Steuerung von Kooperation eingesetzt werden können" (ebd., 354). Die Expertenhandlung im Rahmen neben- und untergeordneter Handlungen wird in ein Modell gefasst, wobei die Schritte Zielfindung (Vergleich aktueller/angestrebter Zustand), Handlungsplanung (Vergleich Handlungsplan potentiell[1]/potentiell[2] und realisierbar), Handlungsausführung (Supra-Handlung und Sub-Handlungen 1-n) in einzelnen Handlungen der „Botschaftsträgerproduktion" (Melodie, Text, Bild für verschiedene Kulturräume) unterschieden werden (vgl. Modell in 1986:353).

HOLZ-MÄNTTÄRI führt aus, dass die Erstellung eines Translats und dessen Funktion in allen relevanten Komponenten zwischen den Entscheidungsbefugten abgesprochen werden kann, z. B. zwischen dem Exportleiter, dem Entwicklungsingenieur und dem Translator in einem Unternehmen. Auf diese Weise wird translatorisches Handeln funktionsbezogen beschreibbar und dadurch nachvollziehbar.

Translatorische Entscheidungen beruhen keineswegs nur auf vorgefundenen Strukturen im Ausgangstext, sondern auch auf funktionalen Gruppenentscheidungen. „Solche Handlungsgefüge-in-Situation lassen sich mit dem Systembegriff faktorisieren" (HOLZ-MÄNTTÄRI 1986:354). Leider ist die Verfasserin auf weiten Strecken mehr daran interessiert, die Systemtheorie zu erläutern, als das „translatorische Handlungsgefüge" zu beschreiben. Wie weit sich dieser Ansatz von der sog. Textebene wegbegibt, zeigt folgendes Zitat:

> Da der neue Ansatz translatorisches Handeln in seiner ganzen Weite umfaßt, lassen sich engere Theorien als Mosaik von Theorien für spezielle Fälle begreifen. (...) Für „translatorisches Handeln" ist es wesentlich, den Gedanken fallen zu lassen, daß Texte oder Teile davon oder gar Sprachen „übersetzt" werden (HOLZ-MÄNTTÄRI 1984:20).

> Deshalb reden wir auch nicht vom „Übersetzen", denn der Ausdruck verlangt schon grammatisch nach einer Aussage über das zu Übersetzende, das WAS. Damit ist der Lauf der Gedanken in einer bestimmten (retrospektiven) Weise ausgerichtet. Das aber soll vermieden werden (HOLZ-MÄNTTÄRI 1986:355).

Wie schon bei REIß/VERMEER (s. Kap. 13.1) wird das Handeln im Bezug zur Kommunikation gesehen und hier am Beispiel der Aufforderung zu Kooperation und Arbeitsteilung erläutert.[147] „Strategiemittel" (Beweggründe für das Handeln) sind kulturspezifisch. Also sind auch für die Partner im translatorischen Handeln je verschiedene „Denkräume" anzusetzen. HOLZ-MÄNTTÄRI ging es nicht um Äquivalenz zwischen AT und ZT (s. Kap. 4.5), dies sollte nicht mehr den Bewertungsmaßstab für den professionell produzierten Text abgeben. Ihre Begründung (HOLZ-MÄNTTÄRI 1990:73) [148] lautet:

> Es ist wohl an der Zeit, sich von dem tiefverwurzelten abendländischen Ursache-Wirkung-Denken zu lösen, das in der übersetzungswissenschaftlichen Diskussion zu der Formel führt: Wert im Ausgangstext X, deshalb im Zieltext Y. Kybernetisch gesehen lässt sich die Funktion eines Textes aber als Prozeß mit bestimmbaren Einflußgrößen begreifen, der seinerseits Prozesse steuert. Ein kybernetisches System schwingt. Steuernd wirkt dabei nicht ein zu erreichender Endpunkt, sondern die Relation zwischen den Schwingungsgrenzen, also den Extremen, die das Noch-Nicht-Sein und das Nicht-Mehr-Sein des Systems markieren. Funktionskonstanz wäre dann als das Noch-Nicht-Sein von Translation zu interpretieren. [...] Methodologisch gesehen füllt der Translator als verantwortlicher Textfachmann den Parameter mit den fallspezifisch relevanten Daten und fällt seine Entscheidungen anhand der so erarbeiteten Produktspezifikation.

Obwohl HOLZ-MÄNTTÄRIS Theorie vom translatorischen Handeln – welches die konkreten translatorischen Entscheidungen stärker determiniert als Inhalt und Form des Ausgangstexts – ursprünglich eigenständig entwickelt worden war, sind die Ähnlichkeiten zu der funktionalen Translationstheorie bei REIß/VERMEER (s. Kap. 13.1) nicht zu übersehen. Daher kann jene Theorie „heute mit der in unserem Buch vorgestellten Translationstheorie zu einer umfassenden Theorie vereinigt werden", wie im Anhang der 2. Auflage von REIß und VERMEERS Buch 1991 vermerkt wird.

Durch die Betrachtung des Entstehungsprozesses der Übersetzung und seiner Einbettung in kommunikative Zusammenhänge wurde versucht, die Einflussgrößen zu erfassen und die soziale Determiniertheit der Übersetzung herauszuarbeiten. Dies schuf einen neuen Zugang zur Erforschung des Übersetzens und zur Bewertung von Übersetzungen.

---

[147] Was eine „Koordinationsstrategie" ist, wird am Beispiel eines Bauernhofs expliziert. Während dort die Mitarbeit beim Holzspalten aufgrund früherer Absprachen fast wortlos erfolgt, benötigt eine Gruppe im Wochenendhaus dazu besondere koordinierende Aufforderungen, weil keine eingefahrene Ordnung den Rahmen der Handlung organisiert. „Der Initiator muß den Sachverhalt verbalisieren. Er muß auch die Koordinations*strategie* verbalisieren, also z.B. begründen, Sägen sei gut für die Kondition oder man brauche noch Holz für den Kamin" (1986:357).

[148] Vgl. Justa HOLZ-MÄNTTÄRI (1990): „Funktionskonstanz – eine Fiktion?" In: H. SALEVSKY (Hrsg.) (1990): *Übersetzungswissenschaft und Sprachmittlerausbildung*. Akten der I. Internationalen Konferenz „Übersetzungswissenschaft und Sprachmittlerausbildung", veranstaltet von der Humboldt-Universität zu Berlin in Kooperation mit der Vereinigung der Sprachmittler der DDR unter der Schirmherrschaft der Fédération Internationale des Traducteurs, Berlin 17.-19. Mai 1988. 2 Bde. Berlin: Humboldt-Universität, 66-74.

13.4 Das Konzept der Berufsprofile

Es liegt in der Natur der Sache, dass sich bei HOLZ-MÄNTTÄRI keine Aussagen zum Verhältnis zwischen Texten und Übersetzungen finden. Ihr Hauptinteresse richtet sich auf die Beschreibung von Berufsprofilen, die in der Translatorenausbildung systematisch vermittelt werden sollen. Anders als normale „Kooperierende" hat ja der Translator sein Tun bewusst als zweckgerichtetes Handlungsgefüge zu behandeln. So gesehen ist der Translator nicht situationsintegrierter Kommunikationsteilnehmer oder „-verlängerer", wie es die bekannten zwei- und mehrstufigen Transfer-Modelle postulieren (s. Abschnitt 4) sondern ein Außenstehender, in eigener Situation Handelnder, ein „Botschaftsträgerproduzent für fremden Bedarf" (1986:363). Die professionelle Tätigkeit des Translators in einer Herstellung von Texten bezeichnet HOLZ-MÄNTTÄRI (1993)[149] als „Textdesign". Das Produkt „Designtext" sei verschieden vom Reden und Schreiben in eigener Handlungssituation und für eigenen Bedarf. Und der zu erstellende Text heißt jetzt „Botschaftsträger":

> Wir brauchen den Terminus *Botschaftsträger*, wenn wir auf einer höheren Systemebene allgemein von Texten, Designtexten, von reinen nonverbalen Botschaftsträgern oder auch von Medienmix reden wollen. Der professionelle Texter oder *Textdesigner* hat mit Botschaftsträgern aller Art zu tun. Ein Modell für alle seine Objekte kann daher nicht auf eine Unterart allein zugeschnitten werden; außerdem sind Vergleiche nur innerhalb desselben Rahmens möglich. (...) Kennzeichnend für Textdesign sei, daß der Textdesigner bei der Herstellung von Designtexten kein eigenes Verständigungsziel verfolgt; er entwirft und produziert Designtexte für die Verwendung durch andere in deren Handlungssituation (1993:303).

Seine „Expertenhandlung" umfasst zwei Bereiche, die schon beschriebene „Bedarfserfassung" oder Produktspezifikation, und zweitens die „Adaptation". Was damit gemeint ist, wird ziemlich kompliziert so beschrieben:

> Wer in Kooperationssituation redet, erfährt unmittelbar, wie der Partner reagiert und kann seinen Text als funktionsgerecht oder korrekturbedürftig einschätzen. Daraus lernt er auch „Regeln" für spätere Handlungen gleicher Art. Oder systemtheoretisch ausgedrückt: Kybernetische Gefüge sind adaptations- und lernfähig. Darauf beruht ihre Existenzfähigkeit. Translatoren fassen wir als solche kybernetischen Gefüge mit Funktionen im Gefüge arbeitsteiliger Sozietäten auf. Auch sie müssen aus dem Fall lernen können, sonst werden sie funktionsunfähig. Nun sind sie aber z. B. als Übersetzer, Kommunikationskonsultant oder auch als Simultandolmetscher in der Kabine gar nicht anwesend, wenn ihr Botschaftsträger in Situation verwendet wird, können also nicht unmittelbar feststellen, ob er „richtig", sprich „funktionsgerecht", war. Sie können diesen zweiten Zweig der Expertendistanz nur im nachhinein durch kognitive, systematische, zweckdienliche Eruierung überbrücken und aus den Ergebnis-

---

[149] Vgl. Justa HOLZ-MÄNTTÄRI (1993): „Textdesign - verantwortlich und gehirngerecht." In: *Traducere navem. Festschrift für K. Reiß.* Hrsg. v. J. HOLZ-MÄNTTÄRI/C. NORD. Tampere: studia translatologica ser. A vol. 3., 301-320.

sen ihre Schlüsse ziehen: durch fachgerechte, d. i. translatorische Adaptation. Auch sie gehört zum translatorischen Handeln, ist also z. B. für den Kompetenzenfächer und die Berufsausbildung relevant (1986:363f).

Translatorisches Handeln als Expertenhandlung hat nach HOLZ-MÄNTTÄRI zunächst nichts mit Worten und Sprache zu tun. Sie definiert (1986:366):

> Durch „translatorisches Handeln"
> als Expertenhandlung
> soll ein Botschaftsträger „Text"
> im Verbund mit anderen Botschaftsträgern
> produziert werden,
> ein Botschaftsträger „Text",
> der in antizipierend zu beschreibender Rezeptionssituation
> zwecks kommunikativer Steuerung von Kooperation
> über Kulturbarrieren hinweg
> seine Funktion erfüllt.

Der Translator muss also texten können für fremden Bedarf. „Dabei verarbeitet er zu kommunizierende Sachverhalte und Koordinationsstrategien, sprachliche und andere Kommunikationsmittel als Material und benutzt verschiedenartige Werkzeuge" (1986:367). Außerdem soll er den Bedarfsträger bei der Spezifizierung seines Bedarfs beraten können. All dies führt zu dem Erfordernis, dass in der Ausbildung die Berufsprofile beschrieben werden müssen.

Als Gegenstand des Faches „Translatologie" wird eine Theorienbildung und deren Didaktisierung für die Ausbildung gefordert. Als Perspektive zeichnen sich zwei Berufsfelder ab: (1) Der „Translatologe" als Experte für Forschung und Ausbildung in dem Fach, und (2) der „Translator" als Experte für die Ausführung des Handlungskonzepts Translation. Damit steht die Forderung nach einer entsprechenden Veränderung von Übersetzerstudiengängen im Raum, die auch von SNELL-HORNBY (1988:132), allerdings unter anderer übersetzungstheoretischer Perspektive (s. Kap. 11.1), erhoben wird.

Wie oft bei neu entworfenen Modellen und Theorien bleiben die Verfasser kurzfristig eine praktische Verwirklichung des Konzepts schuldig. So bleibt hier nur der Hinweis für den Übersetzer, dass Forderungen von Auftraggebern (Initiatoren) durchaus nicht als willkürlich abzulehnen, sondern als Teil des translatorischen Handelns in die eigenen Erwägungen mit einzubeziehen sind.

KOMMENTAR

Die funktionale Translationstheorie hat unter Vertretern der Praxis viel Anklang gefunden, denn diese sind das zweckgebundene Übersetzen gewohnt. So sind viele beispielorientierte Einzelstudien entstanden. Die Funktionalität von Texthandlungen ist freilich bei Gebrauchstexten eher einleuchtend als bei literarischen Texten (s. Kap. 9.4). Es wird vielfach auch die neue Terminologie übernommen. Doch der Wert dieser Ausdrücke ist im Deutschen ein anderer als etwa „translation" im Englischen. Diese wissenschaftlichen Termini sind dem Nichtwissenschaftler nicht immer leicht zu vermitteln.

Die funktionale Translationstheorie oder Skopostheorie ist in der Literatur aber auch nicht ohne Widerspruch geblieben. Sie propagiert ganz dezidiert eine „Entthronung des heiligen Originals", was natürlich all jene auf den Plan ruft, für die eine Bearbeitung, eine zweckbestimmte Umformulierung, eine kulturelle Adaptation, eine Erläuterung von Textinhalten usw. keine „Übersetzung" mehr ist (vgl. HOUSE 1997:14 ‚anathema'). Sie berufen sich vor allem auf die „Wahrheit des Textes", die man nicht eigenmächtig verändern dürfe. Hier sind die Grenzen gewiss fließend, doch es ist das Verdienst dieser translatologischen Schule, mit pragmatischen Argumenten gezeigt zu haben, dass die möglichst genaue, vollständige und gleichförmige Übersetzung aller Strukturen des Ausgangstextes im Sinne einer Transkodierung nicht immer sinnvoll oder überhaupt möglich ist, und zwar aufgrund der außersprachlichen, kulturellen Unterschiede, die der Translator natürlich kennen muss. Allerdings ist im Verlauf der Darstellung kaum einmal vom Translator die Rede und dem, was er tun soll, sondern unpersönlich von den „Faktoren der Translation". Doch dass überhaupt ein Translator genannt wird, ist schon wichtig.

Die Theorie vom translatorischen Handlungsgefüge nimmt die äußere Situation in der Translationspraxis in den Blick, um diese didaktisch aufzuarbeiten mit dem Ziel, professionelle Berufsprofile über den Aufbau neuer Translatorenstudiengänge zu entwickeln. So würden Übersetzer befähigt, ihren Auftraggebern als gleichwertige Experten gegenüberzutreten. Über den konkreten Umgang mit Texten sagt sie nichts aus.

LEKTÜREHINWEISE

Margret AMMAN (1990): *Grundlagen der modernen Translationstheorie – Ein Leitfaden für Studierende*. Heidelberg.

Justa HOLZ-MÄNTTÄRI (1984): *Translatorisches Handeln. Theorie und Methode*. Helsinki.

Justa HOLZ-MÄNTTÄRI (1986): „Translatorisches Handeln – theoretisch fundierte Berufsprofile." In: M. SNELL-HORNBY (Hrsg.): *Übersetzungswissenschaft. Eine Neuorientierung*. Tübingen, 348-374.

Katharina. REIß/Hans J. VERMEER (1984, ²1991): *Grundlegung einer allgemeinen Translationstheorie*. Tübingen.

14   Der didaktische Übersetzungsauftrag

> *Das translatorische Handeln wird didaktisch in Form eines Übersetzungsauftrags dargestellt. Beim Übersetzen hat der Translator eine doppelte Loyalität gegenüber dem Autor und den Lesern zu beachten. Funktionale Übersetzungsprobleme können erläutert werden.*

14.1   Die übersetzerische Loyalität (Nord)

Translatorisches Handeln ist bestimmt von den Aufgabenstellungen der Auftraggeber, wie soeben gezeigt wurde. Eine didaktische Anwendung des „Übersetzungsauftrags" und eine Anwendung der Skopostheorie auf Texte wird von Christiane NORD (1991; 1993) vorgenommen. Während KOLLER (1992) (allerdings unter anderer wissenschaftstheoretischer Perspektive, s. Kap. 6.4) noch wiederholt die Forderung aufstellt, die „textbezogene Übersetzungswissenschaft" müsse die Methodik einer übersetzungsrelevanten Textanalyse und Texttypologie erarbeiten (KOLLER 1992:23/126/267), hat NORD einen solchen Versuch vorgelegt.

In Abgrenzung zu der strengen Zweck- und Situationsbindung der Übersetzungen als „Designtexte" bei HOLZ-MÄNTTÄRI (s. Kap. 13.3) betont NORD jedoch eine doppelte Bindung des Translators:

> Translation ist die Produktion eines funktionsgerechten Zieltextes in einer je nach der angestrebten oder geforderten Funktion des Zieltextes (Translatskopos) unterschiedlich spezifizierten Anbindung an einen vorhandenen Ausgangstext. Durch die Translation wird eine kommunikative Handlung möglich, die ohne sie aufgrund vorhandener Sprach- und Kulturbarrieren nicht zustande gekommen wäre (NORD 1991:31).

Der Translator ist verpflichtet zur „Loyalität", und zwar sowohl gegenüber dem Zieltextempfänger im Sinne einer funktionsgerechten Übersetzung, als auch gegenüber dem Ausgangsautor, dessen Intention er nicht verfälschen darf.

> Der Translator ist demnach bilateral gebunden: an den Ausgangstext und an die Ziel(text)situation, und er trägt Verantwortung sowohl gegenüber dem AT-Sender (oder dem Initiator, sofern dieser Senderfunktion übernimmt) als auch gegenüber dem Zieltextempfänger. Diese Verantwortung bezeichne ich als „Loyalität" – „Loyalität" ist eine ethische Qualität im Zusammenleben von Menschen; die „Treue" einer Übersetzung bezeichnet ein Abbildungsverhältnis zwischen Texten (NORD 1991:32).

Diese Verpflichtung des Translators zur doppelten Loyalität, nämlich der Funktionsgerechtigkeit und der Treue gegenüber der Autorintention, führt NORD auf kulturspezifische Konventionen zurück:

> In unserer (heutigen, westlichen) Kultur erwarten wir (als „normale", nicht übersetzungstheoretisch vorgebildete Leserinnen und Leser) etwa, daß eine Übersetzung die Einstellung des Autors „genauso" wiedergibt wie das Original. (...) Es liegt daher in der Verantwortung der Übersetzer, ihre Handlungspartner nicht bewußt zu täuschen, sondern eventuelle Abweichungen vom konventionellen Übersetzungsverständnis offenzulegen und zu begründen (1993:17/18).

Diese Sicht stellt eine gewisse Einschränkung der Skopostheorie dar, für die ja zunächst grundsätzlich jeder Skopos möglich wäre, der sich in der Zielkultur verwirklichen lässt, was zu einer Entthronung des Ausgangstexts führte (s. Kap. 12.2). Später hat NORD den Begriff der „Loyalität" präzisiert als „Ethik der Konfliktprävention, des Vertrauens, der Professionalität und der Wahrhaftigkeit" (NORD 2004:237).[150] Nur der Translator, der in beiden Kulturen zu Hause ist, kann die aufgrund unterschiedlicher kultureller Erwartungen bei den Aktanten drohenden Konflikte durch Erklärungen vermeiden. Die dafür notwendige Kompetenz ist ständig zu verbessern, das bedeutet Professionalität und schafft Vertrauen. Die Wahrhaftigkeit verlangt, das Translat nach bestem Wissen und Gewissen verantwortlich anzufertigen.

Im Sinne des funktionalen Übersetzens geht NORD aber zunächst von der Prämisse aus, man müsse den Übersetzungsauftrag bestimmen und dann „funktionsgerecht" übersetzen. Dabei ist stets im Sinne der Autorloyalität auch der bearbeitende Umgang mit dem Textmaterial zu bedenken.

> Der Translationsvorgang wird in der Regel dadurch in Gang gesetzt, daß jemand, den ich Initiator (I) nenne, sich an einen Translator (TRL) wendet, weil er einen Text in einer Sprache Z (also einen Zieltext, ZT) für einen Rezipienten in der Zielkultur (ZT-R), der er auch selbst sein kann, benötigt. Der Initiator beauftragt den Translator, einen solchen Zieltext auf der Grundlage oder unter Verwendung eines bereits vorhandenen, in der Sprache A (Ausgangssprache) von einem Textproduzenten (AT-P) verfaßten und/oder von einem Textsender (AT-S) für einen bestimmten Rezipienten (AT-R) gesendeten Texts (Ausgangstext, AT) herzustellen (NORD 1989:96).

14.2 Analyse des Übersetzungsauftrags

Die vorgängige Bestimmung eines Übersetzungsauftrags, die in der Praxis durch den „Initiator" erfolgt, wird nun zur Grundlage eines didaktischen Konzepts im Übersetzungsunterricht[151] gemacht :

> Das bedeutet, daß aus Gründen der Ökonomie zumindest im Übersetzungsunterricht die A n a l y s e d e s Ü b e r s e t z u n g s a u f t r a g e s und damit die Bestimmung der Zieltextfunktion v o r der detaillierten A n a l y s e d e s

---

[150] Vgl. Christiane NORD (2004): „Loyalität als ethisches Verhalten im Translationsprozess". In: I. MÜLLER (Hrsg.): *Und sie bewegt sich doch... Translationswissenschaft in Ost und West.* Festschrift für Heidemarie Salevsky zum 60. Geburtstag. Frankfurt: Lang, 235-245.

[151] Vgl. Christiane NORD (1986): „'Treue', 'Freiheit', 'Äquivalenz' - oder: Wozu brauchen wir den Übersetzungsauftrag?" In: *TEXTconTEXT* 1/1986, 30-47, S. 37.

Ausgangstextes liegen sollte, die damit ihrerseits auch wirklich zu einer übersetzungsbezogenen Ausgangstextanalyse wird. Denn bei Kenntnis des Übersetzungsauftrags brauchen nur die Bereiche und Faktoren analysiert zu werden, die durch die Beschreibung der Zieltextfunktion als übersetzungsrelevant markiert sind.

Es ist naheliegend, dass sich aus den Anforderungen, die das Translat für den Initiator erfüllen soll, die „Zieltextvorgaben" bzw. der „Übersetzungsauftrag" herleiten lassen. NORD entwirft ein Zirkelschema des Translationsprozesses (1991:39 und 1989:105). Der „zirkelförmige Ablauf" des gesamten Übersetzungsprozesses enthält in sich weitere rekursive Kreisbewegungen im Kleinen: zwischen AS-Situation und AT bzw. ZS-Situation und ZT, zwischen den einzelnen Analyseschritten und zwischen AT-Analyse und ZT-Synthese.

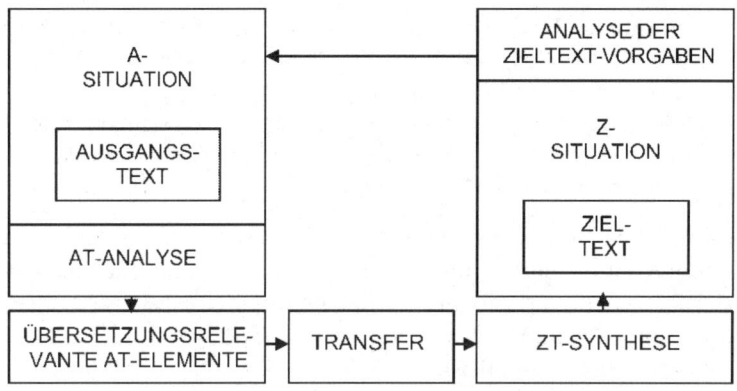

Abb. 4: *Zirkelschema des Translationsprozesses nach* NORD *(1991; 1989).*

Das Modell ist so zu deuten: Weil die Zielsituation prospektiv am Anfang festliegt, beginnt der Prozeß mit einer Analyse der ZT-Vorgaben. Darauf erfolgt die Ausgangstext-Analyse im Hinblick auf das „Translationsmaterial".

> (Die relevanten) inhaltlichen oder formalen AT-Elemente werden isoliert und mit Blick auf die Zielsituation in die Zielsprache bzw. -kultur übertragen, so daß ein ZT hergestellt werden kann, der den ZT-Vorgaben entspricht und damit funktionsgerecht ist. Damit schließt sich der Kreis (NORD 1989:105).

„Funktionsgerechtigkeit" erscheint somit quasi als ein Extrakt aus der Ausgangstextanalyse. Es ist eine gewisse Ähnlichkeit zwischen NORDS Schema (AT-Analyse, Transfer, ZT-Synthese) und dem Drei-Schritt-Modell des Übersetzens bei NIDA/TABER (s. Kap. 6.2) festzustellen, ohne dass hier allerdings gesagt wird, was etwa mit 'nicht verwendbarem Material' geschehen soll und wie denn der funktionsgerechte Zieltext hergestellt werden soll.

NORDS Vorhaben der Didaktisierung des von REIß/VERMEER theoretisch entwickelten Faktorenmodells der Translation (s. Kap. 13.2) führt zu einer reichhaltigen Beispieldiskussion. Ausführlich werden Faktoren der Ausgangstextanalyse wie Sender, Empfänger, Medium, Ort, Zeit, Kommunikationsanlass, Textfunktion sowie textinterne Faktoren der Thematik diskutiert. Die „didaktische

Verwendbarkeit des Modells" (NORD 1991:161ff) bezieht sich vor allem auf die Textauswahl und Unterrichtsprogression, die Lernfortschrittskontrolle und Übersetzungskritik. Das Buch ist also weniger ein „Lehrbuch zum Übersetzen" als eines „zur Didaktik des Übersetzens". Wichtiger Ertrag ist eine Systematisierung von immer wieder auftretenden „Übersetzungsproblemen".

14.3 Die Übersetzungsprobleme

Weil die Rezeption von Texten durch die Individuen verschiedenartig ist, möchte NORD „als Korrektiv für eine solche 'Beliebigkeit'" die Rezeption durch „ein strenges Analyseschema" steuern (1991:19). Sie geht dabei von folgender Prämisse aus:

> Durch ein erschöpfendes, textinterne und textexterne Faktoren gleichermaßen berücksichtigendes Analysemodell ist die „Funktion-in-Kultur" eines zu übersetzenden Textes festzustellen. Durch den Vergleich mit der „Funktion-in-Kultur" des benötigten Zieltextes können die für eine Übersetzung des betreffenden Textes zu „bewahrenden" bzw. zu „bearbeitenden" Textelemente isoliert und beschrieben werden (NORD 1991:24).

Die tatsächlichen „Übersetzungsverfahren", die im konkreten Vollzug zur Anwendung kommen, sind freilich dieselben wie in der die Oberflächenstrukturen vergleichenden sprachenpaarbezogenen Übersetzungswissenschaft geblieben (s. Kap. 5.2). NORD betrachtet das Übersetzen als eine Tätigkeit, die „Bearbeitung" von Texten grundsätzlich einschließt,

> z.B. die Anpassung von lexikalischen oder syntaktischen Strukturen an System und Norm der Zielsprache mit den Übersetzungsverfahren Modulation und Transposition oder die Anpassung von Textsortenkonventionen an die Normen der Zielkultur durch Paraphrasen oder die Anpassung des Verhältnisses von verbalisierter und nichtverbalisierter Information an das Vorwissen des Ziel-empfängers durch Expansion bzw. Reduktion (NORD 1989:101).

Die Nennung von Übersetzungsverfahren wie Modulation und Transposition aus der *Stylistique comparée* (s. Kap. 5.1) könnte zu der verzerrten Vorstellung eines Transfers von Sprachstrukturen verführen, jedoch sind hier „Funktionselemente" gemeint. Die Funktionsgerechtigkeit der Übersetzung wird im Sinne eines handlungsorientierten Textbegriffs dadurch erreicht, dass Text und Übersetzung im Rahmen ihrer Situation gesehen werden:

> Danach analysiert der Translator den AT-in-Situation in bezug auf das darin enthaltene Translationsmaterial. Er isoliert die übersetzungsrelevanten AT-Elemente, transferiert sie gemäß dem Skopos in die Z-Kultur und produziert einen ZT, der in der Z-Situation den Zieltextvorgaben entspricht und damit funktionsgerecht ist (NORD 1991:39).

Auf diesem Wege können die jeweils didaktisch relevanten „Übersetzungsprobleme" diskutiert werden. Funktionsgerechtes Übersetzen ist auch „kommunikatives Handeln", und so wird hier auch wieder die Lasswell-Formel (s.

Die Übersetzungsprobleme

Kap. 4.2; 4.6) genannt. Anhand von Textbeispielen zeigt NORD, wie der didaktische Übersetzungsauftrag formuliert und der Ausgangstext vor einer funktionsgerechten Übersetzung nach der Lasswell-Formel analysiert wird:

> WER übermittelt
> WOZU
> WEM
> über WELCHES MEDIUM
> WO
> WANN
> WARUM
>   einen Text
> mit WELCHER FUNKTION? –
> WORÜBER sagt er
> WAS
> (WAS NICHT)
> in WELCHER REIHENFOLGE
> unter Einsatz WELCHER NONVERBALEN MITTEL
> in WELCHEN WORTEN
> in WAS FÜR SÄTZEN
> in WELCHEM TON –
> mit WELCHER WIRKUNG? (1989:106).

Genannt werden:

1. Ausgangstextspezifische Übersetzungsprobleme: Das sind z. B. individuelle Stil- oder Ausdrucksmittel oder Mittel der inhaltlichen Gestaltung, die nicht verallgemeinerbar sind;

2. Pragmatische Übersetzungsprobleme: Sie sind unabhängig vom Kulturpaar vorhanden, beispielsweise der Umgang mit Zitaten, kulturspezifische Anspielungen oder Metaphern, Präsuppositionen (Empfängerbezug), Deixis (Orts- und Zeitbezug), usw.

3. Kulturpaarspezifische Übersetzungsprobleme: Dazu gehören Textsortenkonventionen, die in AT und ZT unterschiedlich sein können, wie z. B. Stilkonventionen. „Für eine instrumentelle Übersetzung müßte der ZT den entsprechenden Konventionen der Zielkultur angepasst werden; für eine dokumentarische Übersetzung dagegen könnten die Merkmale des AT 'abgebildet' werden" (NORD 1989:115). Der Vergleich kulturspezifischer Normen bei Titeln und Überschriften (Inhalt, Aufbau, nonverbale Elemente, Syntax) in vier europäischen Sprachen als Paradigma für das funktionale Übersetzen wird in NORD (1993) aufgezeigt.

4. Sprachenpaarspezifische Übersetzungsprobleme: sie betreffen die text-internen Faktoren Lexis, Syntax und suprasegmentale Merkmale, wie Eigennamen, Konnotationen, Wortbildung, Attribuierung, Fokussierung usw. Ähnliches war auch schon bei HÖNIG/KUßMAUL (1982) angesprochen worden (s. Kap. 8.5).

Immer wieder hat NORD sich damit befasst. Genannt werden u. a.: PÜP = pragmatische Übersetzungsprobleme (1993:211ff), wie z. B. „Ausdrucksfunktion", „Eigennamen", Musterzitate", „poetische Funktion"; KÜP = kulturpaarspezifische Übersetzungsprobleme (1993:247ff), wie z.B. „poetische" oder „semantische Konventionen"; SÜP = sprachenpaarspezifische Übersetzungsprobleme (1993:262ff), wie z. B. „Artikelsetzung", „Syntax", „Genitiv" usw.

In der praktischen Durchführung wird jeweils, ausgehend vom zu übersetzenden Einzeltext, gefragt, wo hier die spezifischen Probleme liegen und wie sie zu lösen wären. Als „schwierig" ist ein Text dann zu bezeichnen, wenn er besonders viel Recherchetätigkeit verlangt. Da es sich hier um ein sehr praktikables Modell der Übersetzungsdidaktik handelt, nennt NORD abschließend noch einmal die notwendigen Voraussetzungen:

1) Übersetzen kann man erst lernen, wenn die Sprachkompetenz ein angemessenes Niveau erreicht hat. (...)
2) Die Sachkompetenz des Übersetzers muß für das Verständnis und die übersetzungsrelevante Analyse des AT (einschließlich der Präsuppositionen ausreichen.
3) Die Recherchierkompetenz muß voll ausgebildet sein.
4) Die Übersetzungskompetenz muß systematisch aufgebaut werden.
    a) Als „Vorübungen" empfehlen sich Textanalyseübungen (...).
    b) Eine Übersetzungsaufgabe darf nicht zu viele und nicht zu komplexe Übersetzungsprobleme enthalten. Der Lerner sollte jeweils einen Teil der Übersetzungsprobleme bereits beherrschen.
    c) Für die Lernerfolgskontrolle ist auch im Übersetzungsunterricht wichtig, die Aufgabe so zu stellen, daß sie von einem Lerner der entsprechenden Gruppe zu 100 % gelöst werden kann (z. B. durch selektive Bewertung) (NORD 1989:117f).

Anwendung und Erläuterung

In einer *Einführung in das funktionale Übersetzen* hat Nord (1993) die Problematik am Beispiel von Titeln und Überschriften dargestellt und **pragmatische, kulturpaarspezifische sowie sprachenpaarspezifische Probleme der Titelübersetzung** an einem Korpus beleuchtet. Abschließend finden sich einige Thesen zur Titelübersetzung als Paradigma funktionaler Translation (1993:280ff):

1. Titel sind typische Texte. Ein Titel kann als Realisierung einer kommunikativen Handlung-in-Situation beschrieben werden, deren sprachliche Strukturen von den Bedingungen der Kommunikationssituation abhängig sind.

2. Titel sind komplexe Funktionsgefüge. Neben der Darstellungs-, Ausdrucks- und Appellfunktion finden sich bei Titeln auch die phatische Funktion (zur Stiftung, Aufrechterhaltung, Bekräftigung und Beendigung des Kontakts zwischen Sender und Empfänger, insbesondere als Zwischenüberschrift) sowie die Funktion von Metatexten (Buchtitel wie „Roman", „Legende", „fairy tale" etc.) und Eigennamen.

3. Titel sind einfach strukturiert. Neben drei bis vier Titeltypen lassen sich sechs Titelformen (nominale, satzförmige, adverbiale, verbale, adjektivische, interjektionsförmige Titel) mit überschaubaren mikrostrukturellen Varianten unterscheiden. So ist Polyfunktionalität nicht ungewöhnlich.

4. Titel bilden eine Textsorte. Sie haben gemeinsame Funktionen in einer vergleichbaren Kommunikationssituation, und eine Verletzung der Konvention erzielt beim Empfänger eine besondere Wirkung.

5. Titel haben konventionelle und individuelle Merkmale. Da Titel anderer Kulturen nicht die gleichen Merkmale aufweisen, ist die Bewusstmachung intuitiven Wissens hier als Grundlage des Übersetzens unumgänglich.

6. Titel sind Teil des kulturspezifischen Textkorpus. Besonders Buchtitel sind sozusagen öffentliches Allgemeingut. Zu solchen Texten gehören Dichterworte, aber auch Werbeslogans, Sprichwörter, textsortentypische Formeln, und sie repräsentieren das Bildungswissen ihrer Zeit. Oft werden andere bekannte Texte zitiert (Intertextualität).

7. Titel sind übersetzbar. Theoretisch kann jeder Text als Ausgangstext für eine Übersetzung dienen. Das Korpus zeigt, dass ein beträchtlicher Teil des in einer Kultur vorhandenen Titelvorkommens aus übersetzten Titeln besteht.

8. Am Anfang steht der Übersetzungsauftrag. Wenn Titel in der Praxis übersetzt werden, muß jemand diese Übersetzung veranlasst haben. Der wichtigste Aspekt ist hier der Zweck der mit der Übersetzung erreicht werden soll. Daher ist eine genaue Kenntnis der Zielsituation für den übersetzten Titel erforderlich.

9. Die Funktionsanalyse des Ausgangstitels liefert das „Material" für die Übersetzung. Die Polyfunktionalität der Elemente lässt es geraten erscheinen, bei der Analyse von den Funktionen und nicht von den Elementen auszugehen. Man sollte fragen, durch welche Elemente eine bestimmte kommunikative Funktion realisiert ist, und nicht welche Funktion ein bestimmtes Element realisiert. (Funktionselemente können sprachlich oder formal markiert sein, z.B. rhetorische Stilfiguren oder Mittel der Interpunktion – Appellfunktion –, sie können auch semantisch wirksam sein, z.B. wertende Adjektive – Ausdrucksfunktion, oder pragmatisch determiniert sein, z.B. Realienbezeichnungen, die nur aus der Sicht einer anderen Kultur exotisch wirken.

10. Die Übersetzungsstrategie ergibt sich aus dem Vergleich von Ausgangstextanalyse und Übersetzungsauftrag. Aus dem Material, das der Ausgangstext liefert, wird nach Maßgabe des Übersetzungsauftrags der geforderte Zieltext hergestellt, wobei die loyalitätspflichtigen Funktionselemente auf jeden Fall, die anderen im Rahmen ihrer Zweckdienlichkeit zu verwenden sind.

11. Übersetzen ist immer auch Bearbeiten. Loyalität gegenüber den Intentionen des Senders und den Erwartungen des Empfängers, und Funktionsgerechtigkeit in einer neuen, von anderen Koordinaten bestimmten Kommunikationssituation, macht ein gewisses Maß von Bearbeitung oft unumgänglich.

12. Die Qualität einer Übersetzung bemisst sich an ihrer Funktionsgerechtigkeit und Loyalität. Der Auftraggeber befindet über die Akzeptanz der Übersetzung.

13. Die Titelübersetzung verdeutlicht die Skoposabhängigkeit des Übersetzungsvorgangs. Beispiele zeigen, dass es für einen Titel nicht nur eine mögliche Übersetzung gibt, sondern dass eine spezielle Zielsituation je nach Adressatenkreis, Medium, Funktion usw. unterschiedliche Übersetzungen verlangen kann.

14. Die Titelübersetzung verdeutlicht die Rolle des Empfängerbezugs. Horizont und Perspektive des Zielempfängers entscheiden über die phatische Wirkung eines Titels. Zu den Bedingungen der Appellrealisierung gehört nach dem kulturspezifischen Wissen, dem Sprachwissen, den konventionsbedingten Erwartungen oder der Literaturkenntnis auch die Ansprechbarkeit durch poetisch-rhetorische Stilmittel.

15. Die Titelübersetzung verdeutlicht die Rolle der Konvention. Die Nichtbefolgung von Textsortenkonventionen birgt die Gefahr unerwünschter Textwirkung.

16. Die Titelübersetzung verdeutlicht den Wert der Ausgangstextanalyse. Eine Neuformulierung des Titels ist nur dann legitim, wenn sie die einzige Möglichkeit darstellt, die Loyalität gegenüber dem Autor mit der Funktionsgerechtigkeit in der Zielkultur zu vereinbaren.

17. Die Titelübersetzung verdeutlicht die Hierarchie der Übersetzungseinheiten. Einheiten sind: Text als Danzes, Funktionseinheiten in Syntax und Lexik, konkrete sprachliche Elemente als solche. Sprachenpaarspezifische Übersetzungsprobleme auf der untersten Ebene kommen erst dann zum Tragen, wenn die übergeordneten Kategorien einer strukturanalogen oder wörtlichen Übersetzung des Titels nicht im Wege stehen.

KOMMENTAR

NORDS ausführliche Darstellung des Umgangs mit Textelementen-in-Funktion stellt mit der Forderung der Loyalität eine gewisse Einschränkung der funktionalen Translationstheorie dar, auf die sie sich aber ausdrücklich beruft. Dort wird der Kohärenz zwischen Ziel- und Ausgangstext ein geringerer Stellenwert beigemessen.

Abgesehen davon, dass der für Praktiker selbstverständliche Umgang mit Auftraggebern hier in der Theorie berücksichtigt wird, findet man recht wenig konkrete Anweisungen für das praktische Übersetzen. Obwohl die dem Ganzen zu Grunde liegende funktionale Translationstheorie eine entsprechende Perspektivenänderung zulassen, wenn nicht gar aufdrängen würde, finden sich keine zielsprachlich begründeten Aussagen darüber, warum denn nun eine bestimmte Übersetzungslösung eher „funktionsgerecht" sei als eine andere, es heißt immer nur, „dass" man funktionsgerecht übersetzen müsse.

LEKTÜREHINWEISE

Christiane NORD (1991): *Textanalyse und Übersetzen*. Heidelberg.
Christiane NORD (1993): *Einführung in das funktionale Übersetzen. Am Beispiel von Titeln und Überschriften*. Tübingen.
Christiane NORD (2010): *Funktionsgerechtigkeit und Loyalität, Band I. Theorie, Methode und Didaktik des funktionalen Übersetzens, Band II*. Berlin.

15 Übersetzen und Ideologie

> *In einem postmodernen Ansatz werden die Machtstrukturen beim Übersetzen erforscht. Feministische Translation beschäftigt sich mit Autorinnen, Übersetzerinnen und inklusiver Sprache. Als Machtkritik führt diese Haltung zur Forderung nach emanzipatorischen Übersetzungen als politische Ethik. Die Translation wird als ein Faktor bei der Konstruktion von Wissen und Kulturen angesehen.*

15.1 Postmoderne Strömungen des *cultural turn* (Arrojo, Venuti)

Das übersetzerische Handeln wird nicht nur präskriptiv-funktional behandelt (s. Kap. 14.3). Eine deskriptive Betrachtungsweise, wo die äußeren Zwänge des Übersetzens, Machtfaktoren, Zensur usw. behandelt werden, hat sich aus den manipulationistischen literarischen Untersuchungen heraus entwickelt (s. Kap. 9.3). Die Situierung der literarischen Übersetzung in einem institutionellen Geflecht betrachtet ja die Produktionsbedingungen der Übersetzung: Was wird überhaupt übersetzt, zu welchem Zweck geschah dies, und was für Zwänge werden hier wirksam? Dieser Untersuchungsbereich hat sich in den 1990er Jahren im Gefolge sog. „postmoderner Strömungen" stark in den Vordergrund geschoben. Der Forschungsgegenstand ist v. a. die Reaktion von Autoren, Lesern und Übersetzern auf Texte aus ehemaligen europäischen Kolonialländern und der Umgang mit deren Sprache. Die Forscherperspektive wechselt von Fragen der Äquivalenz hin zum Kontext des translatorischen Handelns.

Beim Übersetzen in dem Bemühen um eine „philologisch genaue" Wiedergabe des Textes (s. Kap. 6.3) geht es gemeinhin darum, sich die Mitteilung jenes Textes im Verstehen „anzueignen", um sie dann in der anderen Sprache mehr oder weniger klar wieder zum Ausdruck zu bringen. Diese „logozentrische" Auffassung von einer gleichbleibenden Bedeutung wird ausdrücklich von der „Dekonstruktion" (s. Kap. 2.6) in Frage gestellt, was hier nun wieder aufgegriffen wird. Die Vorstellung von einer Art „Assimilation des Fremden" beim Übersetzen wurde im Zuge postmoderner Ablehnung des kulturellen Ethnozentrismus und Kolonialismus sehr kritisch gesehen, die Rede ist vom „Übersetzen als Prozess der Macht"[152], denn mit Übersetzungen wird das Image fremder Kulturen bestimmt (*constructing cultures*).

Detaillierte Fallstudien über die unterschiedliche Stellung von Texten in der Ausgangs- und der Zielkultur, über Wirkungen und Interpretationen durch „eine erobernde, patriarchale Kultur", kritisieren das Ungleichgewicht zwischen

---

[152] Vgl. Michaela WOLF (1997a): „Translation as a process of power: Aspects of cultural anthropology in translation." In: M. SNELL-HORNBY/Z. JETTMAROVÀ/K. KAINDL (eds.) (1997): *Translation as Intercultural Communication. Selected papers from the EST Congress – Prague 1995.* Amsterdam, 123-133.

Übersetzungen aus der und in die englische Sprache, welche im Übersetzerwesen nach wie vor eine Hegemonie ausübt. Analysiert werden die ideologischen Hintergründe meist älterer Übersetzungen aus der Kolonialzeit als Machtverhältnis. Es entsteht ein kritischer „postkolonialer Diskurs" in der Translationswissenschaft, worüber Erich PRUNČ (2007:288-296) ausführlich orientiert.

> Der Großteil der Mitglieder einer Kultur habe in ihrem Leben den Großteil der Originale, mögen sie nun aus der fremden oder auch aus der eigenen Kultur stammen, nie kennen gelernt. Sie haben oft keine andere Wahl, als sich mit Rewritings zufrieden zu geben. Kaum jemand habe etwa Newtons *Principia Mathematica* im Original gelesen. Alles was man in den einzelnen Kulturen über Newtons Physik wisse, werde in Physik-Lehrbüchern gelehrt und sei auf einige wenige Formeln reduziert. Ebenso haben nur wenige Literaturliebhaber *Pride an Prejudice* im Original gelesen. Die übrigen kennen Jane Austins Roman lediglich aus Rewritings in Literaturgeschichten und Schulbüchern oder überhaupt nur aus seinen Verfilmungen PRUNČ (2007:286).

Solche Machtverhältnisse kommen in außersprachlichen Aspekten wie einer diskriminierenden Verlagspolitik, Textauswahl und Bezahlung für Übersetzungsleistungen zum Tragen. Entsprechend wird mit Übersetzungen durchaus das Image einer fremden Kultur beeinflusst.

> Die **Postkolonialismusdebatte** war durch Edward SAID schon 1978 ausgelöst worden. In seinem Buch *Orientalism* (²1991, Harmondsworth: Penguin Books) versuchte er zu zeigen, wie der „Orient" aufgrund selektiver Darstellungen von Orientexperten, die dem Westen als anerkannte Gewährsleute dienten, als das Andere zu Europa konstruiert wurde. Dieser Diskurs habe auch dazu gedient, die europäische Herrschaft auszubauen und zu legitimieren.
> So wurde an verschiedenen Stellen aufgezeigt wie durch das Unterlegen englischer Rechtsbegriffe in Übersetzungen die Enteignung der indigenen Bevölkerung – in Amerika, auf den Philippinen, in Indien und an anderen Orten – nicht nur vollzogen, sondern auch ideologisch legitimiert wurde. Hier zeigt sich ein weites Feld kulturhistorischer Translationsforschung mit Blick auf die Kolonialzeit.
> Die amerikanische Forscherin und Übersetzerin bengalischer Herkunft Gayatri Chakravorty SPIVAK wandte Methoden der Dekonstruktion (s. Kap. 2.6) an, um in ihrem Buch *In Other Worlds. Essays in Cultural Politics* (1987, London: Methuen) auch Widersprüchlichkeiten im Kolonialismus herauszuarbeiten. Ihre Kritik richtet sich nicht nur gegen die Vereinnahmungen durch die Kolonialherren sondern auch gegen die antikolonialen nationalistischen Befreiungsbewegungen in Indien.
> In vielen Ländern gibt es also sog. **postmoderne Strömungen**, in denen v. a. die subjektive Meinung des Übersetzers gilt und ein fremder Text gänzlich „anverwandelt" und ggf. dekonstruierend verändert wird. Eine Sonderstellung in Bezug auf die Radikalität des Widerstands nimmt die brasilianische Übersetzungstheorie ein.[153] Das brasilianische Konzept (vgl. ARROJO 1993)[154] geht auf die sozialkritische und kulturrevolutionäre Anthropophagiebewegung zurück, die 1928 von Oswald de ANDRADE begründet wurde. Sie deutete als Gegenreaktion auf die europäische Kulturdominanz das Stereotyp der menschenfressenden Wilden ironisierend um und verwendete es als Metapher für den Übersetzungsprozess. In ihrem Namen wurden das Verschlin-

---

[153] Vgl. Michaela WOLF (Hrsg.) (1997): Übersetzungswissenschaft in Brasilien. Beiträge zum Status von „Original" und Übersetzung. Tübingen.
[154] Vgl. Rosemary ARROJO (1993): *Tradução, Deconstrução e Psicanálise*. Rio de Janeiro. Sowie ihre Beiträge in WOLF (1997), op. cit.

gen der Originale und das Etablieren von Gegenwerten wie Aneignung, Naivität, Wildwuchs und Poesie proklamiert. Else R. PIRES VIEIRA (1993)[155] hat gezeigt, wie in Brasilien Übersetzungen nicht mehr nur traditionell am Ausgangstext orientiert werden und diesen möglichst genau „wiedergeben" sollen, sondern als eigenständige Texte in die einheimische Literatur und Kultur eingehen. In einem solchen Fall der Einverleibung sind Übersetzungen dann freilich nicht mehr „Primärtexte", die neue, fremde Werte in eine Kultur einführen (s. Kap. 9.4), sondern vielmehr Sekundärtexte, die das bestehende ästhetische System verstärken (sollen).

In dieser Wissenschaftsperspektive können auch **ideologische Probleme der literarischen Übersetzung** abgehandelt werden. Bei Übersetzungen moderner chinesischer Literatur zeigen sich z. B. oft gewisse orientalistische Tendenzen, indem vor allem exotische oder erotische Geschichten im Westen gelesen werden. Daneben stößt auch Literatur von „Dissidenten", Kritik am kommunistischen Regime auf Interesse. Dieses womöglich von Verlagen im Westen gepuschte Leserinteresse führt zu einer selektiven Wahrnehmung der chinesischen Literatur durch Übersetzungen, wobei interessanterweise ähnliche Tendenzen im Umgang der Chinesen mit ihrem Nachbar in Tibet beobachtet wurden.

Gerade wenn es um **Anthologien** geht, wo Texte unter bestimmten Kriterien ausgewählt werden, können gesellschaftliche Asymmetrien wirksam sein. So sind Anthologien auch Medien der Rezeptionslenkung, vgl. GERLING (2007).[156]

Moderne afrikanische Autoren sehen in Englisch und Französisch, den ehemaligen Kolonialsprachen, heute ein Mittel nicht mehr der Orientierung an der europäischen Norm, sondern der Betonung des Unterschiedes, um in einer Fremdsprache das eigene, z. B. afrikanische Denken auszudrücken. Die Übersetzung moderner afrikanischer Literatur etwa ins Mexikanische hätte dies zu bedenken. Sie kann nicht mehr nur als ein Unternehmen des sprachlichen Transfers gesehen werden, sondern ist Vermittlung der Fragmentierung kultureller und sprachlicher Gemeinschaften und der Integration der Andersheit eines Textes in die empfangende Kultur.

Die beobachteten Asymmetrien führen alsbald zur Forderung nach Widerstand. Sie sollen überwunden werden, indem man den früher üblichen „weird act of self-annihilation" (VENUTI 1995:8) in ethnozentrischer Unsichtbarkeit und des imperialistischen Komplizentums ablegt, wo fremdartige Texte nur nach dem Diktat der flüssigen Lesbarkeit adaptiert wurden. Die Unsichtbarkeit, in die sich die Übersetzer hineinmanövriert hätten, sei vor allem die Folge der Translationsnorm der *fluent translation*, die seit dem 16. Jh. in der anglo-amerikanischen Übersetzungspraxis vorherrsche. Lawrence VENUTI vertritt ein ideologisches Verständnis des Berufsübersetzers. Weit entfernt von dem gesichtslosen Schreiber als Diener seines Autors oder Auftraggebers in der philologischen Tradition (vgl. ALBRECHT 1998:69) steht der postmoderne Übersetzer mit dem korrekten kritischen Bewusstsein da. VENUTI (1995:93) behauptet zum Beispiel, die Übersetzung sei von „asymmetrical relations" charakterisiert und könne niemals eine Kommunikation unter Gleichen sein, denn sie sei „fundamentally ethnocentric" und dagegen sollten die Übersetzer sich wehren (*resistant translation*), um selbst sichtbar zu werden. Die *domesticating translation*, bei der um der Lesbarkeit wil-

---

[155] Vgl. E. R. PIRES VIEIRA (1993): „A postmodern translational aesthetics in Brazil." In: Mary SNELL-HORNBY (ed.) (1993): *Translation Studies – An Interdiscipline. Proceedings of the conference.* Amsterdam, S. 65-72.

[156] V. E. GERLING (2007): „Anthologien als Medien der Rezeptionslenkung: Literatur aus Lateinamerika in deutscher Übersetzung", in: D. v. RÖMER/F. SCHMIDT-WELLE (Hg.): *Lateinamerikanische Literatur im deutschsprachigen Raum.* Frankfurt am Main, S. 67-90.

len das Fremde verwischt, quasi domestiziert wird, sollte durch eine *foreignizing translation* ersetzt werden (VENUTI 1995:148), die als Widerstand gegen die in einer Zielkultur vorherrschenden literarischen Normen auftritt. Gemeint ist nicht dasselbe wie bei SCHLEIERMACHERS verfremdendem Übersetzen (s. Kap.2.2).[157]

Die Vertreter „postmoderner übersetzerischer Ästhetik" (GENTZLER 1993:192ff) verwenden auch gerne die Metapher des „Kannibalismus". In ihrer Sicht bedeutet Übersetzen ein Verschlingen des Originals, ein Aufsaugen und Verarbeiten des Vorgefundenen. Das soll ein Bruch sein mit der monolingualen Wahrheit als Nahrungsquelle der Translation. So erscheint die Übersetzung nicht mehr nur als ein Dialog mit dem Original, sondern auch mit anderen Texten in der Zielkultur, als eine „Transtextualisierung", und dies hebt wiederum die soziale Rolle der Übersetzer. VENUTI (1995:311) meint, die Übersetzer sollten Arbeitsverträge fordern, in denen die Übersetzung als ein „original work of authorship" definiert wird. Die Normsprache sieht er als Repräsentation der Macht an[158]:

> I rather see language as a collective force, an assemblage of forms that constitute a semiotic regime. Circulating among diverse cultural constituencies and social institutions, these forms are positioned hierarchically, with the standard dialect in dominance but subject to constant variation from regional or group dialects, jargons, clichés and slogans, stylistic innovations, nonce words, and the sheer accumulation of previous uses. Any language use is thus a site of power relationship because a language, at any historical moment, is a specific conjuncture of a major form holding sway over minor variables.

---

[157] E. PRUNČ (2007:303f) präzisiert: „Nach Schleiermacher hat sich der Übersetzer nach der Ausgangssprache auszurichten und die Zielsprache zu einer *„fremden Ähnlichkeit hinzubiegen"*, d. h. fremde Sprach- und Textmuster in der Zielsprache nachzuprägen, um so den „Geist der Sprache" zu retten und den zielsprachlichen ästhetischen Code zu bereichern. Venutis *foreignizing translation* hingegen orientiert sich am Leitbegriff des Widerstands (*resistance*) gegen die in der Zielkultur vorherrschenden Machtkonstellationen und Codes. Das „Fremde" in der Übersetzung, so Venuti, widersetzt sich der bestehenden Wertehierarchie in der Zielkultur. Es liege quer zum dominanten Diskurs und greife ihn an. Indem die Übersetzung auf das Marginale und Marginalisierte verweise, versuche sie durch Verfremdung eine aktuelle Differenz herzustellen (Venuti 1995: 203). Als Mittel der Verfremdung können auf der sprachlichen Ebene Experimente mit Soziolekten, Jargonismen, Archaismen, das Spiel mit literarischen Konventionen (ebd. 310) und individuelle sprachliche Konstrukte dienen. (Demgegenüber) war Schleiermachers Verfremdungsbegriff auf die Konstruktion und Bereicherung einer Nationalkultur ausgerichtet gewesen. Im Gegensatz zu Schleiermachers ethnozentrischer Sicht ist es Venutis Ziel, die Übersetzung als Akt des Widerstandes gegen Ethnozentrismus und Rassismus, kulturellen Narzissmus und Imperialismus zu etablieren, um sich im Interesse demokratischer geopolitischer Beziehungen gegen die Vereinnahmungstendenzen der alles beherrschenden angloamerikanischen Kultur zu wehren (ebd. 20). Erst durch diesen Widerstand treten Translatoren aus ihrem Schattendasein heraus und rücken als Akteure in das Bewusstsein der Leser und Kulturen. (Dafür) genüge es nicht, nur die Ausgangskultur zu kennen. Bevor man eine Übersetzung in Angriff nehme und die Übersetzungsstrategie festlege, müsse man die Zielkultur, ihre Hierarchien und Exklusionsmechanismen, ihre Beziehung zum kulturell Anderen im gesamten internationalen Kontext kennen (ebd. 309)."

[158] Vgl. Lawrence VENUTI (1998): The Scandals of Translation. Towards an Ethics of Difference. London, New York, S. 9f.

Dieser „cultural turn" bedeutet zugleich eine seit den 1980er Jahren beginnende Loslösung des Übersetzungskonzepts aus dem rein linguistisch-textlichen Paradigma.[159] Allerdings hat diese ideologische Sicht des Übersetzens dennoch Auswirkungen auf die Textbetrachtung, was die Sprache angeht. So herrscht die Überzeugung vor, dass jedes Übersetzen an sich schon inhaltliche „Manipulation" sei (s. Kap. 9.3). Bei HERMANS (1985:11) heißt es: „All translation implies a degree of manipulation of the source text for a certain purpose"; und LEFEVERE (1992:13) behauptet: „Rewriters have to be traitors, but most of the time they do not know it, and nearly all of the time they have no other choice." VENUTI (1995:5) kritisiert das Ziel der Lesbarkeit:

> A fluent strategy effaces the linguistic and cultural difference of the foreign text: this gets rewritten in the transparent discourse dominating the target-language culture [...] In this rewriting, a fluent strategy performs a labor of acculturation, which domesticates the foreign text, making it intelligible and even familiar to the target-language reader.

Dem stellt er, wie gesagt, eine widerständige Übersetzungsstrategie entgegen, die den Versuch macht, dem „illusionistischen Effekt" (vgl. LEVÝ, Kap. 9.1) entgegenzuwirken und so die eigene Übersetzungsarbeit sichtbarer zu machen. In den historisch ausgerichteten empirischen Fallstudien wird allerdings oft nicht klar unterschieden zwischen dem, was ältere Übersetzer getan haben (und was aus postmoderner Sicht falsch war) und dem, was sich ein Übersetzer als Zielsetzung selbst vornimmt.[160]

Das apodiktisch vorgebrachte Argument der Manipulation verdunkelt nämlich etwas die Tatsache, dass Übersetzer durchaus auch den Sinn eines Originals mitteilen könnten, und dass faktisch beobachtete „Manipulationen", die auch schlichtem Unvermögen entspringen können, nicht einfach im logischen Umkehrschluss zur Theorie des Übersetzens erhoben werden sollten. Hier kommt ein altes Missverständnis, die Textstruktur schon für deren Inhalt zu nehmen (s. Kap. 4.5), zum Vorschein: „Translation is a process by which the chain of signifiers that constitutes the source-language text is replaced by a chain of signifiers in the target language which the translator provides on the strength of an interpretation" (VENUTI 1995:17). Natürlich wird beim Übersetzen die Textform grammatisch verändert, „manipuliert", aber dies kann durchaus auch im Dienste der solidarischen Präsenz für die Mitteilung stehen.

Anders sehen es die Kritiker: „Der Sinn wird gefangen genommen und ins unbekannte Terrain entführt" (CARBONELL 2002:235).[161] Dabei wird aber das

---

[159] Einen beispielhaften Überblick mit vielen Aufsätzen bietet: *The postcolonial studies reader*. Edited by Bill ASHCROFT, Garthe GRIFFITHS, Helen TIFFIN. London, New York: Routledge 1995.

[160] Wo freilich solche beobachteten Veränderungen in Übersetzungen wegen des ideologischen Hintergrunds als unausweichlich angesehen werden, schlägt eine deskriptiv gewonnene Regelhaftigkeit unversehens in eine „Übersetzungstheorie" um, und Übersetzungen gelten generell als „Manipulation". Textzeichen haben nur noch den Wert intuitiver Sinnanstöße, die kreativ fortentwickelt werden.

[161] Ovidi i Cortès CARBONELL (2002): Übersetzen ins Andere. Der Diskurs über das Andere und seine Übersetzung. Exotismus, Ideologie und neue Kanones in der englisch-sprachigen Literatur. Aus dem Spanischen von Christine Gawlas. Tübingen. – Vgl. auch GOETHE: „Die Gewalt einer

Polysystem einer Kultur mit dem Textumgang des verstehenden Übersetzers verwechselt, welcher keineswegs bloß der Repräsentant einer „Kultur" ist und deren Machtstreben unterliegt. Die Vorstellung, dass ein Sinn „ins Fremde entführt wird" findet Widerhall in den gewalttätigen Metaphern zum Verstehen bei STEINER (1975) (s. Kap. 9.2).

15.2 Feministische Translation (v. Flotow, Wolf)

Das postmoderne Streben nach Sichtbarkeit und Kritik fand einen Kristallisationspunkt auch im feministischen Diskurs. Feministische Theoriebildung bewegt sich an der Grenze zu den Sozialwissenschaften im Spannungsfeld von Individuum und Kollektiv und steht in der Tradition der Frauenbewegung und Frauenforschung. Sie will einen Erklärungsrahmen für die grundlegende Strukturierung unserer Gesellschaft nach der Kategorie Geschlecht bieten, um verborgene Strukturen patriarchaler Dominanz und der Ausblendung und Unterdrückung des Weiblichen sichtbar zu machen. Den Kern ihres Theoriegebäudes stellt die Unterscheidung zwischen dem biologischen (*sex*) und dem sozial konstruierten Geschlecht (*gender*) dar. Man werde nach Simone de Beauvoir nicht als Frau geboren, sondern dazu erst im Prozess der Sozialisation gemacht. Der Begriff *Gender* wird dabei als kulturwissenschaftliche und philosophische Analysekategorie begriffen, um die kulturell-symbolischen Bedeutungen und Zuschreibungen von Mann/Frau (männlich/weiblich) sowie damit verbundene Wertungen und Ungleichstellungen sichtbar zu machen.

Ein erster Impuls für eine andere Literatur kam im Mai 1968 in Frankreich. Der damals entstandene Begriff der *écriture féminine* dient zur Bezeichnung einer Gruppe von Schriftstellerinnen, deren gemeinschaftliche Grundlage sich in einer Kritik an den stillschweigenden patriarchalen Konventionen im Denken und in der Theorieentwicklung der abendländischen Kultur formierte. Autorinnen wie Hélène Cixoux, Monique Wittig, Igrecque, Chantal Chawaf, Marguerite Duras, Luce Irigaray oder Christiane Rochefort u. a. versuchten in ihren Werken gegen eine männlich dominierte Schreib- und Denktradition, gegen den herrschenden „Phallogozentrismus" und seinen auf binären Oppositionen (Mann/Frau, Kultur/Natur, aktiv/passiv) beruhenden Geschlechterdiskurs anzuschreiben.[162] Sie stellen in ihrem subversiven Kampf die Sprache in den Mittelpunkt und kritisieren jene Textpraxis, die den Text als eine Einheit betrachtet, der nach größtmöglicher Eindeutigkeit strebt, was wiederum an die Dekonstruktion (s. Kap. 2.6) anknüpft. „Prendre la parole" lautete ihre Devise einer emotionalen Schreibweise, die respektlos und spielerisch grammatikalische, semantische und syntaktische Normen unterminiert, weshalb sich Werke dieser literarischen Richtung, neben Verstößen gegen die Normgrammatik, auch durch die Überschreitung

---

Sprache ist nicht, daß sie das Fremde abweist, sondern daß sie es verschlingt" (Maximen und Reflexionen, 979; zit. nach PAEPCKE 1986:121).

[162] Die damit verbundenen Wirklichkeitskonstruktionen sind Ausdruck des Kampfes um die Definitionsmacht. Lori Chamberlain hat u. a. die männliche Dominanz in der aggressiven Übersetzungsmetaphorik bei George STEINER (1975) (s. Kap. 9.2) kritisiert.

von Gattungsgrenzen, die Unabgeschlossenheit und nichtlineares Erzählen auszeichnen.

Aus der nordamerikanischen Auseinandersetzung mit der *écriture féminine* seit ca. 1978 entstanden auch dort Impulse, die zunächst durch Luise von FLOTOW (1997) für das Übersetzen fruchtbar gemacht wurden. Doch erst ab den 1990er Jahren entsteht „auch außerhalb des anglo-amerikanischen Sprachraums Interesse an feministischen Aspekten der Übersetzungspraxis und –wissenschaft".[163]

> **Das angenommene ‚andere' Schreiben von Frauen bezeugt Kreativität.** Als Mittel können Wortspiele und Neologismen (z.B. *her-story* vs. *his-story*) ebenso herhalten wie unkonventionelle Verwendungen von Zeichensetzung, Orthographie und Schriftbild. Beliebte Mittel sind auch die Ausnutzung von Homophonien und Homographien, Neukonstruktion von Vieldeutigkeiten durch graphische Verwendung von Wortformen, kreative Metaphern, durch welche der identitätskonstruierende Aspekt von Sprache und Text aufgezeigt werden soll. Die Vorschläge reichen von explizierenden Übersetzungsstrategien über Fußnoten, Kommentare, Vor- und Nachworte bis hin zu unmittelbaren Texteingriffen der Übersetzerinnen. Nach SIMON (1996)[164] sollten sich Übersetzerinnen als „literarische Aktivistinnen" in den Prozess der Kulturmittlung einbringen.
> Bei Hélène Cixoux werden beispielsweise die Ränder des unbeschriebenen Blattes genutzt, wodurch sie die etablierte Textordnung durchbricht und dem Marginalen auch optisch einen prominenten Platz zuweist. Susanne Lotbinière-Harwood setzt sich unter dem bezeichnenden Titel *Re-Belle et infidèle* für Übersetzungsstrategien ein, durch welche die Treue zum Autor aufgekündigt und stattdessen die Treue zum Schreibprojekt, das die Sichtbarmachung der weiblichen Perspektive zum Ziel hat, proklamiert wird.
> Der dekonstruktive Feminismus will den Absolutheitsstatus der Texte selbst hinterfragen. Im Sinne der „différance" nach Jacques Derrida wird hier davon ausgegangen, dass sich Texte im steten Wandel befinden und somit unaufhörlich ihre Bedeutung ändern. Der patriarchalische Anspruch an einen unhintergehbaren Sinn von Texten wird so obsolet. Von den Übersetzern fordern solche **experimentellen Texte** ein hohes Maß an Aufmerksamkeit und Kreativität, da sich gerade hier die Unterschiede zwischen den Sprachen als Barriere bemerkbar machen können.
> Ein markantes Beispiel findet sich im Werk „*L'Euguélionne*" von Louky Bersianik: In einer Passage, die von Abtreibungspolitik handelt, steht der provokante Satz: „*Le ou la coupable doit être punie*", in dem die allein durch ein „e" indizierte feminine Endung andeutet, dass stets nur die Frauen für ihr Handeln bestraft werden – was jedoch nur im Schriftsprachlichen deutlich wird und somit eine evidente Kritik am System der Sprache beinhaltet.[165]
> Im Rückblick kann man dieses weibliche Schreiben freilich auch kritisch sehen, da es einer essentialistischen Selbststilisierung der Texte zu einer „weiblichen Stimme" gleichkommt, was sich nahtlos in den Mythos einer männlichen Projektionsbildung des Andersseins als Abweichung von Norm und Ideal des Männlichen einordnen und somit unter die Machtdiskurse subsumieren lässt. Jedenfalls wird die Übersetzerin selbst zur Autorin.

---

[163] Vgl. Luise v. FLOTOW (1998): „Art. 36. Feministische Aspekte", S. 130. In: *Handbuch Translation*, Hg. v. M. SNELL-HORNBY et al. Tübingen, S. 130-132.

[164] Vgl. Sherry SIMON (1996): *Gender in Translation. Cultural Identity and the Politics of Transmission*. London: Routledge.

[165] Siehe zu diesem Beispiel V. E. GERLING (2008): „Genderbewusste Übersetzungswissenschaft: Grundlagen und Perspektiven", in: M. KRYSZTOFIAK (Hrsg.): *Ästhetik und Kulturwandel in der Übersetzung*. Frankfurt am Main, S. 61-85, hier 74.

Jenseits der Bemühungen um weibliches Schreiben gibt es die Forschung einer feministischen Translationswissenschaft zur Sichtbarmachung von Autorinnen und Übersetzerinnen, die im männerdominierten Diskurs verschwiegen wurden. Unter der Leitung von Michaela WOLF wurde am Institut für ÜbersetzerInnen- und DolmetscherInnenausbildung der Universität Graz von April 1999 bis März 2000 ein Forschungsprojekt zur „Integration von Theorie und Praxis feministischer Translation" durchgeführt. Dabei wurde eine umfassende Dokumentation über feministische Translation in Forschung, Lehre und Praxis im deutschen Sprachraum erarbeitet (MESSNER/WOLF 2001).

Wichtige Fragestellungen der feministischen Translationswissenschaft sind einerseits historisch-deskriptive literaturkritische Ansätze und andererseits die Frage nach den Strategien „feministischer Translation", sowie die Untersuchung des sozialen Rollenbilds von Übersetzerinnen. Zunächst richtete sich der Blick auf Frauen als Übersetzerinnen. Von FLOTOW präzisiert:[166]

> Was wissen wir über die Arbeit von Übersetzerinnen? Das Interesse an der Kulturgeschichte von Frauen dehnt sich auf die Beiträge von ‚vergessenen' Übersetzerinnen aus. Übersetzungen von Frauen der englischen Renaissance, der deutschen Romantik, der französischen Aufklärung oder der amerikanischen Neuzeit werden vorgestellt, untersucht und auf eine etwaige oppositionelle Haltung gegenüber der frauenverachtenden Ideologie ihrer Zeit beleuchtet. Welche Textstrategien wendeten diese Frauen an, wie war das Verhältnis zu den literarische Machthaltern der Zeit? Wie konnten Frauen durch Literaturübersetzung die Möglichkeit ergreifen, am öffentlichen Leben teilzunehmen, und inwiefern beeinflußt diese Teilnahme die Translationstheorien ihrer Zeit?

Ein weiterer Forschungsgegenstand sind die Texte von Frauen selbst in Übersetzung. Wie werden und wurden Texte von Frauen übersetzt? Werden Einsichten der Frauenforschung des 20. Jh. bei Neuübersetzungen historischer Texte angewandt? Komparatistische literarische Analysen zeigen nämlich, dass feministische Ansätze und frauenfreundliche Übersetzungspraxis dazu führen, dass Texte eben anders gelesen, interpretiert und reformuliert werden.

Schließlich wird der Frage nachgegangen, wie von Frauen über das Übersetzen gesprochen wird, welche Selbstbilder sie haben und welche Metaphorik sie dazu verwenden, auch am Beispiel der Autobiografien von Autorinnen und Übersetzerinnen.

> **Die Entwicklung und Praxis weiblicher Übersetzung und feministischer Übersetzungsforschung** wurden im Grazer Projekt vorangetrieben. U. a. ging es um die Ermittlung der Verlage bzw. Frauenreihen, die im deutschen Sprachraum feministische Translate produzieren. Früher wurden ja zum Beispiel nur klassische Gedichte von Männern aus dem Griechischen und Lateinischen übertragen, während Dichterinnen wie Sappho weitgehend unübersetzt blieben. Es wurde nun eine **umfangreiche Bibliothek** erarbeitet, die von der Website des Grazer Instituts abgerufen werden kann.

---

[166] Vgl. L. v. FLOTOW (1998), op. cit., p. 130.

Die diskursive Entwicklung der **feministischen Übersetzungswissenschaft** wird dargelegt in:
Sabine MESSNER/WOLF, Michaela (2000): *Mittlerin zwischen den Kulturen - Mittlerin zwischen den Geschlechtern? Studie zu Theorie und Praxis feministischer Übersetzung.* Graz (GTS Graz Translation Studies 2).
Beiträge des abschließenden Kongresses „Übersetzung aus aller Frauen Länder" im Juni 2000 sind abgedruckt in
Sabine MESSNER/WOLF, Michaela (2001): *Übersetzung aus aller Frauen Länder. Beiträge zu Theorie und Praxis weiblicher Realität in der Translation.* Graz: Leykam.

Daneben entstanden vielerlei engagierte Einzelstudien. Themen von **Diplomarbeiten** sind u. a.
- Die Diskriminierung der Frau durch die Sprache. Spanisch und Deutsch im Vergleich. (1991)
- Die Entwicklung frauengerechter Sprache im Amerikanischen Englisch veranschaulicht anhand eines Vergleichs von *TIME Magazine* 1956 mit 1992. (1993)
- Übersetzungsanalyse des Romans "Eva Luna" von Isabel Allende. (1994)
- Frauen in öffentlichen Diskussionen. Eine Analyse geschlechtsspezifischer Unterschiede in amerikanischen Talkshows. (1994)
- Feministische Translation am Beispiel *Lettera a un bambino mai nato* von Oriana Fallaci. (1996)
- Feministischer Diskurs und Übersetzung. Merkmale feministischer Übersetzung am Beispiel von *Gyn/Ecology* von Mary Daly und *Gyn/Ökologie* in der Übersetzung von Erika Wisselinck. (1997)
- Starke Frauen und ihre Fäuste im Cyberspace. Pat Cadigans *Synners* und Michael Windgassens *Synder* unter Berücksichtigung feministischer Aspekte. (1999)
- "Ohne Übersetzerinnen keine Weltliteratur". Ohne Verlegerinnen keine Frauenliteratur? Deutschsprachige Verlage und die Übersetzung frauenspezifischer Werke. (2001)
- Die Frau als kleines Mädchen, Hure, Hirtin, Mörderin. Die multiplen Rollen der Frau in Valerija Narbikovas "Schepot schuma" und ihre Übersetzung. (2001)

Das **Bild der Frau in Romanen** und deren Übersetzung bietet ebenfalls ein weites Feld für literaturkritische Analysen aus feministischer Sicht.
Ein weiteres Arbeitsfeld sind die **feministischen Sprachuntersuchungen**, wie folgende Buchtitel anzeigen:
Susan BASSNETT (1986): *Feminist Experiences: the Woman's Movement in four Cultures.* London;
Dies. (1988): *Elizabeth I: A Feminist Biography.* Oxford;
Dies. (1990): *Knives and Angels: Latin American Women's Writing.* London.

Weitere **einschlägige Beiträge** sind:
- Barbara GODARD (1990): "Theorizing Feminist Discourse/Translation", in: S. BASSNETT/A. LEFEVERE (Hg.): *Translation, History, Culture.* London.
- T. KRONTIRIS (1992): *Oppositional Voices: Women as Writers and Translators of Literature in the English Renaissance.* London/New York: Routledge.
- Lori CHAMBERLAIN (1992): "Gender and the Metaphorics of Translation", in: L. VENUTI (Hg.): *Rethinking Translation – Discourse, Subjectivity, Ideology.* New York, London, S. 57-74.
- Doris KADISH/Françoise MASSARDIER-KENNEY (Hg.) (1994): *Translating Slavery, Gender and Race in French Women's Writing 1783-1823.* Kent (Ohio).
- Marjanne GOOZE (1995): "A language of her Own: Bettina Brentano-von Arnim's Translation Theory and her English Translation Project", in: E. FREDERIKSEN/K. GOODMAN (Hg.): *Bettina Brentano-von Arnim: Gender and Politics.* Detroit, S. 278-303.

- Sabina MATTER-SEIBEL (zus. mit Carmen BIRKLE und Patricia PLUMMER) (Hg.) (2001): *Frauen auf der Spur: Krimiautorinnen aus Deutschland, Großbritannien und den USA.* Tübingen.
- Vera Elisabeth GERLING (2006): « 'La vagabonde' de Colette en allemand: entre émancipation et érotisme », in : R. VON KULESSA/C. LOMBEZ (Hg.) (2006): *De la traduction et des transferts culturels.* Paris.

Die vorläufigen Ergebnisse der Forschungstätigkeit zu Frauen als Übersetzerinnen wurden von Jean DELISLE (2002) im Sammelband *Portrait de traductrices* (Arras, Artois PUV) zusammengefasst. Seine Darstellung berühmter Übersetzerinnen lässt erahnen, welch weites Forschungsfeld auf die feministische Translationswissenschaft noch in der Übersetzungsgeschichte wartet.

Ein dritter Schwerpunkt feministischer Translation ist die Anwendung der von der feministischen Sprachwissenschaft entwickelten Grundregeln einer inklusiven, nicht sexistischen Sprache.[167] Die geschlechterneutrale Formulierung oder die Frauen einbindende Ausdrucksweise wurde vor allem für Gesetzestexte gefordert und ist vielfach verwirklicht worden. Im 21. Jh. haben Frauen eine andere Sensibilität entwickelt und fühlen sich von Anreden wie etwa „unsere Bürger" oder „unsere Mitarbeiter" nicht mehr persönlich angesprochen. Nachdem feministische Kritik zuerst in den USA im Zusammenhang mit der Forderung nach neuen Bibelübersetzungen aufgekommen war,[168] ist mittlerweile ein solches Projekt auch in deutscher Sprache verwirklicht worden.

Das Projekt einer feministischen Übersetzung der Bibel in inklusiver Sprache liegt vor in der „Bibel in *gerechter* Sprache", Gütersloher Verlagshaus, 1.Aufl. 2006. Die gesamte Heilige Schrift (AT und NT) ist von 52 EinzelübersetzerInnen (davon 10 Männer) binnen 6 Jahren ins Deutsche übersetzt worden.
Beispiele daraus zeigen, wie eine **inklusive Sprache** möglich ist. Dazu dienen sprachliche Mittel wie die Doppelanrede zur Vermeidung des generischen Maskulinums, weil es eben die Frauen nur implizit mit meint (*Geschwister, Brüder und Schwestern, Jünger und Jüngerinnen, Söhne und Töchter* oder *Kinder Gottes* statt *Söhne*); der generalisierende Plural (statt *einer/jeder, der* nunmehr *alle, die* oder *jemand*); Vermeidung männlicher Bezeichnungen wie *Vater, Sohn, Herr, Mann, Jünger,* auch wenn dies im Text so steht; möglichst häufige Benutzung der weiblichen Form, Genus vertritt Sexus (statt *Hl. Geist* nun *die hl. Geistkraft;* statt *Herrlichkeit* nun *Glanz;* statt *einer, der* nun *eine Person, die*), auch damit in vielen Sätzen die Wörtchen *die/sie* vorkommen können. Eine verbalere Ausdrucksweise soll schließlich das Patriarchalisch-Statische überwinden helfen: statt *ist König* geht auch *regiert,* also lautet z.B. *Gott der Herr ist König* (Luther) nun *Die Ewige regiert*.
Dies sind Regeln, welche die feministische Sprachwissenschaft schon fürs amerikanische Englisch entwickelt hat, und die auch im Deutschen so funktionieren.
Dazu gehört ferner das Vermeiden der Diskriminierung im sozialen Ausdruck: Kinder, Alte, Menschen aller Hautfarben, Gesunde und Kranke sollen gleich behandelt werden. Im Lauf der Geschichte haben sich ja viele patriarchalischen oder ausgrenzenden Ausdrucksweisen durchgesetzt, die so nicht unbedingt sein müssen. Ein *Aussätziger* ist hier „einer, der an einer schlimmen Hautkrankheit litt". *Tagelöhner* sind

---

[167] Vgl. Ingrid SAMEL (1995): Einführung in die feministische Sprachwissenschaft. (2.Aufl. 2000). Berlin. Oder: Marion KREMER (1997): Person, Reference and Gender in Translation. A Contrastive Investigation of English and German. Tübingen.
[168] Vgl. Joan HAUGERUD (1977): *The Word for Us.* Seattle: Coalition of Women in Religion. Oder: S. MEURER (Hg.) (1993): *Die vergessenen Schwestern. Frauengerechte Sprache in der Bibelübersetzung.* Stuttgart: Deutsche Bibelgesellschaft.

> „Menschen in prekären Arbeitsverhältnissen"; *die Juden* sind „jüdische Menschen"; *die Heiden* sind „Völker", und *Sünder* sind „jene, die Unrecht tun".
> Während die sprachliche Sensibilität der Übersetzerinnen und Übersetzer durchaus sehr kreative Vorschläge hervorgebracht hat, stößt diese Bibelversion auch auf viel Kritik. Diese moniert einige theologische Verfälschungen, aber vor allem die Uneinheitlichkeit in der Ausdrucksform. Die einzelnen Kapitel waren nämlich jeweils von einem Theologen oder einer theologischen Spezialistin in Eigenarbeit übertragen worden, ohne dass ein einheitliches Formulierungskonzept entwickelt wurde. Dies wiederum kann natürlich auch als eine bewusste Abkehr vom Logozentrismus verstanden werden.

Das durch den Feminismus geschärfte kritische Bewusstsein bleibt schlussendlich nicht bei den Frauenfragen stehen. Der Feminismus als politische Theorie und Befreiungsideologie setzt sich ganz allgemein mit Herrschaftsverhältnissen, konkret mit dem Geschlechterverhältnis, auseinander und ist insofern eine Theorie der Macht. Spätestens seit Mitte der 1980er Jahre wurde am Feminismus weißer, westlicher Prägung Kritik laut, die v. a. von afrikanisch-amerikanischen Frauen und Frauen aus der sog. Dritten Welt formuliert wurde. Indem Geschlecht im Feminismus die zentrale Analysekategorie darstellt, würden andere Herrschaftsverhältnisse – z. B. Rassismus und Klassenorientierung – vernachlässigt bzw. zu „Nebenwidersprüchen" degradiert. Der emanzipatorische Charakter von Übersetzungen sollte weitere Unterdrückungsformen einschließen.

15.3 Translation als soziale Praxis und politische Ethik (Bhabha, Tymoczko)

Es entsteht die Frage, wie Übersetzerinnen und Übersetzer ihre kritische Einstellung in der Praxis selbst einbringen können/dürfen. Sollen sie Zensur oder Korrektur an unliebsamen Texten üben? Ist es sinnvoll oder ausreichend, nur solche Texte zu übertragen, die man politisch vertreten kann?[169] Aus feministischer Perspektive wurde oft „Treue" und „Verantwortung" dem Originaltext gegenüber nur selektiv angewendet, stattdessen gab es oft eine „kreative Fehlübersetzung" (PRUNČ 2007:292), doch wo liegen die Grenzen einer „Verbesserung" etwa von menschenverachtenden Textstellen? Lori CHAMBERLAIN meint:[170]

> The metaphorics of translation (...) is a symptom of larger issues of western culture: of the power relations as they divide in terms of gender (...). The transformation of translation from a reproductive activity into a productive one, from a secondary work into an original work, indicates the coding of translation rights as property rights – signs of riches, signs of power.

Die zuerst aus deskriptiven Analysen im Sinne der postmodernen Strömungen (s. Kap. 15.1) gewonnenen Einsichten in ideologische Zusammenhänge des Übersetzens führten nach und nach zu der expliziten Forderung nach einer poli-

---

[169] So z. B. ausdrücklich bei Susanne de LOTBINIÈRE-HARWOOD (1991): *Re-Belle et Infidèle. La Traduction comme pratique de réécriture au féminin /The Body Bilingual. Translation as a Rewriting in the Feminine.* Toronto: The Women's Press / Montréal: Les éditions du remue-ménage.
[170] Lori CHAMBERLAIN (1992), op. cit., S. 66.

tischen Einstellung der Übersetzer im postkolonialen Diskurs. Der „Postkolonialismus" entstand um 1980 als internationale, meist englischsprachige Intellektuellenbewegung, die den fortdauernden Kolonialismus in den Köpfen der eurozentrischen „Westler" kritisierte. Verpönt war das Reden über das Wesen „fremder" Kulturen, betont wurde kulturelle „Hybridität".

Durch den Verweis auf die übersetzerische Fixierung mündlich tradierter Texte und damit deren Anpassung an die Ideologie der rezipierenden Literaturen,[171] hat Maria TYMOCZKO zwei wichtige Themen angesprochen, die in der anglo-amerikanischen Translationswissenschaft der 1990er Jahre in den Vordergrund rückten: die Repräsentation fremder Kulturen durch Übersetzung und das Machtspiel um Wissens- und Sinnkonstruktionen zwischen herrschenden und beherrschten Kulturen. Es drängt sich die Frage nach möglichen Strategien auf, mit deren Hilfe quasi „translationspolitisch" die Übersetzung als Mittel der (geistigen) Entkolonialisierung eingesetzt werden könnte.

Eine Leitfigur im postkolonialen Diskus ist auch Homi K. BHABHA. In zahlreichen Aufsätzen, die später zum Sammelband *The Localization of Culture* – in der deutschen Übersetzung *Die Verortung der Kultur* (BHABHA 2000) – zusammengefasst wurden, stellt er Repräsentationsformen der „kulturellen Differenz" und die Konzepte der „Hybridität" und des überkulturellen „Dritten Raums" in den Vordergrund. Durch Globalisierung und Migration entstehen heute überall sog. hybride Kulturen, deren Kommunikationsmittel oftmals eine hybride Sprachvarietät im Rahmen der etablierten Sprachgemeinschaft ist.

Die sog. Kulturtransferforschung[172] stellt dem Begriff der Hybridität noch jenen des *métissage* und der *créolité* zur Seite. Dies steht als Metapher für die postmoderne Welt mit ihren multiethnischen und multikulturellen Metropolen. Die Vermischung wird durch Migrationen zwischen den und innerhalb der Nationalstaaten noch verstärkt, und eine Eingrenzung der ent-grenzten kulturellen Räume sei kaum noch möglich. Die Übersetzung hybrider Textformen stellt besondere Anforderungen an den Translator. Translation wird hier als soziale Praxis gesehen, ähnlich wie bei Doris BACHMANN-MEDICK, die der Darstellung fremder Kulturen in der Übersetzung nachspürt.[173] Auch hier weist der koloniale Diskurs eine widersprüchliche Struktur auf, ist niemals abgeschlossen, es entstehen ambivalente, sich durchmischende hybride Beziehungen.

> **Der Transfer von Kulturen durch Übersetzung** wurde auch für Europa untersucht. Zunächst stellte TYMOCZKO (1999) in ihrem Buch *Translation in a Postcolonial Context* die Geschichte der irischen Literatur als Literatur der „ersten englischen Kolonie" und als Resultat der Auseinandersetzung zwischen einer dominierenden und einer dominierten Kultur dar.
> Dieses Theoriengebäude wurde dann auch auf die Beziehungen zwischen Rom und Griechenland, Russland und dem Baltikum, Österreich und den Völkern in seinen

---

[171] Maria TYMOCZKO (1990): "Translation in Oral Tradition as a Touchstone for Translation Theory and Practice", in: BASSNETT/LEFEVERE (eds.) (1990): *Translation, History and Culture*. London/New York: Pinter, 46-55.
[172] Vgl. etwa Helga MITTERBAUER/Katharina SCHERKE (Hg.) (2005): *Ent-grenzte Räume. Kulturelle Transfers um 1900 und in der Gegenwart*. Wien: Passagen.
[173] Doris BACHMANN-MEDICK (Hrsg.) (1997): *Übersetzung als Repräsentation fremder Kulturen*. Berlin: Erich Schmitt.

> Kronländern anwendbar. Die Grenze zum Kolonialstatus ist fließend. Entsprechende Untersuchungen sind zum Beispiel:
> CELESTINI, Federico/MITTERBAUER, Helga (eds.) (2003). *Ver-rückte Kulturen. Zur Dynamik kultureller Transfers.* Tübingen: Stauffenburg.
> KOKORZ Gregor/MITTERBAUER, Helga (Hrsg.) (2004): *Übergänge und Verflechtungen. Kulturelle Transfers in Europa.* Bern etc.: Lang.
> MITTERBAUER, Helga/BALOGH, András F. (Hrsg.) (2006): *Zentraleuropa. Ein hybrider Kommunikationsraum.* Wien: Praesens.
> MITTERBAUER, Helga (2003): „'Acting in the Third Space'. Vermittlung im Spannungsfeld kulturwissenschaftlicher Theorien", in: CELESTINI/MITTERBAUER (2003), 53-66.
> WOLF, Michaela (2005): *Die vielsprachige Seele Kakaniens.* (Habilitationsschrift in Graz über den Vielvölkerstaat der Habsburger Donaumonarchie).
> BOGNER, Ralf Georg (Hg.) (1999): *Interkulturelle Asymmetrie. Edward Samhabers Übertragung des Slowenischen Nationalautors France Prešeren.* Wien etc.: Böhlau.
>
> Im Rahmen dieser Diskussion entsteht am Ende ein **terminologisches Problem.** Während VERMEER von Translation noch als einem „interkulturellen Transfer" (s. Kap. 13.1) in dem Sinne gesprochen hatte, dass ein Textinhalt mit einer fremden Kultur konfrontiert wird, sieht es nun so aus, dass durch Übersetzungen die Kulturen selbst transferiert, konstruiert und in einen hybriden Raum verlagert werden. Moderne Gesellschaften werden als multilingual, multiethnisch und transgeographisch gesehen. Die Frage ist, wie solches sich in Übersetzungen spiegeln kann/soll. Ein Ausdruck wie „*cultural translation*" (WOLF 2010)[174] als Metapher für alle möglichen Arten von Transferprozessen, Interpretationen, Verschiebungen zwischen Lebensräumen sowie den kulturellen Implikationen des Übersetzens verliert dann aber seinen Bedeutungsgehalt und wird tendenziell inhaltsleer zu einer schwimmenden Metapher.

Wie ein roter Faden zieht sich durch alle diese Studien die Überzeugung, dass Translation als Medium der Repräsentation des Fremden und der Konstruktion von Wissen nicht in einem Machtvakuum stattfindet, sondern an den Konfliktlinien und Konvergenzen von Machtinteressen angesiedelt ist. Die Vorstellung einer „treuen Übersetzung" durch einen unparteilichen Translator wird dann zunehmend fragwürdig, und umgekehrt hieße das, die verordnete Norm der Objektivität diene nur dem Versuch, die Machtspiele zwischen den Kulturen zu verdecken. „Weil Translation *per se* parteiisch ist, ist es legitim, sie in den Dienst eigener politischer und kultureller Anliegen zu stellen. Die ethische Wertigkeit eines solchen translatorischen Handelns ist (…) von dem Ziel, dem die Manipulation dient, abzuleiten" (PRUNČ 2007:296).

Das gewachsene Selbstbewusstsein der Intellektuellen in den ehemaligen Kolonialländern hat u. a. auch zu der ideologischen Forderung geführt, die eigene Literatur nicht mehr nur in den Begriffen der überkommenen Kolonialsprache auszudrücken[175], und auch die Übersetzungen sollten sich von überkommenen (Äquivalenz-)Normen lösen. Die ethische Aufgabe des Übersetzers wird nun darin gesehen, die traditionelle Marginalität einheimischer Texte und Sprachen zu überwinden und das Übersetzen als solches in den Vordergrund zu rü-

---

[174] M. WOLF (2010): "Cultural translation: A travelling concept and its challenges". Beitrag auf dem EST Congress "Track and Treks of Translation Studies, September 2010 in Leuven.

[175] Vgl. Paul BANDIA (2002): „Postcoloniality and the Ethics of Translation." in: Translation: New Ideas for a new Century. Proceedings of the XVI F.I.T. Congress, August 7-10, 2002, Vancouver, BC, Canada, 79-83.

cken.[176] So tragen auch die Übersetzungen selbst zum steten Bedeutungswandel der so genannten Originale bei, wie es Sherry SIMON darstellt:[177]

> The conventional view of translation supposes an active original and a passive translation, creation followed by a passive act of transmission. But what if writing and translation are understood as interdependent, each bound to the other in the recognition that representation is always an active process, that the original is also at a distance from its originating intention, that there is never a total presence of the speaking subject in discourse?

Der Translator wird eigenmächtig zum politischen Aktivisten, indem sein Produkt den Ausgangstext noch übertrifft und verborgene politische Energien herausarbeitet.[178] Nun wird das übersetzerische Handeln zu einem Mittel der sozialen Kritik und gesellschaftlichen Veränderung. Dezidiert wird diese Überzeugung vertreten von Maria TYMOCZKO. Während zuvor noch Unterdrückungsformen nur deskriptiv anhand der Übersetzungskritik festgestellt und angeprangert wurden, gilt nun die Forderung, das Übersetzen müsse ent-grenzt werden: „enlarging translation".

Im Vordergrund steht nicht mehr nur das Sichtbarwerden des Translators, sondern die außersprachliche politische Aktion.[179] Aus einer bestimmten Ideologie folgen dann natürlich bestimmte Übersetzungen. Es wird wieder auf DERRIDA verwiesen: „The translation will truly be a moment in the growth of the original, which will complete itself in enlarging itself".[180] Die Auffassung TYMOCZKOS findet sich in Büchern wie *Translation in a Postcolonial Context* (1999, Manchester) sowie *Enlarging Translation. Empowering Translators* (2006, Manchester), *Translating Others* (2007), *Translation, Resistance, Activism* (2010). Sie möchte „activist translation practices" befördern. Übersetzungen sollen bewusst verfremden, um dadurch Ethnozentrismus und Rassismus, angeblichen kulturellen Narzissmus und Imperialismus zu überwinden helfen und weltweit demokratische Beziehungen aufzubauen. Die übersetzerische Ethik hat sich von einer Loyalität zum Autor (NORD) (s. Kap. 14.1) in politischen Aktivismus verwandelt.

---

[176] Vgl.: „foregrounding of translation", „frontloading of cultural material" (TYMOCZKO 1998:29), in: S. BASSNETT/H. TRIVEDI (Hg.) (1998): *Postcolonial Translation Theory*. London, New York, S. 19-40.

[177] S. SIMON (1996): op. cit., S. 11.

[178] Vgl. Sheung SHING-YUE (2002): "Professional, Activist, or 'Example'?" In: *Translation: New Ideas for a new Century. Proceedings of the XVI F.I.T. Congress Vancouver, BC, Canada, August 7-10, 2002*, S. 60. – Diese Vorstellung fand sich auch schon bei LEVÝ (1969:163), wenn der ideologische Texthintergrund überhöht wird (s. Kap. 9.1).

[179] Vgl. A. TYMOCZKO: (2000): „Translation and Political Engagement: Activism, Social change and the Role of Translation in Geopolitical Shift", in: *The Translator* 6/1, 23-49.

[180] Zitiert oben in Kap. 2.6., S. 33.

15.4 Translationssoziologie (Gouanvic, Prunč)

In postmodernen Auffassungen (s. Kap. 15.1) wird die Übersetzung als kultur- und sozialwissenschaftliches Produkt begriffen, wobei dann „Asymmetrien der Macht" sichtbar werden. Dabei werden kulturelle Zwischenräume als „Übersetzungsräume" aufgefasst und Begriffe wie Identität, Migration und Exil zu zentralen Thematiken der Untersuchung von Kultur gemacht, die durch Übersetzung erst konstituiert werde. Die Beobachtung der gesellschaftlichen Einbettung der Translation als Tätigkeit verlangt in einer soziologischen Wende die systematische Erforschung der hier wirksamen „Felder der Macht", und dies ist das besondere Interesse von Erich PRUNČ (2007). Er ist überzeugt: „am Faktor Macht und seiner sozialen Verortung, an der Rekonstruktion der machtgeleiteten Prozesse der Repräsentation, der Produktion von Wissen und Konstruktion von Identitäten und Kulturen führt kein Weg mehr vorbei" (PRUNČ 2007:309). In dem Bemühen, den Objektbereich der Translationswissenschaft zu bestimmen, wird von PRUNČ die Translation „als konventionalisierte interlinguale und transkulturelle Interaktion" bestimmt.[181] Die in dem prototypischen Bereich der Translationswissenschaft auch vorhandenen Tendenzen zum „Äquivalenzpostulat" (s. Kap. 6.3) bezeichnet er als marginal und traditionell. Zur Modellierung der wirksamen kulturellen Konventionen verweist er mit anderen auf das Begriffsinstrumentarium des französischen Soziologen Pierre BOURDIEU[182], der die Gliederung des sozialen Raums als Handlungsfeld der Menschen mit den Begriffen *Feld*, *Kapital* und *Habitus* untersucht hat.

> **Macht im sozialen Raum** ist eine Struktureigenschaft aller menschlichen Beziehungen und reicht von physischer Gewalt bis zu der Fähigkeit, eigene Vorstellungen im gleichberechtigten Diskurs durch bessere Argumentation zu verwirklichen. In Analogie zum Feldbegriff der Physik wird der soziale Raum bei BOURDIEU als **Kräftefeld** verstanden, oder auch als ein Spielraum. Hier gelten Spielregeln, die von allen eingehalten werden, die aber individuelle Ziele verfolgen. Die in einem sozialen Raum herrschenden Beziehungen und Gesetzmäßigkeiten sind zeitlich und räumlich beschränkt und hängen von den jeweiligen institutionellen Bedingungen ab. Solche Felder sind etwa Politik, Wirtschaft, Wissenschaft, Religion, Kunst und Literatur. Der bestimmende Faktor innerhalb der Felder ist die Verfügungsmacht, mit der die einzelnen Akteure in einem Feld ausgestattet sind, und so sind diese Felder als historisch konstituierte Spielräume von Macht zu verstehen. Ihre Grenzen sind historisch bedingt und ständig im Wandel. Jedem Feld liegt eine eigene Form von Interessen zugrunde und gespielt wird um die Wahrung oder Veränderung der Kräfteverhältnisse. Die Ressourcen, auf die man bei der individuellen Zielverfolgung zurückgreifen kann, nennt BOURDIEU Kapital.
>
> **Kapital** ist die Akkumulation eigener oder fremder Arbeit und deren Früchte. Dies sind nach BOURDIEU alle materiellen und geistigen Güter, die ein Individuum, eine Gruppe oder eine Institution erwerben und/oder besitzen kann. Solches Kapital kann in Objekten materialisiert sein, es kann aber auch in Form von Wissen und als Fähig-

---

[181] Vgl. E. PRUNČ (2004): „Zum Objektbereich der Translationswissenschaft." In: Ina MÜLLER (Hg.) (2004): *Und sie bewegt sich doch... Translationswissenschaft in Ost und West. Festschrift für Heidemarie Salevsky*. Frankfurt a.M.: Peter Lang, 263-285, hier S. 265.

[182] Vgl. u. a. P. BOURDIEU (1982): *Die feinen Unterschiede. Kritik der gesellschaftlichen Urteilskraft.* (Übersetzt von B. Schwibs und A. Russer). Frankfurt am Main: Suhrkamp.

keiten in verinnerlichter Form erworben werden. Es ist stets auch akkumulierte Geschichte, es kann sich selbst reproduzieren, wachsen und Gewinne abwerfen. Seine wichtigsten Ausprägungsformen sind nach BOURDIEU das ökonomische Kapital, das Sozial- und das Kulturkapital. Ökonomisches Kapital entsteht, indem die Früchte der Arbeit in verschiedenen Formen materiellen Reichtums angesammelt werden (z.B. Landbesitz, Immobilien, Aktien etc. als Eigentum). Sozialkapital resultiert aus Beziehungsnetzen. Es repräsentiert Handlungsmöglichkeiten, die ein Individuum durch die Teilhabe an mehr oder minder dauerhaften und institutionalisierten Beziehungsnetzen schöpft. Dieses Beziehungsnetz ist Ergebnis individueller oder kollektiver Investitionsstrategien (Networking), die bewusst oder unbewusst auf die Schaffung von Sozialbeziehungen der gegenseitigen Anerkennung gerichtet sind. Kulturkapital schließlich ist jene Kapitalart, die in Form von Bildung, Wissen, Fertigkeiten, Kreativität, Kunst und deren Produkten vorliegen kann. Objektiviertes Kulturkapital manifestiert sich in Form von Artefakten, z.B. Bildern, Skulpturen, Musikinstrumenten, usw. Für Übersetzer besonders wichtig sind jene Erscheinungsformen, die sich in *Texten* manifestieren. Werden bestimmte Fertigkeiten und Dispositionen als Spieleinsatz in das Kräftefeld des sozialen Raumes eingebracht, so spricht BOURDIEU von inkorporiertem Kulturkapital. Dieses ist immer an die jeweilige Person gebunden, die es durch zeitaufwendige persönliche Bildungsarbeit erworben hat. Der relative Wert des inkorporierten Kapitals auf dem Markt der kulturellen Handlungen ist vom Stellenwert und von der Nachfrage abhängig, die in einem bestimmten Feld nach diesen Fähigkeiten besteht. Institutionalisiertes Kulturkapital wird in Form von Bildungstiteln erworben. Titel werden von dafür autorisieren Institutionen vergeben, wobei der Wert des Titels dann vom Stellenwert der den Titel vergebenden Institution in der Gesellschaft abhängig ist. Jede der angeführten Kapitalarten kann in „symbolisches Kapital" überführt werden, wenn es auf das Wertesystem der Gesellschaft bezogen wird und in diesem einen hohen Stellenwert einnimmt.

Der **Habitus** bestimmt das Verhalten der in den Feldern interagierenden Individuen und sozialen Gruppen, welche die Spielregeln verinnerlicht haben. Er bestimmt prototypisch das Gruppen- oder Klassenverhalten. Die Akteure in einem Feld verfügen über ein durch Lernen und Sozialisation erworbenes System von Präferenzen. Die erlernten Prinzipien der Wahrnehmung, Wertung und Klassifizierung generieren natürlich wieder unterschiedliche und der Unterscheidung dienende Praktiken in der Gesellschaft. Der Habitus ist sozusagen internalisierte Tradition, und er führt sie fort. BOURDIEU spricht von einer strukturierten Struktur, die aus Wahrnehmungs-, Denk- und Handlungsschemata besteht. Dadurch wird die Intentionalität des einzelnen Handelnden relativiert und einem sozial kontrollierten System von Normen und Konventionen unterstellt.

(Zur Darstellung des Konzepts von BOURDIEU vgl. PRUNČ 2007:309-313).

Eine Anwendung dieser Konzeption in einer „Translationssoziologie" sieht PRUNČ im Feld der Literatur. Es geht um die Rahmenbedingungen des Austauschs symbolischer Güter im globalen Übersetzungsfeld. Dieses wird durch die Machtdifferenz zwischen den Sprachen bestimmt.

> Im Feld der Translation bilden sich dabei global und regional dominierende und dominierte Sprachen und Kulturen aus. Dominierende Sprachen und Kulturen tendieren dazu, möglichst wenig zu importieren. Dominierte Sprache sind dagegen bestrebt, möglichst viel auf den Markt der dominanten Sprachen zu bringen, weil sie daraus einen Zuwachs von symbolischem Kapital erwarten. Mit jeder Übersetzung in die dominierte Sprache wächst das symbolische und allenfalls das ökonomische Kapital dieser Sprache (PRUNČ 2007:317).

Tendenziell werden die dominanten Sprachen im internationalen Machtgefüge immer stärker. Hinzu kommt der Kampf um literarische Legitimation. Einzelne literarische Werke und Literaturen durchlaufen einen „Konsekrationsmechanismus", in welchem ihnen von literarischen Institutionen, Zeitschriften, Akademien, Jurys, Kritikern und Literaten literarisches Kapital zugeschrieben wird. Dies beeinflusst auch die Zielkulturen (s. Kap. 9.4).

Im Blick auf die Übersetzer kann deren Habitus einerseits so gedeutet werden, dass sie die herrschenden Normen, z. B. der Treue, einfach internalisiert hätten. Es finden sich aber auch Beispiele, wie bestimmte Übersetzerpersönlichkeiten an der Ausformung von Translationsnormen mitgewirkt haben und durch gezielte Aktivitäten ein relativ autonomes Feld der literarischen Kommunikation geschaffen haben (GOUANVIC 1999). Durch ihre Übersetzungen hatten sie auch ausreichend symbolisches Kapital angereichert, das sie in den Diskurs einbringen konnten.[183] Auch Martin Luther zeigte selbstbewusst den Habitus eines wortgewaltigen und definitionsmächtigen Übersetzers, der seine geistige Leistung nicht unter den Scheffel stellen wollte (s. Kap. 1.4).

Der Habitus von Translatoren scheint allerdings nicht nur von deren individueller Sozialisation, sondern auch vom Status abhängig zu sein, der in einer Gesellschaft dem Kulturkontakt und dem „Import" fremder Kulturgüter zugemessen wird. Je höher dieser Stellenwert ist, umso mehr symbolisches Kapital können Übersetzer daraus schöpfen. In einem globalen Literaturmarkt hätten junge, nicht gefestigte Literaturen nur geringe Chancen sich durchzusetzen. Deshalb haben einzelne Staaten und Institutionen Förderinstrumente entwickelt: im Rahmen von Wettbewerben wird Autoren, Werken und Übersetzern symbolisches Kapital zugeschrieben. Wenn es Übersetzern nämlich nicht gelingt, ausreichend symbolisches und soziales Kapital anzureichern, nehmen sie eher eine marginale Position ein. So kann sozialhistorisch eine Geschichte der Translation nachgezeichnet werden, wo die Stellung der Übersetzer oft aus direkten Einflussnahmen externer Machtfelder, wie der Politik abhängig war. Dies reicht vom Verbot der Übersetzung heiliger Schriften, über diverse Zensurmaßnahmen, bis zur Hochschätzung der Übersetzer im 17. und 18. Jh. und der rechtlichen Vorrangstellung für Autoren heute. „Unter dem Druck zunehmender Ökonomisierung des Literatur- und Translationsmarktes haben sich die Initiatoren von Übersetzungen an die Spitze der Machthierarchie gesetzt" (PRUNČ 2007:320).

KOMMENTAR

Aus der deskriptiven komparatistischen Analyse ergibt sich eine Beobachtung außersprachlicher, auch repressiver Zwänge, die den Vorgang des Übersetzens regieren. Deren Kritik knüpft an die gesellschaftskritische Hinterfragung von Machtstrukturen an, und im Bereich des Übersetzens speziell an feministische

---

[183] Vgl. Jean-Marc GOUANVIC (2005): „A Bourdieusian Theory of Translation, or the Coincidence of Practical Instances: Field, ‚Habitus', Capital and ‚Illusio'", in: The Translator 11/2, 148-166.

und postkoloniale Überlegungen. Verbindungen zur Dekonstruktion werden aufgegriffen, wo es auch um die Neuinterpretation von Texten und die Überwindung von aufoktroyiertem Sinn geht. Ideologische Hintergründe werden so deutlich. Translationssoziologisch können Felder der Macht untersucht werden.

Die sprachliche Kritik weitet sich schließlich zur ideologischen Forderung nach politischer Aktion. Übersetzerische Ethik heißt dann, solches nicht zu übersetzen oder das zu verändern, was politisch nicht akzeptabel erscheint. Damit freilich wird potentiellen Lesern die Möglichkeit genommen, unliebsame Texte selbst zu kritisieren und mit ihnen zu arbeiten.

Typisch ist die Flut von Sammelbänden, die eine Vielzahl übersetzungskritischer Einzelfallstudien zusammentragen, um das theoretische Postulat der Machtrelationen zu begründen. Der erfolgte Bedeutungswandel von Ausdrücken wie Verständnis, Kultur, Übersetzung (*interpretation, culture, translation*) ist wichtig zu beachten, um Missverständnisse in der wissenschaftlichen Kommunikation zu vermeiden.

Schließlich bleibt aber die Frage ungelöst, wie ein Übersetzer denn mit einem Text umgeht, ob die ideologische Ausbreitung der Meinung eines Translators zum Abbau von Machtverhältnissen führt, oder ob nicht vielmehr der Versuch desselben, den fremdartigen Texten möglichst authentisch im Zielbereich Gehör zu verschaffen, hier förderlich wäre.

LEKTÜREHINWEISE

Susan BASSNETT/André LEFEVERE (eds.) (1998): *Constructing Cultures. Essays on literary translation*. Clevedon-Philadelphia.

Susan BASSNETT/Harish TRIVEDI (eds.) (1999): *Postcolonial Translation Theory*. London, New York.

Luise von FLOTOW (1997): *Translation and Gender. Translation in an 'Era of Feminism'*. Manchester, Ottawa.

Sabine MESSNER/Michaela WOLF (Hrsg.) (2001): *Übersetzung aus aller Frauen Länder. Beiträge zu Theorie und Praxis weiblicher Realität in der Translation*. Graz.

Erich PRUNČ (2007): *Entwicklungslinien der Translationswissenschaft. Von den Asymmetrien der Sprachen zu den Asymmetrien der Macht*. Berlin.

Maria TYMOCZKO (2006): *Enlarging Translation. Empowering Translators*. Manchester.

Lawrence VENUTI (1995): *The Translator's Invisibility. A History of Translation*. London, New York.

Der Blick auf den Übersetzer

16 Übersetzen als Interpretation

> *Die französische Übersetzungswissenschaft betont den kommunikativen Charakter des Übersetzens. Nach dem Modell des Dolmetschens soll der Übersetzer einen verstandenen Sinn idiomatisch angemessen wiedergeben, unabhängig von den Sprachstrukturen im Ausgangstext. Die Sprachphilosophie sieht ein Dilemma zwischen Ausgangs- und Zielorientierung in den Sprachformen. Die Relevanztheorie hebt auf den Wissenshintergrund des Übersetzens ab.*

16.1 Die Pariser Schule (Seleskovitch, Lederer)

Nachdem die verschiedenen Faktoren des Übersetzungsprozesses analysiert wurden (s. Kap. 13.2), trat die Rolle des Translators stärker in den Blickpunkt, was auch schon bei den ideologischen Überlegungen anklang (s. Kap.15.3). So kann auch gefragt werden, wie denn Übersetzer eigentlich mit den Texten umgehen, wie sie denken, worauf sie zu achten haben. Eine solche Fragestellung begibt sich wieder ganz auf das Feld der angewandten Übersetzungswissenschaft, wenn man die Disziplin in verschiedene Arbeitsbereiche einteilt (s. Kap. 10.1). Die am Pariser Institut für Dolmetscher und Übersetzer (E.S.I.T.) von Danica SELESKOVITCH begründete und von Marianne LEDERER weitergeführte Lehrrichtung hat in diesem Sinn die „théorie interprétative de la traduction" entwickelt. Die schon in den 70er Jahren entwickelten Vorstellungen sind später nicht wesentlich verändert worden. In einem Sammelband von SELESKOVITCH/LEDERER (1984): *Interpréter pour traduire* mit Aufsätzen ab 1973 sowie einem Lehrbuch von LEDERER (1994) mit dem etwas irreführenden Titel *La traduction aujourd'hui* ist diese Auffassung zugänglich.

Die *théorie interprétative de la traduction* kommt von der Beobachtung und Analyse des Dolmetschvorgangs her. Jede Kommunikation erfolgt aus einer Mitteilungsabsicht heraus, und beim Übersetzen geht es daher mehr um Verstehen und Ausdruck dieser Mitteilung als um Sprachvergleich. In deutlicher Abgrenzung vom Transkodieren (s. Kap. 4.2) und von der *Stylistique comparée* (s. Kap. 5.1), die wohl zu sehr die Sprachstrukturen betrachtet, wird das Übersetzen als eine natürliche zielsprachliche Wiedergabe des vom Autor gemeinten Sinns definiert:

> Quelques dizaines de termes seulement devront être transcodés; le gros du texte, la masse des arguments, des faits et des idées qu'il contient devra être interprété. (...) On ne réexprime pas des idées comme on traduit des langues. Pour fournir des équivalences aux textes, il faut une opération interprétative que se concentre sur les idées exprimées par les énoncés plutôt que sur les énoncés eux-mêmes. (...) (Il faut traduire) en articulant naturellement dans sa langue le sens voulu par l'auteur (SELESKOVITCH/LEDERER 1984:8f).

Der Dolmetschvorgang besteht im Prinzip darin, dass eine Aussage spontan verstanden und vom Dolmetscher dann in der anderen Sprache für die angesprochenen Hörer wieder zum Ausdruck gebracht wird. Genauso sollte auch das Übersetzen ablaufen. Modellhaft wird dieser Übersetzungsprozess dreiphasig dargestellt: Verstehen – Deverbalisierung – zielsprachliche Wiedergabe. NIDA (s. Kap. 6.2) hatte dagegen noch einen bewussten Transfer der Tiefenstrukturen angesetzt.

Jeder Text besteht aus einem Minimum expliziter Sprachelemente, hinter denen sich Implizites verbirgt. Den Sinn übersetzen heißt dieses Implizite übersetzen. Den sprachlichen Ausdruck als expliziten Teil des Sinns versteht LEDERER als „synecdoque" (1994:216), d.h. ein Merkmal zur Bezeichnung eines Ganzen, als „pars pro toto". Als „Sinneinheiten" werden Satzteile definiert, die durch den Augenblick des Verstehens begrenzt sind (SELESKOVITCH/LEDERER 1984:39)[184], und sie sind mehr als einzelne Wörter mit ihrer Bedeutung, stellen aber noch nicht die ganze Kommunikation dar. An Satzbeispielen zeigen die Autorinnen, wie die systematisch weitgespannte, vage Bedeutung von Wörtern und ihre Mehrdeutigkeit, was linguistisch eine Übersetzungsschwierigkeit darstellt, durch die Betrachtung des Kontextes aus Situation und umgebender Textpassage aufgehoben wird. Dann ist ein entsprechender Satz verständlich und kann auch übersetzt werden (SELESKOVITCH/LEDERER 1984:16). Zum Unterschied eines Satzes als Element der Sprache und als Äußerung vergleiche man im übrigen auch HÖNIG/KUßMAUL (1982) (s. Kap. 8.5).

> Polysémie et ambiguïté sont caractéristiques de tout assemblage de mots hors contexte, elles disparaissent lorsque la phrase est placée dans le fil de son discours. Seule l'intention de communiquer qui construit la parole libère les mots de la polysémie, les phrases de leur ambiguïté et les charge de sens. (...) Le sens s'appuie sur les significations linguistiques mais il ne s'y limite pas et c'est l'ensemble du texte au fur et à mesure qu'il se déroule à la lecture qui permettra de comprendre le vouloir dire de l'auteur (SELESKOVITCH/LEDERER 1984:17).

Wie sich eine Wortbedeutung erst im Rahmen des Kontextes erschließt, wird am folgenden Satz aufgezeigt:

C'est une épreuve redoutable que de présenter, tout nu, son enfant au public.

Die Bedeutung dieses isolierten Satzes ist nicht klar. Verständlich und damit eindeutig übersetzbar wird er erst, wenn man den Textabschnitt betrachtet, der dem Satz vorangeht (vgl. *Le Monde 1.8.1973*):

Les résultats de la recherche ne peuvent être socialement utilisés que dans la mesure où ils sont extraits de leur gangue théorique, méthodologique, ou empirique. Pour le corps social dans son ensemble, une recherche ne présente d'intérêt que si les phénomènes, les situations, les transformations économiques et sociaux étudiées, sont mis en lumière par un discours scientifique intelligible... tout cela exige de la part des chercheurs une grande maturité. C'est une épreuve redoutable que de présenter, tout nu, son enfant au public.

---

[184] Dies wird an dem sprachenpaarspezifischen Phänomen illustriert, dass ein französischer Dolmetscher das im Deutschen am Ende auftretende Verb vorziehen und praktisch aufgrund seines Verstehens „erraten" muss und kann.

Die Pariser Schule (Seleskovitch, Lederer)

> Nach der Lektüre des Abschnittes ist klar, was mit dem „Kind" gemeint ist (vgl. SELESKOVITCH/LEDERER 1984:15-17).

Für das Verstehen konstitutiv ist neben dem Sprachwissen aber nicht nur die Redesituation und der sprachliche Kontext, sondern auch ein notwendiges Hintergrundwissen über den angesprochenen Gegenstand, das Fachgebiet.[185] Als Grundpfeiler des Übersetzens werden „la connaissance de la langue originale et la connaissance du sujet traité" genannt (SELESKOVITCH/LEDERER 1984:36). Der Sinn ergibt sich als kognitive Reaktion aus dem Zusammentreffen der sprachlichen Form auf der Textebene mit dem schon vorhandenen Wissen des Lesers/Hörers.

Unter Hinweis auf den Einwand, dass es ja nicht immer gelingt, genau das zu sagen, was man wollte, wird festgestellt, dass der Redner seine Mitteilung auf das Wissen seiner Adressaten abstellen und sich entsprechend mehr oder weniger explizit ausdrücken muss. Da die Wissensbasis der Leser verschieden ist, werden auch die Ergebnisse ihrer Verknüpfung unterschiedlich sein. Jedes Verstehen ist subjektiv und der Sinn nur eine Annäherung an das Gemeinte. Daher sind mehrere Übersetzungen niemals identisch, auch wenn der verstandene Sinn durchaus derselbe ist. Meistens gelingt das Verstehen in der Alltagskommunikation mühelos, doch bei einem Zeit- oder Kulturabstand können sich mehrere Sinnvarianten anbieten. Hier verweisen SELESKOVITCH/LEDERER den Übersetzer wieder auf die Treue zur Mitteilungsabsicht des Autors, ohne allerdings klare Kriterien zu nennen:

> Parmi ces sens dont on ne saurait contester la prétention à exister, parmi tous ces possibles, ce qui importe à la traduction c'est la fidélité au vouloir dire de l'auteur, c'est le refus de laisser s'y substituer ce que l'insuffisance des connaissances ou l'inflexion voulue par tel ou tel intérêt pourrait attribuer au dire. La méthode du traducteur veut qu'il écarte à la fois les interprétations trop faciles et celles qui seraient manifestement tendancieuses (...). C'est dire que la gamme des interprétations possibles diminue dès que la phrase est replacée dans son contexte (et cela peut être un livre entier) car en général le vouloir dire n'est pas équivoque et cherche à se manifester de façon à se faire comprendre (SELESKOVITCH/LEDERER 1984:23/24).

Dies ist eine Argumentation, die von Vertretern der Dekonstruktion (s. Kap. 2.6) gewiss massiv angezweifelt würde. Zweifel an der Richtigkeit der Interpretation gibt es kaum, denn das Verstehen erfüllt sich wie in der normalen Kommunikation auch, wenn ein Redner etwas mitteilt und von den Hörern genauso verstanden wird, wie er es gemeint hat. Situation und aktueller Kontext wirken hier klärend mit. Eine linguistische Analyse wird sogar als hinderlich angesehen für ein angemessenes Verstehen in „Treue zum Autor" (SELESKOVITCH/LEDERER 1984:35; LEDERER 1994:51).

---

[185] Vgl. SELESKOVITCH/LEDERER (1984:19): Prenons la phrase suivante: «On nomme *substitution* une application de l'ensemble E sur lui-même, c'est-à-dire la transformation d'une permutation de ses quatre éléments en une autre permutation». On conçoit que, n'ayant pas fait de mathématiques modernes je ne comprenne pas cette phrase, c'est-à-dire que je n'en saisisse pas le sens. Que puis-je dire après l'avoir lue et relue?

16.2 Die Deverbalisierung

Dreh- und Angelpunkt dieses Modells ist die „Deverbalisierung" (*déverbalisation*). Der Übersetzer muss sich vom Wortlaut lösen und den Sinn übertragen, wie dies beim Dolmetschen einsichtig ist. Der Dolmetscher kann sich ja nicht an schriftliche Vorlagen halten, er übersetzt den Sinn. Dies wird durch seine „mémoire cognitive" (LEDERER 1994:23) ermöglicht: Er merkt sich nicht Wörter, sondern Sinneinheiten. Diesen Sinn erfasst man nicht in zwei Etappen (1. Verstehen der Sprache des Textes, 2. Herleitung des Sinns), sondern die Sinnerfassung ist „immédiate" (LEDERER 1994:25), und gleichzeitig fallen dem Dolmetscher dazu spontan die passenden zielsprachlichen Formulierungen ein:

> La déverbalisation est le stade que connaît le processus de la traduction entre la compréhension d'un texte et sa réexpression dans une autre langue. Il s'agit d'un affranchissement des signes linguistiques concomitant à la saisie d'un sens cognitif et affectif (LEDERER 1994:213).

Wichtig ist die Trennung von Denken und Sprachform. Es kommt nicht auf die einzelnen Wörter an, sondern auf das, was der Redner gemeint hat. Immer wieder wird auf die Unterscheidung zwischen *langue* und *parole* (s. Kap. 3.2) hingewiesen, denn Übersetzungen erfolgen nicht auf der Ebene des Sprachsystems, sondern der Rede. Um den drohenden Interferenzen zwischen Ausgangs- und Zielsprache zu entrinnen (s. Kap. 5.4) muss der Übersetzer eine hohe muttersprachliche Kompetenz aufweisen.

Der Übersetzungsprozess, der beim Dolmetschen quasi automatisch, eben „simultan" und damit im Sinnerfassen und Wiedergeben spontan abläuft, wird nun auf das schriftliche Übersetzen übertragen. Auch der Übersetzer darf sich nicht von einzelnen Textstrukturen binden lassen, sonst verliert er den Gedankenfluss. Der Ausdruck sollte spontan aus dem Gedanken fließen, sonst wird dieser nicht wirklich in seiner Tiefe wiedergegeben und statt dessen „wortgetreu" irgend etwas ausgesagt. Erwähnt wird die praktische Erfahrung beim Übersetzen mit hoher Geschwindigkeit. Sobald man an einem Wort hängen bleibt, ist auch der Formulierungsstrom unterbrochen. Interessanterweise wird hier die in der Praxis erforderliche Schnelligkeit des Übersetzens ganz anders definiert als etwa bei WILSS' „Übersetzungsfertigkeit" (s. Kap. 4.6).

Die in den Sprachzeichen wirksamen Merkmale sind von Sprache zu Sprache verschieden. Dieser mangelnde Isomorphismus von expliziter 'synecdoque' und implizitem Referenten stellt die Problematik des Übersetzens dar. Unterschieden wird dabei zwischen der *langue*-orientierten Übersetzung in „correspondances" als kontrastiven Wortentsprechungen (s. Kap. 4.3) und der Sinnübertragung in „équivalences" als angemessenen Formulierungen für eine Sinneinheit. Diese Betonung des Sinns der Mitteilung in natürlicher Ausdrucksweise findet sich auch schon bei NIDA (s. Kap. 6.1). Der Übersetzer soll sich fragen, wie ein bestimmter Gedanke denn normalerweise in der Zielsprache ausgedrückt wird (SELESKOVITCH/LEDERER 1984:24). Entscheidend ist der Aspekt des Verständlichmachens.

Die Deverbalisierung

> L'opération traduisante se scinde par définition en deux parties, celle de l'appréhension du sens, et celle de son expression. Dans cette deuxième phase le traducteur s'exprime, il parle comme l'auteur avant lui et comme tous ceux qui s'expriment dans leur langue. Mais *s'exprimer* ne veut pas toujours dire *se faire comprendre*. Traduire honnêtement, traduire fidèlement par contre c'est chercher à se faire comprendre, et se faire comprendre suppose trouver l'expression juste (SELESKOVITCH/LEDERER 1984:31).

Dies gelingt, wenn die Übersetzung den Normen der Zielsprache entspricht, nicht fremdartig wirkt:

> Faire comprendre le sens d'un énoncé dans une autre langue c'est le réexpimer dans des formes qui seront d'autant plus claires qu'elles auront été trouvées dans le refus conscient de la transposition verbale (ebd.: 1984:34).

Die **Synekdoche** zeigt sich z.B. **in den Sprachen unterschiedlich**, wenn nämlich verschiedene Aspekte in einem Wort hervorgehoben werden:

Ainsi (F) *'tiroir'* désigne l'objet tiré, (D) *'Schublade'* l'objet poussé.

La synedcoque se manifeste également dans le discours. Exemple tiré de *Cannery Row*:"The ties were pulled down a little" - «Ils avaient défait leur cravate». Dans l'image totale de noeuds défaits et de cravates tirées vers le bas la traduction française désigne la cause, l'anglais le résultat (LEDERER 1994:216). Diesen Perspektivenwechsel unterstrich freilich schon die kontrastive Stilistik im Bereich der Modulation (s. Kap. 5.4).

Ein anderes **Beispiel:**
E: *One morning in June 1976, three Americans sat in the Lowndes Hotel, Knightsbridge, discussing a problem. One of the three was due to travel to Libya later the day on a visit which could possibly drum up more business for their company.*
F: *Un matin de juin 1976, trois Américains étaient installés à l'hôtel Lowndes à Londres et discutaient ferme. L'un d'entre eux devait se rendre le jour même en Libye dans l'espoir d'y décrocher de nouveaux contrats pour leur société.*
(vgl. SELESKOVITCH/LEDERER 1984:126).
Der Sinn sollte also in der Übersetzung ohne formalen Bezug zur Vorlage deutlich werden.

Dies findet **didaktische Anwendung:** Untersucht wird ein Satz aus der französischen Pléiade-Ausgabe des „Julius Cäsar" von Shakespeare, nämlich aus der Rede des Antonius (2. Akt, 2. Szene), wo er unter anderem sagt:

„I speak not to disprove what Brutus spoke.", was ins Französische übersetzt wurde mit : «*Je ne parle pas pour désapprouver ce que disait Brutus.* »

Der phonetische Übergang von „disprove" zu „désapprouver" wird als „codeswitching" kritisiert. Um solches zu vermeiden wird empfohlen, dass sich die Studierenden/Übersetzer einmal die Situation im Kontext der Intrige vor Augen halten: Brutus und seine Freunde haben soeben Cäsar umgebracht, Antonius redet nach Brutus zur Menge, neben dem blutigen Leichnam Cäsars; er wird sie gegen die Mörder aufhetzen...

Wenn man nun fragt, wie man denn „to disprove" auf Französisch sagen könnte, dann kommen Ausdrücke wie *qualifier de mensonger, démentir, infirmer, démontrer que ses propos sont fallacieux, apporter la preuve contraire, refuter, prendre le contrepied, s'élever contre...*

> Hierzu wird angemerkt: «Pour qu'une expression soit intelligible, il faut que la langue que l'on traduit se fasse sens et que celui-ci à son tour s'exprime en dehors de toute référence formelle à la langue originale. Il ne suffit pas de comprendre pour se faire comprendre, il faut délibérément s'exprimer en dehors de toute ressemblance de forme» (SELESKOVITCH/LEDERER 1984:33).

Mit der Forderung nach natürlicher, spontaner Ausdrucksweise wird im Grunde, zwar unter anderem Blickwinkel, Ähnliches gefordert wie in der funktionalen Translationstheorie (s. Kap. 13.1).[186]

> La traduction fonctionnelle, celle qui n'est pas exploration de la langue étrangère mais transmission d'un message, est elle aussi discours, et marquée par les caractéristiques du discours. Pour transmettre les idées, elle ne peut se contenter de transposer la marque elliptique qui les fait comprendre dans la langue première. (...) La clarté du message qu'elle transmet dépend de l'adéquation de la parole nouvelle à la logique de composition des énoncés dans la langue seconde (SELESKOVITCH/LEDERER 1984:68).

Die strikte Forderung nach Deverbalisierung, nach einem Sich-Lösen von den ausgangssprachlichen Strukturen, beruht auf der Geltung des „Génie de la langue" (LEDERER 1994:61), des eigenen Wesens der Einzelsprache (s. Kap. 2.1). Dem kann eigentlich nur der Muttersprachler gerecht werden (LEDERER 1994:147).

> Plus souvent que les incorrections, infractions aux règles normatives de la langue, ce sont les violations du génie de la langue, de ce qui semble être une logique intrinsèque et conforme à des règles supérieures de l'esprit, qui rendent obscure la formulation dans une langue donnée (SELESKOVITCH/ LEDERER 1984:42).

> **Nachstehende französische Übersetzung aus dem Deutschen ist syntaktisch verquer und kaum verständlich** (vgl. SELESKOVITCH/LEDERER 1984:42; 63):
> *Un rôle décisif dans ce changement d'optique a joué la critique de civilisation exercée par les intellectuels et qui, avant d'être prise au sérieux, était passé inaperçue, puis était devenue l'objet de moquerie. En effet elle avait suscité un sentiment d'inconfort...*
>
> Nachvollziehbar wird sie erst, nachdem man den deutschen Originaltext gelesen hat (Robert Jungk, *Der Jahrtausendmensch*, G. Bertelsmann: München, 1973, S. 33):
> *Eine entscheidende Rolle in diesem Wandlungsvorgang spielte die zunächst unbeachtete, später verspottete Zivilisationskritik der Intellektuellen. Sie weckte das Unbehagen...*

Eine unnatürliche, fremdartige Formulierung würde nicht nur Verständlichkeitsprobleme schaffen, sondern auch den Gedanken als solchen verfälschen (SELESKOVITCH/LEDERER 1984:85). Dies ist eine ganz andere Sicht aufs Übersetzen, als etwa bei Vertretern der Translation Studies (s. Kap. 9.2), wo gerade die

---

[186] Erkenntnisse der funktionalen Translationstheorie werden freilich nirgends erwähnt, auch nicht bei LEDERER (1994). Andererseits hat auch jene Theorie die Pariser Schule völlig ignoriert.

Beeinflussung der Zielsprache durch Fremdes aus der Ausgangssprache untersucht wird.

Obgleich viel von Situation und Kontext die Rede ist, bestehen die zahlreichen Beispiele der französischen Übersetzungsschule stets nur aus Sätzen oder Syntagmen, wie bei der von ihr so heftig kritisierten Stylistique comparée. Auch fehlt die Untermauerung der Übersetzungslösungen durch eine kritische begründende Analyse.

16.3 Ein sprachphilosophischer Ansatz (Ladmiral)

Die jahrhundertealte Dichotomie zwischen „Treue" und „Freiheit" im Übersetzen (s. Kap. 1.4) wird auf der Basis der Sprachphilosophie von dem Franzosen Jean-René LADMIRAL diskutiert, der den Übersetzer vor diese Grundalternative gestellt sieht: "condamné à être libre, le traducteur est un décideur" (1993:291). Aus der Perspektive des Übersetzers als Person sieht er die Übersetzungstheorie eher bei der Erkenntnistheorie als etwa bei der Kommunikations- oder Handlungstheorie (s. Kap. 12.1) angesiedelt (LADMIRAL 1988:35).

Das ist ein neuer Gedanke, der in den bisherigen Theorien noch nicht vorkam. Im Blick auf die Reaktionen der Übersetzer angesichts der genannten „alternative stratégique de décision traductive" (1993:292) fand LADMIRAL zu der griffigen Formel von den „sourciers et ciblistes" (1993). Die *sourciers* sind die ausgangssprachlich orientierten Übersetzer. Sie wollen Form und Inhalt des Ausgangstextes erhalten, während die *ciblistes* sich an der Zielsprache ausrichten und dem Geist der Textvorlage nachspüren. Ihnen kommt es auf Verständlichkeit und leichte Lesbarkeit an. Der Bezugspunkt dieser Alternative ist weiterhin die Sprache, nicht etwa Außersprachliches.

LADMIRAL sieht in jener unentrinnbaren Grundalternative ein „Theorem" des Übersetzens, und er plädiert eindeutig für die „ciblistes", denn die Utopie der „sourciers" sei im Grunde eine Wiederholung des Ausgangstextes in der Zielsprache, wenn versucht wird, möglichst alle seine Aspekte äquivalent zu halten, so wie es z.B. in den normativen Äquivalenzforderungen KOLLERS (s. Kap. 6.4) oder in der „overt translation" bei HOUSE (s. Kap. 4.5) angelegt ist.

LADMIRAL übernimmt das Modell der „Deverbalisierung" von der Pariser Schule (s. Kap. 16.2), doch geht er von philosophischen und literarischen Texten aus. Das Wesentliche sei hier die durch die Worte erschaffene Welt. Es gibt keine andere Wirklichkeit als die durch Sprache in der subjektiven Vorstellung entstehende, und in einer Übersetzung wird diese geistige Welt von der Ausgangssprache gelöst, um dann in den Zeichen der Zielsprache neu zu erstehen:

> La traduction constitue, à cet égard, un dispositif privilégié d'appréciation esthétique et d'analyse linguistique (ou «textologique»), car elle «décroche» du langage la réalité référentielle (qui, encore une fois, n'existe pas); elle la «déverbalise», de par les vertus et les nécessités de cette mort des signifiants de langue-source qui est le préalable à la réincarnation des signifiés en langue-cible (1993:293).

Aus der Sicht der linguistischen Sprachwissenschaft ist solches Übersetzen freilich ein chaotischer, weil nicht methodisch kontrolliert ablaufender Akt. SAUSSURE hatte ja postuliert, dass bei einer Loslösung der Gedanken vom Lautbild der Zeichencharakter zerstört würde (s. Kap. 3.2). Aber natürlich bezieht sich jenes feste Band der Bedeutung auf die Zeichen in der *langue*. Beim Gebrauch der Zeichen auf der *parole*-Ebene kommen pragmatische Aspekte mit ins Spiel.

> LADMIRAL erläutert seine Vorstellung anhand von **Wortübersetzungen** (vgl. 1993:290ff).
>
> Das griechische Wort πολις (polis) müsste z.B. von einem „sourcier" mit f. *la Ville* oder *la Cité* übersetzt werden, während ein „cibliste" eine Veränderung vornehmen würde, je nach Kontext *les Etats* und auch *les familles* schreiben wird. In einem anderen Kontext wird man vielleicht mit *Athènes* oder *Thèbes* zu übersetzen haben, um klar zu machen, worum es sich handelt. Und bisweilen wird sogar *la démocratie* das angemessene zielsprachliche Äquivalent für den griechischen Ausdruck sein. Oder da sind die vielen Verkleinerungsformen, die Diminutiva im Russischen („*Mütterchen*"), die als solche nicht übersetzbar sind, wohl aber deren Bedeutung „Zärtlichkeit".
>
> Aus dem Buch „Alice im Wunderland" von Lewis Carroll nennt er Kapitel VII. Der englische Titel *A Mad Tea Party* gab Anlass zu vielerlei Übersetzungsvorschlägen im Französischen, wie *Une folle partie de thé* (wörtlich, sourcier), *Un thé de fous, Un goûter de fous, Un thé chez des fous, Un thé extravagant, Le thé de fous, Alice prend le thé chez les fous, La folle réception, Un thé fou*. Die letzte Lösung ist die interessanteste, denn sie enthält mehrere Sinndeutungen: „c'est qu'en français «*un thé*», ce peut être une qualité de thé (par opposition à d'autres sortes); c'est tout au plus une unité de consommation, une «consommation» (comme «un café», «une bière» ou, de préférence, «un whisk »,...): on n'est pas tant invité à «un thé» qu'à «prendre le thé», ou «pour le thé» (et là, c'est un moment de l'après-midi); et si on va dans «un café» (pour boire «un thé», par exemple), c'est un local, etc. A quoi je répondrai qu'on peut aller à «un thé dansant» ce qui fait qu' «*un thé fou*» est du français possible ou virtuel, sinon tout à fait actuel" (LADMIRAL 1993:293f).

LADMIRAL macht seine Vorstellungen gerne in metaphorischen Bildern deutlich, und die Rede von Tod und Auferstehung der Bedeutungen ist für ihn ein Paradigma des Übersetzens. Dies erinnert an die Metaphorik bei STEINER (s. Kap. 9.2). Sprachphilosophisch betrachtet besteht das Wesen des Übersetzens in einem Verzicht auf die Strukturen der Ausgangssprache. Hier könnte man auch an die Scenes-und-frames-Theorie nach FILLMORE denken (s. Kap. 11.3), wenn man sich etwas vorstellen soll, um dazu die zielsprachlich-kulturell natürlichen Frames zu finden.

Schließlich gilt es auch das Verhältnis des Übersetzers zu seiner Zielsprache, in der Regel die Muttersprache, zu betrachten. LADMIRAL verwendet zur Beschreibung die Metapher des Geschlechtslebens:

> Alors que les ciblistes se veulent éminemment respectueux du plaisir des langues, du plaisir propre à la langue dans laquelle on parle (ou écrit), c'est-à-dire en l'occurrence qu'ils entendent respecter la langue-cible, je suis tenté de dire que la logique des sourciers, c'est la logique du viol! On connaît le fameux principe de Pannwitz, que Benjamin reprend à son compte: « *l'erreur fondamentale de celui qui traduit est de conserver l'état contingent de sa propre langue au lieu de la soumettre à la motion violente de la langue étrangère ...* » (...)

> Le viol de la langue-cible n'a que la valeur d'un passage à la limite métaphorique. Pris à la lettre, ce ne peut être qu'une illusion. Si on viole vraiment la langue, c'est inefficace, ça ne fait pas sens. (...)
>
> Il n'est pas vrai qu'il faille qu'on plie la langue-cible à des exigences qui soient celles de la langue, étrangère, du texte-source. Pour reprendre encore la même métaphore que tout à l'heure, je dirai qu'il y a des rencontres qui commencent comme des viols et qui se terminent par des égarements partagés... C'est à ce prix qu'une traduction poétique trouvera le chemin de nous toucher. La traduction réussie fait advenir des possibles de la langue qui sommeillaient encore en elle, dans le jardin intérieur des éventualités captives qu'elle renfermait. Au risque d'abuser de l'isotopie métaphorique où je me suis mis, je dirai qu'à cet égard la morale est sauve, car c'est le consentement que la langue („cible") donne au traducteur qui rend son travail fécond et permet l'accouchement d'une traduction viable, poétiquement efficace. Dans cette conjoncture heureuse, la traduction célèbre la langue-cible (1993:296f).

LADMIRAL philosophiert anregend über das Übersetzen, ohne wirklich textbezogen praktikable Vorschläge zu machen. Wichtig ist ihm, dass die Entscheidungssituation des Übersetzers bewusst gemacht wird. Daher entwirft er eine „Epistémologie de la traduction" (1988). Metatheoretisch unterscheidet er vier Typen der „traductologie"; man vergleiche hier auch die Übersetzungswissenschaft als Disziplin (s. Kap. 10.1):

1) Von vorgestern sei die normative Übersetzungswissenschaft, deren Vertreter von „Glanz und Elend des Übersetzens" reden und am Wort der AS kleben.

2) Nach dem Kriege entstand die „deskriptive Übersetzungswissenschaft", zu der v.a. die *Stylistique comparée* (s. Kap. 5.1) zu zählen ist. Das sei die Übersetzungswissenschaft von gestern (vgl. 1988:40).

3) Dann bleibt festzustellen, dass für die Zukunft wohl eine „traductologie inductive" in Richtung der kognitiven Psychologie zu erwarten sei.

4) Doch gegenwärtig herrsche eine praxisorientierte Übersetzungswissenschaft (traductologie productive) vor, indem als Hilfsmittel für die Übersetzer Konzepte und Prinzipien einzelner Übersetzungsprobleme erstellt werden. Und hier nennt LADMIRAL seinen eigenen Entwurf der *Théorèmes pour la traduction* (1979).

In der Praxis ist der Übersetzer oft zwischen widersprüchlichen Imperativen hin- und hergerissen. Übersetzungsprobleme wurden auch ausführlich bei NORD diskutiert (s. Kap. 14.3). Für die Einzelfallentscheidung können dem Übersetzer die „théorèmes" wohl hilfreich sein, die eine Art Entscheidungslogik sein sollen. Weil eben nicht alles, besonders im Blick auf einzelne Wörter, gleichzeitig möglich ist, muss der Übersetzer im Einzelfall entscheiden, was ihm hier wichtig ist. LADMIRAL erläutert[187]:

> Par exemple: il faudrait respecter le nombre de syllabes (des «pieds»), et puis le nombre de mots, et puis le niveau de style, et puis certains effets allitératifs ... et puis le sens exact, etc. – et tout ça en même temps! Il faudra choisir. Dans cer-

---

[187] Vgl. Jean-René LADMIRAL (1985): „Les 'théorèmes pour la traduction'". In: H. BÜHLER (Hrsg.): *X. Weltkongreß der FIT*. Wien: Braumüller 1985, 299-304.

tains cas, il faudra trancher! S'il s'agit d'un doublage cinématographique, il faudra respecter essentiellement le nombre des syllabes et la position précise de certains phonèmes comme les occlusives pour «coller» au mouvement des lèvres des acteurs, etc.; toujours au cinéma, les sous-titres sont conditionnés en revanche par d'autres contraintes (vitesse de lecture, adéquation globale et synthétique à la situation, etc.) et la «commande» que le traducteur a alors à traiter est tout à fait différente (1985:303).

Genannt werden Aspekte wie Treue und Freiheit, formale und dynamische Äquivalenz, „dissimilation" und „transparence", „le Même et l'Autre", etc. Die Diskussion von Einzelbeispielen erinnert auch ein wenig an NEWMARK (s. Kap. 5.3). Auch wenn LADMIRALS Beispiele vorwiegend wort- und satzorientiert sind, ist entscheidend, dass er aus dem Blickwinkel des Übersetzers argumentiert. Sein zielsprachenzugewandtes Übersetzen trifft sich mit dem der Funktionalisten, die gleichfalls eine strikte Orientierung an den Ausgangstexten ablehnen.

16.4 Die Relevanztheorie (Gutt)

Im Jahr 1991 erschien im englischen Sprachraum ein Werk (2. Aufl. 2000), das den Anspruch erhebt, „a general theory of translation" zu kreieren. Ernst August GUTT (2000) versucht die von SPERBER/WILSON (1986)[188] für die mündliche Kommunikation entwickelte „Relevanztheorie" für das Übersetzen fruchtbar zu machen. Er glaubt eine allgemeine Theorie gefunden zu haben, welche die Konversationsmaximen der Informativität, Wahrhaftigkeit, Relevanz und Direktheit des angemessenen Redens in eine einzige Relevanzmaxime integriert, was im übrigen eine eigene Translationstheorie überflüssig mache.

Ausgangspunkt ist der Gedanke, dass die Menschen fähig sind, aus dem Verhalten ihres Gegenübers Schlüsse zu ziehen, ihn zu „verstehen". Ein Redner will z.B. einen Stimulus produzieren, aus dem die Zuhörer entnehmen können, „was er meint („The communicator's informative intention", SPERBER/WILSON 1986:54f). Verbale Ausdrucksformen gelten dabei als semantische Repräsentationen mentaler Propositionen, also gespeicherter Gedanken. Sprachliche Bedeutungen und kognitive Propositionen sind jedoch nicht immer identisch, daher ist der Kontext zur Deutung sehr wichtig (GUTT 2000:26). Der Kontext als psychologisches Konstrukt sei eine Subform der Weltannahme eines Hörers. Die entscheidende Frage für eine erfolgreiche Kommunikation ist dann: „...how do hearers manage to select the *actual* speaker-intended assumption from among all the assumptions they *could* use from their cognitive environment?" (GUTT 2000:27).

Die Antwort lautet, dass die Menschen intuitiv zunächst die naheliegendste Deutung einbringen. Produzent (*communicator*) und Rezipient/en (*addressee, audience*) verfahren somit nach dem Prinzip der optimalen Relevanz (*optimal relevance*), d.h. eine Äußerung (*utterance*) wird natürlicherweise so formuliert, dass sie mit einem Minimum an geistigem Aufwand verstanden werden kann,

---

[188] Vgl. Dan SPERBER/Deirdre WILSON (1986): *Relevance. Communication and Cognition*. Oxford: Blackwell.

anderenfalls müsste ein Grund für den verlangten höheren Aufwand vorliegen (z.B. Poetizität der Äußerung, Alter des Sprechers, Fachlichkeit usw.). Relevanz resultiert also aus Kontexteffekten und Verarbeitungsaufwand.

> The central claim of relevance theory is that human communication crucially creates an expectation of *optimal relevance*, that is an expectation on the part of the hearer that his attempts at interpretation will yield *adequate contextual effects* at *minimal processing cost* (GUTT 2000:31f).

Wenn ein Redner verstanden werden will, so liegt es in seiner Verantwortung, sich so auszudrücken, dass die Zuhörer sofort das von ihm Gemeinte als naheliegendste Deutung erschließen. Nun ist es aber allgemeine Erfahrung, dass Menschen nicht immer sagen, was sie meinen. Dies führt zu der Unterscheidung zwischen deskriptivem und interpretativem Sprachgebrauch (*deskriptive and interpretive use*). Eine mentale Proposition ist dann deskriptiv, wenn sie einer als wahr geglaubten Zustandsbeschreibung in der Äußerung entspricht. Kognitive Propositionen können jedoch auch in logischen Relationen zu anderen stehen, z.B. in Gegensatz oder Ähnlichkeit. Die Ähnlichkeitsrelation wird als *interpretive resemblance* bezeichnet (GUTT 2000:37), und eine solche Ähnlichkeit kann auch zwischen Gedanken und Äußerungen, sowie zwischen verschiedenen Äußerungen bestehen. Es ist ja eine Eigenschaft der menschlichen Sprache, dass Äußerungen eine Information oft zwar ähnlich, aber eben nicht deskriptiv abbildend wiedergeben (GUTT 2000:42).

Dieser Gedanke wiederum führt nun zu einer neuen Definition dessen, was eine „Übersetzung" ist. In Auseinandersetzung mit HÖNIG/KUßMAUL (1982:409), wo anhand eines entsprechenden Übersetzungsauftrags gezeigt wurde, dass ein Translat aufgrund der Funktionsänderung auch ganz anders aussehen kann als seine Vorlage (s. Kap. 8.5), stellt GUTT die Frage, was denn dann eigentlich eine Übersetzung als solche kennzeichnet. Unter Verweis auf die Tradition der literarischen Übersetzung als genaue Nachbildung (s. Kap. 6.3) wird zunächst vom *„decriptive use in interlingual communication"* (GUTT 2000:56) gesprochen. Eine Übersetzung soll das Original „repräsentieren". Übersetzungskritisch können hier dann Abweichungen diskutiert werden. Im Gegensatz dazu steht das Beispiel der Übersetzung etwa einer Bedienungsanleitung. Hier komme es vor allem auf die Relevanz in der Zielkultur an, denn die Leser sollen nur ein Gerät bedienen können. Eine vollständige Übereinstimmung mit einer möglicherweise benutzten Textvorlage ist daher nicht so wichtig, es geht vielmehr darum, die „message" des Originaltextes zu vermitteln, wie dies auch schon die Funktionalisten gefordert hatten (s. Kap. 6.1 und 13.1). „The role of the source language text is merely that of a convenient help for composing a receptor language text, not of a model to be faithfully reproduced" (GUTT 2000:64).

GUTT verweist hier auf den interpretativen Sprachgebrauch und definiert die Übersetzung als *„interlingual interpretive use"*: „a translation would be a receptor language text that interpretively resembled the original" (GUTT 2000:105). Das Relevanzprinzip erscheint als die Annahme „optimaler Ähnlichkeit" zwischen beiden Texten, wobei jene sich vor allem auf die Aspekte der angemessenen Relevanz für Adressaten bezieht.

Hier spielen der Kommunikationskontext, der ja zwischen Kulturen verschieden ist, und das Hintergrundwissen eine große Rolle. Aufgrund verschiedenartiger kognitiver Vorbedingungen ist die „Metarepräsentation" eine der wichtigsten Herausforderungen für Übersetzer:[189]

> Thus, very often the translator cannot simply use his own cognitive environment when trying to understand the original; rather he has to metarepresent to himself the mutual cognitive environment shared between the original communicator and original audience. Otherwise, a secondary communication situation will result, prone to lead to misinterpretation. [...] If the translator's efforts are to succeed, he needs to be aware of their [sc. the receptors'] cognitive environment, too, that is, he needs to metarepresent it (GUTT 2004:81).

Wenn Implikationen des Originals für die Empfänger zwar relevant wären, sie diese aber nicht aus dem semantischen Äußerungsgehalt deduzieren können, dann sind Erklärungen durch den Translator erlaubt, was die „Treue" nicht verletzt (GUTT 2000:106).

> These conditions seem to provide exactly the guidance that translator and translation theorists have been looking for: they determine in what respects the translation should resemble the original – only in those respects that can be expected to make it adequately relevant to the receptor langue audience. They determine also that the translation should be clear and natural in expression in the sense that it should not be unnecessarily difficult to understand (GUTT 2000:107).

Das Konzept der Translation als interlingual interpretativer Sprachgebrauch aufgrund gemeinsamer Implikationen erinnert an die Skopostheorie VERMEERS, wo ein Translat als „Informationsangebot in der Zielkultur und -sprache über ein solches in der Ausgangskultur" definiert wird (s. Kap. 12.2). Bei GUTT heißt es nun:

> ...in translating, the propositional form of the utterance (~ 'translated text') is an interpretation of a thought of the speaker (~ translator) which is an interpretation of a thought attributed to someone who expressed it in another language (~ the original author). [...] since one of its [sc. the translation's] defining characteristics is that it comes with the intention of informing the target audience that the original author has said or written such-and-such, it cannot achieve its objective without that intention being recognized by the audience (GUTT 2000:215).

Die sehr abstrakte translationstheoretische Aussage, dass ein Translat für die Empfänger relevant sein und somit mühelos als Äußerung darüber verständlich sein soll, was ein anderer in anderer Sprache gesagt oder geschrieben hat, ist zweifellos einsichtig. Und praktisch kommt dieses Konzept, wie bei SELESKOVITCH (s. Kap. 15.1), eher vom Dolmetschen und der mündlichen Kommunikation her. In der ausführlichen Anwendungsdiskussion wurden nämlich

---

[189] Vgl. Ernst August GUTT (2004): „Challenges of Metarepresentation to Translation Competence." In: E. FLEISCHMANN et al. (Hrsg.): *Translationskompetenz*. Tübingen: Stauffenburg, 77-89.

ganz überwiegend Beispiele der mündlichen Kommunikation angeführt. Es wird nicht ausdrücklich hinterfragt, ob es denn eventuell auch Unterschiede beim Verstehen mündlicher Äußerungen im Rahmen einer Kommunikationssituation und beim Lesen schriftlicher Texte auf Papier geben könnte.

KOMMENTAR

Der Hinweis darauf, dass das Übersetzen eine zwischenmenschliche Kommunikation darstellt, wo die Vermittlung einer Botschaft das wichtigste ist, befreit den Übersetzer von der mikrostrukturellen Fixierung auf den Ausgangstext. Allerdings übersieht die Vorstellung das Übersetzen sei immer nur mit spontanem Verstehen und freiem Formulieren zu bewältigen, dass oft auch rhetorische und funktionalstilistische Faktoren beim Verfassen von Texten wichtig sind, die besser realisiert werden, wenn sie bewusst im Sinne einer Textüberarbeitung eingebracht werden. Auch ist das Übersetzen keine rein (ziel)sprachliche Aufgabe, bei der vorwiegend der „génie de la langue" wichtig ist. Auch beim literarischen Übersetzen kann man sich nicht auf ein unproblematisches, normalsprachliches Verstehen des Textes zurückziehen, sondern benötigt spezifische, auch linguistische Kenntnisse. Die Diskussion von Einzelfallbeispielen führt nicht unbedingt zu einer reflektierten Gesamtsicht des Ganzen.

Die Einsicht, dass die kognitive Umgebung eine Angemessenheit von Aussagen für Empfänger determiniert, führt über die reine Sprachbindung des Übersetzens hinaus und öffnet den Blick für den außersprachlichen Kontext.

LEKTÜREHINWEISE

Ernst-August GUTT (2000): *Translation and Relevance. Cognition and context.* Manchester.
Jean-René LADMIRAL (1979): *Traduire: théorèmes pour la traduction.* Paris.
Jean-René LADMIRAL (1993): „Sourciers et ciblistes". In: J. HOLZ-MÄNTTÄRI/C. NORD (Hrsg.): *Traducere Navem. Festschrift für Katharina Reiß.* Tampere, 287-300.
Marianne LEDERER (1994): *La Traduction aujourd'hui. Le modèle interprétatif.* Paris.
Danica SELESKOVITCH/Marianne LEDERER (1984): *Interpréter pour traduire.* Paris.

17 Das hermeneutische Denken

Die Hermeneutik als Sprachphilosophie reflektiert den Umgang des Menschen mit Welt, Sprache und Texten. Sie betrachtet nicht eine Relation zwischen Sprachen oder Kulturen, sondern zwischen dem Translator und dem Text. Übersetzungstexte sind übersummative, multiperspektivische individuelle Ganzheiten, die zuerst verstanden werden müssen, bevor eine Übersetzung formuliert wird. Die Übersetzungslösungen können dann anhand der translatorischen Orientierungskategorien begründet werden.

17.1 Denken – Sprache – Verstehen

Das Verhältnis zwischen Denken und Sprache wird seit Jahrhunderten diskutiert. Platon misstraute noch der Sprache und sah die Einheit der Ideen als abstrakten Begriff der Dinge, an die man sich erinnert. Demgegenüber vergleicht Aristoteles die Sinneserfahrung mit dem Abdrücken eines Siegelrings in Wachs, wobei der Gegenstand als ein aus dem Stoff und der Form Zusammengesetztes definiert wird. Wahrgenommen wird die äußere Form, und sie stiftet die Einheit des Gegenstandes, das wahrnehmende Subjekt ist passiv, es erfährt Eindrücke. Augustinus unterscheidet dann zwischen dem inneren und dem äußeren Wort: Gedanken werden in Rede umgesetzt. Im inneren Wort wurde auch ein Ebenbild des göttlichen Wortes gesehen, das von der Geschichtlichkeit der menschlichen Sprachen distanziert ist. Für Augustinus haben die Zeichen (Wörter) somit einen doppelten Sinn, einen geistlichen und einen wörtlich-weltlichen.

Die Vorstellung vom Subjekt ist dann die Brücke zur modernen Hermeneutik. Bekanntlich ist der Gedanke, dass ein erkennendes Subjekt eine aktive Rolle in der Gestaltung des Erkannten spiele, der Kern des neuzeitlichen Subjektbegriffs. Descartes hat diese Entwicklung ausgelöst. Die Grundlage für Gewissheit findet er in dem, was er nicht bezweifeln kann. Dies führt zu einer engen Koppelung des eigenen Ichs an das Denken. Für Descartes ist in der Erkenntnis der Gegenstand passiv, durch die Bestimmungen des Denkens wie Wachs formbar.

Die Hermeneutik als moderne Sprachphilosophie erkennt dann die perspektivische Natur aller einzelnen Wahrnehmungen, und dies ist insofern ein großer Schritt in Richtung des Subjektbegriffs, als eine Erkenntnis der Wirklichkeit notwendigerweise durch ein Individuum vermittelt wird.[190] Friedrich SCHLEIERMACHER begründet u. a. die Hermeneutik als Disziplin.[191] Die Sprache wird einerseits als ein allgemeines System betrachtet, das Einheit stiftet und eine

---

[190] Eine ausführliche Darlegung dieser Entwicklung der Vorstellungen von Sprache und Denken findet sich bei John W. STANLEY (2005): *Die gebrochene Tradition. Zur Genese der philosophischen Hermeneutik Hans-Georg Gadamers*. Würzburg.

[191] Vgl. SCHLEIERMACHER, Friedrich D. E. (1813/1977): *Hermeneutik und Kritik. Mit einem Anhang sprachphilosophischer Texte Schleiermachers*. Hrsg. von M. Frank. Frankfurt am Main: Suhrkamp [*HuK*].

richtige Deutung des Gesprochenen und Geschriebenen ermöglicht. Das andere Moment hebt aber das Individuum hervor, das auch in seiner Rede mitschwingt. Nach SCHLEIERMACHER besteht Verstehen „aus zwei Momenten" (*HuK*, 77). Das eine sei die „grammatische Auslegung", die sich auf die öffentliche Seite des Denkens, d. h. auf die gemeinsame Sprache bezieht. Er beschreibt den Menschen aber auch als „einen Ort, in welchem sich eine gegebene Sprache auf eine eigentümliche Weise gestaltet" (*HuK*, 78). Insofern als Verstehen eine „Umkehrung eines Aktes des Redens" (*Huk*, 76) bedeutet, geht es dann darum, dieses eigentümliche Moment zu begreifen. So nennt SCHLEIERMACHER es als Aufgabe des Hermeneutikers, „den Verfasser besser zu verstehen als er [sich] selbst" (*HuK*, 104). Die psychologische Auslegung mündet in den „divinatorischen Akt".

Die Sprache schafft also selbst einen Gemeinsinn, und diese Fähigkeit der Sprache ist nirgendwo herzuleiten außer von der Sprache selbst. Dass die Sprache diese Fähigkeit hat, hängt mit dem zweiten Element des Sprachbegriffs SCHLEIERMACHERS zusammen, das ihn von seinen Vorgängern unterscheidet: Bei ihm bilden nämlich Sprache und Denken eine Einheit, sie sind unzertrennlich miteinander verbunden. Die Sprache schreibt sogar Denkmöglichkeiten vor: „der Denkinhalt ist nur wirklich [...] durch die Sprache" (*HuK*, 77). Diese Auffassung von der Funktion der Sprache bedeutet, dass sie nicht mehr eine rein vermittelnde, sondern zunehmend selbst eine tragende Rolle in der Gestaltung dessen, was wir Wirklichkeit nennen, spielt.

Sprache wird als Ausdruck eines je eigenen, kulturspezifischen Weltbildes gesehen (s. Kap. 2.1), und Sprache ist zugleich ein universales Kommunikationsinstrument (s. Kap. 3.1). Bedeutungsinhalte von Wörtern im Sprachsystem sind vage, in individuellen Äußerungen werden sie durch den Kontext eindeutig. Verstehen wird zwar allgemein als subjektiv definiert, dennoch sind Kommunikation als soziale Tatsache und auch das Übersetzen durchaus möglich. Weil das Zeichensystem 'Sprache' als soziales Faktum von vornherein und durch Tradition eine gleichartige Schematisierung der Welterfahrung durch die Individuen bewirkt, kann vernünftige Kommunikation trotz der Subjektivität gelingen. Andererseits ist ein individueller Überschuss von Sinn und Gemeintem (s. Kap. 2.6) nicht auszuschließen, denn schriftbasierte Texte sind von ihrer Entstehungssituation losgelöst und entbehren daher des verständnisfördernden Interpretationshintergrundes (s. Kap. 16.4). Ein erschlossenes Verständnis ist also unsicher und daher stets kritisch zu reflektieren. Es gibt keine objektive Wahrheit.

Sprache erweist sich als eine Interaktion von zwei Funktionen, die unlösbar miteinander verbunden sind und sich im Redeakt jeweils nur durch ein Zurücktreten oder Hervorstechen voneinander unterscheiden lassen. So bezeichnet Manfred FRANK unter Berufung auf SCHLEIERMACHER die Sprache als *Das individuelle Allgemeine* (1977). Damit ist an Texten immer auch beides gültig: einzelsprachliche Grammatik und individuelle Aussageintention. Im Umgang mit Texten gibt es Analyse/Kritik *und* Verstehen/Intuition. Beides ist niemals zu trennen. Kritische Textstukturierung (Analyse) und verstehende Auslegung (Interpretation) komplementieren und korrigieren einander. Interpretation geht dabei einer Textanalyse wegweisend voraus, ja es regt den Prozess methodischen Nachdenkens erst an. Und dann wird das Verstandene durch genauere Betrachtung der Textebene reflexiv fundiert.

Hans-Georg GADAMER (1960:360) schlägt vor, „das hermeneutische Phänomen nach dem Modell des Gesprächs" zu betrachten. Der Text ist einem Leser zunächst einmal fremd. Um ihn zu verstehen, gilt es daher, in einen Dialog mit dem unverständlich erscheinenden Text einzutreten. Dabei werden implizit Fragen an ihn gerichtet, und ausgehend vom Text nach und nach beantwortet. Es soll also zunächst die Fremdheit des Textes anerkannt und in Auseinandersetzung mit der eigenen Vormeinung allmählich ein Einverständnis erarbeitet werden. Um jedoch fragen zu können, muss schon ein gewisses Vorwissen vorhanden sein, Verstehen ereignet sich nur auf dem Boden von Gemeinsamem, nur da kann eine Mitteilung „andocken". Deswegen kommt ein Leser oder Hörer nicht ohne eine hermeneutisch unverzichtbare Wissensbasis an fachlichen und kulturellen Kenntnissen aus. (Höre ich zum ersten Mal einen Vortrag über Kernspintomographie oder über die Theologie der Offenbarung oder über Wohngebiete in Südafrika usw., so werden mir die Ausführungen bis zu einem gewissen Grade „unverständlich" sein, was nicht die Schuld des Redners ist. Verfüge ich aber über ein Vorverständnis, dann kann ich die gehörte Mitteilung „einordnen".) Dieses Wissen wächst kontinuierlich.

Paul RICŒUR stellt in seinen Überlegungen zum Verstehen die Überwindung einer naiven Fehldeutung und die Suche nach einem verborgenen hinter einem offenkundigen Sinn in den Vordergrund (1969:260).[192] Die Arbeit der Interpretation als Sinnsuche erlaubt es dann, eine Pluralität der Sinne hervortreten zu lassen. Die Beobachtung der andauernden Übersetzungen innerhalb einer Sprachgemeinschaft in Form von Kommentaren zu vorhergehenden Diskursen verweist RICŒUR auf die „Arbeit der Sprache an sich selbst". Ein „identischer Sinn" ist nirgends auffindbar, schon allein nicht wegen der Tatsache, dass man das Gleiche immer auch *anders* ausdrücken kann. Das hat Konsequenzen für das Übersetzen, wenn man an die wiederholte Neuübertragung der Klassiker denkt. Alle einmal getanen Äußerungen sind nur Sistierungen des Augenblicks und können zu einem anderen Zeitpunkt je anders ausfallen.

Das Textverstehen ist nach hermeneutischer Vorstellung also ein Vorgang, bei dem das vorhandene Wissen in einem Lernprozess mobilisiert, modifiziert und angereichert wird. Damit dies geschieht, sollen die vorhandenen Vorverständnisse einerseits zurückgenommen werden, damit nicht subjektive Meinungen die Einsicht verstellen, doch andererseits auch aktiviert werden. Nur auf der Grundlage des schon Gewussten können sich uns die neuen Sinnhorizonte erschließen, das zunächst Befremdliche im Text wird in einer „Horizontverschmelzung" (GADAMER 1960:289) allmählich vertraut: Man hat etwas verstanden und dazu gelernt. Beim Übersetzen ist der zu übermittelnde Sinn des Textes das, was Text und Übersetzer miteinander verbindet, so wie in einem Gespräch die Wahrheit des Verstandenen beiden gemeinsam gehört.

Wenn die Sprache nun bloß ein Kommunikationsmedium ist und nicht die besprochene Sache selbst, die analysiert werden könnte, dann wird für den

---

[192] Vgl. Paul RICŒUR (1969): *Le conflit des interprétations. Essais d'herméneutique.* Paris: Seuil.

Sprachwissenschaftler die Unterscheidung zwischen dem „Gesagten", der Textoberfläche, und dem „Gemeinten", dem Mitteilungsinhalt virulent. Die außersprachliche Wirklichkeit steht hinter den Texten, und das Gemeinte ist nicht unmittelbar mit den Textstrukturen, dem Gesagten identisch, vgl. hierzu auch SELESKOVITCH/LEDERER (s. Kap. 16.1). Die Textstrukturen ermöglichen nur ein „Hindurchblicken" auf die Situation. So wird durch Verstehen auch nicht die Sinnhülle eines Textes zerstört, wie STEINER meinte (s. Kap. 9.2), und das Verstehen von Texten als subjektive Bedeutungsaneignung ist auch nicht dasselbe wie die Unterwerfung von Völkern (s. BRENNER 1998:161), wie es der Postkolonialismus durchblicken lässt (s. Kap. 15.3).

Damit wird aber auch jeder positivistisch ausgerichteten Übersetzungswissenschaft der Boden entzogen. Der Übersetzer kann den Einzelfall nicht so entscheiden, wie er vergleichbare andere Fälle entscheiden würde. Aus dieser Perspektive ist eine Übersetzungslösung nur im Rahmen des betreffenden Textes bindend. Eine solche Sicht der Dinge macht natürlich jegliche Aufstellung vergleichender Stilistiken auf der Basis potentieller Entsprechungen sinnlos (s. Kap. 5.4) und steht in diametralem Gegensatz zu WILSS' Vorstellung einer Schemabasierung des Transfers als Fertigkeit (s. Kap. 4.7) oder der korpusbasierten Suche nach translatorischen Universalien als gesetzmäßige Reaktion auf Sprachstrukturen (s. Kap. 10.3). Hier wird immer nur die eine Hälfte der Sprachereignisse betrachtet: Grammatik und Syntax.

Entscheidend ist aber in der Kommunikation die Mitteilbarkeit. Verstehen ist niemals ausgeschlossen, aber man kann ein bestimmtes Verständnis auch nicht erzwingen, ein Sinnüberschuss ist immer möglich, ein Missverständnis auch. Die Vorstellung, man könne einen Text restfrei in linguistisch definierbare Bedeutungseinheiten zerlegen (s. Kap. 7.6), bleibt eine Utopie.

17.2 Das Paradigma der Übersetzungshermeneutik

Die Forschung zum Phänomen des Übersetzens setzt immer auch einen theoretischen Hintergrund voraus. Wird nun ernstgenommen, dass die Sprache ein variables Phänomen und der Translator als Person (eine Übersetzerin oder ein Übersetzer) der zentrale „Faktor" in dem ganzen Prozess ist, dann ergibt sich ein neues Forschungsparadigma, die „Übersetzungshermeneutik". Diese Neuausrichtung kann sich wesentlich auf eine Grundlegung durch SCHLEIERMACHER berufen.[193] Während in der Literaturwissenschaft seinerzeit und bis heute die Individualität der kreativen Schöpfung und der persönliche Geschmack betont werden, orientiert sich die linguistische Sprachwissenschaft an der logischen Analyse und an empirischer Faktenbeobachtung. Beide Bereiche stehen bislang in unüberwindlichem Gegensatz nebeneinander, anstatt sich zu ergänzen.

SCHLEIERMACHERS zweifache Sicht von Sprache ist Grundlage des hermeneutischen Ansatzes auch im Übersetzen. Dieses stellt sich die Aufgabe einer mög-

---

[193] Vgl. Larisa CERCEL (Hg.) (2009): *Übersetzung und Hermeneutik – Traduction et herméneutique*. Bukarest: ZETA Books. – L. CERCEL / J. STANLEY (Hg.) (2011): *Unterwegs zu einer hermeneutischen Übersetzungswissenschaft. Festschrift für R.Stolze zu ihrem 60. Geburtstag*. Tübingen: Narr.

lichst genauen Wiedergabe der vorgefundenen Textmitteilung, die weiter vermittelt werden soll. Zu erinnern ist hier auch an die Auffassung STEINERS vom Streben nach Reziprozität (s. Kap. 9.2). Doch weder rein mimetische Ausgangstextbezogenheit noch ausschließliche Adressatenorientierung (s. Kap. 14.2) gilt es hier anzustreben. Die Genauigkeit der Übersetzung, ihre „Treue" ergibt sich aus der gebotenen Loyalität zum Vertrauen der Leser und der daraus resultierenden sozialen Verantwortung. Das Formulieren individuellen Textsinns, freilich in für die zielsprachlichen Adressaten funktional angemessener Form, muss also dialektisch gekoppelt sein an rhetorisch/stilistische Aspekte der Verständlichkeit in der Zielsprache.

Jede präskriptive Norm oder eine Feststellung dessen, was die Mehrheit tut, ist für den Übersetzer nicht bindend, Befehle werden nicht automatisch zur Handlungsmaxime, der Mainstream muss erst überzeugend sein, um zu wirken. All das didaktisch Gelehrte kann und wird in der Praxis oft ignoriert, denn der Translator als Person ist ein Individuum. Als solches ist er auch keineswegs nur ein Spielball irgendwelcher Machtrelationen (s. Kap. 15.4). Ein translatorischer Habitus ist kein Automatismus, sondern eine kritisch zu reflektierende Haltung. Dies bewirkt dann das so oft vermisste Selbstbewusstsein des Translators. So versucht der hermeneutische Ansatz die unterschiedlichen Fähigkeiten der Menschen ergänzend mit einzubeziehen.

SCHLEIERMACHER hat schon früh beides zusammen gesehen, und dies hat auch Auswirkungen für die Forschung zum Übersetzen im hermeneutischen Paradigma. Theoriebildung und Forschungsdesigns werden hier konsequent aus der Perspektive der übersetzenden Person heraus gebildet. So wird im hermeneutischen Paradigma beispielsweise nicht das Verhältnis zwischen einem Ausgangs- und einem Zieltext analysiert (s. Kap. 4.5), noch werden die ideologischen Bedingungen der Translation untersucht (s. Kap. 15.1) oder das Übersetzen als Expertenhandeln besprochen (s. Kap. 13.3). Stattdessen kann eher gefragt werden, aufgrund welcher Überlegungen der Translator denn zu einer bestimmten Lösung gelangt ist.

Aus hermeneutischer Sicht ist Übersetzen ein Formulieren der aus einem Text verstandenen Mitteilung, die kognitiv präsent ist. Also kann in der Übersetzung nur das erscheinen, was und wie der Translator es verstanden hat. Forschungspraktisch geht es hier um die Relation zwischen dem Translator und seinen Texten, um das Eigene und das Fremde, um die Reflexion des gewonnenen Textverständnisses, um das Begründen der eigenen Übersetzungsstrategien, um Übersetzungskompetenz. Die genannten Begriffe werden nicht gegenständlich verobjektivierend diskutiert, sondern aus der Perspektive des Translators. Die Trennung zwischen Subjekt und Objekt ist aufgehoben in der Frage danach, wie das Objekt dem Subjekt denn erscheint. Folgende Begriffe sind hier zentral: *Subjektivität, Historizität, Phänomenologie, Prozessualität, Reflexivität.*

Die **Subjektivität** kann nicht ausgeschlossen werden, weil es hier um das sprachliche Handeln von Personen geht, und diese sind immer von ihrer geschichtlichen Situation und der eigenen Lebenserfahrung geprägt (Habitus), welche selbst wiederum wandelbar ist. Kategorien wie richtig oder falsch greifen hier nicht, denn die Verständlichkeit eines Textes ist relativ, je nach den

Empfängern, von denen er gelesen wird. Um nun das Problem naiver Subjektivität in der Auslegung von Texten zu überwinden, hat SCHLEIERMACHER (1838/1977) in *Hermeneutik und Kritik* den Versuch unternommen, Textverstehen und die eigene Auslegung auf eine wissenschaftliche Basis zu stellen. Er wandte sich gegen die romantische Verabsolutierung des individuellen Geschmacks genauso wie gegen die ahistorische Verabsolutierung angeblich objektiver Wahrheiten in den exakten Wissenschaften, die aber auch nur durch Menschen beschrieben werden.

Im Bereich der Hermeneutik gilt daher ein anderer Wissenschaftsbegriff, der heute durchaus modern ist (BEINER 2009). An die Stelle der endlosen Verfolgung von Kausalrelationen als Beweis oder der logischen Herleitung von „Wahrheit" durch Inferenz tritt hier der Versuch, eine Meinung zu begründen. Wahrheit ist eine intersubjektiv nachvollziehbare, plausibel gewordene Erkenntnis. Im Dialog entsteht Konsensbildung durch Überzeugung und Argumentation, und Wahrheit gibt es dann nur als ein gemeinsames Wissen einer Gruppe, an der jeder Anteil hat. Dies muss freilich bei einer Veränderung der Kommunikationsgemeinschaft im historischen Wandel immer wieder neu ausgehandelt werden. So gibt es keine absolute, für alle gültige, objektive Wahrheit und auch jede subjektive Überzeugung muss begründet und revidiert werden.

Die **Historizität** ist entscheidend, da die Sprache einer Sprachgemeinschaft sich unablässig fortentwickelt, indem die Personen nicht wie Objekte statisch sind, sondern in ihrem Zusammenleben und in ihrer Kultur sich permanent wandeln. Es ist „dem Umstand Rechnung zu tragen, dass die Gegenstände geisteswissenschaftlicher Forschung wesentlich gewordene sind" (Beiner 2009:31). Ein sogenannter Textsinn ist nicht vollständig objektiv zu beschreiben, er ist vielmehr dynamisch.

Die kulturelle Verortung eines Translators und die Erfahrungsbedingtheit seiner Strategien sind bei einer empirischen Forschung mit einzubeziehen. GADAMER (1960:280) hat betont, dass wir unentrinnbar in einer Tradition stehen, die uns beherrscht, nicht wir sie. Er nannte dies die „sprachliche Verfasstheit der Welt" (1960:420): Sprache wird ererbt. Dieses Eingebettetsein in die Historizität determiniert unser kulturspezifisches Sprachverhalten. Die Subjektivität als Persongebundenheit translatorischer Strategien ist nicht Vereinzelung, was eine alleinherrschende Machtposition erzeugen würde, sondern eine kulturelle Prägung, die wir nicht ablegen, sondern die wir kritisch zu reflektieren haben. Die Historizität aller sprachlichen Vorgänge spiegelt sich einerseits im kulturellen Wandel und andererseits in der kontinuierlichen Ausweitung persönlichen Weltwissens. Dadurch wird es dann möglich, im Übersetzen einmal gefundene Formulierungen auch zu revidieren, wenn durch neue Einsichten das betreffende Textverständnis präzisiert wird.

Die **Phänomenologie** ist relevant, denn die Gegenstände in der Welt, die Texte und kulturellen Besonderheiten, stellen sich dem Menschen jeweils spezifisch verschieden dar. Natürlich besitzen sie ontologisch auf einer höheren Ebene eine quasi objektive Realität, aber diese wird eben nicht unmittelbar erfahren – das wäre naive Subjektivität –, sondern perspektivisch. Nur durch bewusste intentionale Transzendenzleistung, vom einzelnen zum Allgemeinen hin, werden die Gegenstände als Ganze sichtbar.

Je nach Perspektive sehen wir etwas individuell verschieden. Daher fordert Edmund HUSSERL (1950)[194] eine Wissenschaftlichkeit, welche die Quasiobjektivierung subjektiver Ansichten überwindet durch kritische Reflexion in einem intentionalen Bewusstsein. Wichtig ist stets die Einsicht, dass Dinge (Vorstellungen und Gegenstände) nicht so sind wie sie erscheinen und (angeblich) sind, sondern wie ich sie sehe. Das „sehen als" konzediert, dass es durchaus kognitiv keinen direkten Zugang zur Wirklichkeit gibt und dass andere Leute andere Zugänge haben. Für die Übersetzung folgt daraus, dass durch bewussten Perspektivwechsel und Lernen eine selbstkritische Haltung eingeübt wird. Die vieldiskutierten Übersetzungsprobleme durch interkulturelle Unterschiede basieren auf dem Wirken der Phänomenologie (s. Kap. 13.1).

Verstehen ist nicht unmöglich, denn die Sprache dient ja als Medium der Kommunikation, doch unterliegt jeder Umgang mit Fremdem immer auch dem hermeneutischen Zirkel des beschränkten eigenen Vorverständnisses. Wenn also die Phänomenologie, die individuelle Erscheinungsweise der Dinge, kulturell gefärbt ist, dann bleibt für den Translator vor allem die Pflicht zu selbstkritischer Reflexion und zur Hinterfragung der eigenen Strategien. Wir haben immer zu fragen: Stimmt das so, wie ich es verstanden habe? Ist das angemessen formuliert? Oder benötige ich noch weitere Recherchemaßnahmen?

So erweist sich als wesentliches Charakteristikum hermeneutisch orientierten Übersetzens die **Prozessualität**, der Entwurfscharakter. Übersetzen gilt nicht als Äquivalenzrelation zwischen einem Ausgangs- und einem (noch nicht vorhandenen) Zieltext (s. Kap. 6.4), sondern als eine dynamische Aufgabe, die erst noch bewältigt werden muss. Wegen der fortgesetzten kulturellen und geschichtlichen Weiterentwicklung kann aber eine Übersetzungslösung niemals ganz endgültig sein. Sie ist immer ein „hermeneutischer Entwurf" (PAEPCKE 1986:86), nicht mehr als der Versuch eine Mitteilung treffend auszusagen. Gleichzeitig steckt darin aber immer und unaufhebbar das Potenzial einer weiteren Verbesserung. Dieses Unbefriedigende muss man akzeptieren, es bedeutet aber zugleich eine Befreiung zur Kreativität des Formulierens.

Um nun zu einer verantwortlichen Übersetzung zu gelangen, welche dem Ausgangstext loyal eine Präsenz verleiht und zugleich den Verstehensbedingungen der zielkulturellen Empfänger gerecht wird, ist kritische **Reflexion** erforderlich. BEINER (2009:112) bezeichnet „Reflexion als geisteswissenschaftliche Forschungsleistung". Die Translation als Dienstleistung für die Verständigung hat gesellschaftliche Relevanz. Weil Leser erwarten, dass Übersetzungen einen Text quasi „repräsentieren", entsteht dadurch die Verantwortung zur Genauigkeit. Der Translator hat daher selbstkritisch zu reflektieren, wie er mit dem Fremden in Texten umgeht. Er soll sich fragen, welchen Standort er selbst innehat, ob und wie er die Entscheidung für eine bestimmte Formulierung anhand sachlicher Kriterien begründen kann. Übersetzungsstrategien werden in Abhängigkeit vom Translator immer wieder anders ausfallen. Gleichzeitig be-

---

[194] Vgl. Edmund HUSSERL (1950/1986): *Phänomenologie der Lebenswelt. Ausgewählte Texte II.* (Mit einer Einführung in Husserls Phänomenologie) hrsg. v. K. Held. Stuttgart: Reclam.

freit dies den Übersetzer, nicht an Strukturen zu kleben, sondern immer wieder neu zu formulieren, bis man eine befriedigende Lösung gefunden hat.

Das hermeneutische Denken geht nicht von der Analyse der Dinge aus, sondern vom Denken, der Intuition des Menschen. Damit rückt es auch in die Nähe der Erkenntnistheorie, wie LADMIRAL betonte (s. Kap. 16.3). Aussagen sind hier meist nicht operationalisierbar und exakt, dafür aber intuitiv evident und können intersubjektiv erklärt werden. Typisch ist oft eine metaphorische Redeweise zur bildhaften Darstellung des nicht modellhaft Beschreibbaren, was der Übersetzungshermeneutik den Ruf der „Vorwissenschaftlichkeit" (PRUNČ 2007:284) eingetragen hat.

In einer solchen dynamisch ausgerichteten Auffassung vom Übersetzen werden freilich die in der Übersetzungsforschung stets gepflegten Binaritäten als Extrempunkte überwunden, wie z. B. Ausgangstext/ Zieltext, Übersetzbarkeit/ Unübersetzbarkeit, schriftlich/ mündlich, wörtlich/ frei, Fachsprachen/ Literatur, Form/ Inhalt, Fremdes/ Eigenes, statisch/ dynamisch, Übersetzungseinheit/ Textganzes, Explizitation/ Implizitation, Überhöhung/ Verflachung. Hier gibt es nicht mehr die Unvereinbarkeit von Extremen, sondern die Komplementarität unterschiedlicher Positionen. Die genannten Binaritäten sind nämlich Verobjektivierungen individuell je verschiedener humanbestimmter Handlungen oder Denkvorgänge. Menschen haben an allem Anteil, und so handelt es sich eher um eine Gleichzeitigkeit unterschiedlicher Wissensdimensionen, die einander ergänzen.

Eine solche Sicht auf Sprache und Übersetzen führt auch zu anderen Fragestellungen in der Forschung:

- Im Blick auf die Erfahrungsbindung alles gesellschaftlichen, auch translatorischen Handelns kann z. B. gefragt werden, wie eine Gruppe kulturell verschiedener Personen/Übersetzer einen Text versteht. Dies kann mit Protokollen der Gruppendiskussion aufgezeigt werden.
- Durch Introspektion kann der inhärente Wissensfortschritt beim Dolmetschen ergründet werden.
- Experimentell könnte geprüft werden, inwiefern der vorherige Input eines bestimmtes Textes die Translation eines anderen hernach beeinflusst. Dies mag didaktische Konsequenzen haben.
- Im Blick auf die moderne Wissensvernetzung könnten Tests erkunden, ob die Resultate bei Studierenden besser sind, wenn sie etwa fachspezifisch mit Paralleltexten arbeiten, oder wenn sie ungeordnet alles Mögliche nacheinander übersetzen (Interdisziplinarität).
- Häufig werden ja Übersetzungsleistungen von Studenten mit denen von Professionellen verglichen. Die Rolle des lebenslangen Lernens auf den Arbeitsprozess wäre dabei zu bedenken.

Noch viele andere Forschungsvorhaben sind möglich. Zunächst aber soll die Arbeit einiger „Hermeneutiker" der Übersetzungstheorie vorgestellt werden.

17.3 Übersummativität, Multiperspektivität, Individualität von Texten (Paepcke)

Wenn Übersetzen in der Praxis eine verantwortliche Tätigkeit ist, dann kann auch gefragt werden, in welcher Weise der Translator sich dieses Handelns bewusst wird und wie er sein eigenes Denken und Handeln reflektiert. Übersetzer und Übersetzerinnen sind selbst in einer Kultur verwurzelt, die beim Übersetzen im Dienste zwischenmenschlicher Verständigung mit einer anderen Sprache und Kultur in Berührung kommt. „Wer übersetzt, ruht in der Lebenswelt von Sprachen. Dabei vollzieht sich solche Teilhabe an zwei Sprachen und deren Lebenswelt in der Weise, daß jede der beiden im Miteinanderteilen das Ganze hat" (PAEPCKE 1986:XIV). Die Relation ist also nicht zwischen einem Ausgangs- und einem Zieltext, sondern zwischen dem Translator und den Lebenswelten (Stolze 2003:134).

Seit den 1970er Jahren hat Fritz PAEPCKE den hermeneutischen Übersetzungsansatz vertreten, und seine zahlreichen, teilweise schwer zugänglichen Einzelstudien wurden erst spät in dem Buch *Im Übersetzen leben – Übersetzen und Textvergleich* (1986) zusammengestellt. Ausgehend von einzelnen Textbeispielen hat PAEPCKE den hermeneutischen Ansatz unzählige Male demonstriert, wobei jeweils die spezifische Übersetzungsproblematik der betreffenden Textvorlage diskutiert wurde. Allerdings hat er nie versucht, die so gewonnenen Einsichten zu verallgemeinern oder den eigenen Ansatz als solchen didaktisch explizit zu machen. Dennoch lassen sich in der Zusammenschau aller dieser Einzelstudien (vgl. PAEPCKE 1986) wiederkehrende Ansatzpunkte erkennen.

PAEPCKE stellt einmal fest, „daß eine Reihe von sprachlichen Erscheinungen in jedem Text auftreten, sich ähneln und sogar gleichen" (1986:167). Er nennt Bereiche wie „Verstehen und Übersetzen", „Rhetorik und Hermeneutik", „Regel und Spiel", „Identität und Differenz", „Über- und Unterangebot", „Sprache und Gravitation", „Umgang mit dem Anderen", deren Anwendbarkeit „im wissenschaftlichen Verfahren einsichtig gemacht werden" sollten (1986:37). Diese recht allgemeinen Paarungen sollen wohl eine Art Komplementarität des Gegensätzlichen anzeigen, womit der Übersetzer in seiner Arbeit konfrontiert ist, und sie erinnern uns etwas an die Theoreme LADMIRALS (s. Kap. 16.3).

Doch PAEPCKE geht einen entscheidenden Schritt weiter und betrachtet die zu übersetzenden Texte stets als ein Ganzes. Nicht Wörter oder Sätze werden übersetzt, sondern ganze Texte, und so kann auch eine Beispieldiskussion nicht satzorientiert vorgehen. Schon SCHLEIERMACHER (*HuK*, 171) hatte auf einen Zirkel des Verstehens hingewiesen, der zwischen der Wortbedeutung und dem Textganzen oszilliert. Texte bilden eine „übersummative Sinneinheit", ihre inneren Verhältnisse sind komplexer Natur:

> Innerhalb einer größeren Form werden zwar die kleineren Einheiten durch den umfassenden Textrahmen bestimmt, doch der Grundsatz der Autonomie gilt auch für die kleineren Formen. Das Verhältnis zwischen kleineren Einheiten und großer Einheit ist daher nicht das Verhältnis der Absorption: Die kleineren Einheiten werden durch die Gesamtgestalt des Textes nicht zur Auflösung gebracht. Auch nicht das der Addition oder Summation, denn die kleineren Ein-

heiten sind immer nur ein Teilganzes im Verhältnis zur übersummativen Ganzheit. Das Verhältnis liegt auch nicht im Aggregat, wenn darunter das bloße Neben- und Ineinander verstanden wird. Die Relation der unterschiedlichen Elemente auf der Textebene ist das Verhältnis wechselseitiger Anpassung oder Zuordnung, und es ist zu fragen, welche inhaltlichen Konsequenzen sich für die kleineren Formen daraus ergeben, daß sie in einem größeren Rahmen stehen (PAEPCKE 1986:103f).

Die Textbotschaft kann also nicht an der Summe der sprachlichen Zeichen selbst abgelesen werden, wie es eine „Aspektliste" suggerieren würde (s. Kap. 7.6), denn durch den Text wird nicht nur die Bedeutung seiner sprachlichen Elemente, sondern gleichzeitig etwas darüber Hinausweisendes, der Sinn des Textes verstanden. So stellen Texte sich als eine Gestalteinheit dar, bei der das Ganze mehr als die Summe seiner Teile ist. Aus diesem Grunde sind Texte in ihrer Sprachstruktur auch nicht notwendig homogen. Sie vereinigen in sich eine Vielzahl unterschiedlicher Elemente und Zeichenfunktionen, was mit der Bezeichnung „Multiperspektivität" (STOLZE 1982:32) zum Ausdruck gebracht wird:

> Der Text ist ein Gebilde der Perspektivität, denn es wird nicht kontinuierlich aus einer Perspektive erzählt, vielmehr springen die Perspektiven fortgesetzt um. Leser und Hörer sollen nämlich durch die Textstruktur aufgefordert werden, im Vorgang des Lesens und Hörens sich durch die verschiedenen Darstellungsperspektiven des Textes hindurchzubewegen. Dabei nehmen sie das jeweils Neue auf dem Horizont der vorangegangenen Darstellungsperspektiven wahr. Als perspektivische Gebilde macht also der Text eine ständige Beziehung seiner Darstellungsperspektiven aufeinander erforderlich (PAEPCKE 1986:103).

So bedeutet jede Verabsolutierung eines Teilaspekts in Textanalysen eine Verkürzung der Textwirklichkeit. Es reicht nicht aus, nur Teiltexte zu untersuchen, wichtig ist die Bezugnahme auf den Gesamthorizont von Situation und Kontext. Ein Text ist niemals nur „informativ" oder „operativ" (s. Kap. 7.4), und auch die „Funktion" kann nicht das ausschließliche Übersetzungskriterium sein (s. Kap. 12.2). Vom Übersetzer ist vielmehr ein äußerst flexibles Verhalten gefordert, welches das Textganze in der Zusammenschau seiner vielen Aspekte zu erfassen trachtet. Man vergleiche in diesem Sinne die Forderung SNELL-HORNBYS nach einer Integration verschiedener linguistischer Theorien im Textganzen (s. Kap. 11.2).

Wenn ein Textelement nur im Rahmen eines multiperspektivischen Ganzen seine textuelle, verständliche Bedeutung hat, dann ist das Wichtigste an Texten nicht deren typische, wiederholbare Struktur, sondern die Individualität. Diese Meinung ist im Bereich der Literatur anerkannt (s. Kap. 9.1). So schreibt Armin Paul FRANK (1988)[195], er wünsche sich:

> daß sich der Übersetzer auch von „übersetzungswissenschaftlichen" Rezepten nicht irreleiten läßt, die von ihm verlangen, er müsse, wenn er beispielsweise *Il*

---

[195] Vgl. Armin P. FRANK (1988): „'Längsachsen': Ein in der Textlinguistik vernachlässigtes Problem der literarischen Übersetzung". In: R. ARNTZ (Hg.): *Textlinguistik und Fachsprache. AILA-Symposion Hildesheim 13.-16. April 1987*. Hildesheim: Olms 1988, 485-497.

nome della rosa übersetzt, einen Roman übersetzen. Mitnichten: Er muß nicht einen *Roman* übersetzen, auch nicht einen historischen Kriminalroman, sondern *einen* Roman: diesen ganz bestimmten unverwechselbaren vor ihm; denn jedes literarische Werk, das diesen Namen verdient, ist anders als jedes andere (1988:496).

Damit sind Texte als Äußerungen auch Individualitäten. Sie sind nicht bloß ein „kulturspezifisches Informationsangebot" (VERMEER 1986:36), sondern Mitteilungen von Individuen (im Rahmen von Kommunikationssituation, Kultur, Fachbereich usw.). Um diese überzeugend und im Dienste der Verständigung weitergeben zu können, ist zunächst deren Verstehen gefordert. Nicht irgendwelche „Zieltextvorgaben" eines Übersetzungsauftrags sind der erste Schritt beim Übersetzen (s. Kap. 14.2), sondern die Frage, was denn überhaupt mitgeteilt werden soll.

Übersetzen bleibt freilich nicht beim Verstehen hängen, sondern führt hinüber zum Formulieren. Eine „funktionsgerechte" Übersetzung, so könnte man zumindest sagen, ist eine solche, die wie ein eigenständiger Text wirkt. Sie ist überzeugend formuliert. Wenn Verstehen das Bewusstsein steuert, dann ist der Mitvollzug konstitutiv für das Verstehen, damit die Übersetzung so formuliert wird, als wenn sie eine eigene Meinung wäre. Man kann dies auch als „Empathie mit der Mitteilung", als Identifikation mit der Sache des Textes bezeichnen, PAEPCKE nennt es „Leibhaftigkeit" des „Menschen der Mehrsprachigkeit":

Als Übersetzer erschließt er einen Text, indem er ihn an den Leser heranbringt und im Medium der Leibhaftigkeit beim Leser vergegenwärtigt. In dieser Sicht hält das Übersetzen den Text in ganzer Breite offen, es stellt ihn vor, und im tentativen Erproben aller Möglichkeiten entsteht die Übersetzung, wenn beim Übersetzen die jeweils vorausgehende Übersetzung durch einen neuen Entwurf abgelöst wird. Dies alles verweist auf die Geschichtlichkeit des Übersetzens, die in der Leibhaftigkeit des Übersetzers fundiert ist (PAEPCKE 1986:XVIII).

Solche Identifikation ist keine moralische Kategorie. Der Übersetzer macht sich vielmehr zum Anwalt der Sache, um überhaupt in die Lage versetzt zu werden, überzeugend in der Zielsprache darüber zu reden. Solches überzeugendes Formulieren ist aber nicht nur eine Frage der Idiomatik, wie bei SELESKOVITCH/LEDERER betont wird (s. Kap. 16.1), sondern es ist ein Reden von der Sache her, was deren Verständnis voraussetzt. In kolonialistischen Übersetzungen lag wohl oft auch keine angemessene Kenntnis der „fremden" Kultur vor (s. Kap. 15.1).

Diesen Gedanken veranschaulicht vielleicht der Begriff der „Mimesis", den Aristoteles von Plato übernommen und zur allgemeinen Kategorie des künstlerischen Darstellens gemacht hat. Die mimetische Reproduktion wurde auch von STEINER als Ideal angesehen (s. Kap. 9.2). Mimesis hat Verweischarakter und bedeutet die Vergegenwärtigung vorgegebener oder eigener Gedanken im Sinne von Nachgestaltung. Empathie schafft Texttreue, denn der Übersetzer ist erkennend und formulierend am Gegenstand des Textes beteiligt, er „steht dahinter".

Es bleibt die Frage, ob die Sprache im Übersetzer ihr Subjekt gefunden hat. Er bewegt sich wie ein Mitspieler im Medium von zwei Sprachen, deren Mittel sich nicht decken. Übersetzen ist dann immer aufs neue die Suche nach sinnbewahrenden Formulierungen in der anderen Sprache, es ist ein „hermeneutischer Entwurf" (PAEPCKE 1986:86). Weil Übersetzungen stets den Sprachstand des Übersetzers dokumentieren, sind sie auch viel zeitgebundener als Originale. Übersetzungen sind oft nur vorläufig, können veralten, müssen überarbeitet werden. Diese „Unzulänglichkeit" befreit allerdings den Übersetzer auch vom zwanghaften Streben nach dem Absoluten, hin zu sprachlicher Gestaltungsfreiheit in der Zielsprache. Dazu braucht es natürlich den Mut zur sprachlichen Kreativität, und sei es nur im syntaktischen Bereich.

PAEPCKE verglich dieses suchende Formulieren einmal mit dem Speerwurf: Jeder Sportler entwickelt intuitiv seine „eigene Methode". Im Zusammenwirken sporttechnischer Regeln mit der freien Gestaltung der Körperkräfte stellt ein gelungener Wurf eine befriedigende Höchstleistung dar und birgt dennoch in sich immer die Potentialität einer weiteren Verbesserung. Damit gehört zum Begriff des Übersetzens ganz wesentlich die Dynamik. Übersetzungen können ihr Ziel immer „nur optimal" erreichen, es gibt keine Musterübersetzung.

> PAEPCKE hat in seinen Beiträgen neben wertvollen Untersuchungen im Bereich der französischen Rechtssprache und Übersetzung vor allem auch **ideologische Aspekte des Umgangs mit Sprache** untersucht. So entstanden Aufsätze wie:
>
> *Freiheit durch Sprache (1976)*
> *Ersatz emotionaler Bedürfnisse in Demagogie und Werbung (1974)*
> *Sprachliche Gewöhnung an Aggression (1974)*
> *Sprache als Zeremonie: Ideologie und Selbstverständnis in der politischen Rede von Charles de Gaulle (1968)*
> *Georges Pompidou und die Sprache der Macht (1974)*
>
> Später widmete er sich verstärkt literarischen Texten, insbesondere **Gedichten**, in denen sich für ihn die Leibhaftigkeit des Menschen am klarsten ausdrückt. Es finden sich Artikel wie:
>
> *Blaise Pascal und die Logik des Herzens (1985)*
> *Tradition und Aufbruch: André Gide (1985)*
> *René Char - Sein zwischen Mensch und Mensch (1985)*
> *Schuld der Unentschiedenheit (Albert Camus) (1980)*
> *Zur Sprache und Begriffswelt von Pierre Teilhard de Chardin (1966)*
> *Erfahrener Abgrund - 'Suite lyrique' von Fabrice Gravereaux (1985)*
> *Die Wirklichkeit in der Sprache erkennen (Für Hilde Domin) (1982)*
> *Mit der Sprache des Alltags gegen die Resignation. Bemerkungen zu Arno Plack, Philosophie des Alltags (1980).*
> *Französische und ungarische Gedichte (1986).*
> Alle genannten Aufsätze finden sich im Sammelband (PAEPCKE 1986).

Eine Didaktisierung des Übersetzungsprozesses im Sinne der Operationalisierung bestimmter Analysemethoden und Transferstrategien ist im hermeneutischen Denken, schon aufgrund der Individualität der Texte, ausgeschlossen. Andererseits wird hier der Übersetzer mit seiner Übersetzungskompetenz viel ernster genommen. Es wird ihm zugetraut und abgefordert, dass er einen Text, eine Mitteilung, richtig verstehen und sie überzeugend wiedergeben kann.

PAEPCKE kreist in seinen Übersetzungskommentaren vor allem um das Verstehen des Originals, um eine mimetische „Vergegenständlichung" der Textvorlage, wobei funktionale Aspekte des Übersetzens in der zielsprachlichen Formulierung kaum gesehen wurden. Der zweite Teil der Sprachmittlung, das Formulieren, bleibt unterbelichtet.

17.4 Orientierungskategorien beim Übersetzen (Stolze)

Später hat Radegundis STOLZE (1992) den Versuch unternommen, „linguistische Kategorien des Verstehens und Formulierens beim Übersetzen" zusammenzustellen. Dieser Ansatz wurde weiter ausgearbeitet und in den Rahmen der hermeneutischen Sprachphilosophie gestellt (STOLZE 2003). Wenn dem Translator im Sinne der Hermeneutik die Freiheit des Verstehens zugemutet wird, indem die Wahrheit des Textes nicht direkt aus den Sprachstrukturen abgeleitet werden kann sondern sich im Verstehen erschließt, dann ergibt sich für ihn eine sehr viel größere Verantwortung. Auch wenn seine Übersetzungslösungen im ersten Impuls intuitiv-kreativ erfolgen, muss er in der Lage sein, sie im Nachhinein anhand linguistischer Kriterien zu begründen. Diese Verknüpfung entspricht dem dialektischen Verhältnis von Individuellem und Allgemeinem in Sprache und Texten (s. Kap. 17.1). In dieser Sicht ist auch eine ständige Verknüpfung zwischen Theorie und Praxis gegeben.

Andererseits hält eine hermeneutische Auffassung vom Übersetzen an der Vorstellung fest, dass es einen Sinn in Texten gibt, der erschließbar ist und den es gilt, einfühlend nachzuvollziehen und in einer anderen Sprache zu formulieren. Dies wird demgegenüber von Vertretern postmoderner Strömungen dezidiert abgelehnt (s. Kap. 15.1). Der Translator agiert aber als Mittler und wird formulieren wie ein Koautor. Zur translatorischen Kompetenz gehört es dann, das eigene Verstehen, aber auch die rhetorischen Formulierungsentscheidungen kritisch zu reflektieren. Im Zentrum der Überlegungen steht hier der Translator als Person in ihrem Verhältnis zu den fremden Mitteilungen, die übersetzt werden sollen. Die Perspektive geht vom Übersetzer und der Übersetzerin auf die Textmitteilung, anders als bei der doppelten „Loyalität" (NORD) gegenüber dem Autor und den Empfängern als äußeren Faktoren (s. Kap. 14.1).

Im reflektierten Umgang mit den Texten benötigt die übersetzende Person Orientierungspunkte, wie beim Erkunden eines fremdes Geländes. Dabei geht der Blick in einem holistischen Ansatz stets vom Ganzen aus und bewegt sich dann zum Detail und wieder zurück. Weil das Übersetzen, trotz aller Situationsgebundenheit und Zweckorientierung, ein Handeln in und mit Sprache ist – indem die verstandenen Mitteilungen sprachlich ausformuliert werden müssen –, nennt STOLZE Orientierungskategorien aus der Linguistik, mit denen die Übersetzungslösungen erläutert und begründet werden können. Dies kann auch in der Übersetzungsdidaktik Anwendung finden. Man kann sich nicht mehr hinter eingeübten Strategien verschanzen, etwa im Sinne eines schemabasierten Transfers syntaktischer Strukturen (s. Kap. 4.7), sondern muss sein eigenes Denken und Handeln reflektieren.

Texte werden als übersummative Ganzheiten betrachtet (s. Kap. 17.3), und Einsichten, Ergebnisse und Verfahren aus anderen übersetzungswissenschaftlichen und linguistischen Forschungsansätzen werden übernommen und fruchtbar gemacht. Im Blick auf das Verstehen werden hier Kategorien der Rezeption diskutiert, und im Blick auf das Formulieren Kategorien der Produktion.

Um nun nicht wieder an den Textstrukturen kleben zu bleiben, verneint STOLZE (1992:54ff) ausdrücklich das Vorhaben einer „Textanalyse" und plädiert dagegen für die Textexegese im Sinne einer Darstellung des eigenen Textverständnisses als Vorbereitung für das Übersetzen. Wichtig ist in diesem Ansatz auch, dass die Beschränkung auf bestimmte Textformen, seien es Gebrauchstexte, Fachtexte oder literarische Texte, aufgegeben wird. Vielmehr werden linguistische Kategorien genannt, die für alle Texte anwendbar sind.

Hermeneutisches Übersetzen ist ein wissensbasierter Approach, ausgehend von einer primären Textsituierung, wodurch alle irrelevanten Denkstrategien von vorn herein ausgeschlossen werden. In der Konfrontation mit Texten fragt sich der Translator, worauf er/sie denn besonders zu achten hätte, anstatt bei einer punktuell auftretenden Problemstellung nach Gründen zu suchen. Anhand verschiedenartiger Beispieltexte diskutiert STOLZE (1992:89ff) die „translatorischen Kategorien" als Orientierungsmaßstäbe. Das Konzept wird im Folgenden nach STOLZE (2003) vorgestellt, wobei das „Modell der translatorischen Kategorien" (ebd., 244) die einzelnen Aspekte zusammenfasst, auf die der Translator seine Aufmerksamkeit richtet.

Das translatorische Lesen als Vorbereitung des Übersetzens ist ein wissensbasierter Textapproach als **Textsituierung**. Übersetzungspraktisch wird ein Text als Ganzes zuerst einmal durchgelesen, wobei das gegebene Hintergrundwissen aktiviert wird. Entsprechende Orientierungskategorien sind die Frage nach dem *Kontext*, dem *Diskursfeld*, der *Begrifflichkeit* und der *Aussageform*, wobei die spezifische Verortung in lebensweltlicher oder fachlicher Kommunikation zu beachten ist. Dies ist so zu verstehen:

Text-situierung			Lebensweltliche Kommunikation	Fachliche Kommunikation
Verstehen		Kontext	Kulturgemeinschaft, Land, Zeit, Hrsg., Autor	Historie, Verfasser, Quelle, Wissenschaftsbereich (NWT, SGW)
		Diskursfeld	Milieu, Ideologie des Autors, Textgattung, Vermittlungsart	Domänenspezifik, Fach, Kommunikationsniveau, Texttyp, Medientechnik
		Begrifflichkeit	Überschriften, Wortnetze, Schlüsselwörter, kulturspezifische Assoziationen, Metaphorik, Längsachsen	wissenschaftsspezifische Begriffsbildung der Termini (Definition/ Deduktion vs. Konvention/ Interpretation)
		Aussageform	Sprecherperspektive, Verbzeiten, Satzsubjekte, Individualstil, Fokussierung, Ironie, Intertextualität, Zitate	Informationspräsentation, Sprechakte, Satzkonstruktion, Kohäsionszeichen, Fußnotenverwendung, Formeln
Rhetorikaspekt			Literatur	Fachtexte
Formulieren		Medialität	Genre, Textgestalt, nicht-/fiktionaler Text, Versanordnung, Bebilderung, Druckbild	Medium der Textsorte, Layout, Platzbedarf, Modularität, Rechtsvorschriften, Illustrationen, Leitzeichen, Schriftart
		Kohärenz	Titel, semantische Isotopien, paradigmatische Kompatibilität, Synonymie, synsemantischer Kotext, themat. Achsen, Andeutungen, Namen, Orte	Äquivalenzstatus der Termini, Fachhermeneutik der Begriffswörter, sprachspezifische Wortbildungsformen der Fachlexik. Logik der Textstruktur, Eigennamen
		Stilistik	Tempus, Modus, Numerus, Wortspiele, Prosodie der Emotionalität, Kondensationsformen, Milieucharakteristika, Suspense, Metonymien, Alliteration, Reime	typische Textbausteine, Funktionalstil, Phraseologie, Passiv, unpersönlicher Ausdruck, kommunikative Metaphern, kontrollierte Sprache, Style Guide
		Textfunktion	Autorintention, Gliederung, Intertextualität, Visualisieren der erzählten Szene, intendierte Lesergruppe	Kommunikationsziel, Makrostruktur, Hindurchblicken auf besprochenen Gegenstand, Adressatenspezifik, Verständlichkeit

Abb. 5: Modell der translatorischen Kategorien nach STOLZE *(2003:244).*

Erläuterung des Modells

Kontext – Das erste noch schematische Leseverständnis wird ergänzt durch Zusatzinformationen im Rahmen des *Kontexts* über Verfasser, Erscheinungsort, Quellenangabe, Zeit, die Kulturgemeinschaft, was aber nicht im Text steht. Es ist durch Recherche zu eruieren und entspricht dem, was sonst mit der sog. Lasswell-Formel (s. Kap. 4.6; 14.2) abgefragt wird. So entsteht ein wichtiges Vorverständnis, welches jedes weitere Vorgehen des Translators schon entscheidend determiniert. Sein Herangehen wird unterschiedlich ausfallen, je nachdem, ob es sich um einen älteren oder einen Gegenwartstext handelt, um einen literarischen, einen Werbe- oder um einen Fachtext. In der Fachkommunikation ist der Wissenschaftsbereich, ob Naturwissenschaften und Technik oder Sozial- und Geisteswissenschaften, zu eruieren.

Diskursfeld – Der global verstandene Textinhalt sollte dann methodisch vertieft werden. Die ganzheitliche Wahrnehmung von Texten betrachtet das *Diskursfeld* des Textes, welches aufgrund des Verfassers oder Ursprungs des Textes gegeben ist. Die gesellschaftliche Verortung des Autors, das Milieu und ggf. dessen Ideologie werden sich auf der Textebene spiegeln, genauso wie im fachlichen Bereich die Domänenspezifik sowie das Kommunikationsniveau relevant sind, wobei die Vermittlungsart, auch die verwendete Medientechnik dies weiter eingrenzt.

Wichtig ist natürlich, dass Wissensbestände aus der Literaturwissenschaft (z. B. Gattungsformen, Milieucharakteristika) und aus der Fachsprachenforschung (z. B. Unterschiede der fachinternen oder fachexternen Kommunikation oder des domänenspezifischen Fachdenkens) beim Übersetzer vorhanden sind. Erträge der Sprachwissenschaft sind für das Übersetzen wesentlich, und das gilt auch für alle weiteren zu diskutierenden hermeneutischen und rhetorischen Orientierungskategorien.

Begrifflichkeit – Bis hierher haben wir nur Information außerhalb des Übersetzungstextes zur Kenntnis genommen. Mit diesem textbezogenen Vorverständnis kann man nun an die Untersuchung der Textebene herangehen. Ein bestimmtes gesellschaftliches Diskursfeld ist ja gekennzeichnet durch eine spezifische *Begrifflichkeit*. Es sind bestimmte zentrale Schlüsselwörter oder Fachtermini, um die herum das Ganze angeordnet ist. Die gilt es in ihrer kulturspezifischen oder fachlichen Bedeutung zu erfassen. Kulturelle Besonderheiten verdichten sich in bestimmten Schlüsselbegriffen oder Konzepten (STOLZE 2003:193). Ein Text ist eben nicht nur reine Individualität, sondern gehört immer in eine bestimmte Gruppensprache hinein. Dies wahrzunehmen ist Aufgabe des Übersetzers.

Ein Text als sinnvoller Zusammenhang hat ein Thema, welches sich vorzugsweise in wiederkehrenden Bedeutungsmerkmalen der Wörter spiegelt. Ein geeignetes Beschreibungsinstrument solcher Bedeutungsstränge oder Isotopieebenen bietet die Prototypensemantik und Wortfeldtheorie (s. Kap. 3.6; 11.2), denn die Analyse eines prägenden Wortfeldes ist oft ein Schlüssel zum Textverständnis, und andererseits bietet sie ein Grundgerüst für die Formulierung der Übersetzung. „Längsachsen" sind thematisch wiederkehrende Auffälligkeiten in Texten, die bei einer satzorientierten Analyse übersehen werden.

In der Fachkommunikation ist die wissenschaftsspezifische Begriffsbildung der Termini ein entscheidender Wissensbestandteil für die Übersetzungskompetenz, um entsprechende Texte richtig zu verstehen. Die Fachsprache der naturwissenschaftlich-technischen Fächer dient der Erkenntnis und Beschreibung außersprachlicher Gegenstände und Sachverhalte. Sie enthält die exakt definierten Termini im Rahmen eines Begriffssystems, deren Menge im Zuge des wissenschaftlichen Fortschritts kumulativ erweitert wird und eine Terminologienormung verlangt. Die Art der Notation von Terminologien in Datenbanken sowie Methoden der Recherche muss gelernt werden.

Die Fachsprache der Sozial- und Geisteswissenschaften demgegenüber ist interpretatorisch offen. Sie dient der Beschreibung von Prozessen und der Deutung von Lebenszusammenhängen. Die begrifflichen Definitionen als Inhalt der aus der Gemeinsprache entnommenen Begriffswörter sind nicht systematisch hergeleitet oder

terminologisch fixiert, sondern im wissenschaftlichen Diskurs konventionell vereinbart und oft auch strittig. Diese Feststellung hat Konsequenzen für das Übersetzen, weil ein Begriff und eine fachliche Aussage nur vor dem Hintergrund ihres wissenschaftlichen Gedankengebäudes richtig verstanden wird.
Aussageform – Nach der Begrifflichkeit im Textganzen richtet sich das Augenmerk des Translators auf die spezifische *Aussageform*. Es ist verständnisrelevant festzustellen, was der Verfasser in welcher Sprecherperspektive ausgedrückt hat, was ihm oder ihr wichtig war, welche Zeitenfolge und Redeweise (Aktiv/Passiv, Ich-Form, Betonung usw.) vorliegt. Der Individualstil ist ein Beobachtungsort in literarischen Übersetzungen.[196] Zitate und andere Formen der Intertextualität sind übersetzungsrelevant. Ein häufig zu beobachtender, durch grammatische Schwierigkeiten induzierter Perspektivenwechsel[197] verwischt dagegen das Gemeinte. Schließlich sind sprachenpaarspezifische Schwierigkeiten zu bedenken, wie z. B. unterschiedliche Fokussierungsstrukturen im Englischen und Deutschen (s. Kap. 7.2). Eine entsprechende Bewusstmachung verhindert unreflektierte Interferenzen beim Übersetzen.
In der Fachkommunikation kann die spezifische Informationspräsentation untersucht werden sowie nach relevanten Sprechakten, z. B. der Anweisung, und formelhaften Ausdrücken gesucht werden. Dabei zeigt sich, dass sozial-geisteswissenschaftliche Texte aufgrund oft komplexerer Argumentationsstrukturen syntaktisch mehr Sprachzeichen der Kohäsion enthalten (Konjunktionen, Pro-Formen, Partikeln usw.), während technische Texte häufiger die Reihung kurzer Aussagesätze kennen.

Wenn schließlich die Textmitteilung holistisch wahrgenommen wurde, der Text endlich verstanden ist, stellen sich beim Übersetzer intuitiv autopoietische Formulierungsentwürfe ein: Der verstandene Mitteilungsinhalt der Textvorlage ist kognitiv präsent und fließt in eine andere Sprachgestalt hinüber.

Erst jetzt kommt der **Rhetorikaspekt** und die Evaluierung oder Revision ins Spiel, wenn es darum geht, die verstandene Mitteilung auszuformulieren. Wie bei einem Originalautor gehört dazu seitens des Translators eine gewisse solidarische Identifikation mit dem Mitteilungsinhalt und andererseits die Fähigkeit zu kohärenter Textproduktion für die Erfordernisse der intendierten Adressaten. Formulierungsentwürfe und Revision werden mehrfach zyklisch wiederholt, bis endlich ein Text entstanden ist, der dem ursprünglichen Schreibziel am besten entspricht. Beachtet werden dabei Kategorien wie *Medialität, Stilistik, Kohärenz* und *Textfunktion*.

Jetzt richtet sich der Blick konkret auf die Textebene, aber auf die im Zieltext. Aus der Schreibforschung ist bekannt, dass beim Formulieren eine Art „Vermehrung der Zwänge" zu beobachten ist, d. h. die anfänglich offenen Gestaltungsmöglichkeiten reduzieren sich in dem Maße, wie die „innere Logik" des produzierten Textes wächst (Dörner 1976:96). Je genauer mir mein Schreibziel vor Augen liegt, je umfassender ich also den Ausgangstext verstanden habe, desto schwieriger wird es, alle die vielschichtigen Anforderungen oder Perspektiven zu koordinieren. Alle Texteigenschaften können aber rhetorisch und stilistisch auf der Zieltextebene beschrieben werden, und hier begegnet die Theorie

---

[196] Vgl. Fritz PAUL (2004): „Übersetzer und Individualstil im Spannungsfeld verschiedener Sprachen, Literaturen und Kulturen." In: A. P. FRANK/H. TURK (Hg.) (2004): *Die literarische Übersetzung in Deutschland. Studien zu ihrer Kulturgeschichte in der Neuzeit*. Berlin: E. Schmidt, 109-121.

[197] Vgl. dazu Beispiele in PAEPCKE (1986a:132), op. cit; oder STOLZE (1992:238), sowie STOLZE (2006:87ff).

wieder der Methodik, wenn der erste Sprachentwurf nach rhetorischen Kriterien überarbeitet wird. Dieser Prozess beginnt auf der Textebene.

Medialität – Entscheidend für alle Übersetzungen ist die *Medialität* des Textes, was oft Zwänge verursacht. Bei multimedialen Texten, die einen Medienmix enthalten, wie z. B. Werbetexte, Lokalisierung, Internettexte aus Sprache-Bild-Ton, Filmsynchronisierung usw. ist diese Kategorie zuerst zu beachten. Die Modularität solcher „Hypertexte" bestimmt deren Sprachform.[198] Bei Fachtexten ist meist das Layout und auch der Platzbedarf ein entscheidendes Kriterium, dem andere sprachliche Entscheidungen unterzuordnen sind. Die Textgliederung mit Leitzeichen sowie die Anmutung der Schriftart spielen eine Rolle. Bei Rechtsübersetzungen gibt es amtliche Vorschriften. Auch in der Literatur sind die Textgestalt und das Genre für die Übersetzung bestimmend. Durch die Medialität wird die Textfunktion im Zielbereich bestimmt, was dann die rhetorische Auswahl der Sprachmittel bestimmt, und hier verbindet sich die Identifikation mit der Botschaft (s. Kap. 17.2) nun mit dem Skopos der Aussage in der Übersetzung (s. Kap. 12.2) .

Kohärenz – Im Blick auf die notwendige *Kohärenz* wurde schon auf die Bedeutung der Schlüsselwörter hingewiesen. Eine authentische Mitteilung entsteht nur mit einem kohärenten Text, sodass beim Leser eine geistige Szene aufgebaut wird (s. Kap. 11.3). Thematische Kohärenz im Zieltext kann mit einem semantischen Netz, erzielt werden. Wenn der Übersetzer etwa kulturspezifische Wortfelder im Ausgangstext entdeckt hat, kann er nun entsprechende Lexeme in einem Wortfeld in der Zielsprache suchen um semantische Isotopie herzustellen, wobei visuelle Imagination hier hilfreich ist. Die Erstellung der lexikalischen Einheiten hat bei der Textproduktion nämlich Vorrang vor den syntaktischen Formen.[199] Ein verfehltes Textverständnis kann zu einer partiell unverständlichen Übersetzung führen.[200] Mit einer bewussten Anwendung der Wortfeldtheorie und Synonymik auf das Textganze einer Übersetzung ließe sich dieser Mangel beheben. So ergeben sich kreative Bezüge jenseits von Wörterbuchnotierungen.

Daher ist die intentionale Analyse von Wortbedeutungen stets auch durch die extensionale Analyse von Konnotationen des Wortgebrauchs zu ergänzen. Die Sprechergruppenzugehörigkeit eines Textes spiegelt sich in Wörtern, die zu einem sozialen Diskursfeld gehören können, wie z. B. die Sprache von Parteien, der Kirchen, der Gewerkschaften, der Feministinnen, der Esoteriker, der Sportberichterstatter, im Soziologenjargon, in Recht, Wirtschaft und Verwaltung, usw.

Bei Fachtexten ist der Äquivalenzstatus der Termini[201] sowie die Fachhermeneutik der Begriffswörter zu prüfen, aber auch sprachspezifische Wortbildungsformen der Fachlexik, die einzelsprachlich differieren, sollten beachtet werden. In der Linguistik sind Verfahren auch zur Analyse von Textkohärenz und thematischer Progression entwickelt worden (s. Kap. 7.1; 8.3). Die Kenntnis solcher linguistischer Formen gibt Anweisungen für die Textkonstitution in der Zielsprache. Inkohärente Ausgangstexte können durch die Übersetzerin „verbessert" werden. In einer kognitiven Suchbewe-

---

[198] Vgl. dazu Peter SANDRINI (2008): „Hypertexte als Zieltexte: Kulturspezifika und ihre Rolle für die Translation" [am Beispiel des World Wide Web]. In: *Ästhetik und Kulturwandel in der Übersetzung*, Hg. v. Maria KRYSZTOFIAK. Frankfurt am Main: Lang, 225-237.

[199] Vgl. Alexander WINTER (1992): *Metakognition beim Textproduzieren*. Tübingen: Narr, hier S. 43.

[200] Übersetzungskritisch ist ja oft zu beobachten, dass eine Übersetzung nur deshalb nicht befriedigt, weil ihr Wortfeld nicht stimmt. Das Textganze ist inkohärent, obgleich die Übersetzung der einzelnen Textelemente für sich genommen nicht falsch ist. Vgl. Ulla HESSELING (1982): *Praktische Übersetzungskritik, vorgeführt am Beispiel einer deutschen Übersetzung von Erich Fromm's „The Art of Loving"*. Tübingen: Stauffenburg, besonders S. 49.

[201] Vgl. dazu Reiner ARNTZ/H. PICHT/F. MAYER (2002): *Einführung in die Terminologiearbeit*. (4. Aufl.). Hildesheim, Zürich, New York: Olms.

gung wird im Schreibprozess solange probiert und revidiert, bis das Formulierte genau dem entspricht, was man sagen will.

Stilistik – Konkrete Auswirkungen hat die translatorische Rhetorik als angemessene Formulierungsweise dann auf dem Feld der *Stilistik*. Je nach Textfunktion sind spezifische Stilformen angebracht, unabhängig von denen im Ausgangstext. Der Stil des Textganzen ist ein tragendes Sinnelement und kann nicht abgetrennt werden. In der Literatur wird man nach präzisen Formulierungen suchen, und dies wird oft nicht auf Anhieb gelingen. Die Kreativität von Autoren in ungewohnten syntaktischen Formen oder neuer Bildsprache sollte in der Übersetzerin eine Entsprechung finden, und Einsichten aus der Literaturwissenschaft könnten hier fruchtbar gemacht werden. Dies ist auch relevant für eine etwa angestrebte „feministische Translation" (s. Kap. 15.2), wenn versucht wird ein entsprechendes Diskursfeld des Textes mit seiner spezifischen Begrifflichkeit und Aussageform auch zielsprachlich zu realisieren.

Sprechergruppen und deren Texte stehen in sozialen Zusammenhängen, und Texte sind dann verständlich, wenn sie das Hindurchblicken auf jene Situation ermöglichen. Auf Unterschiede im Differenzierungsgrad von Äußerungen wurde schon hingewiesen (s. Kap. 8.5). Emotion wird im Satzrhythmus ausgedrückt, und die Versanordnung in Gedichten verhindert ohnehin meist eine wörtliche Übersetzung. Wortspiele, Metonymien, Reime usw. sind ein Charakteristikum literarischer Texte, die der Translator nachzugestalten versucht.

Bei Fachtexten sind die textsortentypischen Textbausteine in der Domäne, der Funktionalstil und die Phraseologie zu beachten.[202] Kontrollierte Sprache und firmeneigene Style Guides überlagern die eigene Formulierungskompetenz des Translators. Die im Sinne der Übersetzungsfertigkeit (s. Kap. 4.7) mechanisch gefundenen fachlichen Textbausteine können nun im Gesamttext kritisch überprüft werden.

Textfunktion – In einem letzten Schritt blickt der Übersetzer dann wieder über die Textebene hinaus auf die *Textfunktion*. Die Gesamttextgliederung der Übersetzung sollte für die intendierte Lesergruppe adäquat sein und der verstandenen Autorintention entsprechen.[203] Historische Veränderungen des Weltbilds schlagen sich in einem Sprachwandel nieder. Darauf sollte die Übersetzung eingestellt werden.

Im Bereich der Fachtexte ist es unbestritten, dass man „funktionsgerecht" übersetzen muss (s. Kap. 13.3). Dabei ist freilich auf die Unterschiede in der Textkomposition bei der fachinternen Kommunikation unter Experten eines Faches im Gegensatz zur fachexternen Kommunikation mit Laien hinzuweisen. Bei der fachinternen Kommunikation gilt die Beachtung der im Fach üblichen wissenschaftlichen Diktion in der Zielsprache als Übersetzungsaufgabe. Die fachexterne Kommunikation ist demgegenüber im Sinne des demokratischen Wissenstransfers in die Öffentlichkeit durch die Medien von sehr großer Bedeutung. Übersetzer müssen wissen, mit welchen sprachlichen Mitteln etwa populärwissenschaftliche Texte oder Zeitungstexte in einer bestimmten Zielkultur, oder Anweisungstexte für Laien üblicherweise formuliert werden und welche Sprachformen die Verständlichkeit fördern. Entsprechende Forschungsergebnisse liegen vor.[204]

An dieser Stelle kommen auch die kulturellen Unterschiede zum Tragen (s. Kap. 13.1). Übersetzen ist nicht Kulturvergleich, sondern es ist ein Überbrücken vergleichend festgestellter Unterschiede. Es können besonders drei Arten interkultureller Unterschiede genannt werden: Da gibt es reale Inkongruenzen durch unbekannte Kulturspezifika, formale Inkongruenzen durch kulturspezifische Textbaupläne, seman-

---

[202] Vgl. ausführlich dazu R. STOLZE (2009): *Fachübersetzen – ein Lehrbuch für Theorie und Praxis* Berlin: Frank & Timme.

[203] Zur Anwendung der translatorischen Kategorien bei der Übersetzung von Filmuntertiteln vgl. Małgorzata KORYCIŃSKA-WEGNER (2008): „Filmübersetzen und Hermeneutik. Das Drehbuch als Übersetzungsvorlage am Beispiel von ‚Sonnenallee' und ‚Good Bye, Lenin!'" In: M. KRYSZTOFIAK (Hg.): *Ästhetik und Kulturwandel in der Übersetzung*. Frankfurt/Main: Lang, 271-289.

[204] Vgl. u. a. Susanne GÖPFERICH (2002): *Textproduktion im Zeitalter der Globalisierung. Entwicklung einer Didaktik des Wissenstransfers*. Tübingen: Stauffenburg.

tische Inkongruenzen durch kulturspezifische Assoziationen bestimmter Wörter.[205] Solche Inkongruenzen werden meist nur an bestimmten Textstellen virulent, und hier reagiert der Übersetzer wiederum mit Kompensationsstrategien. Das tun Übersetzer seit jeher intuitiv, es sollte jedoch auch begründet werden.

Übersetzen heißt Textproduktion, und wir haben verschiedenste Aspekte zu koordinieren um eine Mitteilung authentisch wiederzugeben. In der Revision eines Übersetzungsentwurfs spielen alle die genannten Orientierungskategorien eine wichtige Rolle. Sie sind untereinander verknüpft, aber nicht alle gleich wichtig. Bei jeder neuen Übersetzung eines individuellen Textes sieht das Ergebnis anders aus. Der Translator hat in jedem Einzelfall neu festzulegen, welcher Aspekt dominant ist. Multiperspektivische Texte beinhalten alle diese Aspekte auf verschiedenen Ebenen der Ganzheit.

Nur wenn der Übersetzer Verantwortung übernimmt, wird der Leser die Übersetzung auch als einen gültigen Text akzeptieren. Übersetzungen sollen eine literarische Welt eröffnen, oder eine mit dem Ausgangstext begonnene fachliche Kommunikation fortführen. Für Leser ersetzt eine Übersetzung normalerweise das Original, und ein Translator wird zum Koautor. Die Tatsache, dass im hermeneutischen Übersetzen sehr viele Bereiche integriert werden, was hier durch den Verweis auf diverse Kapitel verdeutlicht wurde, liegt in der Natur der Sache. Das Modell hermeneutischen Übersetzens will den Translator in seinem vielfältigen Umgang mit multiperspektivischen Texten darstellen.

17.5 Stimmigkeit von Übersetzung und Textvorlage

Die translatorischen Kategorien STOLZES sind sinnvoll nur anwendbar, wenn Texte und Übersetzungen als Ganzes betrachtet werden. Beide sollen in ein Verhältnis der Stimmigkeit zueinander treten. „Das Übersetzungsziel der Stimmigkeit erweist sich in einer geglückten präzisen Übersetzung des Textganzen, wenn das Gemeinte mühelos beim Leser ankommt" (STOLZE 1992:72). Stimmigkeit bedeutet, dass die Gesamtmenge der Sinnmerkmale in Ausgangs- und Zieltext etwa gleich sein sollte, so dass das Übersetzen ein Zugang zur übergreifenden Wirklichkeit hinter den Texten ist, die als Teilganzes auf der Text- und Übersetzungsebene erscheint. Diese Vorstellung wurde angeregt vom Begriff der „Symmetrie" als Evolutionsparadigma in den modernen Naturwissenschaften, wo er eine harmonische Einheit gleichgewichtiger Einzelelemente auf einer höheren Ebene bezeichnet. Die Evolutionstheorie sieht die Entstehung höherwertiger Gestalt als eine Reihe fortlaufender lokaler Symmetriebrüche an, die freilich die übergreifende Einheit der globalen Symmetrie des Ganzen nicht verletzen.

Das Übersetzen ist ein Denkvorgang, bei dem der Textinhalt dem Translator kognitiv präsent ist. Das heißt, dass die Sinneinheit des Gemeinten zwischen Textvorlage und Übersetzung als gesamthafte Stimmigkeit oft nur in der

---

[205] Vgl. R. STOLZE (1993): „Mitteilen und Erklären" – Kompensatorische Übersetzungsstrategien bei Verständnisbarrieren." In: J. HOLZ-MÄNTTÄRI/C NORD (Hg.) (1993): *TRADUCERE NAVEM. Festschrift für Katharina Reiß*. Tampere: studia translatologica, ser. A vol. 3, 261-274.

Asymmetrie einzelner Textstrukturen sichtbar wird (vgl. STOLZE 1992:71f). Dies gelingt dann, wenn die Übersetzung unabhängig von den Strukturen des Ausgangstextes formuliert wird (s. Kap. 16.2). Übersetzen ist ein Sprachentwurf wie Reden und Schreiben, der dann nach Evaluation überarbeitet wird.

Es geht um die verstandene Mitteilung als kognitive Repräsentation im Gehirn. Diese fließt in ein anderes Sprachgebilde hinüber, wobei der Anstoß dazu ein autopoietischer Impuls ist (Stolze 2003:207). Mit jedem Impuls wird eine probeweise Formulierung gewonnen, die dann übernommen oder aber revidiert wird. Jede Revision führt intuitiv in der hermeneutischen Spirale dann auch zu einem neuen, tieferen Verständnis der Aussage und zu einem neuen Sprachentwurf. Dieses Verstehen ist ein „System", und es ist insofern dynamisch, als es sich in diesem unabschließbaren Prozess des Suchens und erneuten Verständnisses fortentwickelt.

Das Verhältnis der Stimmigkeit als vorläufiger Zustand ist im direkten Vergleich einzelner Textstellen miteinander nur bruchstückhaft nachweisbar. Aufgrund der Unterschiede der Einzelsprachen als Ausdruck ihrer Kulturen (s. Kap. 2.3) sowie der Notwendigkeit, bei der Realisierung der einzelnen Aspekte abzuwägen, geht in einer Übersetzung immer an einer Stelle etwas verloren, was an anderer Stelle gewandelt wieder auftreten kann. Ob im direkten Vergleich dann „wörtliche" oder „nichtwörtliche" Bezüge feststellbar sind, ist daher relativ unerheblich. Ob eine bestimmte Formulierung nun eine „Bearbeitung" des Ausgangstextes in philologischer Sicht ist oder nicht (s. Kap. 6.3), wird nicht diskutiert. Eine Übersetzung kann nicht direkt aus der Textvorlage hergeleitet werden. Entscheidend sind vielmehr die Genauigkeit der Inhaltswiedergabe und die Wirkung des Ganzen, und dies schließt auch ideologische Aspekte ein (s. Kap. 15.3).

Während die „wissenschaftlichen Übersetzungskritiken" immer wieder die Notwendigkeit einer Hierarchisierung der einzelnen Übersetzerentscheidungen betonen (s. Kap. 6.4; 7.6; 14.2), wird hier darauf verzichtet. Die einzelnen Kategorien sind im Textganzen verknüpft, so dass man kaum sagen kann, welcher Aspekt nun wichtiger wäre als ein anderer. Es bleibt immer der dynamische Versuch, möglichst viel davon in der Übersetzung zu realisieren, und die Entscheidung liegt beim Translator.

Wie sich die hermeneutische Auffassung in veränderten Übersetzungslösungen auswirkt, soll nun an einem Textbeispiel aufgezeigt werden.

(a)
VIVRE EN VILLE
Héritières des cités antiques, les villes médiévales restèrent longtemps confinées dans leur vieilles enceintes romaines. L'explosion démographique des XIIe et XIIIe siècles favorisa l'expansion des cités. Elles débordèrent de leurs enceintes et des villes neuves furent créées. Au plus fort de l'expansion, les villes ne rassemblaient cependant pas plus d'une personne sur dix. Dans les régions les plus urbanisées – la Flandre et l'Italie –, les très grosses villes comptaient à peine 50 000 habitants. Paris, la plus grande ville de l'époque, avait environ 200 000 habitants au début du XIVe siècle. Ces villes attiraient un flux régulier de paysans qui venaient y travailler en «hommes libres». Depuis le XIIe siècle, les villes ou communes obtenaient des rois ou des seigneurs des libertés en achetant prix d'or des chartes de franchise.

Dans les rues étroites des villes, ou l'affluence des passants tournait rapidement à la cohue, le citadin pouvait jouir d'une liberté de mouvement inconnue à la campagne. Le nouveau venu n'était jamais perdu longtemps; il disposait pour s'orienter de repères simples: l'église, le beffroi, la halle. Il était accueilli par ses „pays", originaires de la même province, qui l'intégraient rapidement à leur communauté. Dans chaque quartier, les mêmes maisons abritaient «Messire Denier» et «Dame Pauvreté»: riches marchands et artisans misérables. Les pauvres occupaient les combles, sous les toits, au-dessus des vastes appartements des négociants. Aux premiers revenaient le froid et la corvée d'eau à la fontaine, aux autres la chaleur de la cheminée. «Peuple menu» et «peuple gras» s'opposaient dans leur manière de vivre. La richesse des grands bourgeois provoquait de brusques flambées de colère parmi les pauvres tenaillés par la faim et le chômage. Pauvres et riches étaient pourtant également dépendants de la campagne qui les nourrissait. Tous craignaient la guerre et la famine, mais aussi l'épidémie ou l'incendie, qui se propageaient, sans distinction, des maisons de bois aux palais de marbre. (P. Marchand, 1992).
In: «À l'ombre des châteaux forts.» Encyclopédie découverte Junior. Gallimard-Larousse 1992. Publication sous la direction de Pierre Marchand, p. 643.

(b)
LEBEN IN DER STADT
Als unmittelbare Erben der antiken Städte blieben die mittelalterlichen Städte lange Zeit eingeschlossen in ihren alten römischen Mauern. Die Bevölkerungsexplosion des 12. und 13. Jahrhunderts bewirkte dann aber, daß sie über die Befestigungsmauern hinauswuchsen. Es entstanden auch immer neue Städte. Aber selbst zur Zeit des größten Wachstums wohnte nur einer von zehn Menschen in einer Stadt. In den Gegenden, die am meisten verstädtert waren – Flandern und Italien –, hatten nur die größten Städte mehr als 50.000 Einwohner. Paris zählte zu Beginn des 14. Jahrhunderts rund 80.000 Einwohner, Venedig 90.000, Köln 40.000 und Gent 60.000. Die Städte zogen einen stetigen Strom von Bauern an, die hier als freie Männer arbeiten wollten. Seit dem 12. Jahrhundert kauften sich viele Gemeinden vom König oder einem Feudalherrn einen Freibrief. Gegen eine große Geldsumme verzichtete der Herr damit auf seine Rechte über die Stadt. Diese konnte sich jetzt selbst verwalten und brauchte meist keine Abgaben mehr zu zahlen.
In den engen, höchstens drei Meter breiten Straßen führte der Strom der Passanten oft zu einem beängstigenden Gewühl; der Stadtbewohner genoß jedoch eine Bewegungsfreiheit, die auf dem von Lehnsherren beherrschten Land unbekannt war. Auch konnte der Neuankömmling sich niemals lange verlaufen. Er hatte einfache Orientierungspunkte: die Kirche, den Belfried, die Markthalle. In jedem Stadtteil beherbergten oft die gleichen Häuser gleichzeitig Reiche und Arme. Die Armen lebten in drangvoller Enge unter den Dächern über den großen Wohnungen der Kaufleute. Sie litten im Winter unter der Kälte und mußten ihr Wasser vom Brunnen die vielen Stockwerke hinaufschleppen. Die Begüterten und die Habenichtse unterschieden sich stark in ihrer Lebensweise. Arme und Reiche waren jedoch gleichermaßen abhängig vom Land, das sie ernährte. Alle fürchteten den Krieg und die Hungersnot, aber ebenso die Seuchen und die Feuersbrünste, die sich, ohne Rücksicht auf arm oder reich, in Windeseile ausbreiteten.
(Übers. H. Weigelt, Bearbeitung S. Auer, 1992).
In: „Die Zeit der Ritter und Burgen. Leben im Mittelalter." Die große Bertelsmann Enzyklopädie des Wissens. Bertelsmann Lexikon Verlag, S. 71.

(c)
STADTLEBEN
Als Nachfahren der antiken Gemeinwesen blieben die mittelalterlichen Städte lange Zeit noch in ihren alten römischen Befestigungen eingeschlossen. Die Bevölkerungsexplosion im 12. und 13. Jh. förderte dann die Ausbreitung der Städte. Sie wuchsen über ihre Stadtmauern hinaus, und neue Städte wurden gegründet. Doch auch auf

dem Höhepunkt ihrer Ausdehnung versammelten die Städte nicht mehr als ein Zehntel der Bevölkerung eines Landes. In den städtereichsten Gebieten – Flandern und Italien –, zählten die Großstädte kaum 50.000 Einwohner. Paris, damals die allergrößte Stadt, hatte am Anfang des 14. Jh. ungefähr 200.000 Einwohner. Diese Städte zogen einen regelmäßigen Strom von Bauern an, die kamen um hier als „Freie" zu arbeiten. Seit dem 12. Jh. erwarben die Städte oder Gemeinden nämlich von den Königen oder Lehnsherren Freiheiten, indem sie gegen Gold Freibriefe kauften.
In den schmalen Gassen der Städte, wo der Andrang der Fußgänger rasch zum Gewühl wurde, konnte der Städter eine Bewegungsfreiheit genießen, wie sie auf dem Lande unbekannt war. Der Neuankömmling verlief sich nicht lange, denn er hatte einfache Orientierungspunkte: die Kirche, den Rathausturm, die Markthalle. Er wurde von seinen Landsleuten empfangen, die aus derselben Provinz stammten und ihn rasch in ihre Gemeinschaft eingliederten. In jedem Stadtviertel wohnten Arm und Reich, wohlhabende Händler und ärmliche Handwerker zusammen im gleichen Haus. Die Armen bevölkerten die Dachböden über den geräumigen Wohnungen der Kaufleute. Ihr Los war die Kälte und die Last des Wasserpumpens am Brunnen, die anderen hatten die Wärme am Kamin. So führten die „kleinen Leute" und die „Pfeffersäcke" ein recht gegensätzliches Leben. Der Reichtum der Großbürger rief unter den von Hunger und Arbeitslosigkeit geplagten Armen auch oft Wutausbrüche hervor. Doch Arme und Reiche waren gleichermaßen vom Land abhängig, das sie ernährte. Alle fürchteten Krieg und Hungersnot, aber auch Seuchen und Brände, die sich unterschiedslos ausbreiteten, von den Holzhäusern bis in die Marmorpaläste. *(Neuübersetzung R. Stolze).*

Kommentar:
Der Text (a) stellt ein Kapitel aus einem reich bebilderten Jugendbuch über das Mittelalter dar. Es ist also ein Fachtext in fachexterner Kommunikation. Er richtet sich an Leser mit relativ wenig Vorwissen, eine Textfunktion, die auch in der Zielsprache bezweckt ist. Spezifisch sind einige Fachausdrücke aus dem Mittelalter (*cité, enceinte, hommes libres, seigneurs, libertés, charte de franchise, beffroi, pays, campagne, comble*), die das enthaltene Hintergrundwissen vermitteln. Dies zeigt sich auch an der Hervorhebung mancher Ausdrücke mit Anführungszeichen.
Die gedruckte Übersetzung (b) geht satzweise vor, teilweise ohne Rücksicht auf die deutsche Idiomatik im Textganzen. Dadurch wirkt der Text wenig flüssig, und stilistisch unschöne Wiederholungen häufen sich *(Städte, Mauern, Strom, Arme und Reiche, die gleichen Häuser gleichzeitig Reiche und Arme)*.
Unbekannte Informationen *(Freibrief, Straßenbreite, Gegensatz Stadt-Land)* wurden im Sinne einer Bearbeitung für die Textfunktion 'Sachbuch' durch Zusätze erläutert (z. B. *weitere Städte, gegen eine große Geldsumme, drei Meter breit, von Lehnsherren beherrschtes Land*).
Manche Erklärungen sind allerdings auch redundant *(große Geldsumme, in drangvoller Enge, beängstigendes Gewühl, litten im Winter, die vielen Stockwerke hinauf, in Windeseile)*. Dafür wurden andere Aspekte weggelassen *(riches marchands et artisans misérables, La richesse des grands bourgeois..., Il était accueilli..., chômage)*, oder nicht erklärt *(? Belfried, ? freie Männer, ? Feudalherrn)*.
Die Übersetzung tendiert dazu, Informationen aneinanderzureihen und weist inhaltlich starke Abweichungen vom Ausgangstext auf.
In der Neuübersetzung (c) wurde versucht, durch fachlich präzise Formulierungen (Kat. 'Lexik'), insbesondere durch sprechende Adjektive und terminologische Wortkomposition, die dahinterliegende Objektwelt zu verdeutlichen *(Gemeinwesen, städtereich, Großstadt, allergrößte, wohlhabend, Großbürger)*.
Außerdem wurde versucht, unter Beachtung der Kompatibilität von Wörtern (Kat. 'Thematik') ein textinternes semantisches Netz um „Stadt" zu bilden *(Städte, Stadtmauern, Gassen, Städter, geräumige Wohnungen, Dachböden, Kamin)*. Die Formulierungen stehen dem Ausgangstext näher, appellieren aber, wegen der fehlenden Zusätze, mehr an die Vorstellungskraft des Lesers und der Leserin.

> Durch Einfügung von Partikeln *(auch, dann, jedoch, nämlich,* usw.) wurde der Gesamttext kohärenter gemacht, Fremdwörter wurden vermieden (Kat. 'Pragmatik'). Für die Metapher *„peuple gras"* wurde der stilistisch vergleichbare mittelalterliche Ausdruck *„Pfeffersäcke"* eingesetzt (Kat. 'Stilistik').
> Das Ziel war, nicht nur bestimmte Informationen zu vermitteln, sondern in der Vorstellung des Lesers vom Textganzen her das „Bild" einer solchen Stadt entstehen zu lassen.

KOMMENTAR

Die Hermeneutik argumentiert aus der Sicht der übersetzenden Person und eröffnet dadurch neue Denkansätze. Nicht das Verhältnis zwischen Text und Übersetzung oder die Faktoren des Übersetzungsprozesses werden diskutiert, sondern die Probleme des Übersetzers bei seinem Umgang mit Texten. Ein solcher Ansatz appelliert an die Kreativität des Übersetzers und zwingt ihn zu eigenem Nachdenken. Andererseits ist dies schwieriger zu vermitteln, da sich nicht leicht klare Schemata und feste Strategien fixieren lassen. Mit den translatorischen Kategorien liegt jedoch ein linguistisches Instrumentarium vor, mit dem die Orientierung im Text gelenkt und die Entscheidungen zumindest begründet und überprüft werden können.

In dem Anspruch, sich vom Ausgangstext zu lösen und eine zielsprachlich kohärente und kulturspezifisch adäquate Übersetzung zu gewinnen, trifft sich die Hermeneutik mit der funktionalen Translationstheorie und der französischen Übersetzerschule. Der Übersetzungsprozess wird als ein dynamischer Vorgang angesehen, bei dem verstehensbasiert ein erster Entwurf wiederholt überarbeitet und näher an die Vorlage sowie an funktionsgerechte Formulierungen herangeführt wird.

LEKTÜREHINWEISE

Hans-Georg GADAMER (1960): *Wahrheit und Methode.* Tübingen. Insbesondere Kapitel 3 „Sprache als Medium der hermeneutischen Erfahrung." Auch abgedruckt in H. J. STÖRIG (Hrsg.) (1969), 402-409.

Fritz PAEPCKE (1986): *Im Übersetzen leben - Übersetzen und Textvergleich.* Hrsg. v. K. BERGER und H.-M. SPEIER. Tübingen.

Radegundis STOLZE (1992): *Hermeneutisches Übersetzen. Linguistische Kategorien des Verstehens und Formulierens beim Übersetzen.* Tübingen.

Radegundis STOLZE (2003): *Hermeneutik und Translation.* Tübingen.

Larisa CERCEL (Hg.) (2009): *Übersetzung und Hermeneutik – Traduction et herméneutique.* Bukarest.

L. CERCEL / J. STANLEY (Hg.) (2011): *Unterwegs zu einer hermeneutischen Übersetzungswissenschaft.* Tübingen.

18 Kognitionspsychologische Forschung zum Übersetzen

> *Protokolle des Lauten Denkens geben Hinweise auf den kognitiven Prozess des Verstehens und Formulierens. Das Denken verläuft assoziativ-holistisch, und der Übersetzungsprozess sollte konstruktiv von einer Makrostrategie gesteuert sein, damit weder bloße Kreativität noch verabsolutierte Einzelstrategien das Ziel verdunkeln. Planvolles translatorisches Handeln ist Ziel der Ausbildung, und Formen kreativen Übersetzens können erlernt werden. Durch eine Kombination der Analyse qualitativer und quantitativer Daten gelingt es die Einflussfaktoren des Übersetzens zu erforschen. Die Translationsprozessforschung zeichnet mit technischen Mitteln den Schreibprozess, die Pausen und die Augenbewegungen nach.*

18.1 Der Blick in die 'Black Box' – Lautes Denken (Krings)

Schon LADMIRAL hatte das Übersetzen in die Nähe der Erkenntnistheorie gerückt (s. Kap. 16.3), und die Hermeneutik sieht das Übersetzen als einen Denkakt, der kritisch reflektiert werden soll (s. Kap. 17.4). Während dort aber die Tatsache möglichen Verstehens einfach als gegeben vorausgesetzt wird, könnte auch die Frage gestellt werden, wie die Prozesse des Verstehens denn kognitiv tatsächlich ablaufen. In der älteren Übersetzungswissenschaft wurde vornehmlich das Übersetzungs*produkt* untersucht, doch nun zeichnet sich ein wachsendes Interesse am Übersetzungs*prozess* ab, nämlich an den Vorgängen, die einen bestimmten Übersetzer unter bestimmten Bedingungen bei der Übersetzung eines verstandenen Textes zu einem bestimmten Übersetzungsresultat führen. Diesbezügliche Einsichten könnten dann übersetzungsdidaktisch verwertet werden.

Nachdem in den 1990er Jahren die Kognitionsforschung einen starken Aufschwung genommen hat, wirkt dies auch auf die Übersetzungsforschung ein. Das translatorisch so wichtige Verstehen wird kognitiv untersucht. Neuere Forschungen in der Psycholinguistik haben z. B. gezeigt, dass menschliches Verstehen nicht Informationen addiert, sondern in vorhandene Wissensschemata integriert:[206]

> Bei jeder neuen Information werden die Karten des Wissens auch neu gemischt, und der Mensch entscheidet darüber, mit welchen Karten er weiterhin spielen will und welche er gegebenenfalls zur Seite legen kann. Dabei ist natür-

---

[206] Vgl. Frank G. KÖNIGS (1993): „Text und Übersetzer: Wer macht was mit wem?" In: J. HOLZ-MÄNTTÄRI/C. NORD (Hrsg.): *Traducere Navem. Festschrift für Katharina Reiß*, Tampere 1993, 229-248.

lich interessant zu ermitteln, nach welchen Gesetzmäßigkeiten der Mensch seine mentalen Karten neu mischt (KÖNIGS 1993:231).

Um den Weg zu einer Übersetzung klarer beschreiben zu können, ist zunächst zu erforschen, welche mentalen Operationen denn beim Übersetzen überhaupt ablaufen. Schon LEVÝ (1969:163) sprach von dem Blick in die „black box", um festzustellen was prozessual auf dem Weg vom Original zur Übersetzung passiert sei (s. Kap. 9.1).

Übersetzen ist eine komplexe Art der Sprachverwendung, deren Funktionieren mit Instrumentarien der Psycholinguistik zu untersuchen ist. Hans P. KRINGS (1986; 1988) hat sich hierzu, neben anderen (z. B. LÖRSCHER 1991), ausführlich geäußert. Entsprechende Forschungen sind meist nicht aus einer originär übersetzungswissenschaftlichen Perspektive heraus entstanden, sondern überwiegend im Rahmen benachbarter Disziplinen, wie z.B. der Sprachlehr- und Lernforschung und der Fremdsprachendidaktik. Dieser neue prozessanalytische Ansatz lässt sich in folgenden Thesen zusammenfassen:

> 1. Die mentalen Prozesse, die beim Übersetzen „In den Köpfen der Übersetzer" ablaufen, sind ein zentraler Bestandteil von übersetzerischer Wirklichkeit und gehören somit zum Gegenstandsbereich der Übersetzungswissenschaft. (...)
> 2. Gegenstand des übersetzungsprozessualen Ansatzes sind dabei alle kognitiven Prozesse, die zur Entstehung eines Übersetzungsproduktes führen, von den ersten Recherchierarbeiten bis zum letzten Korrekturlauf (...).
> 3. (... Eine solche) auf den Übersetzungsproze ß bezogene übersetzungswissenschaftliche Forschung ist grundsätzlich *empirisch-induktiv*.
> 4. Im Gegensatz zu den ebenfalls zahlreichen *normativen* Ansätzen in der Übersetzungswissenschaft ist der übersetzungsprozessuale Ansatz grundsätzlich *deskriptiv*, er beschreibt das konkrete übersetzerische Vorgehen der als Versuchsperson fungierenden Übersetzer mit allen Defiziten, die dieses aus einem normativen Blickwinkel möglicherweise beinhaltet.
> 5. Ziel des übersetzungsprozessualen Ansatzes ist der graduelle Aufbau eines *differenzierten Modells des Übersetzungsprozesses* und die Klärung des Einflusses der prozeßrelevanten Variablen (...) (KRINGS 1988:394).

Erste empirische Untersuchungen in dieser Richtung dienten auch dem Zweck, die Versuchsparameter des Verfahrens des *„Lauten Denkens" (LD)* zu entwerfen und dessen Brauchbarkeit zu erhärten. Entwickelt wurde die Methode in der Psychologie, man vergleiche dazu die einflussreiche Arbeit von ERICSSON/SIMON (1984)[207]. Das Übersetzen wird dabei als ein Problemlösungsprozess untersucht. Fortgeschrittenen Fremdsprachenlernern (also nicht professionellen Übersetzern oder Übersetzerstudenten) wurde ein Text zur Übersetzung vorgelegt. Nun sollten sie alle ihre Gedanken laut verbalisieren, die Tonbandaufnahme (LD-Protokoll, en.: think-aloud protocols = TAP) wurde danach für die Analyse transkribiert (vgl. KRINGS 1986). Später wurde das gleiche Verfahren auch mit einem Berufsübersetzer durchgeführt (KRINGS 1988). Insgesamt wurden dabei hochinteressante Ergebnisse erzielt, so dass festgestellt werden kann, dass das introspektive Verfahren durchaus einen Aufschlusswert besitzt. Auf diese

---

[207] Vgl. K. A. ERICSSON/H. A. SIMON (1984): *Protocol Analysis. Verbal Reports as Data.* London.

Weise will man der Wechselwirkung von vorgegebenen Problemen bzw. Problemstrukturen und subjektiven Verarbeitungsprozessen (dem Verlauf des Lösungsprozesses) auf die Spur kommen.

KRINGS (1986) unterstreicht wiederholt, dass im Übersetzungsprozess lexiko-semantische Probleme den größten Raum einnehmen, indem Ähnlichkeitsassoziationen im Leserbewusstsein ablaufen. Die ganze formale Seite der Sprachregeln wird relativ schnell – wohl zur eigenen Entlastung – automatisiert, jedenfalls ist sie nicht mehr bewusst verfügbar. Insgesamt ist eine starke Dominanz der Muttersprache in den Suchstrategien zu beobachten. Frank G. KÖNIGS stellt fest, dass „der übersetzungsbezogene Verstehensprozess des Ausgangstextes bei Wörtern, nicht bei Sätzen oder ganzen Texten" ansetze (1993:233f), und dass hier Nomina stärker verstehensfördernd seien als andere Wortarten. Dies kann als ein Indiz für die heuristische Rolle semantischer Isotopieebenen und Wortfelder in Texten gewertet werden (s. Kap. 17.3).

Im Vergleich der Redeprotokolle von Lernern und Berufsübersetzern zeigte sich beim Berufsübersetzer eine viel höhere Konzentrik oder Rekursivität im Gegensatz zur Linearität des Übersetzungsprozesses bei Anfängern, d. h. der professionelle Übersetzer wies viel mehr Vor- und Rückgriffe bei der Textbearbeitung auf als Lerner, die vorzugsweise Satz für Satz vorgehen. Auch problematisiert der Berufsübersetzer größere Teile des Textes, während die Lerner oft naiv an den Fakten kleben. So bringt der Berufsübersetzer den zielsprachlichen Text durch einen „gesamthaften, auf die interne Kohärenz achtenden Formulierungsprozeß hervor" (KRINGS 1988:404). Ein solches Verhalten war auch im Rahmen des hermeneutischen Denkens als Forderung an den Übersetzer gestellt worden (s. Kap. 16.2). KÖNIGS sieht hier auch eine Anwendungsmöglichkeit im Unterricht:

> Ist der Unterricht auf der Lernzielebene auf globales Übersetzen festgelegt, so bietet sich hier anhand von lernseitigen Übersetzungsdiskussionen (...) an, auf den multiple stage-Charakter jeglicher Übersetzung hinzuweisen (...), demzufolge jede Übersetzung dadurch zustande kommt, daß Lösungen verfeinert und sowohl hinsichtlich des zielsprachlich Gemeinten als auch bezüglich des verwendeten Sprachmaterials mehreren Überarbeitungsphasen unterworfen werden. Praktisch kann man dies etwa im Unterricht dadurch demonstrieren, daß man Texte nach einem bestimmten zeitlichen Abstand noch einmal bearbeiten läßt und dann auch die Unterschiede zwischen den beiden Fassungen zum Gegenstand unterrichtlicher Diskussionen macht (1989:170).

Die Übersetzungsvarianten, die erwogen und zum Teil wieder verworfen wurden, waren beim Berufsübersetzer viel zahlreicher, so wie er auch eine deutlich diversifiziertere Benutzung von Hilfsmitteln hatte. Die Studierenden hatten sich vielfach mit dem zweisprachigen Wörterbuch als Verständnishilfe begnügt. In seinem Bericht über die Protokollanalysen stellt KRINGS fest: „Alle drei Befunde sprechen gegen die Annahme eines höheren Automatisierungsgrades beim Berufsübersetzer" (1988:409). Diese Beobachtung stellt eine schwerwiegende Infragestellung für andersgeartete Forschungsvorhaben dar, die das Übersetzen als „Fertigkeit" operationalisieren wollen (s. Kap. 4.7).

> Für die **Mikroabläufe im Problemlösungsprozess** schlägt SALEVSKY (2002:245) folgendes Beschreibungsschema vor:
>
> (1) Erkennen
> (a) sprachlich (primäres Erkennen)
> (b) inhaltlich (sekundäres Erkennen)
> (2) Sinngebung
> (a) kognitiv und emotional (Potenzaufbau)
> (b) evaluativ (für die aktuelle Situation)
> (c) projektiv (konzeptionell für die gestellte Aufgabe)
> (3) Planung
> (a) Vergleich früherer bzw. erwarteter Situation(en) mit der aktuellen Situation
> (b) Wahrscheinlichkeitsüberlegungen (Vorstellungen, Vergleiche, Hypothesen, Bewertungen, Prognosen)
> (c) Prüfung der Ziel- und Mittelalternativen (inkl. möglicher Folgen sprachlicher und inhaltlicher Art bzw. möglicher Wirkungspotenzen)
> (4) Entscheidung
> (a) für eine bestimmte Handlungsalternative
> (b) für ein Abwarten weiterer sprachlicher bzw. inhaltlicher Information(en) für Rückkopplung
> (5) Realisierung der Handlung
> (6) Kontrolle und Bewertung
> (a) positiv
> (b) negativ
> (7) Korrektur
>
> Dass diese Abläufe nicht rein sukzessiv, sondern auch und gerade beim Übersetzen eher rekursiv, mit Schleifen und Rückkopplung verlaufen, dürfte inzwischen außer Frage stehen.

Die Bedeutung solcher, zunächst rein deskriptiver Prozessvergleiche für die Übersetzungsdidaktik liegt auf der Hand. Bei Vorliegen genauerer Daten über die Prozessstruktur des Übersetzens bei Lernern und Professionellen hätte man auch Orientierungsmarken darüber, wo eine Übersetzungsdidaktik die Auszubildenden „abholen" sollte und wo sie prozessmäßig gesehen hinzuführen hätte. Vielleicht könnte dabei auch die Methode des „Lauten Denkens" selbst eingesetzt werden, um den Lernern die Defizite in ihrem übersetzerischen Vorgehen bewusst zu machen. Die Problembestimmung im Rahmen solcher deskriptiver Untersuchungen und Tests bleibt ja oft noch subjektiv. Auf eine sinnvolle Verwendung der Methode in der Fremdsprachendidaktik verweist KÖNIGS (1989).

18.2 Psycholinguistische Studien: Intuition und Kognition

Erst sehr spät wurde also in der Übersetzungswissenschaft erkannt, dass der Übersetzer als das erkennende Subjekt in die Textanalyse integriert werden muss. Es scheint so als habe Wolfram WILSS in seinem Buch *Kognition und Übersetzen* (1988) diese Wende mitvollzogen, wenn es dort heißt:

> Insofern wir als Übersetzer tätig werden, müssen wir daran interessiert sein, uns Rechenschaft über unser Verhältnis zu dem von uns zu übersetzenden Text zu geben. Das Verhältnis zu diesem Text ist aber immer auch ein Verhältnis zu uns selbst als Person, die zum Zweck der Erledigung eines Übersetzungsauftrags in die Rolle des Übersetzers geschlüpft ist (1988:59).

Dies klingt wie ein Bekenntnis zur Subjektivität und Individualität des Übersetzers, doch WILSS sieht diesen Aspekt als negativ an. Sein interessantes Versprechen einer „kognitiven Darstellung des Übersetzungsprozesses" wird leider nicht eingelöst. Statt dessen trägt er aus allen Winkeln der übersetzungswissenschaftlichen Literatur einzelne Beiträge zu Begriffen wie *kognitive Psychologie, Übersetzen als Verständigungshandlung, Handlungstheorie, die Rolle des Übersetzers im Prozess, Übersetzen als verstehensbasierte Handlung, Übersetzen als Problemlösungsoperation, als Entscheidungsprozess, Kreativität und Intuition beim Übersetzen* usw. zusammen. Diese überblicksartige Zusammenstellung zeigt, dass diese neuen Parameter vielfach bedacht werden, jedoch zeichnet sich noch kein klares Bild ab.

Aus der teilweise widersprüchlichen Darstellung gewinnt man den Eindruck, dass die zahllosen verschiedenen Ansätze nicht kongruent sind. Der Versuch, die auseinanderdriftenden Tendenzen der gegenwärtigen Übersetzungswissenschaft, wie sie ja im Übrigen auch in der vorliegenden Einführung deutlich werden, zusammenzuhalten, macht deren unübersichtliche Lage nur noch plastischer. Wenn es in der Einleitung (1988:IX) heißt: „Die Übersetzungswissenschaft ist und bleibt letztlich eine Grenzwissenschaft, die durch das oft problematische, gleichzeitig zentripetal und zentrifugal wirkende Kräftespiel zwischen objektiven und subjektiven Faktoren charakterisiert ist", so ist der erste Buchteil eine Explikation dieses Satzes. Jeweils zu Kapitelbeginn werden wünschbare Objektivierungsmechanismen entworfen, die dann wieder, mit Hinweis auf den relativen Charakter des Übersetzens als menschlicher Tätigkeit, zurückgenommen werden. Psycholinguistische Aspekte werden nicht klar von den individuellen Fähigkeiten der Übersetzer abgehoben, was aber für eine Theoriediskussion unabdingbar wäre.

Das nicht Messbare, nicht „Operationalisierbare" des menschlichen Übersetzens wird zwar ständig betont, aber als Defekt gesehen. Die Beobachtung, dass Menschen in einer historisch und sozial geprägten Umwelt leben, die ihr individuell verschiedenes Verhalten beeinflusst; dass man nur etwas übersetzen kann, was man zuvor verstanden hat; dass Verstehen ein bestimmtes sachliches und kulturelles Vorwissen und entsprechende Erfahrung voraussetzt etc.; all das sind objektiv nicht bestreitbare Tatsachen, deren Implikationen jedoch nicht bis in letzte Detail hinein analysierbar sind. Das weiß WILSS wohl, denn „dazu gehört auch die Auseinandersetzung mit dem ungemein problematischen Gegenstand der Übersetzungskreativität" (1988:107). Er bleibt jedoch im Grunde in seiner mechanistischen Vorstellung der „Transferprozeduren" stecken (s. Kap. 4.6), auch wenn hier Begriffe wie „Kreativität", „Entscheidung", „Intuition" („definitorisch und methodisch schwer faßbar", WILSS 1988: ix) genannt werden. Aus einer enormen Menge von Variablen erklärt WILSS die uneinheitliche Natur des Übersetzungsprozesses, die auf eine Anzahl subjektiver Faktoren zurückzuführen sei und die vom Übersetzer dennoch ein rationales Handeln verlangt (ebd. 58).

> **Übersetzen ist ein Zusammenspiel von systematischen Problemlösungsstrategien und Entscheidungsprozessen.** Das Buch stellt die Frage, wie dieses Zusammenspiel in funktional bestimmten Transferprozeduren abläuft und inwieweit es möglich wäre, diese komplizierten Prozesse maschinell zu simulieren (wie der Klappentext andeutet).
> WILSS fordert von der modernen Übersetzungstheorie, „über die mentalen Grundlagen übersetzerischen Handelns nachzudenken, Reflexionen über das Wesen des Übersetzungsprozesses anzustellen, die Steuerung von übersetzerischen Denk-, Verstehens- und Formulierungsprozessen zu problematisieren, übersetzerisches Handeln nicht kausal, sondern teleologisch zu erklären, und die den übersetzerischen Handlungsentwürfen zugrunde liegenden Pläne zu erforschen" (WILSS 1988:20). Es bleibt leider bei der Forderung.
> Einfacher ist die Praxisbeschreibung: Ein systematisches Vorgehen, d. h. eine übersetzungsbezogene Textanalyse aller übersetzungsrelevanten Dimensionen des Textes sei eine Grundvoraussetzung des Übersetzens als methodisch kontrolliertem Prozess. Doch ist diese Methodisierung eben nur bis zu einem gewissen Grade durchführbar, da diese systematische Handlungsperspektive durch einige Variablen wie Identität, Begabung und Selbsteinschätzung des Übersetzers, aber auch durch die Unzulänglichkeit der textuellen Beschreibung relativiert wird (ebd., 50). Es soll ein „semantisches, funktionales und pragmatisches Gleichgewicht" zwischen as Text und zs Text erzielt werden, das „am Prinzip des ‚tertium comparationis' festzumachen" ist (ebd., 56).
> Dazu führt der Übersetzer eine Reihe von „Problemlösungsoperationen" durch, um die Widerstände, die ihm der Text aufgibt, zu überwinden, indem er unter möglichen Alternativen abwägt und Entscheidungen trifft, die von subjektiven Faktoren wie mentaler Verfassung, übersetzerischer Erfahrung, der Fähigkeit makro- und mikrotextuelle Entscheidungen zu treffen, Transferregularitäten zu erkennen, dispositioneller Konstanz, Anspruchsniveau, Kongenialität, Erkennen von Textnormen, Transferkompetenz, subjektiver Kompetenzeinschätzung, sowie von linguistischen Faktoren wie dem Grad syntaktischer, lexikalischer und grammatischer Kontrastivität, der Variabilität des Zielsprache-Ausdruckspotentials, der Textkomplexität und Interaktion zwischen Motivation und Kognition abhängig sind (ebd., 57f).
> Die verschiedenen Problemlösungsverfahren führen zu microstrukturellen „Entscheidungsprozessen": „Nach LEVYs Meinung stehen as- und zs-Textsegmente in der Regel nicht in einer Eins-zu-Eins-Entsprechung, sondern in einer Eins-zu-Viele-Entsprechung. Die übersetzungsprozessuale Konflikt- und Entscheidungssituation ist für den Übersetzer um so schwerer zu bewältigen, je komplexer das zu übersetzende Textsegment in syntaktischer, semantischer, pragmatischer und stilistischer Hinsicht ist" (ebd., 93). Und so muss eine entscheidungsorientierte Übersetzungswissenschaft heuristische Methoden zur Entscheidungsfindung heranziehen, wenn sie eine Theorie praktischen Wissens sein will, die „aufbauend auf übersetzungsbezogenen Denkinhalten und Denkoperationen, zu einem entscheidungsfundierten Formulierungsresultat führt" (ebd., 106).
> WILSS misst den verschiedenen Übersetzertypen hier große Bedeutung bei und sucht nach einer „Typologie des Übersetzerverhaltens in Entscheidungssituationen", wo er dem „prospektiven, zielorientierten Übersetzer den retrospektiven, unschlüssigen Übersetzer" (ebd., 104) gegenüber stellt.
> Weil also der Übersetzungsprozess so von individuellen Lebens- und Handlungsumständen gekennzeichnet ist, verlangt WILSS vom Übersetzer, dass er „von einer intuitiven zu einer reflexiven Übersetzungstätigkeit" (ebd., 105) übergehe.
> WILSS vertritt eine „texttypspezifische Differenzierung des Kreativitätsbegriffs" (ebd., 112). Stark normalisierte, wie z. B. gebauchssprachliche Texte, die wörtliche Überset-

zungsprozeduren ermöglichen, sind seiner Meinung nach weniger „kreativ". Wir finden Feststellungen wie folgende: „Nichtwörtliche Übersetzungen erfordern einen größeren Problemlösungsaufwand als wörtliche Übersetzungen, deren Reichweite in der Übersetzungspraxis oft überschätzt, aber auch unterschätzt wird" (ebd., 88). Sie sind überall möglich, „wo zwischen AS und ZS ein struktureller (syntaktischer) Gleichgewichtszustand herrscht, der eine Quasi-Selbststeuerung des Übersetzungsprozesses bewirkt. Bei wörtlichen Übersetzungen reduziert sich der Transferaufwand auf die Aktualisierung von Verhaltensschemata (s. Kap. 4.7).

WILSS konzediert schließlich, dass „es vermutlich kein allgemeines Maß, keine allgemeine Norm für Übersetzungskreativität gibt, sondern daß man hier von Übersetzer zu Übersetzer, von Text(typ) zu Text(typ) und von Übersetzungssituation zu Übersetzungssituation unterscheiden muß" (ebd., 120).

Der hier entwickelte Unterschied zeigt sich auch in den beiden makrokontextuell festgelegten Übersetzungsstrategien: die Übersetzungsmethode und die Übersetzungstechnik. Während die Übersetzungs*methode* eine Konfliktlösungsstrategie bedeutet, die sich durch bestimmte „Textanalyse- und Texttransferprozeduren auf heuristischer Basis (...) schrittweise an ein optimales, qualitativ überprüfbares Übersetzungsresultat" (ebd., 125) heranarbeitet, meint Übersetzungs*technik* die Routinearbeit, die sich automatisch vollzieht und als Ergebnis eines Lernprozesses zu übersetzerischem Routineverhalten wird: „Übersetzungstechniken repräsentieren eine spezifische Form standardisierter Informationsverarbeitung" (ebd., 125).

Die Übersetzungskreativität stiftet einerseits Ordnung und steht so „in engem Bezug zu Problemlösungsmethoden" (ebd., 127); andererseits setzt sie „Kräfte frei, durch die sich die Dynamik des Übersetzers außerhalb seiner sozio-technischen Verhaltenspragmatik mit einer kollektivistischen Grundhaltung verwirklichen kann" (ebd., 127).

Eine ähnliche Beziehung sieht WILSS zwischen den analytischen Problemlösungsverfahren und der Intuition. Er behauptet: „auf unsere intuitiven Fähigkeiten greifen wir als Überstzer vor allem dann zurück, wenn wir auf der Basis rationaler Problemlösungsstrategien zu keinem brauchbaren Ergebnis gelangen" (ebd., 142). Aber stimmt das eigentlich? Das Ganze erscheint wie das hilflose Bemühen, alle möglichen Aspekte aufzulisten.

In der Psycholinguistik lassen sich freilich durchaus klare Einsichten in das Wirken der Intuition gewinnen. Es scheint in der Praxis so zu sein, dass sowohl in Bezug auf Texte, als auch hinsichtlich des Verstehens einzelner Wörter ein assoziatives holistisches Denken vorherrscht. Wörter werden tatsächlich „deverbalisiert" (s. Kap. 16.2), und die Bedeutung wird aus einer zunächst noch ungefähren Kernbedeutung allmählich durch Informationen aus dem Kontext angereichert und präzisiert. Es gibt Untersuchungen von KINTSCH (1986)[208], nach denen eine kontextfreie Bedeutungserfassung zwischen 50 und 500 Millisekunden dauert, danach gewinnt der Kontext die dominante Rolle im Bedeutungsaufbau.

An dieser Stelle kommt erneut die scenes-and-frames-Semantik nach FILLMORE ins Spiel (s. Kap. 11.3). Die Wortbedeutungen werden auf Prototypen als vorhandenen Schemata aufgebaut. Ein Ausgangstextelement aktiviert aufgrund der Wörter ein Bedeutungsfeld, dieses wiederum aktiviert ein entsprechendes Bedeutungsfeld in der Zielsprache, und daraus wird dann, wie beim Reden oder Schreiben, die Textbedeutung konkretisiert. Da der zu formulierende Sinn von

---

[208] Vgl. Walter KINTSCH (1986): *The Representation of Knowledge and the Use of Knowledge in Discourse comprehension*. University of Colorado, Institute of Cognitive Science, Technical Report 152.

den Sprachstrukturen losgelöst ist, stellen sprachenpaarspezifische Unterschiede keine große Schwierigkeit dar.

Dies bedeutet für den Übersetzungsunterricht, dass rasche Bedeutungserfassung, Textverstehen und spontanes Formulieren als Schreibkompetenz die wichtigsten zu trainierenden psycholinguistischen Fähigkeiten des Übersetzers sind. Solches wird insbesondere auch von der französischen Übersetzerschule gefordert (s. Kap. 15.1). Demgegenüber wären „Übersetzungstechniken" aus der sprachenpaarbezogenen Übersetzungswissenschaft (s. Kap. 5.4) weniger wichtig; denn immer dann, wenn die eingefahrenen Gleise verlassen werden müssen – und das ist bei neuen Texten fast immer der Fall – reagiert der so konditionierte Übersetzerstudent hilflos.

Inzwischen hat Hans G. HÖNIG aufgrund psycholinguistischer Tests nachgewiesen, dass Intuition und Kognition beim Suchen und Finden zielsprachlich stimmiger Formulierungen nicht dem Prinzip einer linearen Progression des einen nach dem anderen folgen, sondern vielmehr interdependent sind. Meist wird dabei versucht, das intuitive Urteil wiederum kognitiv abzustützen. „Aber auch diese Lösung muß wieder durch ein Evidenzerlebnis und damit wieder durch den intuitiven Eindruck der 'Stimmigkeit' bestätigt werden" (1990:155).[209]

Wichtig ist festzuhalten, dass intuitive Urteile an fast allen mentalen Übersetzungsvorgängen beteiligt sind. Intuition ist die eine tiefere Suche anregende Fähigkeit zu raschem, ganzheitlich-synthetischem, überblicksartigem Erfassen von Zusammenhängen. Die assoziative Zusammenschau vieler Einzelaspekte führt zu einem unmittelbar erhellenden Begreifen der Situation (vgl. STOLZE 1992:27). Dagegen arbeitet Kognition mit den Daten, die im Augenblick zur Verfügung und in direkter Relation zu dem zu lösenden Problem stehen. Beide Denkweisen sind im Übersetzungsprozess miteinander verknüpft. Eine Zerlegung der kognitiv-intuitiven Ketten in ihre Faktoren würde allerdings die Komplexität der mentalen Prozesse sichtbar machen.

18.3 Konstruktives Übersetzen (Hönig)

Folgerichtig sieht Hans G. HÖNIG (1995) die Übersetzungskompetenz als wichtigen Forschungsgegenstand. Verstehen ist ein „Sinngebungsprozeß, der grundsätzlich graduell fortschreitet und dessen Ende niemals objektiv, sondern immer nur subjektiv, nämlich aus dem Verstehensinteresse der rezipierenden Person, definiert werden kann" (HÖNIG 1989:126). Er lehnt das kognitiv-deskriptive Modell der Introspektion bei KRINGS ab (s. Kap. 18.1), weil kognitiv-verbale Daten nicht mit den komplexen mentalen Operationen gleichgesetzt werden könnten. Auch ist er an einer übersetzungsbezogenen Gesamtstrategie interessiert, und nicht bloß an einer Beschreibung dessen, „was in den Köpfen von Übersetzern vorgeht".

---

[209] Hans G. HÖNIG (1990): „Sagen, was man nicht weiß - Wissen, was man nicht sagt. Überlegungen zur übersetzerischen Intuition." In: R. ARNTZ/G. THOME (Hrsg.) (1990): *Übersetzungswissenschaft - Ergebnisse und Perspektiven. Festschrift für Wolfram Wilss.* Tübingen: Narr, 152-161.

Nicht alles an einem Text Beobachtbare ist für dessen Übersetzung relevant. Vielmehr ist es Teil der Übersetzungskompetenz, dass der Übersetzer selbst beurteilen kann, ob seine sprachliche und kulturelle Kompetenz ausreicht oder ob er noch recherchieren muss. Die translatorische Kompetenz eines Professionellen manifestiert sich „eher darin, daß aufgrund einer übersetzerrelevanten Textanalyse/-synthese ein Übersetzungsauftrag zurückgewiesen wird, als in der – gerade bei Lernern sehr verbreiteten – Einstellung: 'Ich versteh's zwar nicht, aber ich mach's mal'" (HÖNIG 1989:127).

Durch die didaktische Einführung einer „übersetzerrelevanten Textanalyse" soll nun die Reflexion über den „gesamten Text in seiner kommunikativen Funktion" vor den Beginn des übersetzerischen Handelns gesetzt werden, damit Probleme auf einer höheren Verarbeitungsstufe systematischer angegangen werden können. Als „translatorische Myopie" (Kurzsichtigkeit) bezeichnet HÖNIG die verbreitete Fehlhaltung, einzelne Textkonstituenten wegen ihrer subjektiven Schwierigkeit so lange geistig zu fixieren, bis man am Ende vor lauter semantischen Bäumen den Wald des Textes nicht mehr sieht. Auch SELESKOVITCH/LEDERER (1984:30) hatten einmal angemerkt, dass eine spontan gefundene Übersetzungslösung oft durch das Bemühen um lexikalische Entsprechung in ihrer Nähe zum Sinn wieder aufgegeben wird (s. Kap. 16.1). Daher sollten Studierende dazu ermuntert werden, das Gemeinte „mit eigenen Worten" nachzuerzählen, weil so oft rascher funktionsgerechte und zielsprachlich idiomatische Formulierungen gefunden werden. Vor allem sollte die „didaktogene Fehlhaltung" der Fehlervermeidungsstrategien abgebaut werden. HÖNIG wendet sich dezidiert gegen die Übersetzungstechniken der sprachenpaarbezogenen Übersetzungswissenschaft und Fehleranalyse (s. Kap. 5.4):

> Eine große Versuchung für den Lehrenden (und eine große Gefahr für den Lernenden) liegt in der Verabsolutierung von Regulierungen des übersetzerischen Verhaltens auf der Ebene der Sprachsysteme. Derartige Anleitungen (etwa Friederich 1969 oder Newmark 1988) können leicht als Fehlervermeidungsstrategien mißbraucht werden. Dies liegt nahe, weil bei den Lernern eine große Bereitschaft gegeben ist, das übersetzerische Verhalten an Regeln auszurichten und den scheinbar mühsameren Weg über den Aufbau einer translatorischen Kompetenz zu vermeiden (1989:130).

So erhebt sich mit Blick auf die Übersetzungskompetenz nun die Frage nach der Ordnung des Denkens. In jedem Erkenntnisprozess sind die schon vorhandenen Erkenntnisstrukturen beteiligt und werden dadurch selbst verändert. Dabei entsteht neues, unerwartetes und unvorhersagbares Material, das sich möglicherweise als kreativer Einfall erweist. HÖNIG weist darauf hin, dass die mentalen Prozesse bei der Verarbeitung sprachlicher Daten keinesfalls nur logisch konsequent, sondern vielmehr simultan, vernetzt und holistisch ablaufen. Wenn nun in Introspektionsprotokollen bzw. durch deren Auswertung der Eindruck vermittelt wird, die mentalen Prozesse seien konsequent logisch geordnet, so unterliegt dies dem grundsätzlichen Problem, „daß allein durch die Bewußtmachung der weitgehend unkontrollierten Prozesse beim Übersetzen die Gefahr besteht, dass diese verfälscht oder unter dem Druck des Versuchsdesigns erfunden werden" (HÖNIG 1995:40).

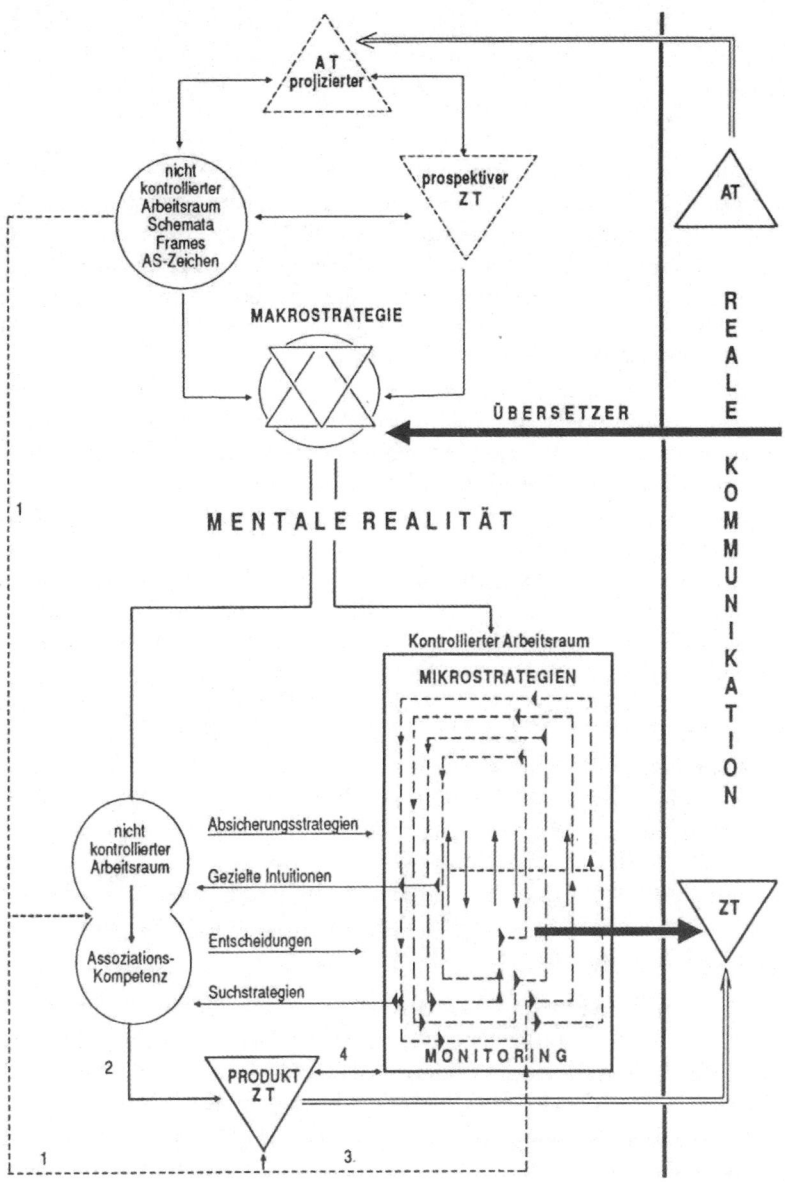

Abb. 6: Flussdiagram der mentalen Prozesse nach HÖNIG (1995:51).

Vor dem Hintergrund seines didaktischen Ziels unternimmt es HÖNIG, ein Flussdiagramm zur Darstellung der mentalen Prozesse beim Übersetzen zu entwerfen (vgl. 1995:51), denn für die Anwendung übersetzerischer Mikrostrategien ist die didaktische Vermittlung einer Makrostrategie entscheidend, und ohne ein Bewusstsein von der Rolle des Übersetzers kann dieser auch das notwendige Selbstbewusstsein nicht entwickeln. HÖNIG bemerkt dazu (siehe vorstehende Abbildung):

> Beginnen wir unsere Besichtigung des Modells rechts oben, also beim Ausgangstext (AT) in der realen Kommunikation, wo er vom Übersetzer zuerst erfaßt wird. Für die Übersetzung wird der AT aus dieser "natürlichen" Umgebung entfernt und in die mentale Realität des Übersetzers projiziert. Durch diese Projektion wirkt er subjektiv "größer" als in der realen Kommunikation, denn er bindet nun mehr mentale Kapazität, als dies bei der nichtübersetzungsbezogenen Rezeption der Fall wäre.
> Der *projizierte AT* wird nun zum Objekt der mentalen Verarbeitungsprozesse. Dabei lassen sich grundsätzlich *zwei Verarbeitungsräume* unterscheiden: der unkontrollierte (= *unko. Ar.*) und der kontrollierte Arbeitsraum (= *ko. Ar.*).
> An den unkontrollierten Bearbeitungsprozessen sind vor allem *Schemata* und *frames* beteiligt, die beide gemeinsam als strukturierte Domänen des Langzeitgedächtnisses definiert werden können. (...)
> Gleichzeitig bauen sich innerhalb dieses "Verstehens" unwillkürlich Erwartungsstrukturen in bezug auf den prospektiven Zieltext auf. Ganzheitliche Erwartungsstrukturen (...) sind Teil jedes Textverarbeitungsprozesses, aber beim Übersetzen sind sie ZT-orientiert und überlagern die Prozesse im *unko. Ar.*
> Der qualifizierte Übersetzer wird sich aus dem Zusammenspiel von projiziertem AT, prospektiven ZT und der Daten aus seinem *unko. Ar.* seiner übersetzerischen Aufgabe bewußt. Das heißt, er erarbeitet sich eine übersetzerische *Makrostrategie,* die er entweder aufgrund seiner beruflichen Erfahrung weitgehend automatisch herstellt, oder die er ganz bewußt (möglicherweise gestützt auf eine übersetzungsrelevante Textanalyse) formuliert. (...) Gesteuert von dieser Makrostrategie erfolgen nun die weiteren mentalen Prozesse, die sich sowohl im *unko. Ar.* als auch im *ko. Ar.* vollziehen. Erst jetzt sollte also die eigentliche Übersetzungsphase beginnen (1995:55f).

HÖNIGS Ziel einer professionellen Makrostrategie, die das translatorische Verhalten steuern soll, wird an zahlreichen Beispielen *ex negativo* aufgezeigt, indem an schlechten Übersetzungen das Fehlen einer solchen Überblicksperspektive nachgewiesen wird.

HÖNIG plädiert für *Konstruktives Übersetzen* (1995), das dann möglich wird, wenn die Beteiligten über den Vorgang Bescheid wissen. „Nur wer die Konstruktionsprinzipien versteht, kann konstruktive Beiträge liefern" (1995:10). Mit der Metapher des Brückenbaus beschreibt er die Übersetzerkompetenz im Sinne eines selbstbewussten Übersetzens (1995:91). Dieses übersetzerische Selbstbewusstsein basiert auf einer Bewusstheit in Makrostrategie und Materialkunde, und führt hin zu Selbstvertrauen durch Kompetenz und Systemkunde. Das Bewusstsein ist nicht einfach gegeben, sondern als Produkt der Gehirntätigkeit ein sich selbst schaffendes Phänomen, indem es durch neu einströmende Informationen und Gedanken ständig verändert wird.

So soll durch eine sinnvolle Makrostrategie die didaktogene Verabsolutierung von Mikrostrategien verhindert werden. Die erlernbare Übersetzungskompetenz schafft das übersetzerische Selbst-Bewusstsein (= Selbstvertrauen), aus dem heraus der Übersetzer seine (angeborene) Assoziationskompetenz bewusst einsetzt. Im Blick auf einen bewussten, ganzheitlichen Umgang mit Texten im Übersetzen wäre auch an die „translatorischen Kategorien" STOLZES zu denken (s. Kap. 17.3).

18.4 Kognitive Grundlagen der Expertentätigkeit (Risku)

Den Versuch, die Komplexität übersetzerischen Handelns theoretisch zu erfassen, unternimmt Hanna RISKU (1998). In einem interdisziplinären Ansatz werden die kognitiven Grundlagen menschlicher Kommunikation, Kultur und Translation dargelegt. Dabei wird zunächst die verbreitete Auffassung von mentalen Prozessen als regelbasierter Symbolmanipulation und von Kommunikation als Signalübertragung (s. Kap. 4.2) verworfen.

Um eine Verbesserung der translatorischen Ausbildung zu erreichen, ist zunächst ein Verständnis der kognitiven Voraussetzungen sinnvollen translatorischen Handelns nötig, und da zeigt sich ein „interessantes Phänomen: Das Expertenhandeln lässt sich nicht in Regelwerke pressen" (RISKU 1998:11). Ziel des Buches ist es aber, ein Modell als „theoretisch fundierte Grundlage für kognitionsgerechte und damit handlungskohärente Lehr- und Lernmethoden" zu entwerfen (S. 17). RISKU geht dazu von der Frage aus, wie Handlung, Kultur und Sprache miteinander verwoben sind und sieht ihre Überlegungen im Horizont der Handlungstheorie (s. Kap. 13.3) angesiedelt. Es werden empirische Studien aus mehreren Disziplinen, insbesondere der Kognitionswissenschaft, ausgewertet, aber auch modellhafte Beschreibungen der Kognition verwendet.

Bei der Untersuchung von Kommunikation ist vor allem die Beziehung von Denken und Sprache, aber auch die gehirnphysiologische Grundlage sprachlicher Phänomene relevant. Die Entstehung von Referenz und deklarativem Wissen geschieht durch die Sprache:

> „Durch die Stabilisierung von Symbolen und ihren (internen) Referenzen entsteht *deklaratives Wissen als Symbolmanipulation.* Deklaratives Wissen in Form von Aussagen (Propositionen) entwickelt sich durch Externalisierung, d. h. durch den Versuch der symbolischen Darstellung von prozeduralem (operationalem) Wissen. Deshalb setzt deklaratives Wissen prozedurales Wissen als Basis voraus" (S. 73). [Kognition ist somit ein sprachliches als auch ein nichtsprachliches Phänomen; Sprache hat sowohl soziale als auch kognitive Funktion.]

Ausführlich setzt sich RISKU mit verschiedensten theoretischen Modellen zum „Übersetzen als sozialer und kognitiver Expertentätigkeit" auseinander (1998:79-116) und gelangt dabei zu einer offenen Definition:

> Die Definition von Expertenkompetenz hängt von der Definition von Wissen ab, d. h. die jeweilige Epistemologie bestimmt unsere Erwartungen gegenüber Expertinnen und Experten. Sie bestimmt nicht nur, welche Methoden und Ziele von diesen eingesetzt und erwartet werden, sondern auch welchen Verantwortungsbereich und welche Entscheidungsbefugnisse sie übernehmen oder übernehmen dürfen, ob und wie ihre Arbeit evaluiert werden kann, ob Ausbildung für notwendig gehalten wird und welchen Status die Produkte ihrer Arbeit bekommen (S. 91).

Experten werden „ihre Tätigkeit aus mehreren Perspektiven reflektieren, ihre Ergebnisse zusammen mit ihren Voraussetzungen und Zielen präsentieren, die Bedarfsträger in den Prozeß einbinden und die gesellschaftliche Relevanz der Resultate berücksichtigen müssen" (S. 103). Es wird zu zeigen versucht, in welcher Weise das Übersetzen als Expertentätigkeit auf kommunikativer Kompetenz basiert. Elemente der Expertenkompetenz eines Translators, die „Tektonik der Translation", sind das Quadrat aus *Person, Rolle, Makrostrategie* und dem *zu steuernden System*, in dem er steht. Dies erinnert an die heuristischen Bezugspunkte in einem hermeneutischen Ansatz (s. Kap. 17.4). RISKUS kognitiv-prozeduraler Ansatz geht also von vier Elementen aus, „in die die kognitive Realität des Problemlösers methodologisch aufgeteilt werden kann:
1. der Problemlöser selbst mit seinen kognitiven (inkl. emotionalen und motivationalen) Merkmalen,
2. die Handlungssituation als die sozio-kulturelle Position und Rolle, von der aus der Experte Aufträge bearbeitet (soziale Rolle, soziale Kompetenzen),
3. sein Ziel als fallspezifischer und dynamischer „Skopos" des translatorischen Handelns aus der Perspektive des Translators (Makrostrategie) sowie
4. das zu erkennende und zu steuernde System. Dieses entspricht dem Untersuchungsmaterial eines Experten und beinhaltet im Falle der Translation den Auftrag und die Zielkommunikation mit ihren Bezügen zur Ausgangskommunikation." (S. 117).

Person, Rolle, Makrostrategie und System sind dabei vielfältig miteinander verflochten und so ergibt sich eine Definition des Übersetzens als komplexes Problemlösen:

> Die großen, potentiellen Informationsmengen verlangen Kriterien zur Informationsauswahl; wegen der vielen Abhängigkeiten zwischen den Kommunikationsparametern der Situation und auch innerhalb eines Schriftstücks muss die Situation strukturiert werden; die Eigendynamik der Kommunikationssituationen verlangt rasche bzw. ‚mehrfach kompatible' Entscheidungen; die Intransparenz (Unbestimmtheit) der Texte und Situationen erfordert weitere Informationsbeschaffung; Konflikte zwischen verschiedenen Zielen wie Fachlichkeit und Verständlichkeit müssen abgewogen werden; in jeder Handlungsphase entstehen Entscheidungssituationen zwischen mehreren Handlungsstrategien und Ausdrucksmöglichkeiten. (S. 129).

Die so gefundene Dynamik der Translation wird dann ausführlich diskutiert (RISKU 1998:131-240) und schrittweise ins Modell eingebaut: das Quadrat aus Person, Rolle, Makrostrategie und System wird nun differenziert in ‚*Selbstorganisation, Maßnahmenplanung und Entscheidung, Makrostrategiebildung* und *Informationsintegration*'. Die Diskussion um implizite Leitbilder im Blick auf die **Selbstorganisation** führt zu der Feststellung: „Statt der Suche nach situationsunabhängigen Verhaltensmustern halte ich ständige interne und externe Reflexion für sinnvoll. Kritik und Weiterentwicklung geschieht dann nicht um letzter Wahrheiten willen, sondern um die aktuellen aus einer neuen Situation entstandenen Probleme lösen und schließlich immer komplexere Probleme bewältigen zu können." (S. 142).

Wichtig ist für das Übersetzen eine **Makrostrategiebildung**: „Die Evolution der Makrostrategien reicht vom antizipierten Soll-Zustand eines mit zielsprachlichen Ausdrücken gefüllten Blattes bis zur Erweiterung des Wirkungskreises literarischer Werke, zu gelungenen internationalen Bildungskooperationen bzw. zu einem sprachdemokratischen wissenschaftlichen Diskurs. (...) Die Ziele werden immer herausfordernder" (S. 145).

Erfolgreiche Makrostrategiebildung basiert nicht auf der Formulierung eines exakten, vorgefassten Handlungsplans als **Maßnahmenplanung und Entscheidung**. Dass aber eine hypothetische Zielplanung am Anfang des Produktionsprozesses durchaus von einer weiterentwickelten Schreibkompetenz zeugt, konnte in der Textproduktionsforschung bestätigt werden. „Die Dynamik der Makrostrategie erschwert die Beschreibung der inneren, menschlichen Logik eines konkreten Translationsfalles. In der Übersetzerausbildung stellt dies vor allem die Gestaltung von Übersetzungsseminaren vor ein Kompetenzproblem. Schließlich ist die erwähnte Makrostrategie eine der wichtigsten Evaluationsgrundlagen einer Übersetzungsleistung. Erst das Wissen um die Zielsituation und um das Ziel der Übersetzenden macht es möglich, sowohl den Prozeß als auch das Produkt des Übersetzens zu besprechen" (S. 148). Die Externalisierung ist dabei ein Instrument des Denkens in einer komplexen Situation, die sonst schwer zu handhaben wäre.

Zum translatorischen Alltag gehört auch die „Polytelie" (Vielzieligkeit). Vernetzung und Hierarchie der Entscheidungen ist wichtig, denn „der Zieltext soll sich z.B. gleichzeitig in die intertextuelle Umgebung der Zielsituation einfügen, den Lesern den individuellen Beitrag des A-Autors näherbringen, und diese allgemein über ein Sachthema informieren." Die Bewältigung konkurrierender Ziele verlangt Prioritäten zu setzen.

Dazu ist **Informationsintegration** als vierter Schwerpunkt nötig. „Unter Informationsintegration ist das Erfassen eines Systems zu seiner Veränderung in einen makrostrategisch skizzierten (und weiter zu spezifizierenden Zustand) gemeint. (...) Problemlösungstheoretisch betrachtet handelt es sich hier um die Steuerung eines dynamischen, offenen Systems. Das Ziel der Informationsintegration ist die Ermöglichung von Textproduktion als *Situationssteuerung*. Dieses Ziel beeinflusst die Art der Repräsentationsbildung und damit auch des Wissenserwerbs" (S. 152). Als Strategien der Informationsintegration werden genannt: Assoziation, Modellbildung, Verstehen statt Vergleichen; und deren Quellen sind: Wissen und Ausgangsmaterial, Recherche, Ausgangstextrezeption und -evaluation, mit dem Ziel des Übergangs von einer kumulativen zur intentionalen Informationssuche. Allerdings ist dann „translatorische Recherche mit solchem Arbeitsaufwand verbunden, daß ihre Strategien bei der Ökonomie des Handelns eine schwerwiegende Rolle spielen" (S. 167).

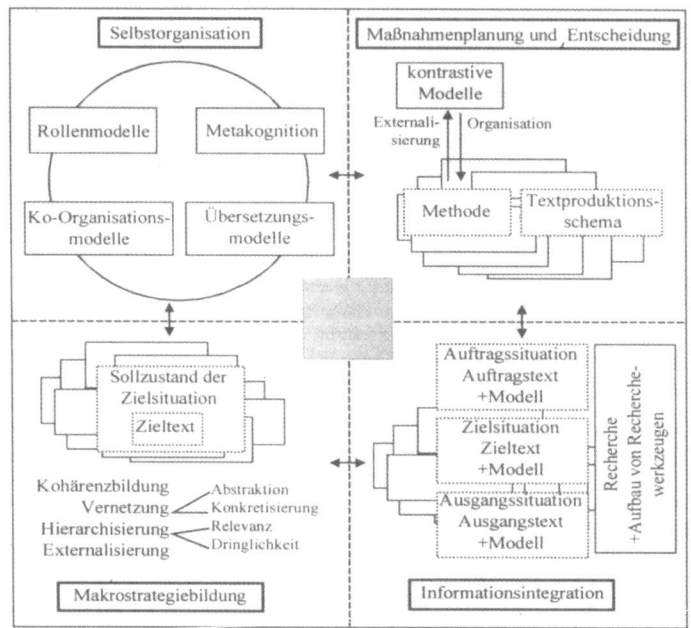

Abb. 7: Kognitionsmodell der translatorischen Kompetenz nach RISKU (1998:261).

Abschließend gelangt die Darstellung zu einem komplexen Kognitionsmodell der translatorischen Kompetenz des „Expertenübersetzens als Sinnkonstruktion" (S. 261). Dieses Buch bietet einen wertvollen Forschungsüberblick auf hohem theoretischem Niveau und trägt relevante Ergebnisse der Kognitionsforschung zusammen, was als Grundlage einer adäquaten Didaktik für die Übersetzerausbildung fortentwickelt werden kann.

18.5 Kreativität beim Übersetzen (Kußmaul)

Stärker anwendungsorientiert ist der Beitrag von Paul KUßMAUL. Da kreative Einfälle beim Übersetzen unbestritten sehr wichtig sind, hat KUßMAUL (1993) in eigenen Untersuchungen anhand von Dialogprotokollen des lauten Denkens die Entwicklung von Kreativität beim Übersetzen untersucht.

Im Sinne der Kreativitätsforschung analysierte er die „Vorbereitungsphase" und die „Inkubationsphase", in welcher es zu Kombinationen und Reorganisationen des Wissens kommt. Schwierig sei es, die „Illuminationsphase" zu isolieren, denn sie ist eng mit der „Evaluationsphase" verknüpft. Generell ist damit zu rechnen, „daß es Vor- und Rückgriffe gibt, sozusagen gedankliche Schleifen, und daß manche Phasen mehrfach durchlaufen werden" (1993:284). Häufig zeigte sich in den Protokollen auch, dass ein Mangel an Evaluation zum Verlust guter Ideen führen kann, was HÖNIGS Postulat einer „Makrostrategie" unterstützt.

Anhand solcher Protokolle des lauten Denkens kann auch überlegt werden, welches die günstigsten Bedingungen für die Entfaltung von Kreativität sind. Wie groß soll eine Gruppe sein? Wie oft sollen Pausen eingelegt werden? Wie können psychologische Blockierungen überwunden werden? (vgl. KUßMAUL 1991)[210].

KUßMAUL (2000) definiert „Kreativität" als Abweichung vom Ausgangstext: „Sobald wir aufgrund von Sprachsystemzwängen derartige Veränderungen durchführen müssen, sind wir in gewisser Weise kreativ" (KUßMAUL 2000:22), und er diskutiert an Übersetzungsbeispielen, welche Variante „kreativer" sei. Dies erinnert an WILSS' Vorstellung (s. Kap. 18.2). „Daß wir beim Lösen von Übersetzungsproblemen auf die Technik der Transposition oder Ausdrucksverschiebung zurückgreifen", sei inzwischen ein „Allgemeinplatz" (KUßMAUL 2000a:307).[211] Die Evaluation der Übersetzungen haftet dabei an den Sprachstrukturen, aber nicht am Inhalt.[212] Es wird sogar eine Abstufung nach dem „Mehr-oder-weniger Prinzip" vorgenommen:

> Keinerlei Kreativität ist erforderlich, wenn das Muster der Ausgangssprache mit dem gleichen Muster in der Zielsprache übersetzbar ist. Ein gewisses Maß an Kreativität ist erforderlich, wenn in der Zielsprache ein Muster vorhanden ist, das sich vom Muster der Ausgangssprache unterscheidet. Man muß sich an dieses Muster ja erst einmal erinnern bzw. man muß es entdecken. Mehr Kreativität ist erforderlich, wenn in der Zielsprache noch kein Muster vorhanden ist, um die Vorstellung des Ausgangstexts auszudrücken. Dann muß ein neues Muster geschaffen werden (Kußmaul 2000:29).

Zur Schaffung kreativer Lösungen sind „Gedankensprünge beim Übersetzen" (op.cit.) erforderlich, die naheliegendste Deutung wie in der Relevanztheorie reicht hierfür nicht aus (s. Kap. 16.4). KUßMAUL stellt LAKOFFS Theorie als „Weiterentwicklung der Prototypensemantik und der Scenes-and-Frames-Semantik" vor, die auch schon von SNELL-HORNBY im Sinne der Interdisziplinarität einbezogen wurde (s. Kap. 11.3). Er fordert vehement entsprechende Kategoriensprünge als „konstitutiv für Kreativität" ein. Wenn in „divergentem Denken" (GUILFORD 1975:40)[213] gewohnte Bahnen verlassen werden, eröffnen sich neue Horizonte.

---

[210] Vgl. Paul KUßMAUL (1991): „Creativity in the Translation Process. Empirical Approaches." In: K. VAN LEUVEN-ZWART/T. NAAIJKENS (eds.): *Translation Studies: The State of the Art. Proceedings of the First James S. Holmes Symposium on Translation Studies.* Amsterdam: Benjamins, S. 91-101.

[211] Vgl. Paul KUßMAUL (2000a). „Gedankensprünge beim Übersetzen." In: M. KADRIC et al. (Hrsg.): *Translationswissenschaft. Festschrift für Mary Snell-Hornby zum 60. Geburtstag.* Tübingen: Stauffenburg, 306-317.

[212] So wird diskutiert, wie eine englische Partizipialkonstruktion als Temporalsatz ins Deutsche übersetzt wird (KUßMAUL 2000:21). Vgl. auch die „übersetzungsprozessualen Paradigmen" (WILSS 1992:91) zur dreifachen Übertragung der prämodifizierenden englischen Partizipialkonstruktion. Dabei würde solches dem hermeneutisch denkenden Übersetzer gar nicht bewusst, denn die grammatische Form ist unerheblich, und man kann die Sätze immer auch anders formulieren, als es in Musterübersetzungen gezeigt ist.

[213] Vgl. Joy Peter GUILFORD (1975): "Creativity: A Quarter Century of Progress." In: J. A. TAYLOR/J. W. GETZELS (eds.): *Perspectives in creativity.* Chicago: Aldine, 37-59.

KUßMAUL (vgl. 1993:279-285) bringt ein **Beispiel für die assoziativen Denkprozesse**: In einem beim LD-Test verwendeten Text ging es um das Thema „Kater im Urlaub". Die Situation, in der man leicht ein Glas über den Durst trinkt, wurde sehr lebendig wie folgt geschildert:

How well the summer wine goes down, whilst you bask in the balm of an island evening, fanned by the flattery of murmuring machos and lulled by the lilt of gypsy guitars. How different the next day when your head is hurting like an off-course cable car and the sun slugs you right in the eye. (Cosmopolitan, August 1980, S. 82).

Die Testpersonen waren damit beschäftigt, die Stelle „fanned by ... " zu übersetzen und äußerten sich wie folgt:
A: „Mandeläugige Männer" hätte ich gesagt oder so, das...
B: Ach so, zwei „ms".
A: Normalerweise sagt man „mandeläugige Mädchen".
B: Ja. *(7 Sekunden Pause)* Lass dich doch mal von diesen wunderschönen Spanienbildern da an der Wand inspirieren *(lacht)*.
A: Da sind keine Männer drauf *(lacht, - 5 Sekunden Pause)*.
B: Ja, irgendwas „lulled by the lilt of gypsy guitars". *(Die Kassette wird umgedreht, 10 Sekunden Pause)*.
A: Jetzt habe ich eben gesagt „umschmeichelt von bewundernden Blicken".
B: Ja, das klingt doch!
A: Dann lassen wir das mit den Männern doch ganz weg.
B: Ja.
A: Also sind aus den „murmuring machos" „bewundernde Blicke" geworden *(lacht)*.

Nach dem Wenden der Kassette als Ablenkungsaktivität wird die geistige Blockade überwunden und Testperson A macht kreativ einen neuen Vorschlag, mit dem sie sich vom Ausgangstext löst (deverbalisiert) und einen neuen Weg beschreitet.
Dass Flüssigkeit des Denkens der Kreativität dienlich ist, lässt sich auch am obigen Beispieltext zeigen. Im Zusammenhang mit der Stelle „flattery of murmuring machos" kam es bei den Testpersonen zu folgendem Dialog:
A: ... umschmeichelt von den ... also Casanova war schon mal nicht schlecht. Jetzt müssen wir nur noch die Verbindung herstellen. Kühner Casanovas ...
B: kühner, kerniger und ortskundiger Casanovas *(Lachen)*
A: k, was gibt es denn mit k?
B: Küche, Kleiderschrank, Kinder *(Lachen)*
A: Kinderreicher Casanovas *(Lachen)*. Kerniger Casanovas.
B: Nee. *(Pause)* Liebestoller Latin Lovers.
A: Ja!
Flüssiges Denken zeigt sich hier in der Nennung von alliterierenden Adjektiven.

Dass der Mangel an Evaluation der gefundenen Lösungen aber auch zum Verlust guter Ideen führen kann, zeigen die Überlegungen zum letzten Satz „*How different the next day...*" Die dazugehörige Passage im Protokoll lautet:
A: ... dann muss der letzte Satz aber noch besser werden! Wie ernüchternd ist dagegen der Morgen danach. Die Lichtstrahlen schmerzen wie hunderttausend Nadelstiche. Gibt es nicht irgendwie sowas? Da gibt es etwas, aber ich komme nicht darauf. *(Pause.)*
B: Ein Brummschädel zum Platzen - so etwas vielleicht.
Nach einer längeren Diskussion entscheiden sich die Testpersonen für:
„Der Schädel brummt und man erleidet Höllenqualen. Grelles Licht und Lärm werden einfach unerträglich."
Sie hatten offenbar nicht bemerkt, dass sie bereits eine viel bessere Lösung gefunden hatten. Hier hätte das überwachende Bewusstsein (nach HÖNIG im kontrollierten Arbeitsraum) helfen können.

KUßMAUL hat (1995) in *Training the Translator* den Ansatz zu einer kognitionswissenschaftlichen Fundierung des Übersetzungsunterrichts vorgelegt. Folgende thematische Schwerpunkte der Übersetzungsdidaktik werden in den Kapiteln angesprochen:

> What goes on in the translator's mind?
> Creativity in translation
> Pragmatic analysis
> The analysis of meaning
> Text analysis and the use of dictionaries
> Evaluation and errors
> A summary of strategies.

Gegenstand des Buches ist es also, „to explore various aspects of the methodology of translation" (1995:2), wobei es vor allem um das Lehren, um die Vermittlung dieses Übersetzerverhaltens geht. KUßMAUL möchte das „Blackbox-Modell" des Übersetzungsprozesses (s. Kap. 17.1) durch ein epistemisch fundiertes Modell ersetzen, das sich auf die Vorstellung vom Übersetzer als einem planvoll, bewusst und verantwortlich handelnden Subjekt stützt. Nur wer methodisch vorgeht, kann übersetzerische „Verhaltensketten" oder eine Art „kognitive Landkarte" aufbauen, die erkenntnissichernd und erkenntniserweiternd wirkt.

Die Arbeit mit Protokollen des lauten Denkens ist ein sehr anregendes Medium für den Übersetzungsunterricht, da die Studierenden wirklich konkret ihre eigene Arbeit diskutieren können, und gewiss auch nicht wenig Spaß dabei haben.

Um genauere Einblicke in das Denken von Übersetzern und Übersetzerinnen zu gewinnen, wären noch viele empirische Untersuchungen der mentalen Prozesse, Tests und Protokollanalysen erforderlich. Leider sind diese steht mit einem hohen technischen Aufwand verbunden, jedoch bietet die Kreativitätsforschung ein weites Feld für weiterführende Untersuchungen in der Zukunft.

18.6 Empirische Untersuchung von Verhaltensmustern (Hansen)

Mittlerweile ist mit „Translog" eine technische Methode entwickelt worden, um am Computer das tatsächliche Schreib- und Korrekturverhalten von Probanden nachzuzeichnen.[214] Man kann nun die Introspektion über die Protokolle des Lauten Denkens (s. Kap 18.1) mit exakten Messungen per Software verknüpfen, um einen noch genaueren und verlässlicheren Einblick in das tatsächliche Verhalten von Übersetzerinnen und Übersetzern zu gewinnen. Den Versuch, auf diese Weise „Störquellen" zu entdecken, die für wiederholt auftretende ähnliche Fehler bei Studierenden sorgen, unternahm Gyde HANSEN (2006).

---

[214] Vgl. Arne L. JAKOBSEN (1999): „Logging target text production with Translog" und „Translatog documentation." *Copenhagen Studies in Language* 24/1999: 9-20/149-184.

> *Störquellen sind Ursachen von Übersetzungsproblemen, deren Vorhandensein an den Fehlern in den Produkten, d.h. den Zieltexten, zwar erkennbar ist, nicht aber ihre Art und ihr Gewicht. Sie lassen sich nicht einfach als fehlende Kompetenz in den Bereichen, in denen sie auftreten, erklären, sondern sind nur durch Analysen der komplexen Zusammenhänge von Profil, Prozess und Produkt erfassbar (S. 18).*

Es wird davon ausgegangen, dass Übersetzungsprozesse individuell ganz verschieden sind, und Kompetenzen wie „Aufmerksamkeit, Einfallsreichtum, Überblick und Kontrolle, Präzision und Abstraktionsvermögen" wurden als einige der wichtigsten Kompetenzen beim Übersetzen herauskristallisiert (S. 27). Weil die Beobachtung aber den Gegenstand oft beeinflusst, wurde hier eine Kombination verschiedener Beobachtungsformen und ihrer Daten gewählt.

> Wichtig sind „Methoden zur Sicherung der klassischen Forderungen an empirische Forschung wie Genauigkeit, Verlässlichkeit, Gültigkeit, Glaubwürdigkeit, z. B. durch komplementäre Beschreibung und verschiedene Arten von Kombinationen und Triangulierungen von Beobachtungsmethoden und -daten, sowie Anwendbarkeit, Generalisierbarkeit und Wiederholbarkeit, sowohl der benutzten Methoden als auch der Ergebnisse" (S. 23).

In dem individuellen Akt des Übersetzens gibt es auch Verhaltensmuster, deren Vorhandensein man in größerem Rahmen testen kann, wobei dann die Erkenntnisse auch verallgemeinert werden könnten. Die zu untersuchenden „Störquellen" zeigen sich innerhalb des Zusammenhangs zwischen *Profil, Prozess und Produkt*. „Unter Übersetzerprofilen sind u. a. die individuellen Voraussetzungen, Erfahrungen, Empfindungen, Eigenschaften, Haltungen, Verhaltensweisen und Fähigkeiten zu verstehen, die einen Einfluss auf die Handlungen während des Übersetzungsprozesses und dadurch auch auf das Produkt haben" (S. 23).

Die Forschung zum Übersetzerverhalten ist sinnvollerweise interdisziplinär (s. Kap. 18.4). Aus der Psychologie ist das Problem der holistischen Beschreibung individueller Einstellungen mit unendlich vielen Variablen in Interviews bekannt. HANSEN (2006:43) diskutiert nun das Dilemma der nicht erreichbaren absoluten Objektivität und verweist auf das „Beschreibungsmodell" des Dänen I. K. MOUSTGAARD[215]. Zum Problem der Subjektivität qualitativer Daten meint dieser, die einseitige Anwendung von Beobachtungsmethoden der exakten Wissenschaften wäre nichts anderes als eine Pseudoexaktheit, da die eigentlichen Beschreibungsprobleme verschleiert würden. Er plädiert für eine genaue Deskription der Phänomene.

> Der Vorteil des Beschreibungsmodells von Moustgaard ist, dass es auf mehreren Ebenen und Metaebenen anwendbar ist, und zwar bei der *Planung* des Projekts, bei den *Experimenten*, bei der Auswertung der *Daten* und *Vermittlung* der Ergebnisse sowie auch bei der *Kommunikation* mit den VT, wo Probleme und eventuell Missverständnisse geklärt und ausgeräumt werden können. Es lassen sich damit nicht nur die klar definierbaren, abgegrenzten oder zählbaren Phänomene beschreiben – sondern auch die Vielzahl an Aspekten, die zusätzlich

---

[215] Vgl. I. K. MOUSTGAARD (1990): *Psychological Observation and Description*. Bergen: Sigma.

auch bedeutungsvoll sind – die aber, weil sie nicht durch die exakten Methoden erfasst werden können, sonst eliminiert würden" (S. 43f).

HANSEN hat so eine Begründung für die Kombination mehrerer Untersuchungsmethoden für die Suche nach typischen Störquellen beim Übersetzen gefunden. Die Bedingungen der individuellen Beschreibung von Wahrnehmungen können nur in Kommunikationsprozessen erfasst und kontrolliert werden. Daher ist das Gespräch mit den Probanden über die beobachteten Phänomene ein wichtiger Teil der Untersuchung.

„Eine Methode zur präzisen Beschreibung von Phänomenen und zum Erreichen eines gewissen Grades an Objektivität ist die Kombination von Beobachtungsdaten aus mehreren verschiedenen Datenquellen, oft auch Triangulierung[216] genannt" (S. 54). Dies läuft darauf hinaus, dass man z. B. qualitative Daten der Selbstbeobachtung mit anderen Beobachtungsdaten, vor allem der Fremdbeobachtung (manchmal auch der teilnehmenden Beobachtung) kombiniert. Eine der Methoden sollte objektiv belegbare Daten, z. B. durch exakte Messungen, hervorbringen. „Qualitative, subjektive und quantitative, objektive Daten werden beim Triangulieren dann nicht nur in gleicher Weise beachtet, sondern quantitative Daten werden zur Unterstützung der durch Introspektion, Befragung oder Beobachtung gewonnenen, qualitativen Daten herangezogen, wodurch man meint, dass diese, wenigstens teilweise, kontrollierbar und dadurch verlässlicher werden" (S. 54f).

In HANSEN (2006:61ff) werden die die **Parameter, Werkzeuge und Methoden der Untersuchung** ausführlich dargelegt. Dabei galt eine holistische Betrachtungsweise, indem Phänomene nicht nur isoliert, sondern immer auch in ihrem Zusammenhang betrachtet werden. Prozessdaten wurden mittels Translog erhoben, wobei der Zeitdruck variabel eingestellt werden kann. Die Arbeit mit Think-aloud Protokollen als Introspektionsmethode wird kritisch diskutiert, und stattessen der Retrospektion mit Replay durch Translog der Vorzug gegeben. „Bei dem Replay sahen die VT sowohl den Ausgangstext als auch ihren gesamten Schreibprozess auf dem Bildschirm. Sie sahen auch, welche Revisionen sie vorgenommen hatten, und besonders während der Pausen erinnerten sie sich an ihre Probleme, Überlegungen und Entscheidungen an den entsprechenden Stellen im Prozess. (...) Das Replay ist für die Retrospektion eine erhebliche Verbesserung, denn es wirkt wie ein konstanter Stimulus, durch den Erinnerungen wachgerufen werden" (S. 78).

Da die Produktdaten, d. h. besonders die vorkommenden „Fehler und Fehlertypen" (s. Kap. 5.4), in diesem Projekt wichtige Parameter sind, war eine Bewertung der Zieltexte aus Übersetzungen mit Zeitdruck und ohne Zeitdruck sowie die Beschreibung der vorkommenden Fehler und Fehlertypen unumgänglich. Hierzu wurde eine systematische Bewertung angewendet, „d. h. eine Bewertung nur der Fehler, mit Beschreibung der Kriterien, Dialog und Einigung bei Differenzen, und danach die systematische Anwendung derselben Kriterien auf alle Übersetzungsprodukte. (...) Man geht dabei „von der Vereinigungsmenge der Fehler aus, und wenn man mit mehreren Gutachtern Einigkeit über einen genau beschriebenen Kriterienkatalog erzielen kann, ist dies eine

---

[216] Der Begriff „Triangulation" stammt u. a. aus der Landvermessung, dem Bergbau und der Seefahrt. Es ist eine Standortbestimmung, bei der man von zwei schon bekannten Objekten ausgeht und einen dritten, unbekannten Ort durch Dreiecksmessung oder Winkelmessung anpeilt. Die Anwendung des Begriffs als Metapher zur Bezeichnung der Anwendung von mehreren Methoden wird vor allem in der Forschung im Gesundheitswesen diskutiert, wo man ihn dazu benutzt, die Komplexität menschlicher Phänomene zu erfassen.

präzise Methode, durch die man einen einigermaßen deckenden Eindruck von der Qualität der Produkte bekommen kann. Sie ist vor allem auch dann vorteilhaft, wenn man auch die Revisionen während des Prozesses, z. B. als Verbesserungen oder Verschlimmbesserungen bewerten möchte, da hier dieselben Kriterien angewendet werden können" (S. 92). Die Fehler wurden nach den linguistischen Ebenen und Stufen der Sprachbeschreibung eingeteilt: *pragmatische, textlinguistische, lexikalisch-semantische, idiomatische, stilistische, morphologische/morphosyntaktische, syntaktische Fehler* sowie *Kultureme* und *Fakten falsch* (S. 114), wobei Interferenzfehler noch gesondert behandelt werden.

Die **durchgeführten Versuchsreihen**, das Versuchsdesign und die Analysemethoden im Sprachenpaar Deutsch und Dänisch werden ausführlich vorgestellt. Danach werden die Ergebnisse auf genereller Ebene und auf Gruppenebene vorgestellt. „Eine wichtige Erkenntnis aus den bisherigen Resultaten dieses Produkts über Störquellen ist, dass es auf der Basis von Durchschnittsmustern und Durchschnittswerten, z. B. aus der Beobachtung von Parametern wie Qualität des ZT unter Zeitdruck, Fehlern, Fehlertypen, Revisionen, zeitlicher Segmentierung von Prozessen, Wörterbuchgebrauch sowie Kommentaren zu Problemen und Fehlern, nicht möglich ist, so klare Unterschiede zwischen Gruppen zu erkennen, dass man die Störquellen schon allein bei den Gruppencharakteristika finden könnte" (S. 163).

Interessant sind aber die Ergebnisse zu den **Problemen der Zweisprachigen**. Während diese VT sprachlich und kommunikativ sehr kompetent waren und ihre schriftlichen Produkte in den jeweiligen Sprachen unabhängig voneinander gut waren, „versagten sie, wenn beim Übersetzen beide Sprachen gleichzeitig aktiviert werden sollten. Ihre Übersetzungskompetenz war erstaunlich schwach" (S. 163). Dieses auch von anderen schon beobachtete Phänomen geht offensichtlich darauf zurück, dass sie anfangen zu zweifeln oder nachzudenken. Dann verliert sich plötzlich ihr sonst so sicheres Sprachgefühl. Ein wichtiger Aspekt ist die Frage, wie die Fremdsprache gelernt wurde. Klare Grammatikregeln und umfassende Fehlerkorrektur sind wesentlich.

Für das **Entdecken von Störquellen** aufschlussreich erwies sich dann eine Untersuchung der Zusammenhänge, die sich aus den Beobachtungen anhand der *individuellen* Profile, Prozesse und Produkte ergeben. In der Retrospektion mit Replay wurden folgende Kategorien untersucht: *Intentionen, Haltungen, Eigenschaften, Fähigkeiten, Strategien, Verhalten, Problem, Kontrollverhalten, Ursachen für mangelnde Kontrolle* (S. 174). Die Störquellen in Relation zu allen diesen Kategorien werden mit Beispielen diskutiert. Es sind dies beispielsweise grundsätzliche Irrtümer, ungünstige Haltungen, Gewohnheiten oder Strategien, wobei 23 Störquellen bis hin zu Bequemlichkeit, Überheblichkeit, Absicherungsmanie oder Unterschätzung des spontanen Könnens beobachtet wurden.

Durch die Einführung zusätzlicher Analyseschritte, wie z. B. des *Replays* und der Retrospektion, d.h. die nachträgliche kritische Selbstbeurteilung durch Testpersonen, denen Aufzeichnungen ihres Übersetzungsprozesses vorgespielt wurden, konnten weitere methodische Fortschritte erzielt werden.

Das Buch schließt mit Überlegungen zur Aneignung von Qualifikationen und Kompetenzen sowie zu Perspektiven für die Prozessforschung.

18.7 Translationsprozessforschung (Göpferich)

Nachdem die Verfahren zur Untersuchung translatorischer Denkprozesse immer differenzierter werden, konzentriert sich die Arbeit neuerdings v. a. auf das verfahrenstechnische Vorgehen. Susanne GÖPFERICH (2008) beschreibt ausführlich die einzelnen Verfahren der „Translationsprozessforschung".

Nach einer Darstellung der Geschichte dieses Forschungsfeldes wird auf die Methoden eingegangen. Dabei ist bei den Datenerhebungsverfahren zu unterscheiden zwischen Offline- und Online-Verfahren. Bei den Offline-Verfahren gibt es „Produktanalysen" (2008:9) und „verbale Daten". Reine Produktdaten (aufgrund der erstellten Übersetzungen) seien unzuverlässig, da sie Spekulationen über die ihnen zugrundliegenden Prozesse zulassen. Unter verbalen Daten versteht man Aussagen der Versuchspersonen zu ihren Gedanken, Meinungen, Empfindungen, Einstellungen usw., die systematisch, auch mittels Fragebogen dokumentiert werden. Dies schließt an die Untersuchungen HANSENS an (s. Kap. 18.6). Introspektive Verfahren aus der Experimentalpsychologie, wozu auch das laute Denken (s. Kap. 18.1) gehört, finden hier besonderes Interesse. Sog. Dialogprotokolle entstehen wenn Übersetzer translatorische Aufgaben im Team lösen müssen. Die hierbei entfalteten Dialoge werden aufgezeichnet und transkribiert. Der Vorteil liegt darin, dass die Dialogsituation als natürlicher empfunden wird als eine Situation, in der eine Person quasi „im Selbstgespräch" laut denken soll. Allerdings lassen solche Dialogprotokolle keine Rückschlüsse auf individuelle Übersetzungsprozesse zu. GÖPFERICH (2008:72ff) stellt ausführlich das gesprächsanalytische Transkriptionssystem dar.

Die Verhaltensbeobachtung online ist noch genauer. Dazu zählt man den Einsatz von Screen-Recording-Software zur Anfertigung von Computerprotokollen, Programme zur Erfassung des Schreibprozesses beim Tippen sowie das Aufzeichnen von Pupillenbewegungen beim Lesen und Übersetzen. Verwendet werden aber auch neurowissenschaftliche Verfahren wie die Elektroenzephalographie (EEC) und bildgebende Verfahren wie die funktionelle Magnetresonanztomographie (fMRT), die Positronenemissionstomographie (PET) und die Echoplanarbildgebung (EPI – *echo planar imaging*). Dies liefert Daten darüber, welche Bereiche des Gehirns in welcher Intensität beim Ausführen bestimmter Aufgaben aktiviert werden.

> Hinsichtlich der Datenauswertung (…) kann zwischen qualitativen und quantitativen Verfahren unterschieden werden. Bei quantitativen Verfahren kommen mathematische, statistische Methoden zur Anwendung, während qualitative Verfahren angewendet werden, um Konzepte und Zusammenhänge aus Rohdaten herauszuinterpretieren und diese dann zur Aufstellung von Theorien zu nutzen (GÖPFERICH 2008:11f).

Datenerfassung
Interessant ist beispielsweise das „Schreiblogging und Pausenanalysen" (GÖPFERICH 2008:40ff). Aufschluss über mentale Prozesse beim Übersetzen können, so nimmt man an, Aufzeichnungen des dabei stattfindenden Schreibprozesses geben. Dies wird gerne angewendet, um die Leistung von Studierenden zu untersuchen. Der Zieltext fließt ja dem Übersetzer nicht kontinuierlich aus der Feder bzw. kann nicht einfach eingetippt werden, sondern wird stückweise verfasst, revidiert, korrigiert, umgestellt, usw. Zur **Aufzeichnung des Schreibprozesses** am Computer werden spezielle **Keystroke-Logging-Programme** eingesetzt. Diese erfassen während des Arbeitens im Hintergrund alle Tastenanschläge, Mausaktionen, die dazwischen vergehende Zeit, sowie ggf. weitere Aktivitäten wie das Suchen in einem programmintegrierten Wörterbuch. Mit der Replay-Funktion der Software kann dann der ganze Prozess wieder abgespielt werden, um dies kritisch zu analysieren. Die von den Programmen aufgezeichneten Log-Dateien geben genauen Aufschluss über den zeit-

lichen Ablauf des Schreibprozesses. Sie gewähren Einsicht in sämtliche Zwischenversionen, die dann wieder verworfen wurden, und alle Revisionen.
Dadurch dass sie den Schreibprozess mehr als sekundengenau erfassen, eignen sie sich auch für **Pausenanalysen**. Es zeigte sich, dass manche Übersetzer, unabhängig von der Übersetzungsrichtung, ein individuell spezifisches Pausenverhalten aufweisen und dass es keinen Zusammenhang zwischen Position, Anzahl und Länge der Pausen einerseits und der Übersetzungsqualität andererseits gibt (2008:50).
Interessant sind solche Studien auch hinsichtlich der Posteditierprozesse an Sätzen maschineller Übersetzungen, deren Ausgangstext in einer kontrollierten Sprache verfasst war, im Gegensatz zu anderen, individualsprachlich verfassten Texten. Die Ursachen der Pausen, wie z. B. Planungsprozesse zur Texterstellung, rückwärtsgerichtete Kontrollprozesse oder auch einfach Abschweifen der Gedanken können freilich nicht eruiert werden.
Mit Schreib-Logging-Programmen kann auch der Einfluss des **Arbeitsgedächtnisses** auf die Übersetzungsperformanz gemessen werden, wie die Flüssigkeitsrate, die durchschnittliche Anschlagdauer, Produktionszeit, die Editierrate, usw.

Eine grundlegende Fragestellung hinter dieser Prozessforschung ist die Frage nach der Entstehung von Übersetzungskompetenz. Wie unterscheidet sich die Arbeitsweise von Studierenden von der Professioneller? Dies ist schwierig zu untersuchen. GÖPFERICH (2008:15) stellt fest, dass in einem Vergleichstest selten ein Ausgangstext mit einem Übersetzungsauftrag geeignet sei, wie er von einem Berufsübersetzer üblicherweise bewältigt wird. Letzterer hat u. U. Vorkenntnisse zu dem zu übersetzenden Text, z. B. aus Vorgängeraufträgen, die dem Studenten fehlen. Zudem kennt jener oft auch nicht spezifische elektronische Hilfsmittel, wie besondere Datenbanken. Daher müssten in solchen Studien gewissermaßen „künstliche" Laborbedingungen geschaffen werden, um Vergleichbarkeit sicherzustellen.

Verhaltensbeobachtung
Zur Verhaltensbeobachtung von VP werden auch **Videoaufzeichnungen** gemacht, wobei mit zwei Kameras einmal das Gesicht mit seiner Mimik und zum anderen das Papier und die Hilfsmittel beobachtet werden. Da aber Übersetzungen und Recherche heute fast ausnahmslos am PC erfolgen, ist der Einsatz von **Screen-Recording-Software** nützlich (GÖPFERICH 2008: 53). Solche Programme zeichnen unbemerkt im Hintergrund in einer Art Videofilm alle Bildschirmseiten auf, die der Benutzer aufruft. Ferner nehmen sie auch verbale Äußerungen der VP auf. Besonders aufschlussreich sind solche Aufzeichnungen für die Analyse des Rechercheverhaltens der VP. Die Software zeichnet allerdings nur die aufgerufenen Seiten auf, nicht die einzelnen Texte, die darin konsultiert wurden.
Eine Ergänzung der bisherigen Experimente ergibt sich mit der **Augenbewegungsmessung** mittels eines technischen Gerätes, dem **Eye-Tracker.** Es ist bekannt, dass die Augen beim Lesen nicht kontinuierlich über den Text laufen, sondern sprunghaft bewegt werden. „Diese Sakkaden, die nur 10 – 100 Millisekunden dauern, dienen nicht der Informationsaufnahme, sondern lediglich der Positionierung des Auges auf Stellen, sog. Fixationspunkten, die dann scharf wahrgenommen werden. Während des Lesens kommt es außerdem auch zu Rücksprüngen, sog. Regressionen, die etwa 10 bis 15 % der Lesezeit ausmachen" (2008:57). Bei solchen Aufnahmen müssen Ausgangs- und Zieltext vollständig auf dem Bildschirm sichtbar sein, damit die Augensprünge zwischen ihnen erfasst werden.
<u>Sakkaden</u> sind durchschnittlich 7 – 8 Zeichen lang und von der Schriftgröße unabhängig, solange diese nicht extrem groß oder klein ist. Die durchschnittliche <u>Fixationsdauer</u> beträgt ca. 200 bis 250 Millisekunden. Im peripheren Bereich rechts und

links neben dem Fixationspunkt und seinem Umfeld wird nicht scharf gesehen. Den Bereich, aus welchem während einer Fixation sinnvolle Informationen aufgenommen werden können, bezeichnet man als Wahrnehmungsspanne. Sie ist asymmetrisch und erstreckt sich beim Lesen von links nach rechts auf ca. 14 bis 15 Zeichen rechts des Fixationspunktes und nur 3 bis 4 Zeichen links davon, oder eben den Wortanfang.

Abhängig ist die Fixationsdauer aber auch von der **Lesekompetenz**. Tendenziell können bei Menschen mit geringer Lesekompetenz eine längere Fixationsdauer, mehr Fixationen und mehr Regressionen beim Lesen festgestellt werden. Lange Regressionen (solche über mehr als 10 Zeichen hinweg oder in eine vorausgehende Zeile) deuten darauf hin, dass der Leser den Text nicht verstanden hat, wobei kompetente Leser in solchen Fällen die Textstelle, die das Verständnisproblem ausgelöst hat, mit der Regression ziemlich genau treffen (2008:58). Zu beachten ist aber, dass diese Parameter von Person zu Person und auch bei ein und derselben Person in unterschiedlichen Situationen stark variieren.

Mit dem Eye-Tracking kann man auch feststellen, welche Stellen von einer VP z.B. auf einer Internetseite gelesen wurden (doch diese Information erhält man auch mit Hilfe von lautem Denken, weil viele VP solche Stellen dann laut vorlesen). Eine Pilot-Studie von O'Brien untersuchte 2006, inwiefern sich die Augenbewegungsmessung etwa für die Untersuchung der Interaktion von Übersetzern mit Translation-Memory-Systemen eignet. Es ergab sich, dass 100%-Matches schneller verarbeitet werden als andere, was ja auch einleuchtend ist.

Der Augenbewegungsmessung liegt die Hypothese zugrunde, dass es einen Zusammenhang zwischen der Bewegung des Auges, dem Schreibprozess und den währenddessen ablaufenden kognitiven Prozessen gibt. So zeigt sich z. B., dass die Fixationszeit bei unbekannten Wörtern länger ist, als bei vertrauten. Sie ist auch länger bei Inhaltswörtern als bei Funktionswörtern, sowie in rhematischen (bekannten) Textteilen im Vergleich zu thematischen (neuen).

> Ferner konnte nachgewiesen werden, dass die folgenden Faktoren einen Einfluss auf die Fixationsdauer haben: Worthäufigkeit, Kontext, semantische Beziehungen zwischen Wörtern in einem Satz, anaphorische Verweise und Koreferenzen, lexikalische Mehrdeutigkeit und syntaktische Disambiguierung (2008:57f).

GÖPFERICH beruft sich in ihrer Darstellung des Eye-Tracking im wesentlichen auf die Studien von Keith RAYNER.[217] Wegen der individuellen Unterschiede ist die Augenbewegungsmessung kein Instrument zur objektiven Bestimmung der „Verständlichkeit" eines Textes, die eben vom Verstehenshintergrund der Leser abhängig ist. Als relativ sicher gilt jedoch die Erkenntnis, dass es einen Zusammenhang zwischen der Pupillenweite und der kognitiven Beanspruchung gibt (2008:59). Allerdings haben darauf wiederum auch emotionale Stimuli einen Einfluss.

Eine Kombination von Keystroke-Logging und Eye-Tracking soll die Koordination der einzelnen Schritte im Übersetzungsprozess erkunden, wobei sich schon zeigte, dass mehr Zeit auf die Revision des Zieltextes verwendet wird als auf das Lesen des Ausgangstextes. Ein konkretes Ziel dieser Forschung ist eine

---

[217] Vgl. Keith RAYNER (1998): "Eye movements in reading and information processing: 20 years of research." *Psychological Bulletin, 85,* 618-660.

Korrelation der Augen/Hand-Aktivitäten mit den linguistischen Strukturen des Übersetzungstextes.[218]

Die externe Beschreibung des Übersetzungsprozesses in Form von Tastenanschlägen und Augenbewegungen wird ergänzt durch Methoden aus der Gehirnforschung und Neurolinguistik. Mit der funktionellen Magnetresonanztomographie (fMRT) werden Schnittbilder der Körpers angefertigt, die die Strukturen der Organe erkennen lassen. Ein Synonym ist Kernspintomographie. Mit der fMRT können speziell Strukturen des Gehirns sichtbar gemacht werden, während es aktiv ist.

Jede Methode in der Translationsprozessforschung weist spezifische Vor- und Nachteile auf. Sinnvoll ist daher ein Methodenpluralismus und die Triangulation, indem qualitative Daten auch quantitativ untermauert und ergänzt werden. Dies hat schon HANSEN (2006) hervorgehoben (s. Kap. 18.6). Folgerichtig findet sich bei GÖPFERICH (2008:67ff) auch ein Kapitel zur Planung empirischer Studien zur Translationsprozessforschung von der Konzeptions- über die methodische bis zur Analysephase. Ihre Darstellung enthält viele Hinweise auf die Forschungsliteratur sowie praktische Erläuterungen zu den Modellen und Methoden im Stand der Forschung, sodass sie als eine gute Einführung in das Arbeitsfeld der Translationsprozessforschung anzusehen ist.

Inzwischen wird versucht, die prozessorientierte mit der produktorientierten Forschung anhand von Korpora (s. Kap. 10.3) zu verknüpfen. Hier sind besonders die Arbeiten von Silvia HANSEN-SCHIRRA zu nennen.[219] Gesucht wird hier nach prototypischen Mustern der Textsegmentierung aus linguistischer und kognitiver Perspektive.

> **Mit einer integrierten produkt- und prozessbasierten Forschung** kann zum Beispiel der translatorische Umgang mit grammatischer Metaphorisierung beim Übersetzen erforscht werden. Die „Nominalisierung" als Ersatz einer verbalen Konstruktion durch eine nominale (z. B.: *die Polizei hat das Büro durchsucht -> eine Durchsuchung des Büros hat stattgefunden*) ist ein solches Mittel grammatischer Metaphorisierung, doch es bewirkt auch eine semantische Änderung: der Ausdruck wird unpersönlicher, allgemeiner und lexikalisch dichter.
> Die Untersuchung erstrebt eine umfassende empirische Methodologie: es werden eine mehrschichtige Annotierung und ein Alignment von Parallelkorpora angewendet; sodann Eye-tracking eingesetzt, um die Stellen herauszufinden, welche Verarbeitungsprobleme verursachten; mittels Keystroke-Logging kann die Entwicklung grammatischer Shifts im Produktionsprozess verfolgt werden; mit retrospektiven Interviews kann dann die Aufmerksamkeit auf mögliche Schwierigkeiten und Problemlösungsstrategien gelenkt und dies bei den Probanden bewusst gemacht werden; Verständnistests zeigen, wie akzeptabel ein bestimmter Grad grammatischer Metaphorisierung für Zieltextempfänger ist und ob die Sprachkonventionen eingehalten wurden; schließlich können mit Protokollen des lauten Denkens bewusste Verarbeitungsprozesse explizit gemacht und Aufmerksamkeitskerne festgestellt werden.

---

[218] So sieht es Arnt Lykke JAKOBSSEN in seinem Beitrag: „What's in the Eyes of Translators? Translog with Eyetracking." In: *Translationsforschung*, P. A. SCHMITT/S. HEROLD/A. WEILANDT (Hrsg.), Frankfurt: Lang 2011, 343-353, hier S. 351.

[219] Fabio ALVES, Adriana PAGANO, Stella NEUMANN, Erich STEINER & Silvia HANSEN-SCHIRRA (2010), "Units of Translation and Grammatical Shifts: towards an integration of product- and process-based research in translation." In: SHREVE, Gregory M. & Erik ANGELONE (Hrsg.), *Translation and Cognition*. Amsterdam: Benjamins, S. 109-141

So zeichnet sich ein Horizont integrativer empirischer Übersetzungsforschung ab. Da diese Untersuchungen an der kontrastiven Linguistik ausgerichtet sind, schließt sich hier nun wieder der Kreis zum Übersetzen als interlingualem Sprachtransfer und dem sprachenpaarbezogenen Übersetzen.

KOMMENTAR

Durch Erkenntnisse der psycholinguistischen Forschung setzt sich in der Übersetzungswissenschaft allmählich die Einsicht durch, dass Denkprozesse des Übersetzers einen entscheidenden Faktor im gesamten Übersetzungsprozess darstellen. Empirische Untersuchungen wurden vor allem aus der Perspektive der Übersetzungsdidaktik angestellt. Es sollten Orientierungsdaten über das tatsächliche Verhalten von Übersetzerstudenten gesammelt werden, um im Unterricht darauf reagieren zu können. Andererseits ergibt sich auch die Notwendigkeit, in der Zukunft verlässliche Kriterien zur Strukturierung der erforderlichen Makrostrategien zu entwickeln, unter welche dann die faktenbezogenen Mikrostrategien sinnvoll eingeordnet werden können. Psycholinguistische Fragestellungen sind eher deskriptiv ausgerichtet und bieten daher keine unmittelbaren Hinweise für das praktische Übersetzen. Sie arbeiten meist kritisch mit vorliegenden Übersetzungen, wobei ein „besseres" Verhalten dann induktiv hergeleitet und unter Verweis auf empirisch nachgewiesene Störquellen auch begründet werden kann. Entsprechende Erkenntnisse werden durch die Kombination verschiedener technischer Methoden immer umfassender.

LEKTÜREHINWEISE

Susanne GÖPFERICH (2008): *Translationsprozessforschung. Stand – Methoden – Perspektiven.* Tübingen.
Gyde HANSEN (2006): *Erfolgreich Übersetzen. Entdecken und Beheben von Störquellen.* Tübingen.
Hans G. HÖNIG (1995): *Konstruktives Übersetzen.* Tübingen.
Hans P. KRINGS (1988): „Blick in die 'Black Box' – Eine Fallstudie zum Übersetzungsprozeß bei Berufsübersetzern." In: ARNTZ (Hrsg.): *Textlinguistik und Fachsprache. AILA-Symposion,* Hildesheim 1988, S. 393-412.
Paul KUßMAUL (2000): *Kreatives Übersetzen.* Tübingen.
Hanna RISKU (1998): *Translatorische Kompetenz. Kognitive Grundlagen des Übersetzens als Expertentätigkeit.* Tübingen.
Wolfram WILSS (1988): *Kognition und Übersetzen. Zu Theorie und Praxis der menschlichen und der maschinellen Übersetzung.* Tübingen.

19　Zusammenfassung

Mit dem Problem des Übersetzens kann man sich auf verschiedenste Art und Weise befassen. Im vorliegenden Studienbuch wurde ein Überblick über wichtige übersetzungswissenschaftliche Ansätze gegeben, die in ihrem Grundansatz vorgestellt und in ihren Berührungen, Überschneidungen oder Gegensätzen voneinander abgegrenzt wurden. Dabei hat diese – naturgemäß plakative – Einführung gezeigt, dass es nicht nur eine einzige, alles umgreifende „Übersetzungstheorie", ein einheitliches Paradigma gibt. Vielmehr ist die Disziplin einer „Wissenschaft vom Übersetzen" ein Feld, in dem mehrere Teiltheorien einander sinnvoll ergänzen können, und in dem besonders auch die angewandte Wissenschaft zum Tragen kommt. Gerade weil Übersetzen sich immer erst im Prozess der Erstellung einer Übersetzung verwirklicht, geht eine Theorie ohne Praxis ins Leere, während die Praxis stets der theoretischen Untermauerung bedarf, um ihrer kommunikativen Verantwortung gerecht zu werden.

Interdisziplinarität

Es hat sich auch gezeigt, dass „Übersetzungswissenschaft" zwar durchaus eine eigenständige Disziplin mit einem genuinen Forschungsbereich – eben dem Prozess und Produkt der Übersetzung – ist, dass sie aber immer interdisziplinär Erkenntnisse aus anderen Bereichen, wie der generativen und der kontrastiven Grammatik, der Pragma-, Sozio- und Psycholinguistik, der Kommunikations- und Handlungstheorie, der Hermeneutik sowie der Literaturwissenschaft und den Kulturwissenschaften miteinbezogen hat. Dies liegt in der Natur der Sache, denn Übersetzen hat nicht nur mit Sprache und Grammatik, sondern auch mit Kulturspezifika und der kommunikativen Situation von Menschen zu tun.

In den vorgestellten verschiedenen Übersetzungstheorien, die immer mit einem Autorennamen verbunden sind, spiegelt sich natürlich auch die Entwicklung der Sprachwissenschaft in den vergangenen vierzig Jahren wider. Nach dem Schwerpunkt auf der Systemlinguistik in den 1960er Jahren verlagerte sich das Interesse in den 1970ern zunehmend hin zur Textlinguistik, bevor in den 1980ern mit der Pragmalinguistik die Sprachverwendung mit ihren gesellschaftlichen Bedingungen in den Blick genommen wurde. In den 1990er Jahren kam schließlich die Wende zum Kognitiven; es wurden nicht mehr nur Sprachprodukte analysiert, sondern die Denkprozesse selbst. Diesen allgemeinen Entwicklungen folgte stets auch die Übersetzungswissenschaft.

Gleichzeitig wurden aber die schon vorhandenen Ansätze ausgebaut und weiterentwickelt. Dadurch ist das jetzige, im synchronen Querschnitt recht uneinheitliche, ja oft widersprüchliche Gesamtbild der Übersetzungswissenschaft entstanden. Die diachrone Entwicklung der Blickrichtung von den Sprachsystemen über die Texte bis zum Handeln und dann zum Übersetzer wurde schon genannt.

Quer durch alle Forschungsfelder geht aber der – anscheinend unüberbrückbare – Graben zwischen denen, die im Sinne „moderner Wissenschaftlichkeit" jeden einzelnen Faktor analytisch-methodisch beschreiben wollen, um genau zu sein, und denen, die mehr ganzheitlich-schematisch argumentieren, um das Wesentliche zu sagen, und die individuelle Anwendung dem Leser überlassen. Es bleibt strittig, ob die Übersetzungswissenschaft sich nur streng auf die Beschreibung beobachteter Fakten zu konzentrieren hat, oder ob auch ideengeschichtliche, eher philosophische Beiträge als fruchtbar anzusehen sind.

Modellstrukturen

Wollte man nun fragen, „was denn das alles fürs Übersetzen bringt", so gelangt man zu einer weiteren Differenzierung. Unter den vorgestellten Übersetzungstheorien gibt es solche, die rein theoretisch an einem Modell des Übersetzungsvorgangs interessiert sind, wie das Postulat der Unübersetzbarkeit (2.6), das Übersetzbarkeitsmodell per *tertium comparationis* (3.7), das Modell des Übersetzungsvorgangs als interlingualer Transfer (4.2), die potentiellen Entsprechungen zwischen Einzelsprachen (4.3), die Idee der dynamischen Äquivalenz (6.1), die Formeln der allgemeinen Translationstheorie (12.1), das Faktorenmodell der Translation (13.2), das Konzept des translatorischen Handlungsgefüges (13.3), das Zirkelschema des Translationsprozesses (14.2), die Relevanztheorie (16.4), ein Flussdiagramm der mentalen Prozesse (18.3) oder das Kognitionsmodell der translatorischen Kompetenz (18.4). Solche reinen Theorien und Modellentwürfe versuchen das, was beim Übersetzen „passiert", möglichst stringent zu beschreiben, um dadurch ein Bewusstsein von der Gesamtproblematik zu schaffen. Ohne eine solche Grundlegung sind speziellere Anwendungen wenig sinnvoll.

Einige Beiträge haben die Ordnung der Disziplin einer Übersetzungsforschung selbst zum Gegenstand, wobei diese als wesentlich deskriptive Wissenschaft (10.2-3) oder als integrative Interdisziplin (11.1) dargestellt wird. Sie wird als Teilgebiet der Linguistik gesehen (4.2), sie wird der Handlungstheorie (12.1) oder der hermeneutischen Sprachphilosophie (17.3) untergeordnet, oder auch im Bereich der Kulturwissenschaften (15.1-3) angesiedelt. Inwieweit sich alle diese Konzepte verbinden lassen, ist noch nicht klar.

Andere Forschungsarbeiten wenden sich mehr der Frage zu, „wie die Ergebnisse des konkreten Übersetzens aussehen sollten". Hier gibt es normativ-didaktische Ansätze wie das verfremdende Übersetzen „heiliger Originale" (2.2), die strukturgenaue Übersetzungskritik (4.5), der fertigkeitsorientierte Transfer (4.7), die Übersetzungsprozeduren der *Stylistique comparée* (5.1) und Fehleranalyse (5.4), das übersetzungsmethodische Dreischritt-Modell (6.2), die normativen Äquivalenzforderungen (6.4), die übersetzungsorientierte Texttypologie (7.4) und die entsprechende Übersetzungskritik (7.5), die Aspektlisten (7.6), die Anwendung der Sprechakttheorie (8.2-4) zum Zweck einer pragmatischen Strategie des Übersetzens (8.5), der didaktische Übersetzungsauftrag (14.2), die Forderung nach übersetzerischer Ethik (15.3), die Forderung nach

Deverbalisierung (16.2), die Arbeit mit translatorischen Orientierungskategorien (17.3), die pädagogische Diskussion von Kreativität (18.4).

Schließlich finden sich **textbezogen-deskriptive** Ansätze wie die Sprachinhaltsforschung (2.3), die Dekonstruktion (2.6), die Definition philologischer Genauigkeit (6.3), die literarische Übersetzung in ihrem Kontext (9.1-4), die Beschreibung von Übersetzungsproblemen (14.3), die feministische Übersetzungsforschung (15.2), das hermeneutische Verstehen (17.2), der Blick in die Black Box des Übersetzers (18.1). Im Zuge des Vormarsches empirisch-experimenteller Forschung in den Sozialwissenschaften gewinnt auch die kognitionspsychologische Erforschung der translatorischen Kompetenz an Bedeutung (18.1-2; 18.7).

Ein wesentlicher Anstoß für übersetzungswissenschaftliche Forschung und Entwicklung von Theorien ist ja die Aufgabe, das Übersetzen als Vorgang zu durchdringen und als Akt zu lehren und zu lernen. Entsprechende Forschungsergebnisse können sowohl das didaktische Vorgehen des Lehrenden fundieren, als auch dem Lernenden bestimmte Übersetzungsstrategien vermitteln. Schließlich können professionelle Übersetzer ihre Praxis anhand wissenschaftlicher Kriterien reflektieren und gegenüber Auftraggebern begründen.

Forschungsinteresse

Im Blick auf die verschiedenen Forschungsansätze dürfte es schwierig sein zu sagen, „was besser oder was schlechter ist". Jede wissenschaftliche Darstellung ist legitim, solange sie wissenschaftlichen Ansprüchen genügt, und dann bringt sie auch einen Erkenntnisfortschritt. Die einzelnen Studien resultierten jeweils aus einem unterschiedlichen Forschungsinteresse, und sie wären vielfach ohne andere vorhergehende Arbeiten gar nicht denkbar. Ein neuer Anstoß zum Nachdenken entsteht immer aus der Kritik an einem bestimmten Punkt eines anderen theoretischen Ansatzes. So entwickelt sich ein wissenschaftlicher Fortschritt, ohne dass dabei das Ältere sogleich „falsch" oder unbrauchbar würde. Dessen Sinn besteht vielmehr gerade darin, etwas aufgezeigt zu haben, wo andere weitersuchen können. Deswegen ist es hier auch nicht unbedingt erforderlich, sich nur auf „große Schulen" zu konzentrieren und alles andere auszublenden. Gerade die Vielfalt und Komplexität ist ja das Problem und das Interessante an den Übersetzungstheorien.

Es war aber auch ein Anliegen der vorliegenden Einführung, Leserinnen und Leser dazu anzuregen, sich selbst ein Urteil zu bilden. Es herrscht durchaus eine gewisse „Deutungskonkurrenz", ein Wettbewerb um wissenschaftliche Anerkennung. Entscheidend ist es, ein verbreitetes „Scheuklappendenken" abzulegen, bei dem nur bestimmte Aussagen selektiv zur Kenntnis genommen werden. Ein breiterer Überblick über die Übersetzungsforschung schärft gewiss das eigene Urteilsvermögen, auch wenn (und gerade weil) er gleichzeitig den Absolutheitsanspruch des einzelnen Ansatzes stark relativiert.

Die Berücksichtigung zahlreicher, interdisziplinär und multiperspektivisch gewonnener Einsichten zum Übersetzen könnte so tatsächlich einmal zu einer

„allgemeinen Übersetzungstheorie" führen. Dem stehen allerdings auch die unterschiedlichen Wissenschaftsparadigmen entgegen, wie die Frage nach theoretischen Regeln, die empirische Erforschung des Faktischen oder die soziale Begründung dynamischen Handelns.

Freilich sind die vorliegenden Ansätze auch nicht unmittelbar miteinander zu vergleichen: Oft beziehen sie sich (z. T. unausgesprochen) nur auf bestimmte Textformen, und dann ist schon allein deswegen ihre Reichweite begrenzt. Manchmal wurden die gleichen Einsichten unabhängig voneinander an verschiedenen Stellen gewonnen, und in einer Zusammenschau wie der vorliegenden tun sich dann überraschende Querverbindungen auf. Außerdem werden dieselben wissenschaftlichen Termini von verschiedenen Autoren mit unterschiedlicher Bedeutung belegt. So kann etwa „Textlinguistik" sich einerseits auf die Analyse syntaktischer Strukturen auf der Textebene beziehen, dann aber auch in pragmatischer Perspektive auf die Betrachtung eines Textes-in-Situation. „Ethik" meint einmal die aufrichtige Verantwotung für die Textwahrheit, ein andermal die kritisch-revolutionäre Auseinandersetzung mit problematischen Textinhalten. „Kognition" heißt manchmal das Denken insgesamt, manchmal nur das logische Denken im Gegensatz zur Intuition. Wie unterschiedlich „Übersetzungswissenschaft" interpretiert wird, hat die gesamte Darstellung gezeigt. Natürlich werden die eigenen Begriffe meist genau definiert, doch sollten Studierende darauf besonders achten, um nicht aufgrund falscher Voraussetzungen zu einem Fehlurteil zu gelangen. Umgekehrt wird häufig genug mit neuer Terminologie nur das schon Bekannte wiederholt.

Problembewusstsein

Dieses Studienbuch kann kaum mehr leisten, als ein kritisches Problembewusstsein im Bereich der Übersetzungstheorien zu schaffen – und vielleicht auch ein wenig Interesse für eigene weiterführende Studien. Und wer sich aus dem Blickwinkel der Praxis mit Übersetzungstheorien befasst, könnte vielleicht dahin geführt werden, das eigene Verhalten beim Übersetzen genauer zu durchdenken. Die Übersetzungswissenschaft ist in Bezug auf die Praxis keineswegs „gänzlich irrelevant", wie von vielen praktisch tätigen Übersetzerinnen und Übersetzern immer wieder behauptet worden ist. Nur eine Praxis, die sich durch Theorie zur Reflexion anregen lässt, kann für sich den Anspruch der Professionalität erheben und wird verantwortlich tätig sein.

Um diesen Denkprozess anzuregen, werden nachstehend anhand von fünf gegenstandsbezogenen Fragen einige „Antworten" zusammengestellt, die einzelne Übersetzungstheoretiker, speziell in ihrer charakteristischen Diktion gegeben haben.

1. Wie wird der Forschungsgegenstand „Übersetzen" definiert?

a) Übersetzen heißt „(schriftlich oder mündlich) in einer anderen Sprache [wortgetreu] wiedergeben" (DUDEN DUW, 4.Aufl. 2001).

b) „Eine Übersetzung ist das Resultat einer *sprachlich-textuellen Operation*, die von einem AS-Text zu einem ZS-Text fährt, wobei zwischen ZS-Text und AS-Text eine *Übersetzungs- (oder Äquivalenz-)relation* hergestellt wird" (KOLLER 1992:16).

c) „Translation is an operation performed on languages: a process of substituting a text in one language for a text in another" (CATFORD 1965:1). „Translation may be defined as follows: the replacement of textual material in one language (SL) by equivalent textual material in another language (TL)" (ebd.:20).

d) The nature of translation is "(1) the relationship between source text and its translation, (2) the relationship between (features of) the text(s) and how they are perceived by human agents (author, translator, recipient(s)), and (3) the consequences views about these relationships have for determining the borders between a translation and other textual operations" (HOUSE 1997:1).

e) Übersetzen stellt die „optimale Synchronisation des ausgangssprachlichen und des zielsprachlichen Textes dar" (WILSS 1977:69). „Jede Übersetzung stellt demnach den mehr oder minder erfolgreichen Versuch einer Synchronisation von syntaktischen, lexikalischen und stilistischen Regelapparaten zweier Sprachen, einer Ausgangs- und einer Zielsprache, dar" (WILSS 1977:13).

f) „Translating consists in reproducing in the receptor language the closest natural equivalent of the source-language message, first in terms of meaning and secondly in terms of style" (NIDA/TABER 1969:12).

g) Übersetzen ist ein interlingualer Kommunikationsvorgang, wobei jeweils zwei alternierende Enkodierungs- und Dekodierungsvorgänge erforderlich sind (KADE 1968A:203).

h) Es gilt, dass „unter einer Übersetzung 'jede Art des Empfangens einer manifesten Intention' verstanden wird, das erst durch eine 'Vermittlung' möglich wird" (GERZYMISCH-ARBOGAST 1994:15).

i) Translation ist eine Sondersorte sprachlichen Handelns (VERMEER 1978:99).

j) Sprachmittlung ist Oberbegriff zu Übersetzen und Dolmetschen (KADE 1980:150-160; 192-197).

k) „Translation ist ein Informationsangebot in einer Zielkultur und deren Sprache über ein Informationsangebot aus einer Ausgangskultur und deren Sprache" (REIß/VERMEER 1984:105).

l) Übersetzen ist Eingliedern eines fremdkulturellen Textes in eine Zielkultur (TOURY 1989:103).

m) „Translation is, of course, a rewriting of an original text. All rewritings, whatever their intention, reflect a certain ideology and a poetics and as

such manipulate literature to function in a given society in a given way" (BASSENTT/LEFEVERE 1992:vii).
n) Übersetzen zeigt die kolonialistischen Machtstrukturen auf (VENUTI 1995:5).
o) „Nous voyons dans l'interprétation le modèle de base, la forme élémentaire, de toute traduction de textes" (SELESKOVITCH/LEDERER 1984:10).
p) „Texte, die verstanden sind, vermitteln nicht allein Informationen, sondern Mitteilungen, die als Bewußtseinsinhalte dem Hörer, Leser oder Übersetzer präsent sind..." (PAEPCKE 1986:104).
q) „Übersetzen heißt, der Mitteilung kommunikative Präsenz zu verschaffen" (STOLZE 2003:207).
r) Übersetzen ist „eine spezifische Form sprachlichen Handelns und Sichverhaltens" (WILSS 2003:207).
s) Übersetzen ist eine „soziale und kognitive Expertentätigkeit" (RISKU 1998:79).
t) „A translation would be a receptor language text that interpretively resembled the original" (GUTT 2000:105).

2. Was wäre der Inhalt einer Wissenschaft vom Übersetzen?

a) „Unter Übersetzungstheorie verstehe ich die Erarbeitung eines Darstellungs- und Begründungszusammenhangs für die Beschreibung, Erklärung und Beurteilung von Übersetzungsprozessen und deren Resultaten, der möglichst objektiv und intersubjektiv nachvollziehbar sein soll" (WILSS 1988, 6).
b) „Die Übersetzungswissenschaft ist die Wissenschaft, die Übersetzen und Übersetzungen mit unterschiedlichem Erkenntnisinteresse und unter Anwendung der Methoden verschiedener Disziplinen unter den verschiedenen Aspekten zu beschreiben, zu analysieren und zu erklären versucht" (KOLLER 1992:123).
c) Es gilt, dass „grundsätzlich in der Übersetzungswissenschaft auf einen Vergleichsstandard zwischen Original und Übersetzung nicht verzichtet werden kann kann" (GERZYMISCH-ARBOGAST 1994:28).
d) „Eine vollständige Translationstheorie müßte also Regeln angeben (können), wie (Erwartungen über) Zielsituationen analysiert werden und sich daraus Bedingungen für das Zustandekommen von Translationen ableiten" (REIß/VERMEER 1984:85).
e) Translation ist „eine kommunikative Handlung, an der verschiedene 'Partner' beteiligt sind – einer davon ist der Translator. Um seine Aufgabe erfüllen zu können, muß er die Bedingungen und Faktoren des Translationsvorgangs und seine eigene Rolle im Spannungsfeld dieser Bedingungen genau kennen" (NORD 1989:96).
f) Die deskriptive Übersetzungsforschung beschreibt die Entstehungsbedingungen sowie Wirkungen von Texten, die als Übersetzungen gelten (DTS) (TOURY 1995:26).

g) Eine angewandte Übersetzungswissenschaft sammelt und beschreibt diejenigen sprachwissenschaftlichen und kognitiven Methoden, welche im Sinne translatorischer Kategorien die individuelle Übersetzungslösung begründen helfen (STOLZE 1992:14).
h) Als Prozessforschung ist sie eine prospektive Wissenschaft, „die den Übersetzungsprozeß faktorisiert und die dem Übersetzungsvorgang zugrundeliegenden Transferstrategien untersucht" (WILSS 1977:67).
i) Die psycholinguistische Übersetzungswissenschaft geht von der Frage aus: „Was läuft in den Köpfen von Übersetzern ab, wenn sie übersetzen?" (KRINGS 1986).
j) Die Translationsprozessforschung untersucht die mentalen Prozesse beim Übersetzen durch eine Kombination empirischer Datenerfassung und experimenteller Beobachtung (GÖPFERICH 2008).
k) „Im Zentrum translationswissenschaftlicher Überlegungen hat der Translator mit seinem Denken und Wissen, mit seiner Kompetenz als geistiger Disposition zu stehen" (STOLZE 2003:37).
l) Es ist wichtig, „zur Weiterentwicklung von Theorien und Modellen der kognitiven Grundlagen des Übersetzens beizutragen, um in Didaktik, Praxis und Forschung entsprechend unserem derzeitigen Wissenstand über Kognition handeln zu können" (RISKU 1998:18).
m) Die „Translationswissenschaft soll einen Beitrag zum Aushandeln von Werten und Sinnkonstruktionen leisten, Hegemonialisierungsstrategien enttarnen und Konflikte zu minimieren suchen" (PRUNČ 2007:342).

3. In welchem Verhältnis stehen Textvorlage und Übersetzungstext zueinander?

a) Dasselbe Gemeinte in beiden Texten ist durch ein *tertium comparationis* vergleichbar (KOSCHMIEDER 1965:104).
b) Die unveränderte Botschaft zeigt sich in verschiedener sprachlicher Form (NIDA/TABER 1969:4).
c) AS- und ZS-Übersetzungsäquivalente sind in gegebener Situation austauschbar (CATFORD 1965:27).
d) „From the point of view of the target literature, all translation implies a degree of manipulation of the source text for a certain purpose" (HERMANS 1985:9).
e) „Die wahre Übersetzung ist durchscheinend, sie verdeckt nicht das Original, steht ihm nicht im Licht, sondern läßt die reine Sprache, wie verstärkt durch ihr eigenes Medium...aufs Original fallen" (W. BENJAMIN 1923:166).
f) Jedes Translat ist ein „Informationsangebot in einer Zielsprache und deren -kultur (IA_Z) über ein Informationsangebot aus einer Ausgangssprache und deren -kultur (IA_Z)" (REIß/VERMEER 1984:76).

g) Beide Texte stehen in einem Verhältnis der Stimmigkeit. Die Wahrheit der Mitteilung gehört beiden gemeinsam, wie bei einem Dialog (STOLZE 1992:72).

h) „The role of the source language text is merely that of a convenient help for composing a receptor language text, not of a model to be faithfully reproduced" (GUTT 2000:64).

i) "In this rewriting, a fluent strategy performs a labor of acculturation, which domesticates the foreign text, making it intelligible and even familiar to the target-languge reader" (VENUTI 1995:5).

j) „Als Übersetzung im eigentlichen Sinn bezeichnen wir nur, was bestimmten *Äquivalenzforderungen normativer Art* genügt" (KOLLER 1992:16).

k) „Die Übersetzung ist ein Ausdruck der kognitiven Repräsentation der verstandenen Vorlage" und bietet damit keine andere Information (STOLZE 2003:207).

4. Was tut der Übersetzer?

a) Es geht darum, „interlinguale Strukturdivergenzen auf inhaltlich und stilistisch adäquate Weise zu neutralisieren. (In dem Formulierungsprozeß wird vom) Übersetzer durch eine Folge von *code-switching*-Operationen eine von einem ausgangssprachlichen Sender (S_1) produzierte Nachricht in einer Zielsprache reproduziert und sie damit dem zielsprachlichen Empfänger (E) zugänglich gemacht" (WILSS 1977:62).

b) „Der Übersetzer (führt) auf der Basis as und zs Wissens „*code-switching*-Prozesse aus" (WILSS 1988:35).

c) Er operiert mit schemabasierten Transferprozeduren (WILSS 1992:182), wobei der Prozess unidirektional und nichtumkehrbar ist. Oft steht er dabei „in einer übersetzungsprozessualen Konflikt- und Entscheidungssituation" (WILSS 1977:75).

d) Er führt eine syntaktische Ausgangstextanalyse durch, und nach dem Transfer der Grundstrukturen gelangt er zur Synthese der Übersetzung. Dabei sucht er nicht die formale, sondern die dynamische Äquivalenz des Ausdrucks (NIDA/TABER 1969:32).

e) Er wendet bestimmte Techniken des Übersetzens als Transferprozeduren im jeweiligen Sprachenpaar an (FRIEDERICH 1969, GALLAGHER 1981).

f) Er stellt eine „Hierarchie der in der Übersetzung zu erhaltenden Werte" auf (KOLLER 1992: 266).

g) „In einem ersten Schritt notiert sie [sc. die Übersetzerin] sich die (inhaltlichen und formalen) Auffälligkeiten, die sie im Original feststellt und ordnet sie den entsprechenden Textstellen zu (Erstlektüre). In einem zweiten Schritt (Aufstellen der *Aspektliste*) entwickelt sie aus den zunächst intuitiv notierten Auffälligkeiten *Aspekte*, denen sie wiederum einzelne Werte zuordnet, die möglichst klar gegeneinander abgrenzbar (disjunkt) sind" (GERZYMISCH-ARBOGAST 1994:95).

h) Der Übersetzer analysiert den AT-in-Situation „im Hinblick auf das darin enthaltene 'Material' für die Herstellung des ZT. Die für diesen Auftrag relevanten inhaltlichen oder formalen AT-Elemente werden isoliert und mit Blick auf die Zielsituation in die Zielsprache bzw. -kultur übertragen, so daß ein ZT hergestellt werden kann, der den ZT-Vorgaben entspricht und damit funktionsgerecht ist" (NORD 1989:105).

i) Er handelt skoposorientiert (REIß/VERMEER 1984:95).

j) „Der Translator ist nicht Sender der Botschaft des AT, sondern ein Textproduzent-in-Z, der in fremdem Auftrag, aber unter Berücksichtigung der Loyalität gegenüber seinen Handlungspartnern einen funktionsgerechten ZT produziert" (NORD 1989, 100).

k) „Als Experte für die Produktion von transkulturellen Botschaftsträgern, [...ist der Translator ein] eigenständig und eigenverantwortlich handelnder Experte in einem Gefüge über-, neben- und untergeordneter Handlungen" (HOLZ-MÄNTTÄRI 1986:354).

l) Il faut que le traducteur trouve „au travers du dit qu'il a sous les yeux le vouloir dire qui animait l'auteur" (LEDERER 1994 :51).

m) Er „erschließt einen Text, indem er ihn an den Leser heranringt und diesem vergegenwärtigt" (PAEPCKE 1986:XVIII).

n) Er formuliert die verstandene Mitteilung für bestimmte Empfänger und begründet seine Übersetzungslösungen im Textganzen anhand der translatorischen Kategorien (STOLZE 2003:244).

o) „Ausgangstext und Translat als zwei (!) Informationsangebote erlauben dem Translator dagegen legitim eine eigenverantwortliche schöpferische Entscheidung" (REIß/VERMEER 1984:75).

p) Er verarbeitet intuitiv-kreativ vielseitig einlaufende Informationen. Übersetzungslösungen sind spontane Funde, die dann kritisch bearbeitet werden (HÖNIG 1995:55).

q) Er informiert die Empfänger darüber, was der Originalautor gesagt oder geschrieben hat (GUTT 2000:215).

r) „Kohärenzbildung, Vernetzung, Hierarchisierung und Externalisierung sind nicht nur Merkmale adäquater Makrostrategiebildung, sondern sie manifestieren sich in der gesamten Übersetzungskompetenz" (RISKU 1998:248).

s) „The image of one culture is constructed for another by translations" (BASSNETT/LEFEVERE 1998:10).

5. Was kann Übersetzungskritik leisten?

a) Sie zeigt inhaltliche Zugaben und Defizite (*overtranslation and undertranslation*) an bestimmten Textstellen auf (NEWMARK 1988a:24).

b) Sie kann das Maß der Übereinstimmung zwischen Übersetzung und Original exakt bestimmen und führt so zu einer wissenschaftlich begründeten Bewertung (HOUSE 1997:29).

c) „Es ist die Aufgabe der Übersetzungskritik, die Prinzipien, von denen sich ein Übersetzer leiten läßt, d.h. seine implizite Übersetzungstheorie, durch den Vergleich von Original und Übersetzung(en) herauszuarbeiten" (KOLLER 1992:35).
d) Sie zeigt als Fehleranalyse, welche Übersetzungsprozeduren vom Übersetzer angewendet wurden (WILSS 1992:208).
e) Sie zeigt sprachenpaarspezifische Grundprobleme und Fehlerquellen auf (TRUFFAUT 1963:44).
f) Sie kontrolliert die „sinngetreue Wiedergabe" und „setzt bei den fakultativen Transpositionen ein" (BAUSCH 1968:43).
g) Laute Protokolle können die Gedankenverläufe der Übersetzer aufzeigen. Dies kann didaktisch aufgearbeitet werden (KRINGS 1988:394).
h) Sie zeigt die individuelle Weise auf, in der Übersetzer einen fremdkulturellen Text angeeignet haben (LEFEVERE 1992:15).
i) Sie zeigt den „Äquivalenzgrad bestimmter Übersetzungslösungen" auf (REIß/VERMEER 1984:168)
j) „In bezug auf die innersprachlichen Instruktionen untersucht nun der Kritiker bei den semantischen Elementen die Äquivalenz, bei den lexikalischen die Adäquatheit, bei den grammatikalischen die Korrektheit und bei den stilistischen die Korrespondenz ihrer Wiedergabe in der Übersetzung" (REIß 1971:68f).
k) Sie kann die relevanten Übersetzungsprobleme analysieren (NORD 1989:115).
l) Sie vergleicht die Gesamtmenge von Sinnmerkmalen in Vorlage und Übersetzung (STOLZE 1992:72).
m) Sie fragt danach, ob eine Übersetzung zielsprachlich adäquat und flüssig formuliert ist (SELESKOVITCH/LEDERER 1984:85).
n) Sie vergleicht die *scenes*-Strukturen zwischen Vorlage und Übersetzung (VANNEREM/SNELL-HORNBY 1986:203).
o) Sie begründet die übersetzerischen Entscheidungen intersubjektiv nachvollziehbar, relativ zu bestimmten Aspekten (GERZYMISCH-ARBOGAST 1994:28).
p) Sie überwindet subjektive Urteile durch den Maßstab des übersetzungsrelevanten Texttyps (REIß 1971:43).
q) Sie fragt, ob die Übersetzung zielkulturell relevant ist (GUTT 2000:107).
r) Sie zeigt Fehler und Fehlertypen auf und betreibt Urschachenforschung (HANSEN 2006:19). Sie kann auch per Retrospektion die eigenen Übersetzungsprozeduren bewusst machen.
s) Sie zeigt auf, wie das „Andere" im postkolonialen Text repräsentiert wird (WOLF 1997:7).
t) Korpus-basierte Analysen zeigen Regularitäten translatorischen Verhaltens auf den verschiedenen linguistischen Ebenen. Sie helfen, die Hypothesen übersetzerischer Universalien zu verifizieren.

20 Bibliographie

ALBRECHT, Jörn (1998): *Literarische Übersetzung. Geschichte – Theorie – Kulturelle Wirkung.* Darmstadt: Wissenschaftliche Buchgesellschaft.

AMMAN, Margret (1990): *Grundlagen der modernen Translationstheorie - Ein Leitfaden für Studierende.* Heidelberg: TH (= translatorisches handeln 1).

ARNTZ, Reiner (Hrsg.) (1988): *Textlinguistik und Fachsprache. Akten des internationalen übersetzungswissenschaftlichen AILA-Symposions,* Hildesheim 13.-16. April 1987. Hildesheim/Zürich/New York: Olms.

AUSTIN, John Lanshaw (1972): *Zur Theorie der Sprechakte.* Stuttgart: Reclam.

BACHMANN-MEDICK, Doris (2006): *Cultural turns. Neuorientierung in den Kulturwissenschaften.* Reinbek bei Hamburg: Rowohlt.

BAKER, Mona (1993): "Corpus linguistics and Translation Studies: Implications and applications." In: M. BAKER/G. FRANCIS/E. TOGNINI-BONELLI (eds.): *Text and Technology: In Honor of John Sinclair,* 233-250. Amsterdam: Benjamins.

BASSNETT, Susan (1991): *Translation Studies* (Revised edition). London/New York: Routledge.

BASSNETT, Susan/LEFEVERE, André (eds.) (1990): *Translation. History and Culture.* London/New York: Pinter Publishers.

BASSNETT, Susan/LEFEVERE, André (eds.) (1998): *Constructing Cultures. Essays on literary translation.* Clevedon/Philadelphia: Multilingual Matters.

BAUSCH, K.-Richard (1968): „Die Transposition. Versuch einer neuen Klassifikation." In: *Linguistica Antverpiensia* II/1968, 29-50.

BAUSCH, Karl-Richard/KLEGRAF, Josef/WILSS, Wolfram (1970/1972): *The Science of Translation: An Analytical Bibliography I (1963-1969); II (1970-72 and Suppl.).* Tübingen: Narr (TBL 21/33).

BECHERT, Johannes/CLEMENT, Daniel/TÜMMEL, Wolf u. a. (1970): *Einführung in die Generative Transformationsgrammatik.* München: Hueber (Reihe Linguistik 2).

BEINER, Marcus (2009): *Humanities. Was Geisteswissenschaft macht. Und was sie ausmacht.* (Berlin: University Press.) Darmstadt: Wiss. Buchgesellschaft.

BENJAMIN, Walter (1923): „Die Aufgabe des Übersetzers". In: H. J. STÖRIG (1969), 156-169.

BEST, Joanna/KALINA, Sylvia (Hrsg.) (2002): *Übersetzen und Dolmetschen.* Tübingen/Basel: Francke (UTB 2329).

BHABHA, Homi (2000): *Die Verortung der Kultur* (Übers. v. Michael Schiffmann und Jürgen Freudl). Tübingen: Stauffenburg.

BIERWISCH, Manfred (1967): „Einige semantische Universalien in deutschen Adjektiven." In: Hugo STEGER (Hrsg.) (1970): *Vorschläge für eine strukturale Grammatik des Deutschen.* Darmstadt: Wissenschaftliche Buchgesellschaft, 269-318.

BRAUNROTH, Manfred/SEYFERT, Gernot/SIEGEL, Karsten /VAHLE, Fritz (1978): *Ansätze und Aufgaben der linguistischen Pragmatik.* Kronberg: Athenäum (Athenäum Taschenbücher 2091).

BRENNER, Peter, J. (1998): *Das Problem der Interpretation. Eine Einführung in die Grundlagen der Literaturwissenschaft.* Tübingen: Niemeyer.

BRETTSCHNEIDER, G./LEHMANN,C. (Hrsg.) (1980): *Wege zur Universalienforschung.* Tübingen: Narr (TBL 145).

BÜHLER, Karl (1934): *Sprachtheorie. Die Darstellungsfunktion der Sprache.* Jena. 2. Aufl., Stuttgart 1965: Gustav Fischer. Neudruck Stuttgart 1982 (UTB 1159).
BUßMANN, Hadumod (1990): *Lexikon der Sprachwissenschaft.* (2., völlig neu bearbeitete Auflage). Stuttgart: Kröner.
CARY, Edmond (1963): *Les grands traducteurs français.* Genève: Georg.
CATFORD, John C. (1965): *A Linguistic Theory of Translation. An Essay in Applied Linguistics.* London: Oxford University Press.
CERCEL, Larisa (Hg./éd.) (2009): *Übersetzung und Hermeneutik – Traduction et herméneutique.* Bukarest: Zeta Books.
CERCEL, Larisa/STANLEY, John W. (Hrsg.) (2011): *Unterwegs zu einer hermeneutischen Übersetzungswissenschaft. Radegundis Stolze zu ihrem 60. Geburtstag.* Tübingen: Narr.
CHESTERMAN, Andrew (1997): *Memes of Translation. The spread of ideas in translation theory.* Amsterdam/Philadelphia: Benjamins.
CHOMSKY, Noam (1965): *Aspects of the theory of syntax.* Cambridge, Mass. – Dt.: *Aspekte der Syntaxtheorie.* Frankfurt/M 1969.
CHOMSKY, Noam (1966): *Cartesian Linguistics. A Chapter in the history of Rationalist Thought.* New York/London. – Dt.: *Cartesianische Linguistik. Ein Kapitel in der Geschichte des Rationalismus.* Tübingen 1971: Niemeyer.
DEDECIUS, Karl (1986): *Vom Übersetzen. Theorie und Praxis.* Frankfurt/M: Suhrkamp (stb 1258).
DELISLE, Jean/WOODSWORTH, Judith (eds.) (1995): *Translators through History.* Amsterdam/Philadelphia: John Benjamins Publishing Co./Unesco Publishing.
DERRIDA, Jacques (1967): *De la grammatologie.* Paris: Minuit. – Dt. *Grammatologie.* Frankfurt/M: Suhrkamp 1974.
DERRIDA, Jacques (1972): *La Dissémination.* Paris: Seuil.
DERRIDA, Jacques (1987): „Des Tours de Babel". In: Ders.: *Psyché. Inventions de l'autre.* Paris: Galilée. – Auch in: Ders.: (2007): *Psyche. Inventions of the other, I.* Chicago.
DÖRNER, Dietrich (1976): *Problemlösen als Informationsverarbeitung.* Stuttgart/Berlin/Köln/Mainz: Kohhammer.
ECO, Umberto (1972): *Einführung in die Semiotik.* München: Fink (UTB 105), ([8]1994, autorisierte dt. Ausgabe von Jürgen Trabant).
ECO, Umberto (2006): *Quasi dasselbe mit anderen Worten. Über das Übersetzen* (übers. v. B. Kroeber). München: Hanser Verlag
EVEN-ZOHAR, Itamar (1990): *Polysystem Studies.* Tel Aviv: The Porter Institute for Poetics and Semiotics.
FILLMORE, Charles J. (1977): „Scenes-and-frames semantics." In: A. ZAMPOLLI (ed.) (1977): *Linguistic Structures Processing.* Amsterdam: New Holland, 55-81.
FLEISCHMANN, Eberhard/SCHMITT, Peter A./WOTJAK, Gerd (Hrsg.) (2004): *Translationskompetenz.* Tübingen: Stauffenburg.
FLOTOW, Luise von (1997): *Translation and Gender. Translation in the 'Era of Feminism'.* Manchester: St. Jerome Publishing / Ottawa: University of Ottawa Press.
FORGET, Philippe (Hrsg.) (1984): *Text und Interpretation.* München: Fink (UTB 1257).
FRANK, Armin Paul (1987): „Einleitung". In: B. SCHULTZE (Hrsg.): *Die literarische Übersetzung. Fallstudien zu ihrer Kulturgeschichte.* Band I Göttinger Beiträge zur Internationalen Übersetzungsforschung. Berlin: Erich Schmidt 1987, ix-xvii.
FRANK, Armin Paul (1988): „'Längsachsen'. Ein in der Textlinguistik vernachlässigtes Problem." In: R. ARNTZ (Hrsg.) (1988), 485-497.

FRANK, Manfred (1977): *Das individuelle Allgemeine. Textstrukturierung und -interpretation nach Schleiermacher.* Frankfurt/M: Suhrkamp.

FRIEDERICH, Wolf (1969): *Technik des Übersetzens (Englisch und Deutsch). Eine systematische Anleitung für das Übersetzen ins Englische und ins Deutsche für Unterricht und Selbststudium.* München: Hueber.

GADAMER, Hans-Georg (1960): *Wahrheit und Methode. Grundzüge einer philosophischen Hermeneutik.* 5. Aufl., Tübingen 1986: J.C.B. Mohr (Paul Siebeck).

GALLAGHER, John Desmond (1981): *Cours de Traduction allemand-français.* München/Wien: Oldenbourg.

GALLAGHER, John Desmond (1982): *German-English Translation.* München/Wien: Oldenbourg.

GECKELER, Horst (1971): *Strukturelle Semantik und Wortfeldtheorie.* München: Fink.

GECKELER, Horst (1973): *Strukturelle Semantik des Französischen.* Tübingen: Niemeyer (Romanistische Arbeitshefte 6).

GECKELER, Horst (Hrsg.) (1978): *Strukturelle Bedeutungslehre.* Darmstadt: Wissenschaftliche Buchgesellschaft (Wege der Forschung Bd. 426).

GENTZLER, Edwin (1993): *Contemporary Translation Theories.* London/New York: Routledge.

GERZYMISCH-ARBOGAST, Heidrun (1994): *Übersetzungswissenschaftliches Propädeutikum.* Tübingen: Francke (UTB 1782).

GERZYMISCH-ARBOGAST, Heidrun (2002): „Ansätze der neueren Übersetzungsforschung." In: BEST/KALINA (2002), 17-29.

GERZYMISCH-ARBOGAST, Heidrun/MUDERSBACH, Klaus (1998): *Methoden des wissenschaftlichen Übersetzens.* (In Zusammenarbeit mit Ingrid FLEDDERMANN et al.). Tübingen: Francke.

GÖHRING, Heinz (2002): *Interkulturelle Kommunikation. Anregungen für Sprach- und Kulturmittler.* Hrsg. v. Andreas F. KELLETAT und Holger SIEVER. Tübingen: Stauffenburg.

GÖPFERICH, Susanne (2008): *Translationsprozessforschung. Stand – Methoden – Perspektiven.* Tübingen: Narr.

GOUANVIC, Jean-Marc (1999) : *Sociologie de la traduction. La science-fiction américaine dans l'espace culturel français des années 1950.* Arras Cedex : Artois Presses Univ.

Grammaire générale et raisonnée ou la Grammaire de Port-Royal, hrsg. v. Herbert Ernst BREKLE. Stuttgart 1966.

GREINER, Norbert (2004): *Übersetzung und Literaturwissenschaft. Grundlagen der Übersetzungsforschung, Band I.* Tübingen: Narr.

GÜLICH, Elisabeth/RAIBLE, Wolfgang (1977): *Linguistische Textmodelle. Grundlagen und Möglichkeiten.* München: Fink (UTB 130).

GUTT, Ernst-August (2000): *Translation and Relevance. Cognition and Context.* 2nd ed. Manchester: St. Jerome.

GUTT, Ernst-August (2004): „Challenges of Metarepresentation to Translation Competence." In: E. FLEISCHMANN et al. (2004), 67-89.

HALLIDAY, M.A.K. (1987): *Language as a social semiotic. The social interpretation of language and meaning.* London: Arnold.

Handbook of Translation Studies, ed. by Yves GAMBIER and Luc van DOORSLAER. Amsterdam/Philadelphia: Benjamins, 2010.

Handbuch Translation, hrsg. v. M. SNELL-HORNBY, H. G. HÖNIG, P. KUßMAUL, P. A. SCHMITT. Tübingen: Stauffenburg, 1998.

HANSEN, Gyde (2006): *Erfolgreich Übersetzen. Entdecken und Beheben von Störquellen.* Tübingen: Narr.

HARWEG, Roland (1968): *Pronomina und Textkonstitution.* München: Fink (Beihefte zu Poetika 2).

HENSCHELMANN, Käthe (1980): *Technik des Übersetzens Französisch-Deutsch*, Heidelberg: Quelle & Meyer.

HENSCHELMANN, Käthe (1999): *Problem-bewusstes Übersetzen Französisch-Deutsch. Ein Arbeitsbuch.* Tübingen: Narr.

HERMANS, Theo (ed.) (1985): *The Manipulation of Literature. Studies in Literary Translation.* London/Sydney: Croom Helm/ New York: St. Martin's Press.

HERMANS, Theo (ed.) (2006): *Translating Others. 2 volumes.* Manchester: St. Jerome.

HILTY, Gerold (1971): „Bedeutung als Semstruktur". In: *Vox Romanica* 30, 242-263.

HOLMES, James S. (1985): „The State of Two Arts: Literary Translation and Translation Studies in the West Today." In: Hildegund BÜHLER (Hrsg.) (1985): *X. Weltkongreß der FIT – Der Übersetzer und seine Stellung in der Öffentlichkeit.* Wien: W. Braumüller, 147-153.

HOLMES, James S. (1988): *Translated! Papers on Literary Translation and Translation Studies.* Ed. by Raymond van den Broek. Amsterdam: Rodopi.

HOLZ-MÄNTTÄRI, Justa (1984): *Translatorisches Handeln. Theorie und Methode.* Helsinki: Suomalainen Tiedeakatemia.

HOLZ-MÄNTTÄRI, Justa (1986): „Translatorisches Handeln – theoretisch fundierte Berufsprofile." In: M. SNELL-HORNBY (1986), 348-374.

HOLZ-MÄNTTÄRI, Justa (1993): „Textdesign – verantwortlich und gehirngerecht." In: J. HOLZ-MÄNTTÄRI/C. NORD (1993), 301-320.

HOLZ-MÄNTTÄRI, Justa/NORD, Christiane (Hrsg.) (1993): *TRADUCERE NAVEM. Festschrift für Katharina Reiß.* Tampere: studia translatologica, ser. A vol. 3.

HÖNIG, Hans G. (1989): „Die übersetzerrelevante Textanalyse." In: Frank G. KÖNIGS (Hrsg.) (1989): *Übersetzungswissenschaft und Fremdsprachenunterricht. Neue Beiträge zu einem alten Thema.* München: Goethe-Institut, 121-145.

HÖNIG, Hans G. (1995): *Konstruktives Übersetzen.* Tübingen: Stauffenburg.

HÖNIG, Hans G./KUßMAUL, Paul (1982*): Strategie der Übersetzung. Ein Lehr- und Arbeitsbuch.* 4. Aufl. 1996. Tübingen: Narr (TBL 205).

HOUSE, Juliane (1997): *Translation Quality Assessment. A model revisited.* Tübingen: Narr.

HUMBOLDT, Wilhelm v.: *Über die Verschiedenheit des menschlichen Sprachbaues und ihren Einfluß auf die geistige Entwicklung des Menschengeschlechts.* Mit einem Nachwort hrsg. v. H. NETTE. Darmstadt: Wissenschaftliche Buchgesellschaft 1949.

JÄGER, Gert (1975): *Translation und Translationslinguistik.* Halle (Saale): Niemeyer.

JAKOBSON, Roman (1959): „Linguistische Aspekte der Übersetzung." In: W. WILSS (1981), 189-198.

JAKOBSON, Roman (1960): „Closing Statement: Linguistics and Poetics." In: Thomas A. SEBEOK (ed.): *Style in Language.* Cambridge, Mass: MIT Press, 350-377.

JUMPELT, Rudolf W. (1961): *Die Übersetzung naturwissenschaftlicher und technischer Literatur. Sprachliche Maßstäbe und Methoden zur Bestimmung ihrer Wesenszüge und Probleme.* Berlin-Schöneberg: Langenscheidt.

KADE, Otto (1963): „Aufgaben der Übersetzungswissenschaft: Zur Frage der Gesetzmäßigkeit im Übersetzungsprozeß." In: *Fremdsprachen* 7 (1963) Nr. 2, 83-94.

KADE, Otto (1968): *Zufall und Gesetzmäßigkeit in der Übersetzung.* Leipzig: VEB Verlag Enzyklopädie (= Beihefte zur Zeitschrift Fremdsprachen, I).

KADE, Otto (1968a): „Kommunikationswissenschaftliche Probleme der Translation". In: W. WILSS (1981), 199-219.

KADE, Otto (1971): „Das Problem der Übersetzbarkeit aus der Sicht der marxistisch-leninistischen Erkenntnistheorie." In: *Linguistische Arbeitsberichte* 4/1971. Leipzig, 13-28.

KADE, Otto (1980): *Die Sprachmittlung als gesellschaftliche Erscheinung und Gegenstand wissenschaftlicher Untersuchung.* Leipzig: VEB Verlag Enzyklopädie (Übersetzungswissenschaftliche Beiträge 3).

KASSÜHLKE, Rudolf (1998): *Eine Bibel – viele Übersetzungen. Ein Überblick mit Hilfen zur Beurteilung.* Wuppertal: Brockhaus.

KATZ, J. J./ FODOR, J. A. (1963): „Die Struktur einer semantischen Theorie". In: Hugo STEGER (Hrsg.) (1970): *Vorschläge für eine strukturale Grammatik des Deutschen.* Darmstadt: Wissenschaftliche Buchgesellschaft (Wege der Forschung CXLVI), 202-268.

KLEIBER, Georges (1993): *Prototypensemantik. Eine Einführung.* (Übersetzung von Michael Schreiber). Tübingen: Narr (studienbücher).

KLOEPFER, Rolf (1967): *Die Theorie der literarischen Übersetzung.* Romanisch-deutscher Sprachbereich. München (Freiburger Schriften zur romanischen Philologie, 12).

KOLLER, Werner (1992): *Einführung in die Übersetzungswissenschaft.* 4. völlig neu bearbeitete Auflage, [7]2004. Heidelberg/Wiesbaden: Quelle & Meyer (UTB 819).

KÖNIGS Frank G. (1989): „Übersetzungsdidaktik und Psycholinguistik. Gedanken und Befunde zu einer ebenso zwangsläufigen wie notwendigen Verbindung." In: Ders.: (Hrsg.): *Übersetzungswissenschaft und Fremdsprachenunterricht. Neue Beiträge zu einem alten Thema.* München: Goethe-Institut 1989, 147-178.

KÖNIGS, Frank G. (1993): „Text und Übersetzer: Wer macht was mit wem?" In: J. HOLZ-MÄNTTÄRI/C. NORD (1993), 229-248.

KOSCHMIEDER, Erwin (1965): *Beiträge zur allgemeinen Syntax.* Heidelberg: Winter. „Das Gemeinte" (1953), 101-106. „Das Problem der Übersetzung" (1965), 107-115. Letzteres auch in: W. WILSS (1981), 48-59.

KRINGS, Hans P. (1986): *Was in den Köpfen von Übersetzern vorgeht. Eine empirische Untersuchung zur Struktur des Übersetzungsprozesses an fortgeschrittenen Französischlernern.* Tübingen: Narr (TBL 291).

KRINGS, Hans P. (1988): „Blick in die 'Black Box' - Eine Fallstudie zum Übersetzungsprozeß bei Berufsübersetzern." In: R. ARNTZ (1988), 393-412.

KURZ, Ingrid (1986): „Das Dolmetscher-Relief aus dem Grab des Haremhab in Memphis. Ein Beitrag zur Geschichte des Dolmetschens im alten Ägypten." In: *Babel* 2/1986, 73-77.

KUßMAUL, Paul (1993): „Empirische Grundlagen einer Übersetzungsdidaktik: Kreativität im Übersetzungsprozeß." In: J. HOLZ-MÄNTTÄRI/C. NORD (1988), 275-286.

KUßMAUL, Paul (1995): *Training the Translator.* Amsterdam/Philadelphia: John Benjamins Publishing (Benjamins Translation Library vol. 10).

KUßMAUL, Paul (2000): *Kreatives Übersetzen.* Tübingen: Stauffenburg.

KUßMAUL, Paul (2007): *Verstehen und Übersetzen. Ein Lehr- und Arbeitsbuch.* Tübingen: Narr (studienbücher)

LADMIRAL, Jean-René (1979): *Traduire: théorèmes pour la traduction.* Paris: Payot.

LADMIRAL, Jean-René (1988): „Epistémologie de la traduction". In: R. ARNTZ (1988), 35-47.

LADMIRAL, Jean-René (1993): „Sourciers et ciblistes". In: J. HOLZ-MÄNTTÄRI/C. NORD (1993), 287-300.

LEDERER, Marianne (1994): *La Traduction aujourd'hui. Le modèle interprétatif.* Paris: Hachette.
LEECH, Geoffrey N./SHORT, Michael H. (1981): *Style in fiction. A linguistic introduction to English fictional prose.* London: Longman.
LEFEVERE, André (1992): *Translation, Rewriting and the Manipulation of Literary Fame.* London/New York: Routledge.
LEFEVERE, André (1992a): *Translating Literature. Practice and Theory in a Comparative Literature Context.* New York: The Modern Language Association of America.
LEMNITZER, Lothar/ZINSMEISTER, Heike (2010): *Korpuslinguistik. Eine Einführung.* Tübingen: Narr.
LEVÝ, Jiří (1967): „Übersetzung als Entscheidungsprozeß". In: W. WILSS (1981), 219-235.
LEVÝ, Jiří (1969): *Die literarische Übersetzung. Theorie einer Kunstgattung.* (Deutsch von W. SCHAMSCHULA). Frankfurt/M: Athenäum.
LEWANDOWSKI, Theodor (1975 a/b/c): *Linguistisches Wörterbuch,* 3 Bände. 5. Aufl. 1990. Heidelberg: Quelle & Meyer (UTB 1518).
LÖRSCHER, Wolfgang (1991) : *Translation performance, translation process, and translation strategies: a psycholinguistic investigation.* Tübingen: Narr.
MALBLANC, Alfred (1968): *Stylistique comparée du français et de l'allemand. Essai de représentation linguistique comparée et étude de traduction.* Paris: Didier (Bibliothèque de stylistique comparée II). (5. Aufl. 1984, Nachdruck 2002).
MESSNER, Sabine/WOLF, Michaela (Hrsg.) (2001): *Übersetzung aus aller Frauen Länder. Beiträge zu Theorie und Praxis weiblicher Realität in der Translation.* Graz: Leykam.
MORRIS, Charles W. (1946): *Signs, Language and Behavior.* New York.
MOUNIN, Georges (1955): *Les Belles Infidèles.* Paris: Cahiers du Sud.
MOUNIN, Georges (1963): *Les problèmes théoriques de la traduction.* Paris: Gallimard.
MOUNIN, Georges (1967): *Die Übersetzung. Geschichte, Theorie, Anwendung.* München: Nymphenburg (Sammlung Dialog 20).
MÜLLER, Ina (2004): *Und sie bewegt sich doch... Translationswissenschaft in Ost und West. Festschrift für Heidemarie Salevsky zum 60. Geburtstag.* Frankfurt am Main: Lang.
NEWMARK, Peter (1981): *Approaches to Translation.* Oxford/New York: Pergamon (Language Teaching Methodology Series).
NEWMARK, Peter (1988): *A Textbook of Translation.* London/New York: Prentice Hall.
NEWMARK, Peter (1988a): „Translation and Mis-translation. The review, the revision, and the appraisal of a translation." In: R. ARNTZ (1988), 21-33.
NEWMARK, Peter (1991): *About Translation.* Clevedon: Multilingual Matters (Topics in translation 1).
NEWMARK, Peter (1995): *A textbook of Translation.* New York: Phoenix ELT.
NIDA, Eugene A. (1964): *Toward a Science of Translating: With Special Reference to Principles and Procedures Involved in Bible Translating.* Leiden: E. J. Brill.
NIDA, Eugene A./TABER, Charles R. (1969): *Theorie und Praxis des Übersetzens, unter besonderer Berücksichtigung der Bibelübersetzung.* Weltbund der Bibelgesellschaften.
NORD, Christiane (1989): „Textanalyse und Übersetzungsauftrag." In: Frank G. KÖNIGS (Hrsg.): *Übersetzungswissenschaft und Fremdsprachenunterricht. Neue Beiträge zu einem alten Thema.* München: Goethe-Institut 1989, 95-119.
NORD, Christiane (1991): *Textanalyse und Übersetzen. Theoretische Grundlagen, Methode und didaktische Anwendung einer übersetzungsrelevanten Textanalyse.* (1.Aufl. 1988, ³1995). Heidelberg: Groos.

NORD, Christiane (1993): *Einführung in das funktionale Übersetzen. Am Beispiel von Titeln und Überschriften*. Tübingen: Francke (UTB 1734).
NORD, Christiane (1997): *Translating as a Purposeful Activity. Functionalist Approaches Explained*. Manchester: St. Jerome Publishing (Translation Theories Explained I).
NORD, Christiane (2010): *Funktionsgerechtigkeit und Loyalität, Band I. Theorie, Methode und Didaktik des funktionalen Übersetzens, Band II*. Berlin: Frank & Timme.
NÖTH, Winfried (1975): *Semiotik. Eine Einführung mit Beispielen für Reklameanalysen*. Tübingen: Niemeyer.
OGDEN, C. K./RICHARDS, I. A. (1923): *The Meaning of Meaning*, New York. 10th ed. London 1949. – Dt.: *Die Bedeutung der Bedeutung. Eine Untersuchung über den Einfluß der Sprache auf das Denken und über die Wissenschaft des Symbolismus*. (Übers. v. Gert H. MÜLLER). Frankfurt/M: Suhrkamp 1974.
PAEPCKE, Fritz (1986): *Im Übersetzen leben - Übersetzen und Textvergleich*. Hrsg. v. K. BERGER und H.-M. SPEIER. Tübingen: Narr (TBL 281).
PAEPCKE, Fritz (1986a): „Die Illusion der Äquivalenz. Übersetzen zwischen Unschärfe und Komplementarität." In: E. GRÖZINGER/A. LAWATY (Hrsg.): *Suche die Meinung. Festschrift Karl Dedecius*. Wiesbaden: Harrassowitz, 116-151.
PEIRCE, Charles Sanders (1967/1970): *Schriften. Eine Auswahl*. 2 Bände. Hrsg. v. K.-O. APEL, Frankfurt/M: Suhrkamp.
PÖCKL, Wolfgang (Hrsg.) (2004): *Übersetzungswissenschaft, Dolmetschwissenschaft. Wege in eine neue Disziplin*. Wien: Edition Praesens.
POPOVIČ, Anton (1970): „The concept 'Shift of Expression' in Translation Analysis", In: J. S. HOLMES, F. de HAAN, A. POPOVIČ (eds.) (1970): *The nature of Translation*. The Hague: Mouton.
POPOVIČ, Anton (1977): „Übersetzung als Kommunikation". (Übers. v. K.-H. FREIGANG) In: W. WILSS (1981), 92-111.
PRUNČ, Erich (2007): *Entwicklungslinien der Translationswissenschaft. Von den Asymmetrien der Sprachen zu den Asymmetrien der Macht*. Berlin: Frank & Timme.
REIN, Kurt (1983): *Einführung in die kontrastive Linguistik*. Darmstadt: Wissenschaftliche Buchgesellschaft.
REIß, Katharina (1971): *Möglichkeiten und Grenzen der Übersetzungskritik*. München: Hueber (hueber hochschulreihe 12).
REIß, Katharina (1976): *Texttyp und Übersetzungsmethode. Der operative Text*. Kronberg/Ts. 3. Aufl. 1993, Heidelberg: Groos.
REIß, Katharina/VERMEER, Hans J. (1984): *Grundlegung einer allgemeinen Translationstheorie*. 2. Aufl. 1991. Tübingen: Niemeyer (Linguistische Arbeiten 147).
RICŒUR, Paul (1969): *Le conflit des interpretations. Essais d'herméneutique*. Paris. Seuil.
RICŒUR, Paul (2004) : *Sur la traduction*. Paris : Bayard.
RISKU, Hanna (1998): *Translatorische Kompetenz. Kognitive Grundlagen des Übersetzens als Expertentätigkeit*. Tübingen: Stauffenburg.
Routledge Encyclopedia of Translation Studies, edited by Mona BAKER & Gabriela SALDANHA, London & New York: Routledge 2009.
SALEVSKY, Heidemarie (2002) : *Translationswissenschaft. Ein Kompendium*. Unter Mitarbeit von Ina Müller und Bernd Salevsky. Frankfurt: Peter Lang.
SAUSSURE, Ferdinand de (1916): *Cours de linguistique générale*. Publ. par Charles Bally. 4. Éd. Paris: Payot 1979. – Dt. (1967): *Grundfragen der Allgemeinen Sprachwissenschaft*. Hrsg. v. P. v. POLENZ, 2. Aufl., Berlin: De Gruyter.

SCHLEIERMACHER, Friedrich D. E. (1838/1977): *Hermeneutik und Kritik. Mit einem Anhang sprachphilosophischer Texte Schleiermachers*, hrsg. v. M. FRANK. Frankfurt am Main: Suhrkamp.

SCHMIDT, Lothar (Hrsg.) (1973): *Wortfeldforschung. Zur Geschichte und Theorie des sprachlichen Feldes*. Darmstadt: Wissenschaftliche Buchgesellschaft (Wege der Forschung Bd. CCL).

SCHREIBER, Michael (1993): *Übersetzung und Bearbeitung. Zur Differenzierung und Abgrenzung des Übersetzungsbegriffs*. Tübingen: Narr (TBL 389).

SEARLE, John Roger (1971): *Sprechakte. Ein sprachphilosophischer Essay*. Frankfurt/M: Suhrkamp.

SEELE, Astrid (1995): *Römische Übersetzer - Nöte, Freiheiten, Absichten*. Darmstadt: Wissenschaftliche Buchgesellschaft.

SELESKOVITCH, Danica/LEDERER, Marianne (1984): *Interpréter pour traduire*. Paris: Didier Erudition.

SHANNON, C. E./ WEAVER, W. (1949): *The mathematical theory of communication*, vol. III. Urbana.

SIMON, Sherry (1996): *Gender in Translation. Culture and Identity and the Politics of Transmission*. London, New York: Routledge.

SNELL-HORNBY, Mary (1984): „The linguistic structure of public directives in German and English." In: *Multilingua* 4, 203-211.

SNELL-HORNBY, Mary (1988): *Translation Studies. An Integrated Approach*. Amsterdam/ Philadelphia: John Benjamins.

SNELL-HORNBY, Mary (1991): „Übersetzungswissenschaft: Eine neue Disziplin für eine alte Kunst?". In: *Mitteilungsblatt für Dolmetscher und Übersetzer*, Bonn 1/1991, 4-10.

SNELL-HORNBY, Mary (Hrsg.) (1986): *Übersetzungswissenschaft - Eine Neuorientierung*. 2. Aufl. 1994. Tübingen: Francke (UTB 1415).

SPILLNER, Bernd (1990): *Error Analysis. A Comprehensive Bibliography.* (Library and Information Sources in Linguistics 12). Amsterdam/Philadelphia. Benjamins.

STACHOWITZ, R. (1973): *Voraussetzungen für maschinelle Übersetzung: Probleme, Lösungen, Aussichten*. Frankfurt/M.

STEGMÜLLER, W. (1974): *Glauben, Wissen, Erkennen. Das Universalienproblem einst und jetzt*. 3. Aufl. Darmstadt: Wissenschaftliche Buchgesellschaft.

STEINER, George (1975): *After Babel. Aspects of Language and Translation*. London: Oxford University Press.

STEINER, George (2004): *Nach Babel. Aspekte der Sprache und des Übersetzens*. (Deutsch von Monika Plessner unter Mitwirkung von Henriette Beese, 2. Aufl.). Frankfurt am Main: Suhrkamp.

STOLZE, Radegundis (1982): *Grundlagen der Textübersetzung*. Heidelberg: Groos.

STOLZE, Radegundis (1986): „Zur Bedeutung von Hermenteutik und Textlinguistik beim Übersetzen." In: M. SNELL-HORNBY (Hrsg.) (1986), 133-159.

STOLZE, Radegundis (1992): *Hermeneutisches Übersetzen. Linguistische Kategorien des Verstehens und Formulierens beim Übersetzen*. Tübingen: Narr (TBL 368).

STOLZE, Radegundis (2003): *Hermeneutik und Translation*. Tübingen: Narr (TBL 467).

STOLZE, Radegundis (2006): „Phänomenologie und Rhetorik in der Translation", in: C. HEINE, K. SCHUBERT, H. Gerzymisch-Arbogast (Hrsg.) (2006): *Text and Translation. Theory and Methodology of Translation*. Tübingen: Narr, 79-103.

STOLZE, Radegundis (2011): *The Translator's Approach – Introduction to Translational Hermeneutics. Theory and Examples from Practice*. Berlin: Frank & Timme.

STÖRIG, Hans Joachim (Hrsg.) (1969): *Das Problem des Übersetzens*. Darmstadt: Wissenschaftliche Buchgesellschaft. (Fortdruck 1973 der 2. durchgesehenen und veränderten Aufl. 1969) (Wege der Forschung Bd. VIII).

The postcolonial studies reader. Edited by Bill ASHCROFT, Garthe GRIFFITHS, Helen TIFFIN. London, New York: Routledge 1995.

THOME, Gisela (1978): "Die wörtliche Übersetzung (Französisch-Deutsch)." In: W. WILSS (Hrsg.) (1981): *Übersetzungswissenschaft*. Darmstadt: Wissenschaftliche Buchgesellschaft, 302-322.

TOURY, Gideon (1989): „Well, what about a LINGUISTIC theory of LITERARY translation?" In: *Bulletin CILA 49*, mars 1989 (Organe de la Commission interuniversitaire suisse de linguistique appliquée), Neuchâtel, 102-105.

TOURY, Gideon (1995): *Descriptive Translation Studies and beyond*. Amsterdam/ Philadelphia: John Benjamins (Benjamins translation library vol. 4).

TRUFFAUT, Louis (1963): *Grundprobleme der Deutsch-Französischen Übersetzung*. München: Hueber.

TYMOCZKO, Maria (1999): *Translation in a Postcolonial Context*. Manchester: St. Jerome.

TYMOCZKO, Maria (2006): *Enlarging Translation. Empowering translators*. Manchester: St. Jerome.

TYTLER, Alexander Fraser. Lord Woodhouselee (1791*): Essay on the principles of translation*. Ed. J. F. Huntsman. Reprint 1978. Amsterdam: Benjamins.

VANNEREM, Mia/SNELL-HORNBY, Mary (1986): „Die Szene hinter dem Text: 'scenes-and-frames semantics' in der Übersetzung". In: M. SNELL-HORNBY (1986), 184-205.

VATER, Heinz (1992): *Einführung in die Textlinguistik*. München: Fink (UTB 1660).

VENUTI, Lawrence (1995): *The Translator's Invisibility. A History of Trnaslation*. London/New York: Routhledge.

VERMEER, Hans J. (1978): „Ein Rahmen für eine allgemeine Translationstheorie". In: *Lebende Sprachen* 23/1978, 99-102.

VERMEER, Hans J. (1986): „Übersetzen als kultureller Transfer". In: M. SNELL-HORNBY (1986), 30-53.

VERMEER, Hans J. (1992): *Skizzen zu einer Geschichte der Translation (2 Bände)*. Frankfurt/M: Verlag Interkulturelle Kommunikation.

VERMEER, Hans J. (1996): *A skopos theory of translation (Some arguments for and against)*. Heidelberg: Textcontext Verlag.

VERMEER, Hans J. (1996a): *Die Welt, in der wir übersetzen. Drei translatologische Überlegungen zu Realität, Vergleich und Prozeß*. Heidelberg: Textcontext (Reihe Wissenschaft, Bd. 2).

VERMEER, Hans J. (1996b): *Das Übersetzen im Mittelalter (2 Bände)*. Heidelberg: TcT Verlag.

VERMEER, Hans J. (2000): *Das Übersetzen in Renaissance und Humanismus (2 Bände)*. Heidelberg: Tct Verlag

VERMEER, Hans J. (2006): *Versuch einer Intertheorie der Translation*. Berlin: Frank & Timme.

VERNAY, Henri (1974): „Möglichkeiten und Grenzen einer sprachwissenschaftlichen Beschreibung des Übersetzungsvorgangs." In: W. WILSS/G. THOME (Hrsg.): *Aspekte der theoretischen sprachenpaarbezogenen und angewandten Sprachwissenschaft*. Heidelberg 1974, 1-9.

VINAY, Jean-Paul/DARBELNET, Jean (1958): *Stylistique comparée du français et de l'anglais. Méthode de traduction*. Paris: Dider (Bibliothèque de stylistique comparée. 4ème éd.), 1968.

VINAY, Jean-Paul/DARBELNET, Jean (1995): *Comparative Stylistics of French and English: A Methodology for Translation.* (Translated and edited by J. C. Sager & M.-J. Hamel.) Amsterdam/Philadelphia: John Benjamins.
WANDRUSZKA, Mario (1959): *Der Geist der französischen Sprache.* München: Piper.
WANDRUSZKA, Mario (1969): *Sprachen vergleichbar und unvergleichlich.* München: Piper.
WANDRUSZKA, Mario (1979): *Die Mehrsprachigkeit des Menschen.* München: Piper.
WANDRUSZKA, Mario (1984): *Das Leben der Sprachen. Vom menschlichen Sprechen und Gespräch.* Stuttgart: DVA.
WANDRUSZKA, Mario (1991): *„Wer fremde Sprachen nicht kennt...". Das Bild des Menschen in Europas Sprachen.* Darmstadt: Wissenschaftliche Buchgesellschaft.
WEINRICH, Harald (1970): *Linguistik der Lüge.* Heidelberg: Lambert Schneider.
WEISGERBER, Leo (1950ff): *Von den Kräften der deutschen Sprache,* Bde. 1 - 4. Düsseldorf: Schwann. I) *Grundzüge der inhaltbezogenen Grammatik.* (4. Aufl. 1971). II) *Die sprachliche Gestaltung der Welt.* (4. Aufl. 1973). III) *Die Muttersprache im Aufbau unserer Kultur* (1957), IV) *Die geschichtliche Kraft der deutschen Sprache* (1959).
WERLEN, Iwar (2002): *Sprachliche Relativität.* Tübingen: Francke (UTB 2319).
WHORF, Benjamin Lee (1963): *Sprache, Denken, Wirklichkeit. Beiträge zur Metalinguistik und Sprachphilosophie.* (Original 1956: *Language, Thought and Reality.* Cambridge, MA: MIT Press. Übersetzung v. Peter Krausser.) Reinbek bei Hamburg: Rowohlt (rororo 174).
WILSS, Wolfram (1977): *Übersetzungswissenschaft. Probleme und Methoden.* Stuttgart: Klett.
WILSS, Wolfram (1980): „Semiotik und Übersetzungswissenschaft". In: Ders. (Hrsg.): *Semiotik und Übersetzen.* Tübingen: Narr (Kodikas/code Supplement 4), 9-22.
WILSS, Wolfram (1988): *Kognition und Übersetzen. Zu Theorie und Praxis der menschlichen und der maschinellen Übersetzung.* Tübingen: Niemeyer.
WILSS, Wolfram (1992): *Übersetzungsfertigkeit. Annäherungen an einen komplexen übersetzungspraktischen Begriff.* Tübingen: Narr (TBL 376).
WILSS, Wolfram (Hrsg.) (1981): *Übersetzungswissenschaft.* Darmstadt: Wissenschaftliche Buchgesellschaft (Wege der Forschung Bd. 535).
WINTER, Alexander (1992): *Metakognition beim Textproduzieren.* Tübingen: Narr (Script Oralia 40).
WITTGENSTEIN, Ludwig (1953): *Philosophische Untersuchungen – Philosophical Investigations (D - E).* Teil I. Oxford: Blackwell.
WOLF, Michaela (Hrsg.) (1997): *Übersetzungswissenschaft in Brasilien. Beiträge zum Status von „Original" und Übersetzung.* Tübingen: Stauffenburg.
WOLF, Michaela (Hrsg.) (2006): *Übersetzen – Translating – Traduire. Towards a ‚Social Turn'?* Wien/Berlin: LIT.
WOTJAK, Gerd (2004): „Leipziger Allerlei – Leipziger Einerlei? Kommunikative Äquivalenz und kommunikative Angemessenheit als Zutaten zum ‚Einheitsbrei' der translatorischen Kompetenz." In: E. FLEISCHMANN et al. (2004), 269-286.
WUNDERLICH, Dieter (Hrsg.) (1972): *Linguistische Pragmatik.* Frankfurt/M: Fischer.
ZIMA, Peter V. (1994): *Die Dekonstruktion.* Tübingen: Francke (UTB 1805).
ZYBATOW, Lew (Hrsg.) (2002): *Translation zwischen Theorie und Praxis. Innsbrucker Ringvorlesungen zur Translationswissenschaft.* Bd. 1. Frankfurt am Main: Lang.

21 Register

Personenregister

ALBRECHT 95, 205
AMMAN 182, 194
ARROJO 203, 204
AUSTIN 124, 125, 127, 136
BAKER 161, 163, 164, 302
BASSNETT-MCGUIRE 144, 152
BAUSCH 71, 73, 155, 295
BENJAMIN 28, 30, 31, 32, 33, 34, 35, 36, 230, 292
BHABHA 213, 214, 296
BÜHLER 64, 94, 231
BUßMANN 37, 42, 43, 55, 129
CARBONELL 207
CATFORD 55, 56, 57, 58, 68, 83, 102, 187, 290, 292
CHOMSKY 42, 43, 44
DERRIDA 32, 33, 34
EVEN-ZOHAR 147, 148, 157, 162
FILLMORE 170, 171, 172, 230, 266
FORGET 32, 33, 34, 36
FRANK 107, 146, 150, 151, 152, 237, 245, 260, 262
FRIEDERICH 79, 81, 268, 293
GADAMER 238, 259
GALLAGHER 81, 82, 83, 293
GECKELER 44, 45, 47
GERZYMISCH-ARBOGAST 105, 118, 119, 120, 121, 122, 123, 130, 290, 291, 293, 295
GÖPFERICH 127, 254, 280, 281, 282, 283, 284, 285, 292
GOUANVIC 217, 219
GUTT 232, 233, 234, 235, 291, 293, 294, 295
HALLIDAY 55, 58
HENSCHELMANN 79, 81, 82, 84
HERMANS 144, 145, 147, 152, 173, 207, 292
HOLMES 144, 147, 149, 155, 156, 157, 164, 165, 178, 275
HOLZ-MÄNTTÄRI 189, 190, 191, 192, 193, 194, 195, 235, 260, 294
HÖNIG 108, 109, 124, 129, 130, 133, 134, 135, 136, 167, 168, 170, 173, 187, 199, 224, 233, 267, 268, 269, 270, 276, 285, 294
HOUSE 40, 58, 59, 60, 62, 68, 102, 115, 119, 168, 194, 229, 290, 294
HUMBOLDT 25, 27, 28, 30, 31, 168, 191
JAKOBSON 40, 45, 68
JUMPELT 74, 75, 83, 84, 116
KADE 50, 51, 52, 53, 68, 177, 290
KOLLER 22, 25, 28, 36, 47, 53, 54, 68, 87, 96, 97, 98, 99, 100, 101, 102, 104, 105, 116, 117, 118, 121, 123, 195, 290, 291, 293, 295
KÖNIGS 16, 188, 260, 261, 262, 263
KOSCHMIEDER 45, 46, 53, 292
KUßMAUL 108, 109, 124, 129, 130, 133, 134, 135, 136, 167, 168, 170, 173, 187, 199, 224, 233, 274, 275, 276, 277, 285, 295
KRINGS 260, 261, 262, 267, 285, 292, 295
LADMIRAL 229, 230, 231, 235, 243, 260
LASSWELL 64, 198, 251
LEDERER 223, 224, 225, 226, 227, 228, 235, 239, 246, 268, 291, 294, 295
LEECH 173, 174, 175
LEFEVERE 144, 145, 152, 207, 295
LEVÝ 137, 138, 152, 207
LUTHER 20, 22, 34, 88, 91
MALBLANC 69, 84
MOUNIN 46, 47
MUDERSBACH 119, 120
NEWMARK 76, 77, 78, 79, 83, 84, 102, 121, 174, 232, 268, 294
NIDA 43, 87, 88, 89, 90, 91, 92, 93, 96, 100, 101, 102, 103, 104, 105, 108, 116, 155, 187, 197, 224, 226, 290, 292, 293
NORD 192, 195, 196, 197, 198, 199, 200, 202, 231, 235, 260, 291, 294, 295
OGDEN/RICHARDS 39
PAEPCKE 208, 244, 245, 246, 247, 248, 252, 259, 291, 294
PEIRCE 39, 134
POPOVIČ 140, 147
PRUNČ 58, 137, 147, 148, 204, 206, 213, 215, 217, 218, 219, 220, 243, 292
REIß 79, 94, 105, 112, 113, 114, 115, 116, 118, 121, 122, 123, 165, 178, 179, 180, 181, 182, 185, 186, 187, 188, 189, 191,

192, 194, 197, 235, 260, 290, 291, 292, 294, 295
SAPIR/WHORF 30
SAUSSURE 38, 39, 43, 47, 48, 52, 230
SCHLEIERMACHER 14, 15, 26, 27, 28, 29, 31, 94, 152, 237
SCHREIBER 95, 205
SEARLE 124, 125, 126, 127, 136
SEELE 16, 17, 18, 22, 169
SELESKOVITCH 223, 224, 225, 226, 227, 228, 234, 235, 239, 246, 268, 291, 295
SNELL-HORNBY 16, 17, 45, 103, 111, 126, 132, 134, 135, 165, 166, 167, 168, 169, 170, 172, 173, 174, 175, 176, 193, 194, 203, 205, 245, 275, 295
STEINER 141, 142, 143, 144, 146, 147, 152, 165, 208, 230, 239, 246, 284
STOLZE 169, 170, 245, 248, 249, 250, 252, 255, 256, 258, 259, 267, 291, 292, 293, 294, 295
STÖRIG 15, 19, 20, 22, 25, 26, 27, 28, 31, 36, 48, 259
THOME 94
TOURY 146, 147, 149, 156, 157, 158, 159, 160, 161, 164, 290, 291, 295

TRUFFAUT 79, 81, 83, 84, 295
TYTLER 21
VANNEREM/SNELL-HORNBY 168, 169, 170, 172, 295
VATER 27, 90, 106, 107, 123, 124
VENUTI 203, 205, 206, 207, 220, 291
VERMEER 16, 79, 173, 177, 178, 179, 180, 181, 182, 185, 186, 187, 188, 191, 194, 197, 246, 290, 291, 292, 294, 295
VINAY/DARBELNET 69, 73, 79, 80, 84, 133
WANDRUSZKA 29, 30, 36
WEINRICH 45
WEISGERBER 28, 29
WHORF 28, 30, 36
WILSS 45, 47, 48, 52, 54, 62, 63, 64, 65, 66, 67, 68, 69, 70, 71, 73, 77, 80, 81, 84, 102, 103, 107, 108, 137, 155, 165, 226, 239, 263, 264, 267, 275, 285, 290, 291, 292, 293, 295
WITTGENSTEIN 124, 136
WOLF 204, 206, 213, 215, 217, 218, 219, 220
ZIMA 32, 33, 35, 36

Sachregister

Adaptation 76, 97, 98, 115, 160, 192, 193, 194
Adäquatheit 103, 118, 295
Analysephase 89
Äquivalenz
  s. Entsprechung 53, 54, 87, 88, 93, 94, 96, 97, 98, 99, 100, 101, 102, 103, 104, 114, 117, 137, 145, 146, 161, 167, 180, 196, 232, 290, 293, 295
Arbitrarität 39, 40
Aspekt 52, 89, 98, 118, 120, 121, 122, 125, 171, 174, 201, 226, 264
Ästhetizität 118
Ausdruck 10, 21, 26, 27, 31, 35, 37, 38, 42, 45, 48, 54, 57, 81, 98, 102, 109, 112, 113, 129, 130, 144, 145, 155, 171, 190, 223, 224, 226, 230, 237, 245, 256, 259
Ausgangssprache
  s. AS 13, 49, 55, 71, 93, 115, 179, 196, 229, 292
Äußerung
  s. Rede, parole 105, 112, 125, 126, 127, 128, 178, 224
Autor 95
  s. Sender 12, 25, 27, 33, 34, 76, 115, 178, 201, 223, 225
Bearbeitung 14, 87, 94, 96, 194, 198, 201, 256, 257
Bedeutung 14-16, 21, 35, 37, 39-42, 44, 45, 51, 56, 57, 75, 83, 90-93, 98, 102, 106, 107, 108, 124, 125, 127, 134, 135, 136, 150, 167, 169, 171, 173, 176, 180, 187, 224, 230, 245, 254, 263, 266, 289
Begriff 10, 13, 26, 30, 33, 39, 51, 53, 65, 94, 97, 101, 102, 104, 124, 156, 160, 161, 168, 178, 180, 246, 247, 252, 255
Begriffswörter 103, 251
Betonung
  s. Fokussierung 35, 129, 130, 131, 136, 165, 205, 226
Bewusstsein 22, 33, 34, 79, 204, 246, 270, 271, 276, 287
Bezeichnung 20, 30, 40, 101, 102, 104, 112, 127, 145, 155, 170, 224, 245
Botschaftsträger 190, 192, 193
code-switching 52, 63, 227, 293
Denken 11, 25, 26, 27, 29, 30, 42, 47, 67, 87, 205, 226, 236, 243, 244, 247, 248, 260, 266, 275, 276, 289

Denotation 41
Designtext 192
deskriptiver Ansatz 164
Deverbalisierung 224, 226, 228, 229, 288
Didaktik 81, 198
Differenzierung 10, 96, 98, 112, 134, 135, 167, 287
Dimension 64, 97, 106, 113, 124, 136, 168, 177
DTS 155, 157, 160, 164, 165, 228, 291
Dynamik 29, 129, 247
Empfänger 39, 40, 51, 52, 63, 88, 89, 91, 97, 103, 106, 134, 172, 189, 197, 200, 293, 294
Entsprechung 35, 54, 67, 98, 102, 103, 109, 129, 134, 135, 137, 254, 265, 268
Erkenntnis 37, 114, 125, 251
Ethik 205, 215
Fehleranalyse 69, 81, 135, 268, 287
Feldtheorie 155, 164, 165, 178
Fertigkeit 48, 64, 65, 239, 262
Fiktionalität 117
Fokussierung 130, 199
Form 14, 15, 20, 31, 42, 45, 53, 57, 63, 66, 70, 75, 82, 87, 88, 92, 93, 100, 109, 113, 118, 125, 126, 133, 171, 186, 191, 195, 225, 229, 244, 292
Formulieren 55, 95, 235, 240, 246, 247, 248, 249, 267
Freiheit 13, 27, 35, 95, 165, 196, 229, 232, 247, 248
Fremde 208
funktional 114, 133, 136
Funktionsgerechtigkeit 195-198, 201
Gemeinte 31, 39, 46, 83, 225, 239, 252, 268, 292
Generative Transformationsgrammatik 42, 45, 47
Gleichwertigkeit 88, 102, 103, 104
Gliederungssignale 111, 169
Grammatik 20, 28, 30, 38, 42, 43, 44, 53, 55, 57, 63, 83, 99, 106, 130, 286
Habitus 217, 218, 219, 240
Handeln 11, 63, 124, 177, 178, 180, 187, 189, 190, 191, 193, 195, 198, 244, 248, 260, 286
Handlung 11, 90, 125, 126, 134, 180, 185, 187, 190, 191, 195, 200, 264, 291

Hermeneutik 95, 168, 236, 243, 244, 248, 259, 260, 275, 286
Illokution 128
Individualität 244, 245, 247, 264
Information 52, 68, 101, 114, 115, 129, 130, 172, 179, 185, 186, 198, 260
Informationsangebot 177, 179, 181, 187, 189, 246, 292
Inhalt 10, 15, 31, 37, 38, 41, 42, 53, 71, 72, 87, 92, 102, 125, 130, 191, 199, 229, 251, 291
Intention 51, 113, 125, 127, 195
Intuition 93, 237, 243, 263, 264, 266, 267, 289
Kognition 48, 263, 267, 289
Kommunikation 14, 16, 40, 42, 47, 48, 50, 51, 95, 117, 132, 134, 151, 152, 178, 179, 180, 185, 191, 205, 223, 224, 225, 235, 237, 239, 254, 258, 270
Kommunikationsinstrument 37, 39
Kommunikationsmodell 51, 185
Kommunikationsvorgang 51, 68, 69, 101, 290
Kompetenz 42, 189, 268
Kontext 33, 37, 41, 45, 49, 64, 90, 93, 115, 130, 131, 135, 152, 159, 164, 174, 178, 189, 225, 227, 229, 230, 237, 245, 266
Korpora 163, 284
Korpus 58, 62, 155, 161, 163, 200f, 295
Kreativität 247, 254, 259, 260, 264, 274, 275, 276
Kultur 25, 31, 35, 137, 145, 147, 152, 158, 159, 160, 168, 173, 178, 179, 185, 186, 189, 196, 198, 201, 203, 205, 244, 246
langue
  s. Sprachsystem 38, 43, 46, 52, 53, 55, 70, 98, 223, 225, 226, 227, 228, 229, 230, 231, 235
Lasswell-Formel 64, 198
Leser 27, 95
  s. Empfänger 12, 17, 20, 27, 31, 97, 99, 112, 117, 130, 138, 146, 152, 170, 172, 173, 178, 196, 225, 238, 245, 246, 258, 287, 288
Lexik 51, 100, 202
Linguistik
  s. Sprachwissenschaft 42, 45, 48, 49, 55, 87, 103, 105, 124, 144, 155, 165, 167, 177, 248, 253
literarischer Text 100, 149, 173

Literatur 11, 13, 15, 19, 54, 78, 88, 101, 103, 112, 137, 144, 147, 148, 149, 150, 151, 152, 173, 194, 205, 215, 245, 264
Loyalität 195, 201, 202, 294
Metapher 100, 115, 120, 230, 259, 270
Missverständnis 207
Mitteilung 31, 129, 225, 226, 238, 246, 247, 291, 293, 294
Mitteilungsgeschehen 95, 207
Modulation 73, 74, 76, 83, 115, 198, 227
Multiperspektivität 244, 245
Muttersprache 13, 25, 28- 30, 230, 262
normativ 101
Oberflächenstruktur 42, 53, 89
Organon-Modell 40
Original 95, 216
  s. Ausgangstext 16, 20, 26, 27, 31, 87, 88, 101, 103, 116, 118, 138, 146, 196, 292, 295
Paraphrase 19
parole
  s. Rede, Äußerung 38, 43, 52, 53, 55, 58, 63, 70, 98, 224, 226, 228, 230
Performanz 43
Perspektive 11, 28, 41, 48, 68, 93, 103, 105, 113, 146, 149, 157, 164, 168, 172, 181, 193, 195, 201, 229, 239, 245, 261, 285, 289
Polysystem 147, 148, 150, 157
Pragmatik 42, 124, 125
Präsenz 207
Praxis 12, 21, 22, 48, 77, 79, 87, 113, 118, 176, 178, 186, 187, 188, 189, 193, 196, 201, 226, 231, 244, 266, 286, 288, 289
Präzision 94
Produzent
  s. Autor, Sender 178, 189, 190
Prototypologie 146, 165, 167, 175
Psycholinguistik 260, 261, 266, 286
Rede
  s. parole 10, 14, 15, 26, 32, 38, 40, 45, 51, 53, 57, 63, 76, 96, 107, 125, 130, 133, 136, 151, 178, 187, 194, 226, 227, 229, 230, 247
Relativitätsprinzip 25, 30
Revision 275
Rezeption 17, 31, 81, 198, 249, 270
Rezipient
  s. Empfänger 178, 189
Rhema 129, 130, 131

Sachtext 118
Schema 113, 197
Semantik 17, 42, 44, 135, 170, 172, 251, 266, 275
Semiotik 39, 42, 63, 106
Sender
 s. Autor, Produzent 10, 40, 51, 52, 63, 64, 106, 134, 189, 195, 197, 200, 293, 294
Sinn 19, 21, 27, 32, 33, 35, 56, 64, 88, 95, 97, 98, 102, 167, 180, 185, 187, 207, 223, 224, 225, 226, 227, 237, 238, 245, 266, 268, 288
Situation 11, 55, 56, 70, 73, 89, 102, 106, 124, 125, 131-136, 156, 169, 170, 171, 173, 178, 179, 180, 185-188, 190, 192, 194, 197f, 200, 224, 225, 227, 229, 239, 245, 253f, 267, 276, 286, 289, 292, 294
Skopostheorie 177, 180, 194, 195, 196
Sprache 9, 13-15, 17, 21, 25-56, 65, 68-70, 78, 87, 88, 92, 93, 97, 99, 105, 112-114, 124, 125, 130-133, 135, 145, 152, 160, 168, 177, 178, 179, 187, 193, 196, 208, 215, 224, 226, 229, 236, 237, 238, 239, 244, 247, 248, 253, 286, 292
Sprachenpaar 55, 69, 73, 83, 293
Sprachgebrauch 29, 70, 118, 174
Sprachinhaltsforschung 25, 45, 288
Sprachphilosophie 68, 229
Sprachsystem 11, 38, 53, 66, 237
Sprachverwendung
 s. Sprachgebrauch 21, 127, 133, 261, 286
Sprachwissenschaft
 s. Linguistik 10, 30, 38, 41, 43, 48, 51, 74, 105, 131, 155, 177, 178, 230, 286
Stil 88, 93, 94, 99, 102, 148, 151, 173, 174, 175, 199
Struktur 94, 120, 275
Stylistique comparée 69, 70, 71, 72, 73, 80, 90, 101, 102, 103, 108, 164, 165, 198, 223, 231, 287, 295
Symbol
 s. Zeichen 39
Syntax 32, 42, 46, 51, 64, 90, 100, 106, 125, 199, 202
Synthesephase 93
Termini 71, 73, 75, 129, 180, 251, 289
Terminologie 13, 18, 63, 78, 94, 178, 193, 289

tertium comparationis 37, 46, 53, 55, 89, 287, 292
Textanalyse 63, 64, 100, 101, 105, 107, 108, 111, 165, 169, 171, 174, 175, 195, 237, 263, 268, 270
Textäquivalenz 180, 188
Textaufbau 99
Textdesign 192
Textfunktion 64, 105, 113, 114, 197
Textganzes 103, 111
Textgattung 74, 105, 116, 131, 161
Textkohärenz 105, 253
Textkohäsion 171
Textlinguistik 63, 105, 106, 108, 112, 113, 122, 124, 245, 286, 289
Textsorte 99, 111, 112, 120, 131, 132, 134, 147, 179, 189, 200
Textstatus 173
Texttyp 105, 112-115, 131, 157, 189
Textvorlage
 s. Ausgangstext, AS, Original 10, 15, 21, 63, 94, 103, 169, 172, 229, 244, 248, 255, 256, 292
Thema 9, 129, 130, 131, 188, 251, 276
Theorie 9, 10, 12, 21, 35, 42, 44, 48, 49, 55, 79, 83, 87, 125, 135, 138, 140, 156, 157, 164, 168, 170, 173, 176, 177, 178, 179, 190, 191, 194, 207, 228, 230, 275, 286, 289
Tiefenstruktur 42, 53, 83
Transfer 48, 62, 87, 91, 106, 137, 168, 177, 186, 192, 197, 287, 293
Transferphase 91
Transferprozedur 48, 71
Translat 177, 178, 179, 180, 181, 187, 189, 197, 292, 294
Translation 16, 21, 45, 49, 50, 52, 55, 57, 76-79, 81, 87, 94, 95, 120, 126, 127, 144-147, 149, 151, 155, 156, 157, 167, 168, 177-181, 185, 186, 189, 193, 194, 195, 197, 200, 205, 206, 207, 215, 228, 275, 287, 290, 291
Translationslinguistik 10, 50, 51, 52
Translationsprozesse 50
Translationsprozessforschung 260, 280, 284, 292
Translationstheorie 177, 178, 179, 180, 181, 185, 189, 191, 193, 194, 202, 228, 259, 287, 291
Translatologie 10, 178, 193

Translator 10, 49, 95, 119, 120, 156, 178, 179, 185, 186, 187, 189, 190, 192, 193, 194, 195, 196, 198, 205, 206, 216, 275, 277, 291, 294
Translatorik 10, 178
Transposition 71, 72, 74, 76, 83, 198, 295
Treue 13, 25, 27, 35, 94, 95, 165, 195, 196, 225, 229, 232
Übersetzbarkeit 10, 45, 46, 49, 57, 87, 98, 161
Übersetzen 9, 11, 13-19, 21, 25, 26-28, 30, 31, 35, 37, 43, 46, 48, 49, 50-53, 56, 58, 62-69, 74, 77, 80, 82, 87-89, 93, 96, 105, 108, 111, 115, 116, 122, 124, 132, 133, 135, 136, 149, 152, 155, 156, 157, 165, 167, 168, 170, 175, 177, 178, 186-190, 193, 195, 198-202, 223, 224, 226, 228-232, 235, 237, 238, 244, 246, 247, 248, 249, 252, 254, 255, 256, 261, 262, 263, 264, 267, 268, 270, 271, 274, 285, 286, 287, 288, 289, 290, 291
Übersetzer 10, 11, 13, 14, 15, 16, 17, 18, 19, 20, 21, 25, 31, 34, 35, 49, 51, 52, 57, 63, 65, 66, 67, 73, 74, 78, 88, 89, 93, 96, 99, 100, 101, 111, 115, 116, 117, 118, 127, 132, 133, 134, 138, 144, 149, 152, 169, 172, 186, 189, 192, 193, 194, 196, 223, 225, 226, 227, 229, 231, 235, 238, 244, 245, 246, 247, 248, 253, 254, 255, 260, 261, 262, 263, 264, 265, 268, 270, 271, 277, 286, 288, 293, 294, 295
Übersetzungsauftrag 98, 195, 196, 197, 199, 201, 268, 287
Übersetzungskompetenz 64, 200, 247, 267, 268, 271
Übersetzungskritik 69, 73, 100, 104, 115, 116, 149, 156, 157, 169, 175, 188, 198, 253, 287, 294, 295
Übersetzungsmethode 88, 89, 92, 105, 113, 114, 115
Übersetzungsproblem 67, 126, 130
Übersetzungsprobleme 10, 13, 69, 108, 195, 198, 199, 200, 202, 231, 295
Übersetzungsprozedur 64, 67, 72, 102
Übersetzungsprozeß 46, 52, 62, 63, 66, 70, 79, 112, 188, 224, 226, 259, 260, 261, 262, 267, 285, 292
Übersetzungsstrategie 172, 201
Übersetzungstheorie 9, 10, 12, 13, 21, 22, 26, 31, 32, 34, 37, 45, 55, 75, 77, 136, 147, 149, 156, 157, 165, 173, 177, 229, 286, 289, 291, 295

Übersetzungsverfahren 18, 54, 69, 76, 96, 98, 99, 103, 118, 198
Übersetzungsvorgang 46, 292
Übersetzungswissenschaft 9, 10, 12, 16, 45, 48, 50, 52, 53, 55, 62, 63, 64, 68, 69, 74, 76, 77, 80, 81, 83, 87, 93, 96, 98, 100, 101, 102, 103, 104, 105, 106, 112, 115, 118, 122, 126, 133, 135, 136, 137, 145, 155, 156, 164, 165, 167, 175, 177, 178, 195, 198, 223, 231, 239, 260, 261, 263, 264, 267, 268, 285, 286, 289, 291, 292
Übersummativität 244
Universalien 37, 43, 44
Unübersetzbarkeit 25, 31, 32
Verantwortung 195, 196, 248, 286
Verbalisierung 97, 134, 189
Verfahren 95
Verstehen 25, 32, 33, 39, 52, 117, 119, 167, 168, 169, 187, 205, 223, 224, 225, 226, 235, 237, 238, 244, 246, 248, 249, 260, 264, 267, 288
Wahrheit 32, 34, 35, 37, 87, 90, 94, 194, 248, 293
Weltbild 28, 29, 30, 37, 53, 87
Wissensbasis 225, 238
Wortfeld 170, 253
wörtlich 18, 22, 66, 74, 76, 78, 87, 126, 167, 230
Wörtlichkeit 32, 94, 95
Zeichen 94
Zielsprache
    s. ZS 14, 18, 27, 31, 35, 46, 49, 50, 52, 55, 57, 70, 71, 88, 91, 115, 124, 132, 147, 179, 197, 198, 226, 227, 229, 230, 246, 247, 253, 254, 266, 290, 292, 293, 294
Zieltext 57, 96, 103, 173, 177, 178, 179, 180, 186, 189, 196, 197, 201, 255, 257, 270
Zweck 95

Hanna Risku

Translationsmanagement

Interkulturelle Fachkommunikation im Informationszeitalter

Translationswissenschaft, Band 1
2., überarb. Auflage 2009,
276 Seiten,
€[D] 49,00/SFr 83,00
ISBN 978-3-8233-6387-3

Aufgrund der großen Nachfrage erscheint das Buch Translationsmanagement von Hanna Risku in einer zweiten, überarbeiteten Auflage. Sie analysiert die Zusammenarbeit im translatorischen Netzwerk sowie die dabei immer mehr im Zentrum stehende Rolle der Technologie im Informationszeitalter.

Der Blick in die mentalen, kognitiven Kompetenzen von Translationsmanagerinnen im hektischen Büro-Alltag macht deutlich, worin sich die Professionalität in diesem Teilbereich der Translation heute zeigt. Die Manager der Fachkommunikationsprozesse sind Wissensarbeiter, die im Team komplexe interkulturelle Situationen meistern. Das Fallbeispiel zeigt: Das Management von Übersetzungs- und Dolmetschprojekten ist vor allem Management von Menschen - nicht nur von Texten und Terminen. Damit wird der Gegenstand translationswissenschaftlicher Prozessforschung von der klassischen Interaktion Mensch-Text auf die Interaktion von Teams in computerunterstützten, multimedialen Kommunikations- und Arbeitsumgebungen erweitert.

Narr Francke Attempto Verlag GmbH + Co. KG
Postfach 2560 · D-72015 Tübingen · Fax (07071) 9797-11
Internet: www.narr.de · E-Mail: info@narr.de

Pius ten Hacken (ed.)

Terminology, Computing and Translation

Forum für Fachsprachenforschung Band 69
2006, 240 Seiten
€ 58,00/SFR 98,00
ISBN 13: 978-3-8233-6137-4

The study of terminology is a component of any well-designed degree in translation. The different contributions to this volume give an overview of the state of the art in a variety of related issues: standardization of terminology, terminology in minority languages, the education of terminologists, and computational techniques for the recognition of terms, as well as a discussion of the different terminological situations in fields such as biomedicine, business studies and law.

From the Contents:
General aspects of description and standardization • Computer tools and techniques • Practical aspects of terminological description

Narr Francke Attempto Verlag GmbH + Co. KG
Postfach 25 60 · D-72015 Tübingen · Fax (0 7071) 97 97-11
Internet: www.narr.de · E-Mail: info@narr.de

Gyde Hansen

Erfolgreich übersetzen

Entdecken und Beheben von Störquellen

Translationswissenschaft, Band 3
2006, 310 Seiten,
€[D] 58,00/SFR 98,00
ISBN 13: 978-3-8233-6256-2

Wenn das Auto oder die Spülmaschine streikt, kümmern wir uns schleunigst darum, die Ursache zu finden und zu beheben. Wenn Studierende immer wieder dieselben Probleme haben, streichen wir immer wieder dieselben Fehler an. Oft aber gäbe es eine Abkürzung zum Erfolg, wenn man sich nur die Mühe machen würde, die Ursachen der Probleme und Fehler, die Störquellen, zu entdecken und sie zu vermeiden. Störquellen sind beispielsweise grundsätzliche Irrtümer, ungünstige Haltungen, Gewohnheiten oder Strategien.
Dies ist das Ergebnis eines interdisziplinären, empirischen Forschungsprojekts, bei dem der Zusammenhang zwischen Profilen, Prozessen und Produkten durch Methodenpluralität, d.h. eine Vernetzung von qualitativen und quantitativen Methoden und Daten, untersucht wurde.

Narr Francke Attempto Verlag GmbH + Co. KG
Postfach 25 60 · D-72015 Tübingen · Fax (0 7071) 97 97-11
Internet: www.narr.de · E-Mail: info@narr.de

Holger Siever

Übersetzen Spanisch – Deutsch

Ein Arbeitsbuch

narr studienbücher
2., durchgesehene Auflage 2010
166 Seiten
€[D] 14,90/SFr 27,90
ISBN 978-3-8233-6567-9

Wer aus dem Spanischen ins Deutsche übersetzt, bemerkt bald, dass es für bestimmte typisch spanische Satzkonstruktionen keine direkte Entsprechung im Deutschen gibt. Für andere gibt es zwar Entsprechungen, diese sind aber im Deutschen oftmals unüblich, weil sie holprig und schwerfällig klingen. Dieses Arbeitsbuch rückt aus der Übersetzerperspektive genau diese Unterschiede zwischen den beiden Sprachen auf der Satzebene in den Mittelpunkt. Für die Konstruktionen, deren elegante Übersetzung Deutschen erfahrungsgemäß besonders schwer fällt, zeigt es grundlegende Lösungsmöglichkeiten auf. Diese bilden den Ausgangspunkt für eine stilistische und textsortenadäquate Optimierung. Der dahinter stehende theoretische Ansatz beruht auf der Annahme, dass das Übersetzen als zweistufiger Prozess erlernt werden sollte, bei dem zunächst eine Rohfassung erstellt und diese anschließend durch verschiedene Überarbeitungsschritte zu einer Endfassung optimiert wird.

Dieses Arbeitsbuch festigt den übersetzerischen Umgang mit grammatikalischen Strukturen und liefert den Studierenden damit grundlegende Fertigkeiten für den weiteren Studienverlauf.

Narr Francke Attempto Verlag GmbH + Co. KG
Postfach 2560 · D-72015 Tübingen · Fax (07071) 9797-11
Internet: www.narr.de · E-Mail: info@narr.de

narr VERLAG

Susanne Göpferich

Translations-prozessforschung

Stand – Methoden –Perspektiven

Translationswissenschaft, Band 4
2008, XIV, 313 Seiten, 26 Abbildungen,
9 Tabellen,
€[D] 58,00/SFr 98,00
ISBN 978-3-8233-6439-9

Das Buch bietet den ersten umfassenden Überblick über den Stand der Translationsprozessforschung (speziell der Übersetzungsprozessforschung) mit ihren Methoden und Analyseverfahren, den Möglichkeiten der Datendokumentation und -bereitstellung sowie ihren Modellen und Ergebnissen und zeigt zukunftsträchtige Perspektiven für die weitere Forschung auf. Es richtet sich an Übersetzungsstudierende, Übersetzungsdidaktiker und professionelle Übersetzer sowie Forschungsinteressierte gleichermaßen. Studierende, aber auch professionelle Übersetzer finden darin Anstöße zur Reflexion ihrer eigenen kognitiven Prozesse und damit zur Optimierung ihrer Übersetzungsleistungen. Übersetzungsdidaktiker erhalten Anregungen für die Lehre. Forschungsinteressierten liefert es in kompakter Form die Basis für weiterführende Arbeiten. Wer beruflich mit Übersetzung zu tun hat, gewinnt Einblick in die Komplexität der Profession und damit auch den Wert der auf diesem Gebiet erbrachten Leistungen.

Narr Francke Attempto Verlag GmbH + Co. KG
Postfach 25 60 · D-72015 Tübingen · Fax (0 7071) 97 97-11
Internet: www.narr.de · E-Mail: info@narr.de

Narr Studienbücher

Norbert Greiner

Übersetzung und Literaturwissenschaft

Grundlagen der Übersetzungsforschung
Band I

narr studienbücher, 2004, 173 Seiten,
€ 17,90/SFr 31,70
ISBN 978-3-8233-6074-2

Einleitend setzt sich der Band mit der Ontologie eines übersetzten sprachlichen Kunstwerks auseinander. Er zeigt, wie unterschiedliche Kulturen und Epochen je nach den vorherrschenden ästhetischen Parametern Übersetzungen bewertet und Übersetzungskonzepte und -methoden angeregt haben. In einem weiteren Teil wird die Entwicklung der Übersetzungsforschung im 20. Jahrhundert dargestellt, soweit sie sich auf literarische Texte bezog. Die maßgeblichen Fragestellungen und Ergebnisse werden in jeweils eigenen Fallstudien erläutert, die so gewählt sind, dass sich zugleich ein kulturhistorischer Horizont öffnet, der die historische und ästhetische Leistung des Übersetzens und der Übersetzung im intertextuellen und interkulturellen Beziehungssystem bezeugt.

Narr Francke Attempto Verlag
Postfach 2567 · D-72015 Tübingen · Fax (07071) 979711

Narr Studienbücher

Jörn Albrecht

Übersetzung und Linguistik

Grundlagen der
Übersetzungsforschung
Band II

narr studienbücher, 2005, XII, 313 Seiten,
€ 24,90/SFr 43,70
ISBN 978-3-8233-6075-9

Der Band *Übersetzung und Linguistik* besteht aus drei Teilen. Im ersten wird die allgemeine Übersetzungstheorie behandelt, wobei die Frage nach dem Anteil der Sprache am Übersetzungsvorgang und analog dazu der Sprachwissenschaft an der Übersetzungsforschung im Mittelpunkt steht. Im zweiten Teil werden die verschiedenen Disziplinen der „Systemlinguistik" knapp vorgestellt, nicht um ihrer selbst willen, sondern in ihrer Funktion als mögliche Hilfsdisziplinen der Übersetzungsforschung. Entsprechend wird im dritten Teil mit der Linguistik im weiteren Sinn (Semiotik, Varietätenlinguistik, Textlinguistik und Fachsprachenforschung) verfahren. Der Band ist nicht nur als Hilfe beim Studium, sondern auch als Anregung für die Forschung und die Lehre gedacht: Einzelprobleme, die in den zahlreichen Unterkapiteln oft nur aufgezeigt werden, könnten in Seminar- oder Examensarbeiten auf theoretischer, im Rahmen von problembezogenen Übersetzungsübungen auf praktischer Ebene weiterverfolgt werden.

Narr Francke Attempto Verlag
Postfach 2567 · D-72015 Tübingen · Fax (07071) 979711

Paul Kußmaul

Verstehen und Übersetzen

Ein Lehr- und Arbeitsbuch

narr studienbücher
2., aktualisierte Auflage
2010, 217 Seiten
€[D] 19,90/SFr 35,90
ISBN 978-3-8233-6542-6

Bewusst verstanden – besser übersetzt! Das bewährte Lehr- und Arbeitsbuch mit Aufgaben widmet sich einem Kernthema des Übersetzens: es geht um das Verstehen der Wörter des Ausgangstextes. Auf diesen Aspekt wird in der Übersetzer-Ausbildung großer Wert gelegt, da garantiert eine Fehlübersetzung herauskommt, wenn ein Übersetzer ein Wort der Ausgangssprache nicht richtig verstanden hat – mit z.T. amüsanten, z.T. aber auch gravierenden Folgen. Erfahrungsgemäß sind Wörter für Studierende das größte Problem – größer noch als Syntax und Stil. Dies zeigt sich u.a. darin, dass die Studierenden beim Übersetzen eines Textes zunächst einmal viele Wörter nachschlagen.

Ziel des Studienbuches ist es, den StudentInnen Verstehenstechniken und -strategien auf kognitionslinguistischer Grundlage an die Hand zu geben, mit deren Hilfe sie professionell übersetzen lernen. Die Neuauflage enthält bibliographische Aktualisierungen und inhaltliche Präzisierungen.

Narr Francke Attempto Verlag GmbH + Co. KG
Postfach 25 60 · D-72015 Tübingen · Fax (0 7071) 97 97-11
Internet: www.narr.de · E-Mail: info@narr.de